전쟁 속의 또 다른 전쟁

전쟁 속의 또 다른 전쟁

미군 문서로 본 한국전쟁과 학살

초판 1쇄 발행 2011년 6월 10일
4쇄 발행 2019년 4월 30일

저 자 | 서중석 · 김득중 · 강성현 · 이임하 · 김학재 · 양정심 · 연정은
발행인 | 윤관백
발행처 | 선인

등록 | 제5-77호(1998.11.4)
주소 | 서울시 마포구 마포대로 4다길 4 곶마루 B/D 1층
전화 | 02)718-6252 / 6257 팩스 | 02)718-6253
E-mail | sunin72@chol.com
Homepage | www.suninbook.com

정가 23,000원
ISBN 978-89-5933-455-1 93910

· 잘못된 책은 바꿔 드립니다.

전쟁 속의 또 다른 전쟁

미군 문서로 본 한국전쟁과 학살

서중석 · 김득중 · 강성현 · 이임하 · 김학재 · 양정심 · 연정은

선인
도서출판

차례

‘노근리조사기록’(No Gun Ri Research Document)의 성격과 주요 내용

| 김 득 중

한국전쟁 전후 민간인집단학살의 연구 방향*

서 중 석

Ⅰ. 머리말

정부수립 직후부터 한국전쟁시기에 걸쳐 군·경 및 미군에 의해 일어난 대규모 민간인집단학살은 분단과 전쟁이 가져온 최대의 참극일 뿐만 아니라, 한국사 전체를 통틀어보아도 찾아보기 어려운 비극인데도 1980년대까지 진실규명도 거의 안 되었고, 학문적 접근도 없었다. 그렇지만 20세기가 끝날 무렵부터 진실규명 작업과 학문적 연구가 진행되어, 21세기에는 정부 차원에서 대대적으로 진실규명과 희생자 명예회복이 이루어졌고, 갑오동학농민전쟁 1백주년을 맞아 이루어졌던 농민전쟁 연구에는 미치지 못하지만 부분적으로 연구도 진전되었다. 금년은 한국전쟁 발발 60주년이 되는 해인데, 특히 민간인집단학살에 대한 학문적 토론과 연구가

---

* 이 논문은 2008년 정부(교육과학기술부)의 재원으로 한국연구재단의 지원을 받아 수행된 연구임(KRF-2008-321-A00012); 이 글은 『사림』 제36호, 2010에 게재된 글임.

한층 활발히 이루어져 전쟁 60주년이 뜻 깊은 해가 되도록 해야 할 것이다. 한국전쟁 40주년이 되는 1990년에는 6월항쟁을 전후하여 민주 · 민족운동이 활발히 전개되었기 때문에 전쟁과 관련해서 많은 연구와 학술토론이 있었으나, 정작 50주년이 되는 2천년에는 연구도 토론도 활기가 없었다.

1980년대까지 민족 최대의 비극이라는 민간인집단학살이 진실규명이 거의 되지 않고 학문적 접근이 이루어지지 않은 것은 극우반공체제라는 엄혹한 상황이 장기간 지속되었기 때문이다. 이승만 대통령 재임시기에는 집단학살로 희생당한 사람들의 시신 처리도 어려웠고, 가족들이 제사날짜도 모르는 경우가 많았지만 제사도 마음 놓고 지낼 수 없는 형편이었다. 1960년 4월혁명으로 민간인집단학살의 참상이 영남일보 등 지방지와 중앙 일간지에 연일 보도되고, 급기야 자유당이 다수당인 국회에서도 양민학살사건진상조사특별위원회를 구성해 진상조사에 나섰지만, 조사기간이 제한되었고, 양민학살에 책임이 있는 경찰기관 등의 협조를 얻지 못해 성과를 내지 못했다. 그러나 처음으로 국가 차원에서 조사가 이루어졌다는 점에서 의의가 있었다. 그 뒤 경상남북도를 중심으로 유족회를 결성해 당국에 유해 발굴과 합동묘 설치, 장례, 가해자의 법적 조치 등을 요구했다. 유족회 활동은 5 · 16군부쿠데타로 된서리를 맞았다. 박정희쿠데타권력은 유족회 관계자들이 군 · 경에 대한 증오감을 조성케 하여 용공적 사상을 고취하였다고 단죄하여 구속하고 '혁명재판'에 회부하였다.[1] 뿐만 아니라 합동묘지를 파헤쳐 공동묘지 등으로 이장하도록 지시했고, 위령비 비문은 정으로 지워져 땅속에 묻히게 되었다. 민간인집단학살에 대한 진상조사는 합동묘지처럼 수십 년간 땅속에 묻혔다. 이러한

1) 재판과정과 형 선고는 한국혁명재판사편찬위원회 편, 『한국혁명재판사』 2 · 4 참조.

상황에서 학문적으로 접근한다는 것은 엄두도 낼 수 없었다. 6월항쟁 이전에는 민간인집단학살사건을 다룬 소설, 시 등의 문학작품이 판금되기도 했고, 작가가 수사 · 정보기관에 끌려다니며 고통을 당했고 구속되기도 했다.

6월항쟁 이후 보도연맹원집단학살사건, 제주4 · 3학살사건 등 민간인학살사건이 『말』 등 언론에 보도되거나 시민단체, 유족단체 등에 의해 진상규명운동이 전개되었고, 지방 신문이나 TV매체 등을 통해 진상규명 활동이 이루어졌으며, 30여 년 만에 등장한 전북 · 제주 도의회에서도 진상조사 차원에까지는 못 갔지만 피해자 조사를 했다. 정부 차원에서도 민간인집단학살문제에 접근해 1996년에는 '거창사건 등 관련자의 명예회복에 관한 특별조치법'이 공포되었고, 2000년 벽두에는 '제주4 · 3사건진상규명 및 희생자 명예회복에 관한 특별법'(이하 '제주4 · 3위원회'로 할 것임)이 공포되었다. 정부차원의 진상규명 활동은 노무현정부에 이르러 더욱 적극적이었다. 다행히도 노무현정부가 끝날 때까지 '거창사건 등 관련자 명예회복위원회' '제주4 · 3위원회' '노근리사건 희생자 심사 및 명예회복위원회' 등이 실질적 활동을 마쳤다. 가장 규모가 큰 '진실 · 화해를 위한 과거사정리위원회'(이하 '과거사정리위원회'로 할 것임)는 조사 등이 끝나지 않았지만 전쟁 발발 60주년이 되는 6 · 25 이전에 기본 활동이 사실상 끝나게 되어 있다. 제주4 · 3사건, 노근리사건을 제외한 민간인집단학살사건을 맡고 있는 과거사정리위원회의 활동이 끝남으로써 정부 차원의 진상조사는 일단락되기 때문에 이제 진실규명 연구 등 민간인집단학살에 대한 연구는 주로 연구자의 손에 넘어오게 되었다. 그것은 '추정된다', '추정하기는 어렵다', '확정할 수 없다', '확인할 수 없다', '특정할 수 없다' 등의 정부 위원회 보고서에 자주 보이는 표현이 연구자들의 노력에 의해 바뀌어야 한다는 것을 의미하기도 한다.

군·경 및 비국에 의한 민간인집단학살 연구는 이제 가해자 문제에 비중이 두어져야 한다고 생각한다. 진상 또는 진실 규명에서 피해자 조사는 정부 위원회 등을 통해 상당 부분 이루어졌지만, 정부 위원회에서 왜 그러한 집단학살이 일어났는가를 가해자의 성격이나 심리, 전력이나 행태에 초점을 맞춰 조사하는 데는 한계가 있었다. 위원회의 진상조사보고서와 관련해서 진실규명이 미흡하다는 지적이 나온 데는[2] 가해자가 제대로 밝혀지지 않았던 점이 중요하게 작용했다. 가해자 문제에서 특히 최고 책임자를 밝히는 것은 정권의 성격과 관련해서 중요한 의미를 갖는다.

Ⅱ. 민간인집단학살의 희생자 규모

제주4·3위원회건 과거사정리위원회건 정부 위원회는 진상규명이나 명예회복을 위해 피해자를 정확히 가려내는 것이 1차적 임무였다. 그렇지만 민간인집단학살이 불법으로 저질러진 것이어서 극소수 지역을 제외하고는 자료를 남기지 않았고, 사건이 일어난 지 반세기가 경과하여서 정확히 신고하기가 어려웠던 점, 위원회의 피해자 조사가 신고 또는 신청된 '죽음'을 대상으로 하고 있어서 미신고자 또는 미신청된 건은 조사의 대상이 되지 않았다는 점 등이 작용하여 정확한 인명 피해를 가려내기가 아주 어렵게 되어 있다. 따라서 민간인집단학살에서 희생자 규모를 정확히 하는 것은 많은 부분 연구자의 과제로 남게 되었다.

규모가 큰 민간인집단학살사건에서 희생자 규모가 비교적 정확히 파

2) 정호기, 「진실규명의 제도화와 다층적 재조명」, 『제노사이드연구』 6, 선인, 2009, 101쪽.

악된 것이 제주4·3사건이다. 제주도라는 고립된 섬에서 발생한 사건이고 마을 단위로 집단학살당한 경우가 대부분이어서 누가 어디서 어떻게 희생되었는가를 비교적 잘 기억하고 있어서였다. 그렇지만 이 경우도 더 정확히 희생자 수를 밝혀내는 것은 연구자 몫으로 남아 있다.

제주4·3사건으로 2000, 2001년에 신고한 희생자는 후유장애자 142명, 행방불명자 3,171명을 포함해 14,028명이었다. 이 중에는 중복 신고자, 추가 신고자 등이 있어 2007년 3월까지 심의하여 결정한 희생자는 신고자 13,595명에서 31명이 제외된 13,564명이었다. 그러나 제주4·3사건위원회에서 통과된 『제주4·3사건진상조사보고서』에는 희생자수를 25,000명에서 3만 명으로 추정했다. 미국 측에 나와 있는 1948년 1월 1일자 인구와 1949년 5월 1일 정부의 인구 집계 차이가 26,411명인데, 그것에 1947년 3·1사건 이후의 도피자수와 1950년 6·25직후에 있었던 예비검속 희생자, 형무소 재소 중 희생자를 가감했고, 1950년 제주도지사가 밝힌 27,719명 등을 고려하여 추정한 것이다.[3)]

과거사정리위원회에서 취급한 사건의 경우 희생자 규모를 정확히 하는 데 더 많은 어려움이 따르고 있다. 이 위원회에 민간인집단희생으로 신청되어 2009년 12월 31일 현재 조사대상사건이 된 건수는 8,177건인데, 이중 같은 시기에 5,195건이 진실규명된 것으로 나와 있다.[4)] 5,195건은 이 위원회에서 진실규명을 할 수 있는 사건의 대부분이 포함된 것으로 볼 수 있을 터인데, 엄밀하고 정치하게 조사, 분석하였지만, 정확한 희생자수와 관련해서는 계속 논쟁이 따를 것으로 보인다. 예컨대 함평양민학살사건을 살펴보자. 국군 11사단 20연대 2대대 5중대에 의해 1950년 11월 20일경부터 1951년 1월 14일까지 전남 함평군 월야면 해보면 나산면과

3) 제주4·3위원회, 『제주4·3진상조사보고서』, 2003, 353~366쪽.

4) 과거사정리위원회, 『2009년 하반기 조사보고서 01』, 16쪽.

광산군 본량면 덕림리 및 장성군 삼서면 수해리와 인근지역에서 희생된 사건에 대해 과거사정리위원회에 신청한 사건 건수는 192건, 그들이 주장한 희생자 총수는 283명(부상 9명 포함)이었는데, 이 위원회에서는 9명의 부상자를 포함, 258명을 희생자로 최종 결정했다. 그런데 1960년 6월 국회 양민학살사건진상조사특별위원회에서는 함평 현지에 내려와 조사를 하여 524명을 희생자로 발표했다.[5] 김영택의 저서에는 5중대에 의한 민간인 희생이 5백 명 이상으로 쓰여 있다.[6] 거창사건과 함께 11사단에 의해 많은 희생자가 나온 대표적 사건인 함평사건에서 너무 큰 차이가 나서 필자는 과거사정리위원회에 위원으로 참여해 이 사건에 관여한 김영택에게 문의했던바, 그는 1960년 국회조사가 더 정확하다고 답변했다. 1960년에는 피난민 희생자 등 21세기에는 신고할 수 없었던 많은 사람들에 대해서 여러 가지 방법으로 신고했다는 설명이었다.[7]

민간인집단학살사건 중 가장 많은 희생자를 낸 보도연맹원 집단학살에 대해서도 사실에 가까운 희생자수를 알아낸다는 것은 쉬운 일이 아니다. 경남 의령군의 경우 보도연맹 결성식에 참여한 인원은 130명인데, 과거사정리위원회에서 보도연맹사건으로 희생된 인원은 100여 명 안팎으로 추정했으나, 이 위원회에서 조사 결과 신원이 확인된 희생자는 20명밖에 안 되었다.[8] 아주 드문 경우지만, 보도연맹원 명부와 희생자 명부를 남긴 울산과 경북 청도, 경남 김해의 경우 보도연맹원 수 대비 희생자 수가 각각 55.7%, 27.4%, 75.5%여서[9] 차이가 크기 때문에 이 수치를 가지고 전

5) 과거사정리위원회, 『2007년 상반기조사보고서』, 467~520쪽.

6) 김영택, 『한국전쟁과 함평양민학살』, 사회문화원, 2001, 17~18 · 96쪽.

7) 2010년 5월 5일 16시 40분 통화.

8) 과거사정리위원회, 『2009년 하반기 조사보고서 07』, 253쪽

9) 위의 조사보고서, 546쪽.

체 희생자 수를 가늠하기도 어렵게 되어 있다.

보도연맹원 집단학살과 관련해 2006년 9월 경찰청과거사진상규명위원회의 '보도연맹원학살의혹사건중간조사결과' 발표[10]와 과거사정리위원회의 『2009년 하반기 조사보고서 07』에 330여 쪽의 분량이 수록되어 있는 '국민보도연맹사건'을 비교 검토하는 것은 연구자들에게 많은 시사를 줄 수 있다. 경찰청위원회는 중앙정보부에서 발간한 『6 · 25 당시 처형자명부』를 활용했고, 청도경찰서와 경산경찰서의 보도연맹원명부를 찾아내 활용했으나, 우선 자료처리방법과 관련해서 많은 문제가 있다. 보도연맹 조직과 운영, 가입자 총인원, 집단학살의 명령계통과 관련해 보도연맹 조직의 핵심인물인 오제도 선우종원, 정희택 등의 기록과 증언을 활용하지 않았고, 군 · 경 관련자들의 증언이나 피학살자 측의 증언도 별반 활용하지 않았으며, 특히 명령계통 파악이 부실하다는 인상을 주었다. 보도연맹원 구금 체포와 관련해서 1950년 7월 12일에 내린 '체포 · 구금특별조치령'에 대한 성격 파악에서도 과거사정리위원회와 다르지만, 보도연맹 가입자수를 62,053명 이상이라고만 기술하고, 보도연맹원 희생자에 대해서도 신원확인된 희생자는 3,593명이지만 전체 피해규모는 확정하기 어렵다고 판단한 것은[11] 논란이 될 수 있다. 과거사정리위원회 조사 결과는 경찰청위원회 조사 결과와 다르다. 과거사정리위원회에서는 희생자 수 추산이 가능한 몇 개 군의 경우 보도연맹원 중 30~70%가 학살된 것으로 나타났고, 각 군에서 적게는 100여 명, 많게는 1,000여 명 정도가 살해된 것으로 추정했다. 그리고 자료나 진술을 통해 '추정 희생자 수'를

10) 경찰청위원회의 발표는 중간조사결과로 되어 있으나, 더 이상 발표가 없었으므로 실제로는 최종조사결과였다.

11) 경찰청과거사진상규명위원회, 「보도연맹원학살의혹사건중간조사결과(언론발표문)」, 6 · 8 · 14쪽.

산출했다. 이에 따르면 남한 149개 시 · 군 중 114개 시 · 군에서 희생사실이 확인되었고, 희생자 수를 확인한 71개 시 · 군 중 100명 미만이 11곳, 100~199명이 18곳, 200~299명이 12곳, 300~499명이 9곳, 500~999명이 18곳, 1천 명 이상이 충남 대전(대덕 포함)과 경북 청도로 나타났다.[12] 대단히 치밀한 조사, 연구로 연구자들에게 여러모로 시사를 주었다.

규모가 큰 민간인집단학살사건 중 과거사정리위원회 조사가 미흡한 대표적 사례가 여순사건이다. 여순사건 희생자에 대해서는 1948년 11월에 있었던 전남도당국 조사, 1949년 1월에 있었던 정부 파견 조사관의 현지 조사, 『국제연합한국위원단보고서 1949 · 1950』에 나와 있는 수치 등이 있으나,[13] 명확하지 않은 부분이 있고, 신뢰성에도 문제가 있다. 홍영기는 여수 · 순천의 경우 사망자를 3,000~10,000명으로 잡았는데,[14] 3천 명과 1만 명의 사이가 너무 크다. 이영일은 『여순사건실태조사보고서』 1 · 2 · 3에 의거해 여순사건 희생자를 여수 5,000명 등 10,000명으로 추정했다.[15]

여순사건, 제주4 · 3사건의 희생자 규모에 대해서도 연구가 많이 진전되어야겠지만, 보도연맹원 희생자 규모가 특히 문제다. 이 점과 관련해, 과거사정리위원회에 진실규명을 신청한 건수가 인민군이 점령하지 못했거나 다른 지역에 비해 짧은 기간 점령했던 경남북지역이 전체 신청건수의 59%나 되고, 그다음이 충북 21%, 전남 16% 순인데, 전남의 신청도 적지만, 충남과 전북은 불과 2% 안팎이어서[16] 어째서 전남북과 충남에서

12) 과거사정리위원회, 『2009년 하반기 조사보고서 07』, 304 · 532~549쪽.

13) 김득중, 『'빨갱이'의 탄생』, 선인, 2009, 347~350쪽.

14) 홍영기, 「문헌자료와 증언을 통해본 여순사건의 피해현황」, 『4 · 3과 역사』, 2001, 61쪽.

15) 김득중, 앞의 책, 353~354쪽.

16) 과거사정리위원회, 앞의 보고서, 307쪽.

이렇게 신청이 적은지를 구명해내는 것이 연구자들의 중요한 과제로 남게 되었다. 이 문제는 보도연맹원 학살사건 진실 규명 차원을 넘어 전쟁의 성격을 밝혀내는 데도 중요하게 기여할 수 있을 것이다.

Ⅲ. 가해자 문제

1. 불법·범법행위 : 어떠한 불법·범법인가가 더 중요

독일뿐만 아니라 프랑스 등 유럽의 다른 지역에서도 유태인학살에 가담한 자들은 비인간적 반문명적 행위로, 즉 인도에 반한 죄로 일반적인 형사 시효에 구애받지 않고, 오늘날도 체포해서 재판에 회부하고 있다. 민간인집단학살의 경우 가해자 책임을 엄중히 묻는 것은 역사의 교훈으로서나 그러한 범죄가 다시는 나타나지 않도록 하는 데 대단히 중요하기 때문에 필수적인 것으로 인정되었다. 한국의 경우 4월혁명으로 이승만정권이 붕괴된 직후인 1960년 5월 11일 거창사건 유족들이 학살사건 당시 신원면 면장이었던 박명보를 타살한 사건이 알려지면서 이승만정부수립 직후에서부터 전쟁시기에 이르는 민간인집단학살 문제가 언론에 크게 보도되었고, 그리하여 진상규명운동이 일어났는데, 이때 유족들은 유해발굴, 장례와 함께 가해자 처벌을 강하게 주장했다. 그러나 6월항쟁 이후 민간인집단학살사건 특별법이 만들어질 때 가해자 처벌은 배제되었다. 학살사건의 법적 특성은 '국가 공권력에 의한 조직적인 인권유린행위'로, 가해자 문제가 제대로 밝혀지고, 그러한 가해자의 행위에 대해 책임을 물어야만 학살사건의 본질이 구명되고 해결이 될 수 있는데,[17] 가해자의

[17] 강금실, 「민간인학살사건에 관한 법적인 문제점과 해결방안」, 한국전쟁직후 민간

반발과 방해를 받지 않고 피해자를 명예회복 시켜 학살사건을 해결하고, 가해자와 피해자의 화해를 이끌어내는 것에 치중했기 때문에 가해자 처벌을 배제한 것이다. 가해자 반발을 막기 위해 진상조사보고서에서 되도록 가해자 이름을 밝히지 않으려는 노력도 있었다. 그럼에도 불구하고 가해자 중 일부는 특별법과 위원회 활동을 무효화시키고 허사로 돌아가게 하기 위해 계속 소송 등의 행위를 했다.

가해자 문제에서 연구자들이 먼저 구명해야 하는 작업은 민간인집단학살이 어떠한 형태의 불법 · 범법행위인가를 가려내는 일이다.

민간인집단학살은 어느 것이나 모두 불법 · 범법행위였고, 그것도 중대한 불법 · 범법행위였다. 보도연맹사건의 경우 보도연맹이 가입자에게 심대한 인권유린이 될 수 있고 경제적으로 피해를 줄 수 있는 것인데도 불구하고, 관계법을 제정하지 않고 사상검사가 주동이 되어 임의로 만들었다. 그리고 보도연맹원을 소집한다거나 인권에 큰 위협이 되는 양심서[18]를 강제로 작성하게 한 것, 회비를 내게 한 것, 전쟁이 발발하자 예비구금을 한 것은 모두 법에 근거하지 않은 행위였다.

제주4 · 3사건과 관련해 가해자 측 곧 군 · 경 측은 군법회의에 의해 형을 받은 사람들은 희생자 명예회복 대상에서 제외시키려고 했다. 그렇지만 사형 384명, 무기징역 305명 등 2,530명이 사형 또는 중형을 선고받은 것으로 되어 있는 군법회의 판결은 법적 요건을 갖춘 것이 아니었다. 군법회의가 법적 절차를 밟았다고 증명할 수 있는 재판서(판결문), 공판조서, 예심조사서 등 소송기록이, 국방부 등 관계기관에 대한 수차례 문의했으나 대답이 없고 발견되지 않는다는 점, 하루에 238명이 무기징역형

인학살 심포지움, 2000.6.21, 51 · 59쪽

18) 과거사정리위원회, 앞의 보고서, 325~326쪽에는 문제의 양심서 내용과 원본이 수록되어 있음.

을 받는 등 불과 며칠 사이에 그 많은 인원을 정상적인 절차를 밟아 재판한다는 것은 물리적으로 불가능하다는 점, 여순사건 군법회의와도 다르게 이 재판에 대해서 정부나 국회의 언급이 없고 신문에도 관련기사가 전혀 없다는 점, 사형이 비공개로 집행되었고, 시신을 암매장했다는 점, 적지 않은 경우 형무소로 이송된 후에야 비로소 형량 등을 알았다는 점 등을 들어 제주4·3위원회에서는 이 군법회의가 정상적인 절차를 밟은 재판으로 볼 수 없다고 판단했다.[19]

문제는 보도연맹원집단학살 등 민간인집단학살이 일반적인 의미에서의 불법·범법행위를 넘어선 불법·범법행위라는 데 있다. 이 점과 관련해 과거사정리위원회는 주목할 만한 판단을 하였다. 이 위원회는 민간인에 대한 조직적 공격으로서 보도연맹사건은 전국에서 체계적으로 자행되었던 학살사건으로, 보도연맹원에 대한 가해행위는 전형적인 국가폭력이자 정치적 집단학살이라고 규정하고, 이어서 '인도에 반한 죄'에 해당하는지 여부를 따졌다. 이 위원회는 보도연맹원 소집과 살해가 군·경에 의해 매우 조직적이고 전국적인 단위에서 행해졌고, 가해자들이 자신의 행위를 보도연맹원들에 대한 공격의 한 부분으로 정당화하여 짧은 시간 내에 잔인하게 살해한 것으로, 사망행위의 성격이나 결과 면에서 국가가 정책적 차원에서 보도연맹원을 조직, 관리, 통제, 가해하는 과정의 일부로서 간주될 수 있기 때문에 인도에 반한 죄에 해당한다고 결론을 내렸다.[20]

과거사정리위원회가 이와 같이 판단할 수 있었던 것은 역사 연구자뿐만 아니라 경찰 검사 등 여러 전문인이 함께 참여해 활동했기 때문이다. 이 위원회의 조사, 연구로 정부수립 직후부터 전쟁시기에 있었던 민간인

19) 제주4·3위원회, 앞의 진상조사보고서, 465~467쪽.

20) 과거사정리위원회, 앞의 보고서, 522~527쪽.

집단학살이 나치의 유태인집단학살과 어떠한 유사성과 차이를 갖는지에 대한 연구로 진전될 수 있게 되었다. 또 민간인집단학살을 이승만 대통령과 이승만정부의 일반적인 불법 · 폭력성과 연관 지어서도 연구자들의 한층 더 심도 있는 연구가 요청된다.

2. 군인과 경찰

민간인집단학살에 관한 연구는 가해자가 어떠한 성격의 인간, 어떠한 성격의 권력(정권)이기에, 또 가해자가 어떠한 정신 · 심리 상태에 있었기에 그와 같은 학살이 자행될 수 있었는가에 중점이 두어져야 한다고 생각한다.

보도연맹학살사건을 취재한 기록인 부산매일의 『울부짖는 원혼』, 제민일보 4 · 3취재반의 『4 · 3은 말한다』 1~5권, 그 밖에 집단학살사건을 다룬 책이나 글을 읽을 때 장교든 사병이든 순사든 경찰간부든 청년단원이든 공권력을 가졌거나 공권력과 밀착된 자들이 어떻게 이렇게까지 심한 잔인한 행위를 서슴없이 저지를 수 있는가 하는 의문이 계속 든다.

그러한 잔인한 행위가 저질러지는 데는 사병의 처우도 따져볼 필요가 있다. 빈농출신이 대부분이고 교육수준이 낮은 상태에서 식량 피복 등이 결핍돼 있거나 중노동, 잔인한 내무반 생활 등이 계속되면 일본병사의 예를 들지 않더라도 인간은 잔인해질 수 있다.[21]

잔인한 행위가 서슴없이 자행된 데는 천인공노할 학살이 '전공(戰功)'으로 둔갑한다는 점도 작용했다. 특히 11사단에 의한 함평집단학살에서 그러한 예가 많이 드러나 있다. 월야지서 토벌대장으로서 사건 직전 군

21) 일본병사의 경우 若槻泰雄, 김광식 역, 『일본군국주의를 벗긴다』, 화산문화, 1996, 113쪽 등 참조.

경작전회의에 참석했던 오정인은 "중대장이 대대에서 내려온 공문을 보고 공산주의자라고 인정하고 부역을 한 사람은 무조건 50명씩 죽이라고 했는데, 결국은 덮어놓고 죽이라는 얘기였습니다"라고 증언했다.[22] 문제는 이 지시가 상부에서 내려왔다는 것이다. 1951년 1월 15일 함평군 나산면장의 항의로 끝나는 일련의 학살사건에서 희생된 사람들은 모두가 경찰 신원카드에 좌익유격대원으로 기록되었다.[23] 11사단에 의해 초기에 집단학살 당한 남원군 대강면 강석리 사람들은 통비로 몰려 공비사살 전과로 보고되었다고 주민들은 분노했다.[24] 대통령 이승만은 1951년 4월 24일 공보처장을 통해 발표한 담화문에서 "거창사건의 희생자는 대부분이 통비자"였다고 몰아세웠다.[25]

극우반공체제에서는 빨갱이는 가만 놔둬서는 안 된다는 일종의 이데올로기로서 통념이 있었는데, 이 점도 민간인집단학살을 일으킨 한 요인이었다. 의학사 전공인 황상익은 빨갱이 하면 문둥이가 떠올려진다면서 '빨갱이'라는 낙인이 찍히면 더 이상 인간이 아니므로 차마 짐승에게도 할 수 없는 어떤 만행도 가능하다고 지적했다.[26]

문제는 어째서 '빨갱이'라면 어떠한 잔인한 행위도 할 수 있느냐는 심리를 갖게 되느냐이다. 그것에 대한 하나의 대답은 '반공'·'백색'테러의 상습화와 연관된다. 주지하다시피 미군정시기는 우익청년단체에 의한 테러가 난무했다. 좌익으로 낙인찍히거나 좌익단체 집회에는 서북청년회 등의 청년단원이 나타나 테러를 가했고, 그 배후에는 경찰이 있었다.

---

22) 과거사정리위원회, 『2007년 상반기 조사보고서』, 531~532쪽.

23) 김영택, 앞의 책, 144~145쪽.

24) 전라북도의회 6·25양민학살진상실태조사특별위원회, 『6·25양민학살진상실태조사보고서』, 1994, 52쪽

25) 부산일보사, 『비화 임시수도 천일』 상, 1993, 110~111쪽.

26) 황상익, 「의학사적 측면에서 본 '4·3'」, 『제주4·3연구』, 역사비평사, 1999, 336~337쪽.

잔학행위는 가해자의 친일경력과 관련해서도 살펴봐야 한다. 1946년 10월항쟁, 제주4·3사건이나 여순사건이 일어난 데는 친일파 그중에서도 친일경찰의 횡포가 주요 요인의 하나였다.[27] 제주4·3사건에서의 집단학살, 11사단에 의한 집단학살은 초토화작전과 긴밀한 관계가 있는데, 일제는 만주와 화북지방 등 여러 지역에서 태워 없애고 굶어 없애고 쏘아 없앤 삼광(三光)작전 곧 초토화작전을 편 바 있고, 이 작전에는 조선인 군인들도 투입되었다. 친일경찰은 동포에 대하여 어떠한 짓을 저지르건 범죄의식을 갖지 않았다. 그들에게 고문은 상습화·관행화되어 있었고, 일제는 이들에게 반공을 위해서는 가혹한 행위를 자행해도 좋다는 사고를 주입시켰다. 조선총독부 검사장 마쓰나가(增永)는 "공산주의 사상의 배격은 일관된 부동의 국시로서 이러한 종류의 사상범죄에 대해서는 가차없이 탄압"하도록 지시했다.[28]

제주4·3사건 시기 제주경찰에서 친일파가 차지하는 비중과 그들의 행위는 양봉철에 의해서 연구가 이루어졌다.[29] 과거사정리위원회는 국민보도연맹사건 조사·연구에서 가해자 명단을 상당 부분 밝혀놓았는데, 이들의 전력을 살펴볼 필요가 있다. 다만 보도연맹원집단학살뿐만 아니라 형무소재소자학살 등 민간인집단학살사건에 핵심 역할을 한 CIC 명단은 하급자의 경우 알기가 쉽지 않다. 그렇지만 방첩부대장 김창룡의 악질적인 친일행위는 많이 밝혀진 편이고, 다른 방첩대 간부도 자료를 찾아보면 상당수 전력을 알아낼 수 있을 것이다.

---

27) 10월항쟁과 친일경찰과의 관계에 대해서는 서중석, 「제주4·3의 역사적 의미」, 『제주4·3연구』, 97~120쪽 참조.

28) 조선총독부 고등법원 검사국 사상부, 『사상휘보』 21, 1939, 7쪽.

29) 양봉철, 「제주경찰의 성격과 활동연구－제주4·3을 중심으로」, 성균관대 교육대학원 석사논문, 2002 참조.

3. 이승만 대통령 및 이승만정권

현대사에서 김구암살사건이 수십 년 동안 특별히 논란이 된 것은 이승만 대통령이 어떠한 형태로 그 사건에 관련되었느냐는 문제 때문이다. 마찬가지로 민간인집단학살사건 가해자나 책임 문제에서 가장 중요하게 논란이 되는 인물이 이승만 대통령이다. 가해자 문제와 관련해 이승만의 역할을 연구하는 것은 이승만집권기에 있었던 다른 여러 사건이나 사태, 상황을 이해하는 데 도움을 줄 수 있다.

이도영이 미국 국립문서보관소에서 발굴한 자료에는 대전형무소 재소자 1,800명이 1950년 7월 첫째 주에 학살당한 것으로 기록되어 있다. 이 문서를 작성한 주한미대사관 육군무관 밥 에드워드 중령은 총살명령은 의심할 바 없이 최고위층에서 내렸다고 기술했다.[30) 『조선 종군 실화로 본 민간인학살』의 저자인 신경득은 이도영이 형무소재소자와 예비검속자 살해의 최상급명령권자는 이승만 대통령이라고 쓴 글을 인용하면서, 또 이도영이 발굴한 '예비검속자 총살집행 의뢰의 건'을 분석하여, "리승만은 '육군정보국 CIC' 방첩대장 김창룡에게 학살명령을 내리고, 방첩대는 민간인학살을 지휘감독하게 된다"고 결론을 내렸다.[31) 이승만이 민간인집단학살에 직접 관련이 있다는 증언은 과거사정리위원회의 보고서에도 꽤 많이 나온다. 예컨대 제6사단 헌병대 상사였던 김아무개는 1950년 6월 27일에 '헌병사령부를 통해 대통령특명'으로 '처형'하라는 지시를 받았다고 증언했다. 전쟁 당시 포항경비사령관이었던 남상휘는 자신이 군계통을 통해 학살 명령을 받았는데, 명령권자는 군통수권을 가진 이승만 대통령이라고 증언했다. 안동경찰서에 근무했던 권아무개 또한 "최초 명

30) 『한국일보』, 2000.1.6 참조.

31) 신경득, 『조선종군실화로 본 민간인학살』, 살림터, 2002, 302~304쪽.

령권자는 이승만으로 알고 있다. 보도연맹원들이 인민군과 합세하지 못하게 하기 위해 사살 지시가 내려진 것"이라고 증언했다. 보도연맹원 또는 요시찰인이나 형무소 재소자 학살과 관련해서는 이승만이 대전을 빠져나가기 전날인 6월 30일경 대전에서 열린 임시 각료회의가 주목되는데, 이 회의에서는 "임시대책, 피난민 관계, 포로관계, 사상범 처리 문제 등 여러 가지가 논의되었을 것"이라는 증언이 나왔다. 보도연맹원집단학살의 두 주체인 사찰계 경찰 책임자인 치안국장 김태선과 육군정보국 CIC의 김창룡은 이승만을 직접 '독대'하는 위치에 있었다. 김창룡이 보고하면 이승만은 "임자가 알아서 해"라는 식으로 지시했다. 보도연맹원과 요시찰인은 전국에 걸쳐 집단 살해되었다. 전국 각처에서 지휘계통이 다른 여러 기관이 협력해 일사불란하게 처리한 것은 최고 상층부의 지시가 있었기 때문이다.[32]

제주4·3사건이나 여순사건, 전쟁시기에 이승만이 아닌 다른 사람이 대통령이었더라면 인명희생은 훨씬 줄었을 것이다. 1949년 1월 국무회의에서 이승만은 제주도 전남사건의 여파를 발근색원(拔根塞源)하라고 지시했다.[33] 제주도에서 한창 주민집단학살이 참혹하게 진행되고 있고, 군법회의 등으로 여순사건 연루자들이 엄혹하게 다루어지고 있는 상황에서 설상가상으로 엄벌을 지시한 것이다. 이승만은 이미 1949년 11월 5일 여순사건 관련 담화에서 "남녀아동까지라도 일일이 조사해서 불순분자는 다 제거"하라고 지시한 바 있었다.[34] 주한미대사관의 『합동주간분석보고서』(1949.10.7.)에는 제주도 군법회의의 선고는 모두 이대통령에 의해 승인되어 대규모 사형집행이 이루어졌다고 쓰여 있다.[35] 앞에서 지적

32) 과거사정리위원회, 『2009년 하반기 조사보고서 07』, 500~503쪽.

33) 김종민, 「초토화의 배경과 피해실태」, 『4·3문화아카데미』, 4·3평화재단, 2009, 49쪽.

34) 공보처 편, 『대통령이승만박사담화집』, 1953, 8쪽.

한 대로 법적인 절차를 제대로 거치지 않은 군법회의에서 무더기로 사형을 선고한 것인데, 그것을 이승만은 일일이 승인한 것이다. 무서운 사람이었다.

이승만은 자신의 안위에 대해, 또 적이나 정적으로 간주된 사람들에 대해 과대망상적인 피해의식을 지니고 있었다. 그의 그러한 사고 속에는 자신만이 반드시 안전하게 그리고 영속적으로 권력을 장악해야 한다는 편집적인 집착이 대단히 강하게 자리 잡고 있었다. 엄벌주의도 이러한 정신상태에서 나온 것이었다. 주지하다시피 전쟁이 발발한 지 2일이 되는 6월 27일 새벽 2시경 이승만은 국무위원에게도 군수뇌부에도 알리지 않고 혼자서 대전으로 피신했다. 그는 그곳도 미덥지 않아 7월 1일 새벽 3시에 임시수도에서 떨어져 나와 목포를 거쳐 해로로 부산에 갔다. 그러한 짓을 한 그가 6월 28일 대통령 긴급명령 제1호로 '비상사태하의 범죄처벌에 관한 특별조치령'을 6월 25일자로 '소급'하여 공포했다. 이 조치령으로 부역자들이 단시간에 무더기로 엄벌을 받았는데, 판사는 사형과 무기 등 중형을 즉석에서 선고해야 했고, 부당한 판결이라고 인정되더라도 일단 판결을 내린 뒤에는 단심이어서 시정할 수 없었으며, 피고인도 불복할 방법이 전혀 없는 그야말로 무서운 법이었다.[36] 필자는 자신만의 안전을 도모한 이승만의 피신행위와 특별조치령의 엄벌주의는 긴밀한 관계가 있다고 생각한다.

이승만은 자신의 지위를 '넘보거나' '위태롭게' 하는 자를 정적 또는 적으로 간주했고, 이들에게 빨갱이 딱지를 붙이는 데 조금도 주저하지 않았다. 거창학살사건이 국회에서 문제가 되자 이승만은 이철원공보처장을

35) 박찬식, 「한국전쟁기 제주4 · 3관련 수형인학살의 실상」, 『4 · 3과 역사』, 각, 2001, 41쪽.

36) 서중석, 『조봉암과 1950년대』 하, 역사비평사, 2000, 673~683쪽.

통해 거창사건 희생자는 대부분 통비자라고 주장했다. 조봉암이 1951년 신당을 결성하려 하자 이승만정권은 대남간첩단사건을 조작해 그것을 좌절시켰고, 부산정치파동에서 내각책임제 개헌을 추진했던 국회의원들을—이들은 나중에 자유당간부가 되기도 했는데—국제공산당사건으로 구속시켰다. 조봉암은 끝내 간첩으로 몰려 처형당했다. 이승만은 1960년 마산에서 부정선거와 김주열죽음에 항의하는 시위가 거세게 일어나자 "이 난동에는 뒤에 공산당이 있다는 혐의"도 있다는 특별성명을 발표했다.

민간인집단학살 가해자문제와 관련해 이승만이 헌법을 유린하거나 법치주의를 무시하는 행위가 적지 않았던 점, 인권에 대한 관념이 희박했다는 점이 어떠한 작용을 했을까를 분석하는 것도 중요하다. 이승만의 법 관념이나 민간인학살에 대한 생각이 어떠했는가를 잘 보여주는 사례의 하나가 김종원문제다. 김종원은 여순사건에서 학살로 악명을 떨쳤고, 그 이후에도 여러 학살에 관여되었다.[37] 그는 거창학살사건 국회조사단이 현지 조사를 나왔을 때 계엄사령부 민사부장이자 헌병부사령관으로 가짜 공비를 매복시켜 습격케 함으로써 조사단을 되돌아가게 한 혐의로 다른 거창학살사건 관련자들과 함께 재판에 회부되어 3년형을 선고받았다. 거창사건은 2010년 오늘에 이르기까지 규모가 큰 민간인집단학살사건에서 가해자가 재판을 받은 유일한 사건인데, 이승만은 김종원 석방을 이기붕국방장관에게 명령했으나 이기붕은 이대통령을 만류하다 사표를 냈고, 결국 이종찬육군참모총장이 대통령 뜻을 받들어 석방시켰다.[38] 이승만은 김종원을 서남지구전투사령관, 전남북과 경남북의 경찰국장에 임

37) 한국전쟁전후 민간인학살진상규명범국민위원회, 『민간인학살 주요 사건』, 2006, 28 · 34~35쪽.

38) 서중석, 앞의 책 하, 683~686쪽.

명했다. 1956년 5·15정부통령선거에서 표가 적게 나오자 분노한 이승만은 선거 직후 일제 경찰서장 출신인 이익흥을 내무장관에, 역시 친일파인 김종원을 치안국장에 임명했다. 김종원은 이승만의 최대 정적 중 한 명인 장면부통령저격사건에 연루되어 구속되었다.

이승만정권 고위인사들의 법에 대한 관념, 인권 유린행위, 수많은 사건의 조작행위 등도 민간인집단학살사건에 영향을 미쳤다. 이와 관련해서도 연구가 이루어져야 할 것이다.

4. 미국

민간인집단학살 문제와 관련해 미국의 책임은 제주4·3사건에서건 여순사건에서건 다른 집단학살이건 그러한 학살을 잘 알고도 그것을 묵인하고 조장했다는 점에 초점을 맞춘 지적이 많았다. 1,800명이나 되는 많은 사람이 희생된 대전형무소 재소자 학살사건도 극동사령부 연락장교 애버트소령이 처형장면을 직접 촬영했고 총살현장에 미군이 있었는데, 어떤 자료에도 미군이 그것을 말렸다는 기록은 나오지 않는다. 1951년 4월 대구 인근에서 육군헌병들이 부역자들을 처형할 때에도 주한미군군사고문단 소속 군사고문이 촬영하였고, 미대사관 육군무관실에서 이것을 현상, 인화했다.[39] 이임하는 부역자 처형에 관한 최근 발표에서 국제적십자사와 다르게 미국과 UNCACK는 전쟁 초기부터 학살사건이 커져 세계에 알려지는 것을 막는 데에만 관심을 두었고, 사건을 축소, 은폐, 방관하는 자세를 취했다고 지적했다.[40] 제주4·3사건과 관련해 로버츠 미군사고문단장은 1949년 2월 로얄 미국육군부장관에게 보낸 문서에서, 은폐,

39) 위의 책, 586쪽.

40) 이임하, 「부역자 처벌과 '홍제리'사건」, 『미국자료로 본 한국전쟁의 재해석』, 수선사학회 2010년 춘계학술회의(2010.4.24), 58쪽.

축소에서 한 걸음 더 나아가, 민간인 대부분은 게릴라 공격으로 살해당했고, 약간이 한국군에 의해 살해당했다고 설명해 사실을 명백히 왜곡했던바,[41] 미국의 의도를 잘 드러낸 행위였다.

AP통신기자 최상훈은 1년 4개월에 걸친 취재 끝에 20세기가 끝나가는 1999년 9월말부터 미군에 의한 노근리학살사건을 생생히 보도해 세계와 국내에 충격을 주었고, 그리하여 커밍스와 헐리데이의 공저인 『한국전쟁의 전개과정』(차성수 · 양동주 역, 태암, 1989)에 이어 미군의 한국인집단학살사건에 대한 연구를 크게 진작시켰는데,[42] 김태우의 박사학위논문 「한국전쟁기 미공군의 공중 폭격에 관한 연구」(서울대 국사학과, 2008)는 미국자료의 풍부한 수집과 적절한 활용이 민간인집단학살에 관련된 미군의 행위와 책임에 관한 연구의 지평을 크게 열어놓을 수 있다는 것을 실증했다는 점에서 의미 있는 연구였다. 김태우의 연구는 커밍스와 헐리데이가 『한국전쟁의 전개』에서 기술한 미군의 학살이 과장이 아니라는 것을 연구방법과 실증으로 입증했다. 이러한 연구가 축적되고 더 많은 자료가 확보되면 그간 민간인학살단체의 미군 폭격에 의한 피해 주장에 대해 과거사정리위원회 등에서 조사, 분석한 것에서 한 걸음 더 진전된 연구 성과를 기대할 수 있을 것이다.

Ⅳ. 민간인집단학살의 영향

지금까지는 민간인집단학살에 대한 진상규명과 피해자 명예회복이 중

41) 김종민, 앞의 글, 61쪽.

42) AP기자들의 노근리학살에 대한 생생한 취재는 최상훈 · 찰스 헨리 · 마사 멘도자, 『노근리다리』, 잉걸, 2003 참조.

요하였기 때문에 그것에 치중해서 시민단체의 활동이나 정부 위원회 활동이 이루어졌고, 연구자들의 활동도 그러했다. 그렇지만 민간인집단학살이 한국인들의 삶이나 정치 · 사회 · 문화에 어떤 영향을 미쳤는가를 연구하는 것도 그것 못지않게 중요하다고 아니할 수 없다.

민간인집단학살은 가족들한테 지울 수 없는 큰 상처를 남겼다. 그중의 하나가 피해의식이다. 피학살자 가족들이 엄청난 수난을 당해야 했던 그 자체가 피해의식을 갖게 하거나 패배주의에 빠지게 했다. 너무나 심하게 당하기만 한 사람들은 권력에 대해 공포를 지니게 되고 당하는 것이 숙명처럼 생각한다. 그래서 많은 한국인들이 피해의식이 깊이 내면화되어 제2의 숙명처럼 되었다. 제주도에서 역대 대통령선거가 1970년대까지 여당후보가 압도적으로 높았고, 제주와 여수에서 1987년 6월항쟁 이전에 정부를 비판하는 시위가 없었던 것도 피해의식이 크게 작용했다.

부역자들은 감옥에서 나온 이후에도 법적 근거가 없는 요시찰인으로 묶여 활동을 제한당했고, 피학살자 유족들은 법적 근거가 없는 연좌제로 고통을 입었다. 과거사정리위원회에서 공무원 임용이나 직장 취업, 대학이나 사관학교 입학에 보도연맹 피학살자 유족들과 방계 가족들이 어떤 피해를 입었는가를 조사한 것은[43] 연구자들에게 유용하게 활용될 수 있을 것이다.

왜 한국에서 극우반공체제가 오랫동안 강력히 위력을 발휘하였는가도 현대사 연구자들의 숙제인데, 민간인집단학살사건을 빼고 그것을 설명하기란 쉽지 않다고 생각한다. 1950년 전쟁 이전에도 이승만정권은 극우반공체제를 강요했으나, 여러 연구자들이 주장하는 바대로 그것이 내면화된 것은 전쟁을 겪고 난 이후였다. 극우반공이데올로기, 극우반공체제

43) 과거사정리위원회, 『2009년 하반기 조사보고서 07』, 624~634쪽.

는 남한 도처에서 자행된 민간인집단학살을 매개로 하여, 또 연좌제 등도 작용해 굳건한 기반을 마련했다. 박정희 등이 쿠데타를 일으켜 혁신계 인사, 학생들을 대거 체포하고, 피학살자 유족회 관계자들을 구속하고 공동분묘 등을 훼손한 것도 극우반공체제를 지탱하는 데 중요한 역할을 했다. 후자는 피학살자 피해자들의 공포와 피해의식을 끊임없이 상기시키고 증폭시켰다.

민간인집단학살이 현대사를 왜곡하고 그것에 관심을 갖는 것을 기피하게 하는 데 기여한 것도 중요시할 필요가 있다. 제주4·3사건 등 집단학살을 역사교과서 등에서 어떻게 가르쳤나도 분석할 필요가 있다. 특히 유신체제에서 반공교육의 핵심으로 유별나게 강조한 6·25전쟁 시기의 만행, 곧 집단학살은 역사왜곡의 현저한 예가 될 수 있다.

V. 끝맺으며 : 자료의 문제

민간인집단학살 관련 증언 또는 진술, 신고는 정부 과거사 위원회, 민간단체, 개별 조사자와 연구자의 활동과 노력으로 이제 꽤 많이 집적되었다. 그렇지만 가해자, 그중에서도 이승만 대통령이나 정부 고위층에 관한 증언은 아직도 미미한 편이다. 증언해줄 사람들이 점점 노쇠하고 죽어가고 있지만, 최상훈 등의 저서 『노근리다리』에 나오는 미군 병사들의 증언과 같은 진실고백을 받아내기 위한 노력이 계속되어야 할 것이다. 경찰청과거사진상규명위원회와는 대조적으로 국방부과거사진상규명위원회는 '강제 징집, 녹화사업' 등의 조사에서 성과를 거둔 것은 국방부의 자료 협조가 있었기 때문인데, 아직도 접근하기 어려운 정부 자료를 어떻게 세상에 드러내게 하는가도 문제다.

지금까지 정부 위원회가 가지고 있는 증언(진술), 신고 자료 및 국내외에서 발굴한 자료의 활용도 연구를 진전시키는 데 중요하다. 제주4·3위원회에서 생산, 수집한 방대한 자료는 정리와 분석, 공개가 제주4·3기념관과 같은 유관기구의 일로 남겨졌다. 과거사정리위원회의 경우, 사료관 운영, 관리, 추가 진상 조사, 진상규명과 관련한 연구·문화 활동 등을 할 수 있도록 과거사연구재단을 설립하게 되어 있지만,[44] 실제 재단 설립은 기대하기 어렵게 되어 있다. 과거사정리위원회 등 정부 과거사위원회의 문서 또는 자료는 국가기록문서보관소 등 다른 정부 기관으로 넘어갈 가능성이 많은데, 이 경우 연구자들이 당사자나 가족이 아니라는 이유로 증언(진술)이나 신고 등의 문서를 열람, 복사하기가 어려울 수 있기 때문에 이 부분에 대한 대처도 중요하다.

민간인집단학살 관계 자료는 미국에 많다. 이임하 등의 미국자료 연구팀은 미국문서보관소 자료 중 주한유엔민간원조사령부 사료를 중심으로 연구를 진행해 한국전쟁 60주년을 맞아 지난 4월에 『전장과 사람들』(선인, 2010)을 출판한 바 있고, 같은 시기에 '미국자료로 본 한국전쟁의 재해석'이라는 이름으로 학술대회를 가진 바 있다. 이 학술대회에서는 팀연구자들이 미국자료로 민간인집단학살에 깊이 간여한 방첩대(CIC)의 조직과 활동, 형무소 학살, 부역자 처벌과 '홍제리'사건, 포로수용소 학살 문제, 인민군의 학살, 미군의 전쟁범죄 조사 등을 집중적으로 연구, 발표하여, 미국자료가 한국전쟁시기 학살 문제 연구에 대단히 유용하다는 것을 보여주었다. 앞에서 언급한 대로 김태우는 미국자료로 박사학위논문 「한국전쟁기 미공군의 공중 폭격에 관한 연구」를 썼던바, 북한폭격의 경우 평양 원산 강계 청진 성진 흥남 신의주와 그 밖의 도시, 농촌 폭격을 사

44) 정근식, 「우리는 진실과 화해를 위하여 어디까지 갈 수 있는가」, 『제노사이드연구』 5, 2009, 9쪽.

진과 자료기록으로 고찰해, 그동안 이와 관련하여 논쟁이 있었던 국제민주법률가협회조사단, 국제민주여성연맹조사단, 조국전선위원회 등의 조사에 대해 일정한 평가를 할 수 있었다. 김태우가 북한 측의 폭격관련 신문기사나 조국전선위원회 등의 보고서가 대외적으로 알리기 위한 것이었지만 폭격 양상이 과장되지는 않았다고 기술한 것은[45] 주목할 만하다. 민간인집단학살의 연구에서 미국자료 발굴이 중요하다는 것을 이번 미국자료 팀이나 김태우의 연구는 잘 보여주고 있다.

---

45) 김태우, 앞의 글, 91쪽.

한국전쟁 전후 육군 방첩대(CIC)의 조직과 활동*

김 득 중

Ⅰ. 머리말

방첩대(Counter Intelligence Corps)는 군 안전을 위협하는 활동을 미리 탐지·방지하고 적에 대한 정보·첩보를 수집하여 궁극적으로는 군의 안전을 보장하는 데 그 활동 목적이 있다. 방첩대가 남한에서 처음 활동하게 된 것은 해방 직후 미군이 남한을 점령하면서부터였다. 미군 방첩대의 활동 목표는 주한 미24군단의 안전을 도모하는 데 있었고, 주한미군의 안전이란 곧 점령지의 안정을 뜻하는 것이었다. 미 점령군이 안전을 확보하고 그 점령 목적을 달성하는 것은 남한에 우호적이고 반공적인 정부를 수립하는 것과 관련이 있었다. 이 때문에 미군 방첩대 활동의 대상은 해방 직후 왕성한 활동을 벌였던 다양한 정치세력에 초점이 맞추어졌고,

* 이 논문은 2008년 정부(교육과학기술부)의 재원으로 한국연구재단의 지원을 받아 수행된 연구임(KRF-2008-321-A00012). 이 글은 『사림』 제36호, 2010을 수정한 글임.

그 가운데에서도 좌익 세력은 미군이 가장 신경을 쓴 활동 대상이었다.

제2차 세계대전을 거치면서 본격적으로 만들어진 미군 정보 기구는 갖가지 정보를 수집했고, 소유한 정보를 기초로 적극적인 공작 활동을 전개하여 자신에게 유리한 정치 지형을 창출했다. 미군 점령기부터 존재했던 방첩대의 기능과 역할, 효과는 군대 내에 머문 것이 아니었다.

점령 시기에 이루어졌던 방첩대 활동은 대한민국 정부가 수립된 이후에 그대로 전수되었다. 주한미군은 방첩대의 경험과 성과를 한국 정부에 이전하려고 시도했고, 방첩대의 필요성과 유용성을 잘 알고 있었던 이승만 대통령도 방첩대 경험의 전수에 적극적이었다.

정부 수립 후에 만들어진 방첩대—특무대는 전국에 파견대를 조직하고, 이승만의 정치적 이해를 보호하는 정치적인 조직으로 되어갔다. 군 방첩대—특무대는 1950년 정치 과정의 굽이굽이마다 개입하여, 민간 사회에 큰 영향을 끼쳤다. 이런 이유로 이 시기의 정치 과정을 이해하기 위해서는 방첩대와 특무대 활동을 이해할 필요가 있다.

이 글에서는 다음 사항에 초점을 맞추어 미군 방첩대와 정부 수립 이후의 육군 방첩대 활동을 살펴보고자 한다.[1)]

첫째로, 한국전쟁을 전후한 시기의 육군 방첩대 조직을 살펴보고자 한다. 육군 방첩대를 살펴보기 위해서는 육군 방첩대 활동의 모델이 되었던 미군정 시기의 방첩대 활동을 보는 것이 필요하다. 미군 방첩대 경우에는 조직 활동이 비교적 상세하게 알려져 있는 편이다.[2)] 이와는 달리

---

1) 이 글에서는 명칭에 대한 혼란을 피하기 위해 미군 점령 시기의 미 육군 방첩대를 '미군 방첩대'로 표기하고, 대한민국 정부 수립 후에 만들어진 대한민국 육군의 방첩대를 '육군 방첩대'로 구별하여 표기하고자 한다. 또한 대한민국 육군 정보기관의 명칭은 방첩대-특무대 등 몇 차례에 걸쳐 변경되었는데, 이 글에서는 여러 가지 명칭을 가진 육군 정보기관을 통틀어 표기하고자 할 때 '방첩대'라고 표기한다.

2) 미군 정보기관은 미군정 기간뿐만 아니라 한국전쟁 시기에도 활발한 활동을 펼쳤는데, 한국전쟁 시기에는 미 육군 방첩대뿐만 아니라, 공군, 해군 등 다양한 조직

육군 방첩대의 경우에는 활동과 조직에 대한 문헌적 추적이 쉽지 않아 오해와 혼란이 불가피하게 발생하고 있다. 이런 혼란을 줄이기 위해서는 조직적 변화를 역사적으로 추적하여 그 실체를 확인하는 것이 필요하다. 이 글에서는 새롭게 발굴된 문헌을 활용하여 육군 방첩대의 조직 변화를 가능한 선에서 확인하고자 한다.

둘째로 살펴볼 것은 미군과 육군 방첩대의 관계와 그 유사성이다. 조직과 임무 측면에서 두 조직은 어떤 유사성을 가지고 있었는지, 미군의 활동 경험은 어떻게 육군에 전수되었는지에 초점을 두고 살펴보고자 한다. 그리고 국군 방첩대가 만들어지는 과정에서 드러난 대한관찰부-대한정치공작대 등 이승만의 정보기구 설립 시도를 살펴보고자 한다.

셋째로, 미군정 시기와 정부수립 직후의 방첩대가 어떤 역할을 했는지를 살펴보고자 한다. 방첩대는 여러 가지 임무와 역할을 가지고 있다. 방첩대 활동의 전반적인 모습을 살펴보는 것은 무척 방대한 작업이며, 이 글의 목적을 벗어난다. 이 글은 방첩대의 여러 활동 가운데에서도 미군 점령 시기의 민간인 정보 수집과 1950년대에 민간인학살, 정치개입 등과 관련된 공작에 대해 살펴보고자 한다.

원래 방첩대의 임무는 민간인을 대상으로 하는 것은 아니다. 그러나 미군 방첩대와 육군 방첩대의 활동 대부분은 군이 아니라, 민간인을 대상으로 하고 있었다. 이는 남한 점령을 목적으로 진주한 미군의 성격에 기인하는 것이었으며, 이승만 대통령의 정치적 의도가 작용한 결과라고

의 정보기구가 활동한 만큼 한국전쟁기에 활동했던 미군 정보기관을 살펴보는 것은 손쉬운 작업이 아니다. 이에 대해서는 다음 글을 참고할 수 있다. 정용욱, 「한국전쟁시 미군 방첩대 조직 및 운용」, 『군사사 연구총서』(제1집), 2001 ; 조성훈, 「전쟁을 전후한 첩보부대의 조직과 활동」, 『한국전쟁사의 새로운 연구』, 국방부 군사편찬연구소, 2002 ; 국방부군사편찬연구소, 「주한미군의 정보보고 체계」, 『07년 6·25전쟁 전후 민군관련 사건 연구과제』 ; 정용욱, 「해방직후 주한미군 방첩대의 조직체계와 활동」, 『한국사론』 53, 2007.

볼 수 있다.

이 글에서는 기존에 공간된 자료집과 더불어 민간인학살 사건 관련기록을 모아놓은 '노근리조사기록(No Gun Ri Research Document)'과 직접 수집한 미 국립기록관리청(NARA) 기록물 등을 주로 이용했다. '노근리조사기록'(이하 '노근리기록'으로 약칭함)이란 1999년에 AP통신이 '노근리사건'을 보도한 이후, 미 국방부가 미 국립기록관리청(NARA)에 의뢰해 조사한 관련 기록물을 말하는 것이다. 1년여에 걸친 노근리문서 조사는 노근리사건에 직접 관련된 자료뿐만 아니라 주변 정황과 기타 민간인학살 사건에 대한 자료로 확장되었다. 노근리기록에는 국무성, 국방성 등 다양한 종류의 문서가 망라되어 있는데, 이 문서를 모으기 위해 조사단에는 육군, 공군, 국무성 등 각계 전문가가 참여했다. 작업결과 일반 문서상자의 3배 크기인 대형 상자(Federal Record Container)에 육군(7개 상자)과 공군 문서(6개 상자)가 수집됐다.[3)]

노근리기록이 중요한 이유는 이 기록이 노근리사건 관련 기록만이 있는 것이 아니라 한국전쟁 전후에 발생한 민간인 희생사건에 관련된 다양한 기록이 모여 있기 때문이다. 이는 미국 아키비스트들이 초기 작업부터 노근리사건만이 아니라 이후 밝혀질 가능성이 있는 민간인학살사건을 염두에 두고 자료를 조사했기 때문이다.

그 결과 노근리기록에는 주한 미 대사관 기록을 포함한 국무성, 육군, 공군, 중앙정보부(CIA), 법무감 등 다양한 주체가 생산한 문서들이 포함되었다. 노근리기록은 한국전쟁을 전후한 민간인학살 관련 기록의 집대성이라고 할 수 있다. 이 같은 노근리기록의 성격 때문에, 한국전쟁을 전

3) 2001년 제주4·3위원회, 국사편찬위원회, 군사편찬연구소는 육군문서들 중 3박스를 수집했다. 국사편찬위원회는 2003년도에 나머지 육군문서와 공군문서를 수집함으로써, 노근리기록 전량이 국내에 입수되었다.

후로 한 민간인 희생 연구에서 노근리기록은 지나칠 수 없는 중요한 문서 컬렉션이다.

II. 미군 방첩대 활동과 그 영향

1. 미군 방첩대의 조직과 활동[4)]

1945년 9월부터 3년에 걸친 미군 점령기간 동안에 방첩대 활동은 미군정 통치를 효과적으로 수행하게 한 중요한 토대였다. 한국에서 미군 방첩대 임무는 군정과 밀접한 연관이 있었다. 미 제24군단장 하지(Hodge, John Reed)는 남한 정치상황을 분석하고 유효한 정보를 제공한 방첩대에 대해 "적시의 정보는 전투 국면뿐만 아니라 점령 국면에서도 제대로 된 결정을 하는 데 중요하다.……방첩대가 이룩한 기여는 질서 있고 평화적인 남한 정부의 설립에 중요한 요소였다. 주한미군 방첩대 각 대원들에게 감사의 말을 전한다"는 높은 평가를 내렸다.[5)] 미 국무성이 내려 보내는 한국에 대한 지침이 많지 않은 상황에서 하지는 정책 결정의 중요한

---

4) 이 부분은 초기 주한미군 방첩대 역사를 정리한 다음 자료에 의존했다. United States Army Intelligence Center, *CIC During the Occupation of Korea*(이하 『한국점령기 방첩대』로 약칭함), *History of the Counter Intelligence Corps Vol. XXX*, 1959.3. US Army Intelligence Center, RG 319, Records of Army Staff, Records of the Assistant Chief of Staff, G-2, Intelligence, Entry UD 151, Box 4. 그런데 『한국점령기 방첩대』는 정용욱, 앞의 글을 통해 많은 분량이 번역되었고, 이에 따라 미군 방첩대 활동을 파악하는 것이 용이해졌다. 따라서 이 글에서는 미군 방첩대 활동의 주요 특징점 등을 정리하는 데 역점을 두고자 한다. 『한국점령기 방첩대』 서술에서 누락되거나 사실을 좀 더 확인할 필요가 있는 부분은 국립기록관리청에서 직접 수집한 인터뷰 기록 등을 참고했다.

5) 『한국점령기 방첩대』, p.15.

부분을 방첩대가 수집한 정보에 의존했다. 방첩대는 점령을 성공적으로 수행하는 데 든든한 의지(tower of strength)가 되었던 것이다.[6)]

당시 유일한 정보기관이었던 주한미군 방첩대는 각종 첩보를 수집하고 공작 작전을 수행함으로써 남한 정치에 깊숙이 개입했고, 이를 통해 미군정 통치와 남한정부 수립에 기여했다.

남한에 처음 들어온 방첩대는 미군 제24군단이 인천에 상륙한 다음 날인 1945년 9월 9일 인천항에 들어온 제224파견대(224th detachment) 요원들이었다.[7)] 제224파견대 요원들은 서울에 주둔한 제24군단 사령부에 배속되었다. 한편 제224방첩대의 행정 업무는 일본 도쿄에서 활동하고 있던 제441방첩대 지대의 지휘 아래 이루어졌다. 제224방첩대의 상급부대가 연합국최고사령부(SCAP/GHQ)에 소속된 제441방첩대였기 때문이다.

1945년 하반기, 남한에는 224파견대뿐만 아니라, 전투부대 파견대(combat unit detachment), 도시부대(metropolitan unit), 지역부대(area unit) 등의 여러 부대가 방첩대로 활동하고 있었기 때문에 조직이 일체화되어 움직이지도 못했고 활동의 집중성도 담보하고 있지 못했다.[8)]

이런 상황을 극복하기 위해 1946년 2월 5일, 제224파견대 업무를 관할하는 상부 조직은 1946년 2월 12일부터 연합국최고사령부에서 주한 제24군단으로 변경되었고,[9)] 1946년 2월 13일 한국에 있는 방첩대는 조직을 단

---

6) *Interview with Kenneth E. MacDougal.*

7) 제224방첩대 초대 파견대장은 바이런 뮤럿(Byron M. Meurlott) 중령이었다. 윌리엄 고든(William R. Gordon) 대위, 밴 홈즈(Van C. Holmes) 대위 등이 그 뒤를 이었다.

8) 이때 활동한 부대로는 제84, 85, 86도시부대, 제58, 59, 77, 78지역부대, 제6, 7, 40사단 파견대가 있었다. 도시부대와 지역부대는 각기 활동영역으로 삼는 도시나 지역이 있었다. 이를테면 제84도시부대는 부산에 위치하고 있었고, 제58지역부대는 대전을 담당했다.

9) 이러한 이유로 제441방첩대 1946년 2월 이후부터는 자신들의 보고서에 더 이상 한국 관련 보고를 하지 않았다. 441st CIC Detachment, *Monthly Information Report*

순하게 하기 위해 재편성됐다. 제224파견대는 계속 서울에 남아 모든 방첩 작전을 지휘했다.[10]

두 달이 지난 1946년 4월 1일, 제224파견대는 제971방첩대 파견대로 교체되었고 1948년 말까지 남한의 모든 군 방첩 활동은 제971파견대의 지휘 아래 이루어졌다.[11] 남한 내의 방첩 조직이 제971방첩대로 정비되자, 1946년 중반 이후부터는 통일되고 본격적인 활동이 가능해졌다.

제971파견대의 핵심 업무는 작전 장교가 지휘하는 8개 과(section)가 담당하고 있었다. ① 간첩·파괴·기타과 ② 정치과 ③ 보안과 ④ 특수대 ⑤ 정보과 ⑥ 보고분석과 ⑦ 연락과 ⑧ 작전문서과로 이루어져 있었다.[12]

이 가운데 간첩·파괴·기타과는 소련과 적대하고 있는 주한미군정의 위치를 반영하여 남한에 존재하는 좌익 정치세력을 사찰하고 제압하는 데 활동의 주요한 초점이 놓여졌다. 남한 좌익의 활동은 적대적인 파괴 활동, 전복 활동으로 인식되었다. 방첩대는 특히 '세계혁명'과 남한 공산주의자들의 연관에 관심을 갖고 있었다. 방첩대는 1946년 6월, 전 한국을 지배하는 공산주의자들의 '매스터 플랜'을 발견했는데, 방첩대는 이것을

---

of Activities, Feb. 1946.

10) 제6, 7, 40방첩대 지대는 각각 전투부대에 배속돼 부산과 서울, 대구에서 활동했다. 새롭게 부대가 편성되어 대전에서는 제1034방첩대, 송도에서는 제1035방첩대, 인천에서는 제1036방첩대, 광주에서는 제1110방첩대, 전주에서는 제1111방첩대가 활동했다. 이 시기 한국에서 활동했던 방첩대 요원은 57명이었다.

11) 제971방첩대 파견대장은 필리핀에서 근무한 경력이 있는 잭 리드(Jack B. Reed) 소령이었는데, 그는 1946년 4월부터 1948년 2월까지 방첩대장으로 근무했다. 이후 로버츠(Theodore J. Roberts) 소령이 임시로 방첩대장직을 수행하다가 1948년 3월부터는 허킨스(Joseph Huckins) 중령이 방첩대장을 맡았다. 그 후 베이커(Harry W. Baker) 대위가 뒤를 이어, 1949년 5월 말 방첩대 활동이 최종 종료될 때까지 직무를 맡았다.

12) *Standard Operating Procedures of the 971St CIC Detachment*, p.2(『한국점령기 방첩대』 Appendix 3).

전 점령기간 동안 가장 중요한 발견 중의 하나라고 평가하기도 했나.[13] 1947년 1년 동안, 339명의 간첩 명단이 보고되었고 이 가운데 149명이 체포되었다.[14]

정보과는 북한 상황에 대한 첩보를 수집하는 임무 등을 갖고 있었는데, 남한 우익반공청년단체들과 연대하여 직접 공작원을 파견하여 정보를 수집했다. 정보과는 1947년 이후 개성, 옹진, 삼척 등지에 지부나 분소 설치해 38선을 넘어오는 피난민을 심사했다. 피난민 심사는 이미 1946년부터 이루어졌는데, 심문을 통해 방첩대는 북한 군사 상황(부대배치, 무기), 정치 경제 상황에 대한 정보를 획득할 수 있었다.[15]

제971파견대의 규정에 따르면, 방첩대의 기본적 임무는 군사적 안전 유지를 원조하는 것이지만, 남한에서 방첩대 임무는 군정 점령의 성격을 반영하고 있었다. 제971파견대의 임무는 "민주정부 수립이라는 주한미군의 전반적 목표의 성공적 완수를 위해서 정치세력과 사회단체 조사와 관련된 적극적 첩보와 방첩분야의 특별 조사활동 및 인접지역(북한)에 관련된 첩보 수집을 포함"하는 것으로 '확대'되었다.[16] 971방첩대의 이러한 임무 확대에 대해 주한미군 사령관 하지는 '점령이라는 미군의 임무가 새로운 방첩작전 개념(new concepts of counter intelligence operations)을 탄생'하게 했다고 표현했다.[17]

'일본군 무장해제를 위한 군사적 점령'이라는 미군의 초기 점령 목표는 북한을 점령한 소련과 적대하게 되면서 미국에 우호적인 반공 민주정권

---

13) 『한국점령기 방첩대』, p.48.

14) *Annual Progress Report for 1947*, p.25.

15) 224th CIC Detachment Inchon District, Russian Activities, 11 April 1946.

16) *Standard Operating Procedures of the 971St CIC Detachment*, p.1(『한국점령기 방첩대』 Appendix 3).

17) 『한국점령기 방첩대』, p.15.

을 수립하는 것으로 변화되었고, 미군 방첩대는 이러한 목표를 용이하게 하기 위해 좌익을 포함한 한국인 정당 · 사회단체에 대한 정보 수집과 정치인들에 대한 감시를 수행했다. 한국인 민간 정치인을 사찰, 감시하고 전복활동을 방지하는 임무는 방첩대 사령관의 자의적인 판단이 아니라, 표준운용절차(Standard Operating Procedures)에 규정된 조직의 임무였다.

수집된 정보는 방첩대가 적극적인 정치공작을 통해 한국 정치에 깊숙이 개입하게 되는 토대가 되었다. 방첩대는 좌익세력 탄압의 신호탄이었던 '조선정판사 위폐사건'을 직접 조사했다. 이 사건은 공식적으로 제1관구경찰청 소속 본정서가 담당했지만, 실제로 수사를 주도한 것은 두 차례에 걸친 압수수색을 실시한 방첩대였다. 방첩대는 이 사건을 공산주의자들의 사악한 본성이 나타난 최초의 중요한 지표라고 평가했다. 방첩대는 이 사건이 공산주의자들의 전복활동을 위한 자금원이라는 사실에 관심이 있었고, 정판사 위폐사건으로 인해 공산주의자들이 약화되었다고 평가했다.

방첩대는 정보를 수집하는 수동적인 수집 업무만을 했던 것이 아니라, 남로당 간부들을 예비 검속으로 체포하기도 했다. 1947년 8 · 15 제2주년 기념일을 맞아 방첩대는 각 지구대와 분소에 편지를 보내 8월 12일 모든 좌파 지도부를 습격하여 21명의 핵심 지도자를 체포할 것을 지시했다. 군에 한정되지 않고 민간인을 대상으로 한 이러한 정보수집과 공작 업무는 정판사 사건에만 해당되는 것이 아니라 방첩대의 통상적 업무였다.

조직적 측면에서 볼 때, 제971파견대는 제24군단 정보참모부(G-2) 휘하에서 활동했고 정보참모부에 책임을 졌으나,[18] 일부 관할권은 여전히 연합국사령부의 제441방첩대가 갖고 있었다. 방첩대 요원들은 24군단에

18) *Letter of Joseph Genovese to Major John O. Garrison*(1954.11.22), RG 319, Entry UD 1084 Historians Background Material Files Concerning CIC History, Box 6.

서 배치한 것이 아니라 일본의 제441지대에서 파견됐으며,[19] 미국으로 보내는 제971지대의 모든 보고서는 제441지대를 통해 전달되었다.

남한 내 방첩대 조직은 시간이 흐르면서 확대되었다. 1946년 9월에 9개의 지부와 3개의 분소, 총 12개의 지 · 분소가 있었던 방첩대는 1947년 5월에는 18개로 늘어났고, 1948년 12월에는 총 19개소로 늘어났다.

1948년 말까지 방첩대 지부는 서울 · 인천 · 강릉 · 대전 · 부산 · 광주 · 전주 · 대구 · 개성 · 옹진 · 춘천 · 청주 · 제주도 등 13개 도시에서 운영됐다.[20] 미군 방첩대 지부의 증가는 방첩대 역할의 확대와 관련이 있다. 주요 도시의 경우에는 지부가 항상 운영되었고, 1948년에는 북한 관련 정보를 탐지하는 개성, 옹진, 의정부, 삼척 등의 지부, 분소가 신설되었다.

방첩대는 지부와 분소를 전국적으로 확대하면서 광범한 네트워크를 구성했다. 이를 통해 방첩대는 남한 전 지역을 관할하게 되었다. 이러한 지방 조직은 방첩대가 한국의 정치지형을 파악하고 미군정의 의도에 맞게 정치 지형을 주조할 수 있는 기반이었다. 미군 971방첩대는 "방첩대보다 한국의 상황을 완벽하게 파악한 정보기관은 없다"고 스스로 평가했다.[21]

---

19) 제971방첩대 지대의 정원은 모두 126명으로 책정되어 있었지만, 한 번도 정원을 채우지는 못했다. 실제로 이 지대가 활동하기 시작한 1946년 9월의 인원은 89명이었다.

20) 몇몇 주요 지부는 각각 분소를 갖고 있었다. 서울 지부는 의정부 분소를, 강릉 지부는 삼척 분소를, 부산 지부는 마산 분소를 운영했고, 광주 지부는 목포 분소, 전주 지부는 군산 분소, 대구 지부는 포항 분소를 운영했다.

21) 『한국점령기 방첩대』, p.8.

〈표 1〉 미군 방첩대 지역 조직의 변화 (1946~1948년)[22]

지부 \ 시기	1946년 9월	1947년 5월	1948년 12월
서울	◎	◎	◎
송도	◎	◎	
인천	◎	◎	◎
강릉	◎	○	◎
대전	◎	◎	◎
부산	◎	◎	◎
광주	◎	◎	◎
전주	◎	◎	◎
대구	◎	◎	◎
제주도		◎	◎
개성		○	◎
옹진		○	◎
의정부			○
삼척			○
춘천	○	○	◎
원주		○	
청주	○	○	◎
마산			○
진주	○	○	
목포		○	○
군산		○	○
포항			○
지부/분소	9/3(12)	9/9(18)	13/6(19)

※ 지부(district offices)는 ◎로 표시

〈그림 1〉 1946년 1월에 남한에 배치된 방첩대 분소(field offices)는 ○로 표시[23]

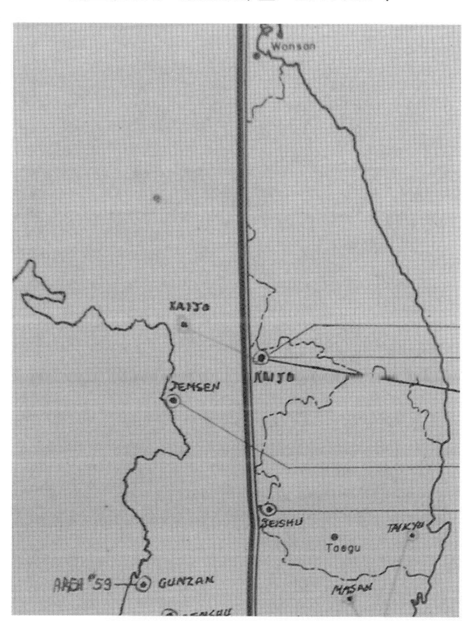

방첩대 본부의 보고분석과는 지부를 통해 남한 상황을 속속들이 보고받았다. 모든 지부는 〈일일정기보고/일일요약(Daily Periodic Report/Daily Summary)〉를 통해 날마다 본부에 상황을 보고했고,[24] 본부는 〈주간정보

---

22) *Appendix 2 : District Offices of the 971st CIC Detachment*, 『한국점령기 방첩대』에 기초하여 작성함.

23) 441st Det. *AFPAC, Monthly Information Report of Activities*, Jan. 1946, RG 554, Entry A1 147, Box 140.

24) *Interview with Theodore E. Griemann*, RG 319, Entry UD 1084 Historians Background Material Files Concerning CIC History, Box 6[NoGunRi File No. 1820-00-00342]. 이 논문에서 인용하고 있는 전직 방첩대 요원들의 인터뷰 기록은 방첩대 역사를

통보(Weekly Information Bulletin)〉를 각 지부로 보냈다.[25] 〈수간정보통보〉는 지부가 한국의 정당 활동과 정치 변화를 판단할 수 있는 기초 정보를 제공했다. 그리고 서울 본부(Reports and Analysis Section)는 주한미군 정보참모부(G-2)에 매일 보고서를 작성해서 보고했고, 제441파견대에는 반월간 보고서를 작성해 보고했다.

이들 보고서는 정치, 정보, 첩보·파괴 기타(E. S. & M), 보안, 특별대(Special Squad), 행정 등의 6개 섹션으로 나누어져 있다. 가장 많은 분량을 차지하는 것은 좌익활동과 정치적 인물에 대한 정보를 담은 전복활동 부분이다.[26]

주한 미군의 방첩 임무는 본국 방첩대가 규정한 업무보다 훨씬 더 확대되었다. 방첩대 업무는 민간인을 대상으로 한 정보수집과 정치공작으로 변화되었다. 수집된 각종 정보와 위에서 언급한 여러 보고서들에서 언급된 내용들은 각종의 리스트로 작성되어 카드 형태로 보관되었다.

편찬하기 위해 미군이 1951~1952년에 진행한 프로젝트의 생산물이다. 인터뷰는 총129개의 질문으로 이루어졌는데, 개인 신상, 방첩대 활동, 포로 및 피난민 심문, 전투첩보, 적의 간첩, 파괴, 정보원, 피난민 소개계획 등과 더불어 한국 방첩대나 한국 민간인과의 관계 그리고 북한군과 유엔군에 관련된 질문도 포함되어 있다. 이러한 인터뷰를 기초로 하여『한국점령기 방첩대』가 편찬되었지만, 인터뷰 내용을 취사선택하여 서술의 자료로 삼았기 때문에 좀 더 깊은 연구를 위해서는 1차 사료라고 할 수 있는 인터뷰 기록을 직접 검토할 필요가 있다. 이 글에서 인용된 전 미군 방첩대원들의 모든 인터뷰는 나와 한국연구재단 기초연구과제지원팀이 직접 수집한 것이다. 인터뷰 기록은 앞의 전거(RG 319, Entry UD 1084, Box 6)에 소장되어 있어 출처가 동일하기 때문에 이후부터는 전거 표시를 생략한다.

25) *Weekly Information Bulletin, Semi-Monthly Report, Monthly Information Report*는 정용욱,『해방직후 정치·사회사 자료집』제8·9권(다락방, 1994)에 실려 있다.

26) 이 밖에도 방첩대는 연간 보고서와 특별보고서 등도 작성했다. *Annual Progress Report for 1947* ; *Annual Progress Report for 1948* ; *CIC Special Report* ; *Leftist Propaganda*, 1947.8.23., *Special Report on North Korea Trip*, 1947.7.27., *The Pro-Japanese Issue*, 1947.6. 18., *Actual and Suspected Espionage Agents in South Korea*, 1948.3.27을 참조.

남한 점령 기간 방첩대가 직면한 가장 큰 어려움은 언어 문제였다. 제971지대에는 한국어를 구사할 수 있는 요원들이 매우 적었기 때문에 한국인 통역자와 번역자들에게 상당 부분 의존할 수밖에 없었다.

한국인이 아닌 요원 중에 한국어를 가장 잘 구사할 수 있는 사람은 에이비슨(Gordon W. Avison) 하사와 위태커(Donald P. Whitaker) 하사였다.[27] 에이비슨은 선교사의 아들이었는데 생애 대부분을 한국에서 보냈기 때문에 한국어에 능숙했다. 그는 박헌영을 담당하여 주기적으로 그를 면담했다.

방첩대에는 한국인 2세 요원이 12명이 있었는데, 이들 대부분은 하와이 출신이었다고 한다. 한국인 요원 중에서 주목되는 인물은 이순용(李淳鎔)이다. 그는 'Y. Lee' 또는 발음대로 '와일리(Wylie)'라고 불리기도 했는데, 제2차 세계대전 때 미군 OSS에서 활동하다가 224파견대와 함께 남한에 입국했다. 이순용은 이승만과 아주 가까운 인물로서, 그가 OSS에 들어가게 된 연유도 이승만의 소개 때문이었다. 귀족 출신인 이순용은 많은 '폐쇄적인 집단'에 접근하여 유용한 정보를 가져올 수 있었기 때문에 미군 방첩대는 그를 특히 가치 있는 공작원으로 평가했다.[28]

방첩대는 이승만을 비롯한 남한의 고위 정치 지도자들 대부분을 사찰했고, 다양한 정치단체에 촉수를 뻗고 있었다. 서울파견대에서 근무했던 맥두걸은 1947년 미소공동위원회가 정치 단체에 질의서를 보냈을 때,

---

27) *Interview with Kenneth E. MacDougal*. 위태커는 나중에 장면 총리의 정치고문으로 활동했다.

28) 『한국점령기 방첩대』에는 'Lee Yong Soon'이라고 표기되어 있다. 미국에서 20여 년 동안 생활한 이순용은 1942년 굿펠로우와 이승만이 자유한인부대 창설을 도모할 때, 장기영 · 장석윤과 함께 부대원으로 추천되었다. 1951년 5월 7일부터 1952년 1월까지 제6대 내무부장관, 1952년 1월 12일부터 5월까지는 체신부장관을 지냈다. 그 뒤 1952년 5월 2일 해운공사 사장, 1953년 5월 외자청장이 되었다. 1988년 10월 9일, 91세로 사망했다(안용식 편, 『대한민국관료연구(I)』, 연세대학교사회과학연구소, 1995, 618~619쪽).

503개의 정당이 응답하도록 했던 것은 미군 방첩대의 작전 영역을 보여주는 것이라며, 방첩대는 정치 사찰 능력이 있었다고 밝히고 있다.[29)]

방첩대는 남로당 같은 좌익 정당에 정보원을 심어놓고, 이들의 활동을 면밀히 감시했다. 방첩대는 남로당 전라도당 조직부장을 정보원으로 활용하여 전북도당 활동을 일일이 점검하고 있었고, 경찰 습격 계획 등을 미리 알아내어 이에 대비하곤 했다.[30)]

서울 파견대는 매주 이승만을 인터뷰했고,[31)] 박헌영 같은 좌익 지도자들도 주기적으로 인터뷰했다. 제971지대의 정치부에서 일했던 프랜시스 다나까(Francis F. Tanaka)가 이승만을 담당한 정보원이었다.[32)] 방첩대는 이승만에게 오고 가는 모든 편지를 검열했으며, 필요하다고 판단될 때는 이승만에게 전달하지 않은 채 폐기처분했다.

그러나 이승만이 방첩대 활동의 대상으로만 되었던 것만은 아니었다. 이승만은 방첩대 내에 이순용과 같이 그와 가까운 인물이 일하고 있었기 때문에, 미군 방첩대 활동과 그들이 수집한 정보를 상당 부분 알고 있었다. 1947년 8월 13일, 방첩대가 모든 공산당 본부를 습격했을 때도 이승만은 처음부터 이것을 알고 있었다.[33)]

방첩대의 업무는 매우 방대했기 때문에 요원만으로는 임무를 수행하기 벅찼다.[34)] 방첩대는 각 지역에서 반공의식이 투철한 서북청년회 같은

---

29) *Interview with Kenneth E. MacDougal.* 맥두걸은 1947년 한국에 부임하여 대전 방첩대에서 근무하다가, 이 해 12월 국내경비부 정보 고문으로 일했다. 1948년 2월, 보고분석과에서 일했고, 6월에는 일하기를 원하던 서울파견대장을 맡았다.

30) 「이강국은 CIA 대북공작단에 고용되었다」, 『민족21』(2001.11). 이 기사에는 Prudoncio D. Uliberri가 밝힌 남로당 정보원 활동상을 자세히 번역하여 소개하고 있다.

31) *Interview with Elbert H. Eller.*

32) *Interview with Theodore S. Griemann* ; 『한국점령기 방첩대』, p.12.

33) *Interview with Kenneth E. MacDougal.*

34) 1946년 요원 수는 89명이었고, 1948년 4월의 인력배치표(T/O)에는 182명이 필요한

우익청년단 출신의 한국인 정보원을 고용하여 관련 정보를 수집했다. 미군 방첩대는 북한 인민군의 상층부와 하층에도 정보원을 가동했다. 방첩대는 좌우를 막론하고 정치조직에 정보원을 심었던 것이다.[35)]

방첩대가 신뢰했던 조직은 서북청년회였다. 미군 방첩대는 대부분 서북청년회와 가까운 사이였다. 대전 파견대의 경우, 방첩대는 좌·우를 망라한 모든 정치 조직으로부터 정보를 얻었다. 대전지역 좌익에 대한 접촉은 이 지역 서북청년회 2인자인 임일이 책임졌다.[36)] 방첩대 요원들은 "서북청년회는 유용했지만 통제하기가 어려웠다"고 회상했다. 서북청년회원들은 항상 (특히 북한 간첩일 경우) 잡고 나면 공산주의자들을 죽였고, 경찰보다 더 폭력적(terroristic)이었다거나 잔인한 무리(brutal bunch)라고 회고했다.[37)] 그럼에도 방첩대는 자신들의 임무 수행을 위해 다른 어느 조직보다도 서북청년회와 가깝게 지냈다. '그들은 완전한 반공주의자였고 공산주의자들을 잘 가려낼 수 있었기' 때문이다.[38)]

미군 방첩대 활동의 초점은 군정 치안을 혼란스럽게 만들 수 있는 '점령' 지역 민간인에 대한 통제에 있었고, 안전 확보는 좌익세력의 발흥을 차단하는 것에 달려 있다는 것이 미군정의 상황 인식이었다. 남한 내 공산주의 세력의 발흥과 소련과의 냉전 과정에서 싹튼 공산주의자 척결의 필요성은 좌익세력을 예의주시하게 했다. 이러한 점 때문에 미군 방첩대는 군인을 대상으로 한 것이 아니라, 남한에 거주하는 민간인 그중에서도 좌익 세력을 대상으로 한 정보수집과 첩보활동을 수행했다.

것으로 되어 있지만, 보통 100여 명 정도가 요원으로 활동했다.

35) *Interview with Theodore S. Griemann.*

36) 미국 자료에 인일(In Il)이라고 나와 있는 인물은 임일(林一)이다(건국청년운동협의회총본부, 『대한민국건국청년운동사』, 1989, 1263쪽).

37) *Interview with Theodore S. Griemann.*

38) *Interview with Prudoncio D. Uliberri Major*(1954. 10. 9)[NoGunRi File No. 8511-00-00359].

방첩대원들은 한국의 상황과 한국인에 대해 어떻게 생각하고 있었을까? 방첩대는 이승만 활동을 주의 깊게 지켜봤고, 이승만은 나중에 한국의 대통령이 되었다. 어떤 요원은 이승만은 극단적인 민족주의자였다고 했고,[39] 어떤 사람은 이승만이 '공산주의자는 죽여야 한다'고 생각했으며, 극도로 공산주의를 증오한 사람이라고 그를 기억했다.[40] 이승만에 대한 요원들의 느낌은 다양했다. 어떤 이는 이승만이 정치적 반대자들에 대한 그의 접근이 '극단적'이라고 말했고, 어떤 이는 이승만을 '기회주의자'라고 평가했다. 다나까는 심지어 이승만을 'son of bitch'라고 표현했고, 맥두걸은 김구 암살에 대해서는 당연히 이승만 세력을 어느 정도 의심할 수밖에 없다고 밝히기도 했다.[41] 전체적인 의견을 종합해 볼 때, 이승만은 미국 기준으로 '말썽꾸러기(trouble-maker)'였다.

흥미로운 것은 『한국점령기 방첩대』가 이런 의견을 소개하면서,[42] 이승만이 미국 기준으로 보면 이상한 사람이지만 한국 기준으로는 '평범한 정치인'이었다고 하여, 오리엔탈리즘적 시선을 내비치고 있다는 점이다.

맥두걸은 미국 기준으로 보면 이승만은 '파시스트'라고 언급했다.[43] 그러면서 그는 덧붙이기를 미군정이 좌우연합을 시도했지만, 처음부터 이승만에게 귀를 기울여야 했다고 말했다. 이승만이 파시스트이지만 한국에서는 그를 받아들여야 한다는 것이 그의 입장이었던 것이다. 요원이었던 그리만은 "한국에는 독재나 이와 유사한 정부 이외에 다른 정부, 즉 민주적 정부는 혼란만 가져올 것이다"라고 말했다. 한국전쟁기에 한국에서 일했던 미군

39) *Ibid.*

40) *Interview with Kenneth E. MacDougal.*

41) *Interview with Theodore S. Griemann* ; *Interview with Kenneth E. MacDougal.*

42) 『한국점령기 방첩대』, p.88~90.

43) *Interview with Kenneth E. MacDougal.*

방첩대원들은 '한국인의 평균 정신연령은 7살 어린애 수준'이라거나,[44] '국군의 정신은 미국 10살 어린애의 그것과 같다'고 평가하기도 했다.[45]

서양을 절대적인 기준으로 삼아 점령지 한국을 평가하는 방첩대 요원들의 시각은 단지 오리엔탈리즘에 그치는 것은 아니었다. 이러한 시각은 미군 방첩대가 반공국가 수립이라는 자신이 수행한 정치적 행위에 대한 책임을 회피하고자 했을 때 유용했다. 미군 방첩대원은 개인적 차원에서는 서북청년회를 혐오하고 폭력적이라고 비난했지만, 우익청년단원들과 기꺼이 손잡고 일했다. 청년단원들은 반공국가 수립과정에서 유용한 인적자원으로 사용할 수 있었기 때문이었다. 우익 청년단원들이 폭력적인 양상을 보인 것은 분명하다. 그러나 이것은 우익세력 지원을 통해 3년간의 점령 통치를 수행한 미군의 존재 없이는 불가능한 일이었다.[46] 사실이 이러함에도 불구하고, 동양과 서양을 나누며, 한국인들은 원래 그렇다는 식으로 상황을 평가하는 순간 점령에 뒤따르는 책임과 배후의 문제는 없어져 버린다. 그리고 이러한 책임 회피 방식은 한국전쟁 민간인학살이 한국 군·경에 의해 발생했을 때, 국군을 지휘하던 미군이 다시 한 번 사용했던 것이기도 하다.

2. 이승만의 정보기구 설립 시도

육군 방첩대 조직의 설립과정을 살펴보기 전에 먼저, 이승만이 추진했던 민간 정보기관 설립이 좌절된 경험을 고려할 필요가 있다. 육군 방첩대의

---

44) *Interview with Joseph H. Farell.*

45) *Interview with Joseph P. Gorman.*

46) 방첩대 활동은 다른 조직을 깔보거나 강압적인 방식으로 추진되는 경우가 많았다. 이 때문에 방첩대 임무는 미군정 요원에 의해서도 쉽게 이해받지 못해 마찰을 빚었다. 군정요원들은 힘에 근거한 '경찰국가'의 활동 같은 방첩대 활동을 싫어했다.

임무가 대민간인 활동에 초점이 맞추어지게 된 요인 중의 하나는 이승만이 정보기구를 바라보는 시각, 운용과 어느 정도 관련이 있기 때문이다.

이승만은 정보기구의 중요성과 필요성을 잘 알고 있었고, 이러한 정보기관이 수집한 각종 첩보를 정치활동에 적극 활용하기도 했다. 1946년 6월, 제1차 미·소공위가 폐회되고 좌우합작운동이 시작되어 이승만의 정치적 위상이 흔들릴 때, 사설 정보기관이 설립되었다.

이승만은 이러한 정치상황을 타개하기 위해 비공개 사설 정보조사기관인 KDRK를 조직했고, 그 지휘하에 활동할 민족통일총본부 조사부를 공개조직으로 만들었다.[47] KDRK란 'Keep Dr. Rhee Korea'의 약자인데, 이름에서 나타나듯 이 조직은 이승만 개인을 위해 조직되었다. KDRK는 중앙 부대뿐만 아니라 도 부대, 도 지구부대를 단계적으로 설치했다.

KDRK의 존재는 미군정도 알지 못했으며, 측근 비서들에게까지도 비밀로 부쳤다.[48] KDRK는 이승만이 정치활동을 할 때 필요로 하는 정보자료를 수집하고 여론을 조사하며 필요하면 상대방 진영을 교란시키고 민족진영 내의 '반동분자들'을 제압시키는 데 활동의 목적을 두었다. 그런데 KDRK의 활동은 좌익세력은 물론이거니와 우익 내부에 존재하는 반이승만 세력을 제압하는 데도 초점이 맞추어져 있었다. 특히 좌우합작에 반대하는 우익진영은 반동세력으로 규정되었다.

KDRK 사례를 보면, 이승만이 정보기구 설치에 큰 관심과 욕구를 가지고 있었으며 사설 정보조직이기는 하지만 정보기구 운용의 경험을 쌓아갔다는 점을 알 수 있다. 이 같은 연장선에서 이승만은 대한민국 정부가

---

47) 김혜수, 「1946년 이승만의 사설정보조사기관 설치와 단독정부 수립운동」, 『한국근현대사연구』 제5집, 1996, 213~218쪽. 이 논문은 이승만 문서를 이용하여 1946년 이승만의 사설조직으로 설치된 KDRK의 활동과 조직을 소상히 소개하고 있다.

48) 김혜수, 위의 글, 219쪽.

수립되기 직전 '대한관찰부(Korean Research Bureau)'라는 민간인으로 이루어진 국가정보기관을 만들고자 하였다.

1948년 미 방첩대의 하반기 철수가 알려지자,[49] 7월부터 이승만 대통령과 제24군단 정보참모부 토마스 와팅톤(Thomas Wattington) 대령, 경찰 고문관 에릭슨(H. F. Erickson) 중령은 여러 차례의 회의 끝에 미군 제971방첩대 지대를 본 뜬 남한의 정보 조직을 만들기로 하였다. 정부가 수립되기 이전이었기 때문에 조직 구성은 비밀리에 진행되었다. 조직의 초기 계획에는 리처드 팍스가 관여했고, 로버츠는 대한관찰부의 설립에 관여했다. 미국은 대한관찰부를 '한국의 방첩대(CIC)'로 간주했다.[50] 이승만은 이 정보조직이 군 기관이 아니라, 민간인이 근무하는 기관이 되어야 한다고 생각했다.[51]

이승만과 경찰 고문관, 미 방첩대 고문관은 회의를 거쳐 정보기관 설립에 대해 다음과 같은 사항을 결정했다.

① 이 조직의 명칭은 '대한관찰부'로 한다.
② 행정명령에 따라 1948~1949년 회계연도에 2억 3,000만원의 예산 사용을 승인한다.
③ 조직표를 승인한다.
④ 제971방첩대 사령부의 서한을 통해 모든 지구대 지대장들에게 대한관찰부 요원들이 미군 방첩대의 임무를 맡을 것이라고 통보한다.

---

49) 미군 방첩대는 1948년 12월 31일 파견대장고 16명의 기간 요원을 남겨두고 대부분 요원이 남한에서 철수했다. 남아 있던 17명 요원들은 1949년 5월에 한국에서의 활동을 종료했다.

50) *Interview with Elbert H. Eller.*

51) *Appendix 4 : The Korean Research Bureau－Early History of Korean CIC*(이하 『한국 방첩대의 초기 역사』로 약칭함). 이 문서는 『한국점령기 방첩대』(1956. 3)에 첨부된 문서이다. 『제주4 · 3사건 자료집』 8(제주4 · 3사건진상규명및희생자명예회복위원회, 2003, 156~158쪽)에 이 문서의 일부분이 번역되어 있다.

결정된 사항 가운데, 제4항은 대한관찰부가 미 방첩대의 후신이라는 점을 분명히 한 것이었다. 대한관찰부가 사용하기로 한 2억 3천만 원은 당시에 적은 액수가 아니었다. 1948년도 세출예산 총괄표에 따르면, 당시 임시 및 특별예산을 제외한 정부 지출 경상예산액은 93억 원이었다. 대한관찰부의 예산보다 더 많은 지출액을 가지고 있는 부처는 내무부, 국방부, 재무부, 교통부 등 9개 부처에 불과했고, 대법원, 총무처, 외무부 등 나머지 부처는 대한관찰부의 예산보다 적었다.[52] 하지만, 대한관찰부에 배당된 예산은 이승만 정부의 자의적 집행에 따라 실제로 사용되었다.

이승만과 주한미군 고문과의 합의에 따라, 대한관찰부 요원 훈련과 조직을 구성하는 작업이 미군 주도로 시작되었다. 민간인 방첩대원을 모집하고, 조직 · 훈련 · 배치하는 등 정보조직을 구성하는 역할은 미군 제971 방첩대가 맡았다. 한국 경찰과 미 방첩대는 요원을 모집하여 서울의 경찰학교에 훈련소에서 6주 과정의 교육을 받게 했다. 미 고문관 2명은 통역관과 여러 정부 부처에서 파견된 인력을 활용해, 1948년 7월 중순 교육생 60명을 대상으로 첫 교육을 실시하여 8월말에 졸업했다.

1948년 8월 하순, 1기생들이 졸업한 뒤 곧 바로 2기생 240명이 훈련에 들어갔다. 대한관찰부의 인원은 315명으로 책정되어 있었다.[53] 미군 방첩대는 두 차례에 걸친 교육을 통해 대한관찰부 조직에 필요한 300여 명을 이미 확보한 셈이었다. 훈련을 위해서는 보다 큰 막사가 필요했는데, 경찰학교 시설이 충분하지 않아 경기중학교를 사용했다.

1948년 10월 하순에 대한관찰부 본부가 서울의 미군 971방첩대가 사용하는 건물에 설치됐다. 이미 9월경에는 대한관찰부의 각급 사무실과 책임자 현황까지 정해져 있었다. 이에 따르면 서울, 부산, 대구에는 1급 사무

---

52) 대한민국 국회사무처, 『국회사: 제헌국회, 제2대 국회, 제3대 국회』, 1971, 104~106쪽.

53) *Phasing Out*, 『한국점령기 방첩대』, p.122~123.

실을 두고, 인천 · 개성 · 춘천 · 청주 · 대전 · 전주 · 광주 · 제주 · 군산 · 목포 · 포항 · 마산에는 2급 사무실을, 옹진 · 강릉 · 횡성 · 삼척에는 3급 사무실을 둔다는 계획이었다. 1948년 10월 초에 졸업한 제2기생들은 미군 방첩대 지구대에 파견됐다. 경찰 고문관과 미 방첩대 고문관들은 민정식을 초대 대한관찰부장으로 선발했다.

미군 보고서에 대한관찰부의 책임자로 언급된 장석윤은 일명 '몬타나 장(Montana Chang)'이라고 불린 전 미군 방첩대 요원이었다.[54] 이승만이 미국에 체류하던 1940년대에 이승만과 가까워졌던 장석윤은 이승만의 열렬한 추종자이지만 동시에 이범석 국무총리, 윤치영 내무부장관과도 밀접한 관계였다.[55] 그는 1950년 6월 19일, 치안국장에 임명되었고 전쟁이 일어나자 치안국장 명의로 '전국 요시찰인 단속 및 전국 형무소 경비의 건'이라는 비상통첩을 발송하여, 보도연맹원과 불순분자를 검속하도록 지시했다.

대한관찰부가 설립되고 요원이 실제로 배치되어 방첩활동을 하고 있었지만, 대한관찰부는 아무런 법적인 근거가 없는 조직이었다. 수많은 예산과 인력을 사용하면서도 아무도 모르게 비밀스럽게 운영되고 있었던 것이다.

대한관찰부 활동은 1949년 1월 16일 대한청년단 수원군 지부 단원을 납치 · 감금 · 폭행한 이른바 '수원사건'이 세상에 알려지면서 드러났다. 대한관찰부원들은 대통령 암살을 계획하고 있다는 혐의를 씌워 청년단 단원과 여성들을 납치하여 고문하고 성폭행을 자행했다. 언론은 이들을

54) *USMILAT SEOUL FROM SANA SGD MUCCIO*(1950. 6. 23), RG 319, Entry 57, Box 45 ACofS G－2 INCOMING & OUTGOINGS MSGS 1950[NoGunRi File No. 9123-00-00726].

55) 장석윤은 대한관찰부 활동과 관련하여 횡령혐의로 1년 6개월을 선고받았지만, 1950년 4월 6일 서울고등법원에서 무죄를 선고받았다(『Joint Weeka』 14, 281~283쪽).

'악당'이라고 불렀고, 국회는 공공연히 인민을 학살하는 대한관찰부는 즉시 해산해야 한다고 주장했다. 한 의원은 구자춘[56] 영등포 방첩대원으로부터 입수한 대한관찰부의 허위 취조서를 내놓으며, 대통령이 수원에 온다는 사실은 1월 14일에 보도되었는데, 어떻게 1월 12일에 암살을 계획할 수 있는가라며 대한관찰부 주장의 모순을 폭로했고, 다른 의원은 '방첩대는 미국 정책 수행을 위해 생긴 것인데, 대한민국이 탄생한 후도 존속시켜야 하는 이유가 어디에 있는가"라고 지적했다.[57] 정부 각료들은 대한관찰부가 이미 미군정시기에 만들어진 것이고, 이승만 정부는 이를 이양(인계) 받은 것에 불과하다고 설명했지만,[58] 대한관찰부 조직 설립에는 방첩대를 이전시키려는 미군의 의지뿐만 아니라 이승만의 욕구도 매우 강하게 작용하고 있었다.

대한관찰부에 대한 이승만의 생각은 다음 발언에서 엿볼 수 있다. 그는 국회에서 대한관찰부를 비난하자 기자회견에서 '(대한관찰부는) 대통령 직속으로 사행어사격(私行御使格)으로 발동하는 기관이다. 비행을 정탐하여 감봉 · 정직 · 파면을 시켜 법의 처단을 받게 할 수 있고, 이 밖에 사정국이란 미 CIC와 같은 기관으로 대통령 직속 아래 모든 정치관계 · 기타를 정탐하는 곳이다'라고 말했다.[59] 이승만에게는 정치 정보를 수집해 자신에게 직보하는 정보기구, 자신의 특명에 따라 일을 처리할 수 있는 첩보 기구가 필요했던 것이다.

수원사건 이후 국회는 정부의 책임을 추궁하는 한편 대한관찰부의 즉

---

56) 구자춘(具滋春)은 1974년에 서울특별시장, 1978년에 내무부장관을 지냈다. 1987년 정계에 입문하여 제13대 공화당, 제14대 때는 민자당 국회의원을 지냈다.

57) 김웅진 의원의 발언, 『국회속기록』 제2회 제46호, 804~805쪽.

58) 이인 법무부장관의 발언, 『국회속기록』 제2회 제10호, 180쪽 ; 백한성 법무부차관 발언, 『국회속기록』 제2회 제46호, 806쪽.

59) 『서울신문』, 1949.1.22.

각적인 폐지를 주장했고, 정부에 경고하였다. 이렇게 여론이 무척 악화된 상황에서도 정보기구를 설치하려는 이승만 대통령의 의지는 매우 강하였다. 이승만 대통령은 수원사건이 알려진 후에 대한관찰부 설치를 승인해 줄 것을 국회에 요청했다가, 이를 방호국(防護局)으로 변경했고 나중에는 사정국(司正局)으로 다시 바꾸었다. 그러나 대다수 국회의원들은 이승만 대통령이 정치적 반대자를 색출할 목적으로 대한관찰부를 만들었고 방호국이나 사정국도 이러한 연장선에 있다고 판단하였기 때문에 이러한 정보조직 창설에 반대했다.[60] 결국 국가 기구의 일환으로 구상된 정보기구를 창설하려던 이승만의 대한관찰부 설립 계획은 실패했다.

사정국이 폐지될 무렵인 1949년 5월, 퇴직군인 신치호와 정혜천은 '대이북 공작'을 한다는 명목으로 이승만과 협의하여 통일사를 설치했다. 이 조직은 10월경 해체되었지만, 정혜천은 다시 '통일사'의 영문 이니셜 세 글자를 따서 TIS라는 조직을 만들었다. 통일사는 사정국의 후계 조직임을 주장하면서 협박과 강요, 탈취를 통해 자금을 모았고, 그 피해액이 2억여 원에 달했다.[61]

1950년 4월에는 '대한정치공작대' 사건이 발생했다.[62] 대한정치공작대는 여러 가지 측면에서 TIS보다 더욱 커다란 조직이었다. 검찰에 검거된 김령, 김낙영 등은 1950년 3월 30일에 이 조직을 만들었다고 말했는데, 대원 약 100여 명에게는 치안국장과 헌병사령관 연명으로 '상기자는 사

---

60) 국회에서 김웅진 의원은 대한관찰부가 자신을 인민위원회 위원장으로 선전하고, 자신의 80세 노모를 좌익 테러리스트로 거짓 선전을 했다고 폭로했다(『국회속기록』 제2회 제46호, 804~805쪽).

61) 『국도신문』, 1950.2.18.

62) 대한정치공작대 사건에 대해서는 서중석, 『한국현대민족운동연구 2』, 역사비평사, 1996, 91~94쪽 ; 김학재, 「한국전쟁 전후 국가 정보기관의 형성과 활동」, 『제노사이드연구』 제2호, 2007, 158~161쪽을 참조.

전승인 없이는 심문, 검거를 불허한다'는 신분증을 발행하여 소지하게 했다.[63] 신분증 발급에서 보듯, 대한정치공작대에는 내무부의 경찰, 국방부의 헌병대 같은 국가 기관의 협조가 있었다. 하지만 대한정치공작대 활동은 관련된 인물 이외에는 다른 정부조직도 완전히 모르는 상태에서 진행되었다. 검찰도 대한정치공작대 활동에 대해서는 전혀 모르고 있었다. 이승만의 특명을 어긴 채 이 사건을 파헤친 검찰은 대통령의 노여움을 사, 권승렬 법무부장관은 문책을 각오하고 있었다.[64] 이 때문에 내무부와 경찰, 국방부와 헌병사령부 등 대한정치공작대와 관련된 정부 기관들은 이 사건이 파급되는 것을 극력 막았으며, 이 사건이 일부 분자의 정치음모라거나 정치 희극으로 무마되기를 바라고 있었다. 결국 대한정치공작대 사건은 수많은 의혹과 문제를 남긴 채 관련자 12명이 기소되고 사실상 수사가 종결되었다.[65]

대한정치공작대는 국가 기관을 사칭하면서 공공연히 정치과정에 개입하려 하였다. 대한정치공작대는 국회의원 선거를 앞두고 내각제로의 개헌을 요구하던 야당(민주국민당)을 탄압하기 위해 운용되었다는 혐의를 받고 있었다.[66]

대한관찰부가 국회와 여론의 반대로 국가 기관으로 설립될 수 없다는 것이 확실해진 후에도, 'TIS'와 '대한정치공작대' 같은 정보 조직은 비밀리에 작동하고 있었다. '대한관찰부－TIS－대한정치공작대'로 이어지는 다양한 정보사찰 기구 설립 공작은 이승만이 정보기구를 얼마나 필요로 하고 있었는지를 잘 보여준다. 대한관찰부 때부터 이들 정보기관은 무리하

63) 선우종원, 『사상검사』, 계명사, 1992, 198쪽.
64) 선우종원, 위의 책, 190~191쪽.
65) 『국도신문』, 1950. 5. 21.
66) 선우종원, 앞의 책, 188쪽.

고 폭력적인 정보수집과 불법적 공작 등으로 매번 사건을 일으켰고, 이 때문에 조직 설립이 좌절되거나 관련자들이 검거되었다.

미군 방첩대는 대한관찰부 설치가 어려워지자 육군 방첩대를 조직하는 활동을 동시에 전개했다.[67] 이는 미군이 운용했던 방첩대 조직을 신생 한국 정부에 이전하려는 의지가 반영된 것이었다.

Ⅲ. 육군 방첩대의 활동

앞에서 살펴본 바와 같이, 대한민국 정부 수립을 즈음하여 미군과 한국 정부는 미군 방첩대(CIC)의 기능을 전달하고 이어받으려 시도 했다. 미군 정보 교관들의 교육과 한국인 요원들의 실제 경험 그리고 미군 방첩대 조직과 운용 방식의 이전을 통해 미군 방첩대 기능은 그대로 육군 방첩대로 이전되었다. 육군 방첩대(특무대)는 미군 제971파견대의 조직과 기능을 모방한 것이었다.

1. 정부수립 전후의 방첩대 조직과 활동

'CIC'로 불리는 방첩부대는 군사작전을 용이하게 하기 위한 정보를 수집하는 한편, 적에 대한 첩보 · 공작활동을 주임무로 한다. 군사 지휘부의 정보참모조직이 아(我)와 적(敵)에 대한 정보를 수집하는 데 머물러 있다면, 방첩대의 임무는 적에 대한 공세적 정보수집 · 첩보활동과 공작활동

---

67) 미군 자료는 '국회가 대한관찰부를 승인하지 않을 것이라는 사실이 분명해지자, 제24군단 정보참모부는 군 방첩대를 국군 내에 설치하도록 결정했다'고 서술하고 있지만, 시기적으로 보면 민간인 정보기구와 더불어 군 방첩대 조직이 동시에 진행된 것으로 보인다.

을 그 특징으로 한다.

육군의 정보참모부는 '정보과－정보처－정보국(특별조사과, 특별정보대, 방첩대)' 순으로 시간이 흐르면서 조직 명칭이 변화되었는데, 한국의 방첩대는 총사령부 참모조직(G－2 즉 정보참모부)의 한 부분으로 시작하여 결국 이 조직으로부터 분리되어 상당한 자율성을 가진 조직으로 발전되었다. 이후에 살펴보겠지만, 특무대는 방첩대의 기능과 업무를 이어받고, 조직적으로는 정보참모부로부터 독립하여 육군본부의 직할 부대로 성립되었다.[68]

여기서는 정보과 설립부터 특무대 창설까지 어떤 과정을 거쳐 육군 방첩부대가 만들어졌는지를 살펴보고자 한다.[69]

1945년 11월 13일, 미군정이 국방사령부 설치에 대한 법령을 공포했을 때, 국방사령부는 경찰까지 포함하는 조직이었고 군대는 아직 만들어지기 이전이었다, 따라서 군 정보수집을 담당하는 조직이라고 할 만한 것은 없었고, 육군부와 해군부를 관장하도록 되어 있는 국방사령부 군무국에 인사장교, 정보 및 검열장교, 작전훈련 장교 등을 배치한 정도였다.[70]

정보조직이 맨 처음 만들었진 곳은 국방사령부가 아니라 조선국방경비대총사령부였다. 조선국방경비대는 1946년 1월 15일, 제1연대 제1대대 제1중대가 경기도 양주에서 입대식을 거행함으로써 본격적으로 출발하

68) 잦은 조직 변화 때문에 '특별방첩대'라거나 '방첩대(SIS)'라는 잘못된 명칭이 사용되기도 한다.

69) 군 방첩기기관의 특성상 이들 조직의 변천을 추적하는 것은 쉽지 않다. 군 공식 역사서에도 정보관련 조직에 대한 서술은 충분하지 않으며, 간행물마다 서로 내용이 다른 경우가 많다. 이러한 자료적 제약 때문에 여기에서 서술된 내용에도 오류가 있을 수 있다. 이 글에서는 현재 가능한 한도 내에서 군 정보기관의 변천을 서술하려 한다.

70) 국방부 군사편찬연구소, 『건군사』, 2002, 95쪽 ; 국방부, 『국방사 1945.8~1950.6』, 1984, 185쪽.

게 되었는데, 조선국방경비대총사령부는 제1연대 본부에 설치되었다. 조선국방경비대총사령부에 언제 '정보과'가 설치되었는지는 기록마다 차이를 보이고 있다. 공식 전사 『한국전쟁사: 해방과 건군』은 총사령부가 2월 7일에 설치되었다고 하면서도 정보과는 1월 14일에 만들어졌다고 밝히고 있다. 총사령부가 설치된 이후에 정보과가 만들어져야 하기 때문에 이는 오류로 보인다.[71] 아마도 정보과는 2월 7일 이후에 만들어졌을 가능성이 높다.[72] 육군 정보국의 모체라고 할 수 있는 정보과의 설치시기는 불명확하지만, 과장은 미 육군 카스 소령이 맡았다가 곧바로 최홍희(崔泓熙)로 바뀌었다.[73] 조선국방경비대총사령부는 국방사령부 군무국의 참모기능을 흡수하여 모병 및 인사업무를 전담했는데,[74] 정보 업무도 이 같은 흐름 속에 놓여 있었다. 군대 조직이 만들어짐에 따라, 관련 업무가 조선국방경비대총사령부로 무게 중심이 옮겨지게 된 것이다.

1946년 미소공동위원회가 열렸을 때 소련대표는 '국방'이라는 용어에 대한 문제를 지적했다. 소련은 남북을 미소가 잠정적으로 분할 점령하고 있는 상황에서 '국방'이라는 용어를 사용하는 것은 미국이 독자적 군대를 창설하려는 의도라고 이해했기 때문이다. 소련군 측의 항의가 있자 미군정은 1946년 6월에 15일에 국방사령부를 국내경비부(Department of Internal Security, 한국인들은 이를 나중에 '통위부'라 부름)로 변경했고, 이에 따라 조선국방경비대도 '국방'이라는 용어를 삭제하고 그 명칭을 조선경비대

71) 국방부 전사편찬위원회, 『한국전쟁사: 해방과 건군』, 국방부, 1967, 268 · 273쪽. 이와는 달리, 육군본부군사감실, 『부대약사』, 1955, 5쪽은 조선국방경비대총사령부에 8월 20일자로 '정보처'가 설치됐다고 밝히고 있다.

72) 조선국방경비대총사령부가 2월 7일에 만들어졌다는 점에는 『부대약사』, 『해방과 건군』, 『육군역사일지』 등 여러 기록이 일치한다.

73) 육군본부, 『6 · 25사변 후방전사－인사편』, 1956, 285쪽.

74) 국방부, 『국방사 1945.8~1950.6』, 1984, 187~188쪽.

로 변경하였다.[75] 이러한 소식 변경에 발맞추어 국내경비부(통위부)에는 '정보국'이 설치되었다.[76]

한편 군대를 직접 관할하고 명령권을 가진 조선경비대사령부는 국내경비부보다 더 확장된 정보조직을 필요로 했다. 1947년 6월 1일, 통위부 정보국과 조선경비대총사령부 정보과가 조선경비대총사령부 정보처로 통합된 것[77]은 이러한 상황을 반영하는 조직 개편이라고 볼 수 있다. 초대 처장을 맡은 사람은 백선엽이었다.

그 뒤, 조선경비대 조직이 점차 확대되고 남한만의 단독정부 수립이 눈앞에 다가오면서 정보 기구는 변화를 꾀하게 된다. 1948년 5월 27일, 조선경비대 정보처에 방첩대 기능을 수행하는 특별조사과(SIS, Special Investigation Section)가 창설되었다.[78] 이 조직은 미군 방첩대(CIC)의 기능에 가장 가깝게 근접하는 것이었는데, 특별조사과의 대장은 김안일이 맡았다. 특별조사과는 남한의 부산, 진주 등 주요 도시에 파견대(detachment)를 조직했다.

---

75) 법령 제86호,『조선일보』선경비대 급 조선해안경비대」,『미군정법령총람(국문판)』, 한국법제연구회, 1971, 212쪽.

76) 국방부, 앞의 책, 194쪽.

77) 육군본부,『6 · 25사변 후방전사－인사편』, 1956, 285쪽 ; 국방부 전사편찬위원회, 앞의 책, 273쪽 ; 국방부,『국방사 1945.8~1950.6』, 1984, 196쪽의 도표 4－14. 정보처 통합에 대해서는 약간 다른 의견이 있다. 백선엽은 정부 수립을 전후하여 통위부 정보국이 조선경비대 총사령부 정보처를 통합하였다고 서술하고 있는 반면,『대공삼십년사』는 조선경비대 정보처가 통위부의 정보과를 '흡수'하여 만들어졌다고 기술하고 있다(백선엽,『군과 나』, 대륙연구소, 1989, 334쪽 ; 국군보안사령부,『대공삼십년사』, 1978, 33쪽). 조선경비대 정보처가 기능을 흡수한 것으로 보는 것이 맞을 것 같다.

78) Headquarters 38th Support Battalion 8222d AU, *ROKA CIC*(이하『한국군 방첩대』로 약칭함), RG 319, Entry UD 1084 Historians Background Material Files Concerning CIC History, Box 16, p.1.『한국군 방첩대』는 특별조사과가 정보국 제2과로 설치되었다고 서술하고 있다.

이 부대의 임무는 정부 인물들에 대한 뒷조사, 남한의 공산주의자들의 활동 감시, 남한을 겨냥한 간첩활동 조사, 북한에 대한 첩보 및 정보 수집, 그리고 이승만 대통령이 지시한 특별 임무(special mission)를 수행하는 것이었다.[79] 특별조사과는 군대와 관련된 일상적인 정보 수집을 넘어 간첩, 정치 사찰 등의 업무를 수행했다. 이 때문에 미군은 특별조사과를 미군 방첩대와 가장 유사한 조직이라고 파악했다.

대한민국 정부수립이 가까워지면서 정보처는 인원을 확충하고 파견대를 늘려갔다. 1948년 7월 1일부로 조선경비대총사령부는 정보처로 김점곤 대위를 비롯한 총24명을 발령했고,[80] 9월 27일부터 10월 30일까지 37명의 장교와 장교 후보생을 교육하여 각 지대로 파견했다.

대한민국 정부 수립 후인 9월 15일, 조선경비대가 육군으로 명칭이 바뀐 다음, '국방부 직제'(대통령령 제37호, 1948. 12. 7. 공포)[81]에 의거하여 육군본부에 '정보국'(Military Intelligence Section)'이 만들어졌다.[82] 정보국장은 백선엽이 맡았고, 정보국에는 미군 소령, 대위, 상사 1명의 고문관이 파견되었다. 미군 교관들은 국군 장교와 사관후보생에게 심문, 방첩활동, 정보수집 등을 교육했다.[83] 제1과는 행정과였고, 제2과는 대공 첩보공작을, 제3과 특별조사과는 좌익세력을 검거하는 임무를 맡았다. 정보국 제3과는 '대륙공사'라는 위장 이름으로 활동했다. 1948년 11월 10일

79) 『한국군 방첩대』, p.1.

80) 통위부 남조선경비대총사령부, 특명 제90호(1948. 7. 8), 군사편찬연구소 소장자료. 이때 발령을 받은 24명은 김점곤(대위), 빈철현, 이존일, 유병철, 박상순, 김재영, 오성규, 송대후, 김창룡, 허형순, 김상룡(이상 중위), 김충량, 안영조, 김순철, 이희영, 김석필, 최호, 전정숙, 김과문, 김순기, 박평래, 김일환, 손일수, 양인석(이상 소위)이다.

81) 국방관계법령집발행본부, 『국방관계법령급예규집』, 1950, 126쪽.

82) 국방부 전사편찬위원회, 앞의 책, 273쪽.

83) 백선엽, 『군과 나』, 대륙연구소, 1989, 334~335쪽.

부터 1949년 3월 1일까지 전남북, 부산, 진수에 파견대가 조직되었고, 1949년 1월까지 전국에 총15개의 파견대가 설치되었다.[84)]

요원 확충도 이루어졌는데, 1948년 9월에 한국 육군과 해군 장교, 간부 후보생들이 1개월 동안(9. 27~10. 30)의 방첩대 교육 과정을 이수하였다. 미 방첩대 고문관들은 '특무과' 과정을 신설하고, 서울 을지로(황금정)에 있는 신사 터에 교실을 만들었다. 교육생들에게는 교육과정이 끝나면 자신들이 속한 부대로 돌아가 파견대를 조직하게 될 것이고, 조직의 세부 사항은 그들의 책임하에 결정될 것이라는 사실을 통보 받았다.[85)]

육군본부 정보국은 '군사정보, 역정보 및 정첩에 관한 사항'을 담당하는 임무를 맡고 있었는데,[86)] 민간 사찰 기관 설립이 실패로 돌아간 상황에서 정보국의 역할과 임무는 계속 넓혀져 갔다.

육군 정보국이 활동 범위를 넓혀 간 이유는 제주사건, 여순사건이 발생하면서 정치 상황이 혼란해지고 정부가 위기감을 느꼈기 때문이었다. 남북이 대립하고 있는 상황에서 정부는 대좌익세력 정보 수집과 조직 파괴의 필요성을 느끼고 있었다. 군 정보기관의 역할은 여순사건 같은 군 내부 반란사건이 터지면서 확대되었다. 제주 9연대 박진경 대령 암살 사건, 여수에 주둔한 14연대 전체가 봉기한 여순사건, 연이은 대구 6연대 군인들의 봉기는 군내 좌익세력을 확실히 척결하지 않고서는 정부가 존립할 수 없다는 점을 확실히 보여주었고, 이에 따라 정부와 군 지휘부는 대대적인 숙군을 결심하게 되었다.

여순사건이 발발한 몇일 뒤, 정보국은 특별정보대를 조직했다. 1948년

84) 서울, 개성, 인천, 주문진, 부평, 부산, 대전, 대구, 춘천, 양양, 청주, 광주, 여수, 목포, 포항 등지에 설치했다.

85) 『한국군 방첩대』, p.1.

86) 대통령령 제37호, 〈국방부 직제〉 제12조는 "정보국은 군사정보, 역정보 및 정첩에 관한 사항을 분장한다"는 내용이다.

11월 1일, 김안일 대위가 초대 부대장이었던 정보국 특별조사과는 특별정보대(SIS, Special Intelligence Service)로 개칭되었고, 권한도 커졌다.[87)]

특별정보대에는 수사 경력이 있는 43명의 육군과 7명의 해군을 1948년 12월 15일부터 다음 해 1월 15일까지 약 2개월간 육사에서 교육해 배치했다.

1948년 12월, 제971방첩대 지대 요원의 대부분이 한국에서 철수했지만 기간 요원들은 여전히 활동하고 있었다. 미군 방첩대가 남한 거주민을 대상으로 활동했던 경험과 정보는 그대로 육군으로 이어졌다. 육군 방첩대는 주한미군 방첩대로부터 직접 교육을 받았으며, 이를 통해 방첩활동에 필요한 여러 가지 노하우를 전수받았다. 미군은 한국 방첩대에 대한 역사를 서술하면서 "미 CIC 장교들이 초기 한국군 CIC 조직과 훈련 담당"했고,[88)] "1948년 말 미국 방첩대의 기능은 이전되었다. 방첩대 문서 대부분은 이 조직으로 넘어갔다"고 밝히고 있다.[89)]

육군본부 정보국이 강화된 계기는 군내부의 좌익인물을 척결한 '숙군'이었다. 여순사건 뒤 군내 좌익세력을 적발한 정보국 특별정보대는 요원을 강화하여 숙군 작업에 본격적으로 착수했다. 그러나 정부 수립 초기만 하더라도 군은 경찰로부터 숙군 대상자 명단을 통고받아 수사에 착수했을 정도로 정보기관의 정보력과 경험은 아직 경찰에 뒤져 있었다. 정부수립 직후에 군 정보기관은 조직적으로 완비되지 못하였고, 정보력에서도 뒤지고 있었다. 그러나 여순사건을 거치면서 본격적으로 시작된 숙군은 군 정보기관을 경찰보다 훨씬 더 강력한 기관으로 변화시켰다.

---

87) 『한국군 방첩대』, p.1.

88) *Organization and Function of Republic of Korea Army Counter Intelligence Corps*(1951.3.14), RG 319, Historians Background Material Files Concerning CIC History, Box 6, Folder CIC Operations in Korea(1950~51)[NoGunRi File No. 1820-00-00430].

89) *Interview with Kenneth E. MacDougal*.

시간이 흐를수록 특별정보대의 가장 중요한 임무는 군대에 있는 친공산주의자 척결(purge of pro-communist elements)이 되어 갔다. 여순사건 진압 후, 숙군에 앞장선 특별정보대는 김종석, 최남근, 오일균 등을 검거하고 이들로부터 얻은 정보에 따라 1948년 11월부터 다음 해 9월까지만 하더라도 군인 570여 명과 민간인 85명을 검거했다.[90)]

여순사건 직후부터 시작된 숙군은 육군 정보국 제3과장 김안일의 지휘 아래 김창룡, 이세호 등이 가담한 특별조사반 주도로 이루어졌다. 정보국은 숙군작업을 성공적으로 수행하기 위해 1949년 1월 2일 정보국 예하 15개 파견대를 군 주둔지역에 설치하여 기구를 확장했다. 숙군이 진행되면서, 김창룡 중령뿐만 아니라 오제도 검사 등이 참가한 군·검·경 합동수사대를 조직하여 색출에 나섰다.[91)]

숙군으로 김종석(제6, 제2연대장), 오일균(제2연대 대대장), 최남근(제15연대장), 박정희(육사 중대장, 반란군토벌사령부 정보참모 보좌) 등의 고위급 장교들이 검거되었다.

숙군은 군인만을 대상으로 하지 않았다. 군에서 좌익을 제거하는 작업은 남로당·북로당원 검거와 민간인들까지 확대되었다. 특별정보대는 1950년 남한에 침투한 거물간첩 성시백을 검거하고, 간첩활동에 연관된 혐의로 민간인 135명을 검거하는 성과를 올렸다.

숙군은 구체적인 행위가 아니라 좌익 혐의자, 동조자라고 의심되는 대상을 검거하여 자백을 받아내는 방식으로 진행되었기 때문에 무차별 검거와 고문, 자백의 방식으로 진행되었다.

---

90) 『대공30년사』는 숙군이 1948년 10월부터 1950년 6월까지 모두 네 차례에 걸쳐 이루어졌다고 밝히고 있다. 사실상 여순사건 후부터 한국전쟁까지 숙군은 계속되었다(국군보안사령부, 『대공삼십년사』, 1978, 66~72쪽). 숙군에 대해서는 노영기, 『1945~50년 한국군의 형성과 성격』, 성균관대학교 사학과 박사논문, 2008을 참조.

91) 국군보안사령부, 위의 책, 69~70쪽.

군 정보기관의 발전 역사에서 볼 때, 숙군은 군 정보기관의 역량(정보수집, 색출, 검거 및 증거수집)을 한 단계 상승시키는 결정적 계기였다. 왜냐하면 '숙군'이란 어제까지 자신의 동료였던 사람을 좌익혐의자=적으로 간주하고, 이들을 처벌하는 작업이었기 때문이다. 자신의 동료를 하루아침에 적으로 간주하고 이들을 다루어 본 경험은 방첩대가 민간인 검거와 처벌에 거칠 것 없이 나설 수 있게 만든 중요한 토대였다. 외부에 있다고 간주된 적을 다루는 것은 '내부의 적'을 다루는 것보다 훨씬 더 쉽기 때문이다.

1949년 10월, 정보국 특별정보대는 제2과 방첩대(CIC, Counter Intelligence Corps)로 개칭 변경되었다. 10월에는 숙군 작업을 효율적으로 진행하기 위해 오제도가 참가하는 군경합동수사본부를 정보국 제2과(방첩대)에 설치하였다.[92] 한국전쟁 초기에 활동한 부대는 방첩대였다.

2. 한국전쟁기의 방첩대 활동과 민간인학살

한국전쟁 발발하기 전, 방첩대 조직은 전국 주요 도시에 만들어져 있었다. 1949년 상반기부터 중반기 동안 특별정보대(SIS)는 대부분의 지역마다 파견대를 조직했고, 이때 만들어진 지방 조직은 그대로 방첩대로 이어졌다.[93] 전쟁이 발발하자, 방첩대는 일단 수원에 집결하여 무너진 조직을 추스르고 임시전시체제를 마련했다.

전쟁이 발발하자 군 방첩대는 헌병이나 경찰 등의 다른 기관을 완전히 배제한 채, 간첩 · 이적 · 반란 등과 관련된 '사상범' 척결을 자신의 영역으

92) *Organization and Functions of Republic of Korea Army Counter Intelligence Corps*(1951. 3. 14), RG 319, Historians Background Material Files Concerning CIC History, Box 6.

93) 지역 파견대는 일정한 시점에 한꺼번에 만들어진 것은 아닌 것으로 보인다. 지역별로 조직 일자에 차이가 있기 때문이다. 제주도의 경우에는 1950년 1월 17일에 만들어졌다.

로 간주하고 배타적으로 관리했다. 방첩대는 관계기관을 완전히 장악하여 다른 기관이 이런 업무에 간섭하지 못하도록 하였다. 군대가 사법과 행정권을 장악하는 계엄이 발포되면서 방첩대는 경찰을 지휘하는 우월한 지위를 가지게 되었다.

전황이 불리했던 전쟁 초기에 전국에 산재했던 방첩대 조직은 없어지거나 재조정되었는데, 이렇게 전황이 불리한 상황에서 요주의 인물에 대한 정치적 학살이 발생했다. 한국전쟁이 발발하자 방첩대는 이적·전복행위의 '우려'가 있는 사상범들을 처리하기 시작했다. 이러한 점에서 좌익 전향자로 구성된 국민보도연맹(이하 '보도연맹'으로 약칭함)과 '정치범'으로 간주된 형무소 수용자들은 이적성이 가장 우려되는 집단이었다. 이 두 집단에 대한 처리는 한국전쟁 발발 직후부터 시작되었다.[94]

충남서부지역 보도연맹원 학살, 괴산·청원지역 보도연맹원 학살, 경산코발트광산 집단학살 등 전국 곳곳의 보도연맹원 학살에는 거의 대부분 방첩대가 개입했다. 인민군에 밀려 후퇴하면서 또는 전선과 어느 정도 떨어진 후방에서 방첩대는 서울, 대전, 부산, 마산, 대구, 진주의 형무소 재소자를 학살하는 데 직접 개입했다.[95]

보도연맹원들을 체포, 연행하고 학살을 집행할 때 방첩대원은 헌병이나

---

94) 당시의 방첩대원은 보도연맹원 학살에 개입했던 사실을 다음과 같이 증언하고 있다. "6월 28일 날, 다 수원으로 몰려 내려왔지, 장도영이가 있을 땐데, 그때 육군 지시가 뭐라고 했냐 하면, '정보국 1과, 2과, 3과장은 다 집합'하더니……정보국 3과, 5과 요원은 김창룡 중령이 지휘해서 '내려가면서 잔비(殘匪) 소탕을 하고, 숨어 있는 보도연맹원이나 후방을 교란시키는 적색분자를 색출하라.' 이런 특명이 떨어졌지"(오상근(육군본부 정보국 수사계장) 증언, 수원시, 『수원 근·현대사 자료집 1』, 2001, 264쪽). 이때 김창룡은 정보국 제3과장이었다(지헌모 편저, 『왜? 갔나 군인 허태영은』, 동흥문화사, 1961, 139쪽을 참고).

95) 진실화해를위한과거사정리위원회, 『부산·경남지역 형무소재소자희생사건』, 2009, 128~134쪽 ; 『대전·충청지역 형무소재소자희생사건 진실규명 결정서』, 2010, 142~166쪽.

지역 경찰과 함께 행동했다. 방첩대는 타 기관에 대한 장악력을 바탕으로 보도연맹원 체포를 지시하거나 학살 명령을 내리는 핵심적 주체였다.[96]

보도연맹원, 형무소 재소자, 부역자들은 처벌의 근거가 되는 이적성이 명확히 규명되지 못한 채 처벌되거나 학살되었다. 그들을 처단해야 하는 '적'으로 규정한 것은 방첩대였고, 그들의 존재 자체를 없애는 작업은 방첩대 조직에 의해 이루어졌다.

한국전쟁 초기에 후퇴를 거듭했던 특무대 조직은 상황에 맞게 몇 번에 걸쳐 조정되고 확대되었다. 1950년 7월 25일, 각 사단에 배속된 방첩대는 해체되어 육군본부 정보국 직할로 편성되었다.[97] 부산 지역의 경우를 보면, 원래 1949년 8월에 창설된 부산지구 방첩대[98]는 1950년 8월 경남지구 방첩대로 개칭하였다. 경남지구 방첩대의 부대장은 김창룡 중령이 맡았다.

경남지구 계엄사령관 김종원은 8월 29일 모든 조사 기관을 일원화하여 경남지구 방첩대 본부에 종속시킬 것을 지시하여, 경남지구방첩대는 부산지역뿐만 아니라 경남지역의 모든 방첩 업무를 통제하였다.

경남지역을 중심으로 계엄사령부에 소속되어 활동하던 방첩대는 서울 수복 후 '경인지구 방첩대'(부대장 김창룡)를 발족시키고 적극적인 '부역자' 색출작전에 나섰다. 전쟁 직후 피난길과 후방에서 벌어졌던 보도연맹, 형무소 재소자 학살이 서울 수복 이후 부역자 처벌로 다시 벌어졌던 것이다. 수복 뒤에 대대적으로 진행된 부역자 처벌은 보도연맹원, 형무

---

96) 진실화해를위한과거사정리위원회, 『국민보도연맹 사건 진실규명 결정서』, 2009, 179쪽. 5·16 쿠데타 후, 이철희 방첩부대장은 '위험인물 예비 검속 계획'에서 '과거 6·25 당시 긴박한 사태하에서 공산분자의 처단을 1개 기관이 전담함으로써 현금에 이르기까지 국민의 원성과 혹심의 대상이 되었든 전례'를 언급하고 있다.

97) 국방부 군사편찬연구소 소장, 『육군역사일지』(진실화해를위한과거사정리위원회, 위의 책, 171쪽에서 재인용).

98) 국군보안사령부, 『管區歷史』(80-12)(진실화해를위한과거사정리위원회, 『2009년 상반기 조사보고서』, 2009, 488쪽에서 재인용).

소재소자 학살의 연장선에 있있다. 이미 1949년 검찰 · 경찰 합동으로 숙군 작업을 경험한 방첩대는 부역자 처벌을 주도했다.[99]

'부역자' 처벌을 주도했던 것은 10월 7일 만들어진 군 · 검 · 경 합동수사본부였다. 경인지구 계엄사령부 명령에 의거 서울 국일관에 설치된 군 · 검 · 경 합동수사본부(1950. 10. 7.~1951. 5. 25.)의 본부장은 김창룡이 맡았다. 합동수사본부 지휘부에는 오제도, 안문경, 정희택 등의 검사들과 경찰이 참가했지만, 이를 주도한 것은 김창룡 본부장과 정보장교들이었다. 군 정보 기관 인사들은 합동수사본부 활동을 통해 막강한 권력을 손에 넣었다. 합동수사본부는 곧 국회에서 "아무런 법적 근거 없이 만들어졌으며 많은 사건을 조작하여 선량한 사람들이 피해를 입었다"고 규탄받고 1951년 5월 해체되었지만, 김창룡은 부역자 처벌의 공로를 인정받아 육군 특무부대장으로 영전되었다.

여러 번의 학살을 경험한 주민들에게 국군 방첩대는 경찰과 함께 공포의 대상이 되었다.[100] 방첩대는 정보를 빼내기 위해 많은 야만적(brutal) 수단을 사용했고,[101] 몇몇 요원들은 민간인을 강탈하기도 했다. 이런 상황을 파악하고 있던 미국 방첩대들 중에는 국군 방첩대의 잔인함 때문에 이들이 수집한 정보를 믿을 수 없다고 생각했다.[102]

합동수사본부를 중심으로 한 부역자 색출 · 처벌의 광풍이 일어나고

---

99) *24th CIC Detachment War Diary*(1950.12.1), RG 407 BOX 3511 ARMY−AG CMD RPTS 1949−54 24ID UNIT WAR 29 SEP-OCT 50[NoGunRi File No. 9123-99-00144]. 부역자 처리는 서울 수복 이전부터 구상되었다. 장경근 국방차관 주재로 경남도청 회의실에서 열린 군경검 책임자회의에서는 부역자 처벌의 방향이 논의되었다. 오제도, 「부산피난시절−그때 그 일들」, 『동아일보』, 1976.6.26.

100) *Interview with Joseph P. Gorman.*

101) *Interview with Joseph H. Farell.*

102) *Counter Intelligence Corps Operation in Korea*, RG 319, Entry UD 1084, Box 6[NoGunRi File No. 9123-00-00971].

있던 1950년 10월 정보국 제2과(방첩과)를 정보국에서 분리하여 특무부대 본부가 설치되었다. 10월 21일, 국방부 일반명령 91호에 따라 특무부대(Special Operation Unit)는 육군본부 직할부대로 독립하게 되었다.[103) 특무부대는 일명 '1348부대'로 불렸고, 김형일이 초대 부대장을 맡았다.

조직적 형식으로 볼 때, 특무대는 육군사령부 정보참모부의 작전지휘를 받게 되어 있었다. 그러나 특무대가 정보국 내 1개 과의 지위에서 벗어나 독립부대로서의 위상을 갖추게 되었기 때문에 정보참모부(G-2)의 직접 관리에서 탈피하게 되었다. 특무대의 힘이 커나갈 수록, 특무대는 정보참모부와 거의 협력하지 않았다.[104) 실제로 정보참모부의 감독은 존재하지 않았다. 정보참모부와의 연락은 특무대 사령관의 판단에 달려 있었다. 육군총참모장은 필요하다고 판단될 때는 보고를 받았지만, 보고가 일상적인 것은 아니었다.

1951년 3월 당시 특무대 조직원 수는 장교, 요원, 행정 사병을 포함하여 약 400명 정도였지만, 파견대들이 각각 지역의 필요에 따라 190명의 민간 정보원을 고용하고 있어서 약 590명의 인원이 특무대 활동에 참여하고 있었다.[105)

특무대 장교들은 주로 여러 지부에서 자체적으로 충원되었고, 대부분의 요원들은 일본군에서 사병이나 장교 경험이 있는 사람들이었다. 요원들에 대한 훈련은 1주일간의 기본 수사 방법을 교육하는 것으로 끝났다. 초기 국군의 요원 교육 코스가 한 달 정도 되었던 것에 비해 비교하면 단기간의 교육만으로 요원을 배치했던 것이다.

---

103) 『한국군 방첩대』, p.2.

104) 지헌모 편저, 앞의 책, 145쪽.

105) *Organization and Functions of Republic of Korea Army Counter Intelligence Corps*(1951. 3. 14), RG 319, Entry UD 1084, Box 6.

중앙의 특무대 조직은 방첩대는 보두 5개 팀으로 구성되었다. 제1팀 특수작전팀(이옥봉 중령)[106]은 군내부와 지역에 정보원들을 이용하여 특별 감시임무를 수행했고, 정치경제팀(김용금 중령)은 문화 · 예술 · 음악 · 연극 · 언론 · 라디오 분야의 관련 정보를 수집하고 정당 활동을 조사했다. 조사 · 안보팀(이우종 소령)은 주요 인물의 배경을 조사하고 보안 관련 사항을 조사하고 신분증명 파일과 사진, 지문을 보관하는 역할을 하고 있었다. 외사팀(주조선 소령)은 외국인들과 외국인 조직을 담당했다. 이 밖에도 제5팀으로 총무팀(조덕현 대위)이 있었다. 각 팀은 3~4명의 장교와 사병 그리고 민간인들로 구성되었다.[107]

특무대 하부 조직은 전국 9개 지역(경기도 안양, 충청북도 청주, 충청남도 대전, 전라북도 전주, 전라남도 광주, 경상북도 대구, 경상북도 보조팀 포항, 경상남도 부산, 경상남도 보조팀 마산, 제주도의 제주팀, 충청북도의 영주팀)에 조직되었다. 지역 말고도 육군 3개 군단과 전방사령부에 각각 전술부대 파견대가 배치되었고, 각 군단 · 사단별로도 파견대가 조직되었다.

특무부대의 임무는 (1) 간첩 · 사보타지 · 전복을 목적으로 한국군에 침투한 적과 적대 분자의 활동을 저지 · 파괴, (2) 반역 · 선동 · 전복적 활동에 대한 증거 탐지, 한국군이 운영하는 시설에 고용되거나 속해 있는 민간인들의 불만 탐지, (3) 군인 및 한국군 관할권 내에서 신뢰할 위치에

---

106) 이옥봉의 활동은 제주도 '유지(有志)사건'에서 확인할 수 있다. 1950년 8월 초순, 제주지역 법원장 · 검사장 · 제주읍장 등 유지 16명이 '인민군환영준비위원회'를 결성하였다는 혐의로 제주지역계엄사령부에 연행되는 사건이 일어났을 때, 이옥봉은 군경합동수사대를 지휘하는 대장으로 일했고, 선우종원 치안국 수사지도과장이 고문을 맡았다. 당시 이옥봉의 계급은 육군 소령이었다. 합동수사대의 조사 결과 '인민군환영준비위원회'는 실재하지 않는 조직이며 사건 자체가 허위 조작된 것으로 밝혀졌다(제주4 · 3사건진상규명및희생자명예회복위원회, 『제주4 · 3사건진상조사보고서』, 2003, 436~438쪽).

107) *Organization and Functions of Republic of Korea Army Counter Intelligence Corps*(1951. 3. 14)

있는 민간인의 배경을 조사하는 것으로 규정되어 있다.[108]

특무대가 수행한 역할과 임무는 군인과 민간인을 대상으로 매우 광범위하게 이루어졌고, 한계선이 존재하지 않는 것처럼 보였다. 간첩 · 오열 색출, 파괴자 적발, 정보 수집은 기본적인 임무였지만, 상부의 특정한 비밀명령을 수행하면서 정치적 과정에 깊숙이 개입하기도 했다.

〈표 2〉 특무대의 조직(1951년 3월 현재)[109]

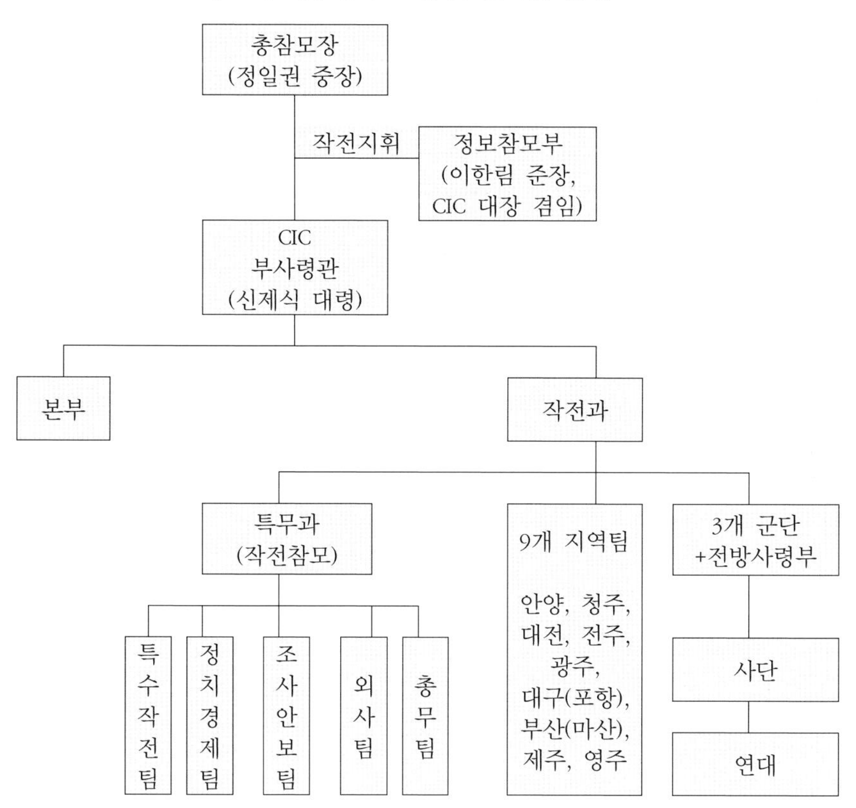

108) 『한국군 방첩대』, p.6. 이것은 1956년 당시의 특무대 임무 규정이다. 특무대 임무는 '한국군 특무대 복무조항 2조'와 '국군 규정 355-2'에 의해 규정되어 있다고 하는데, 이 규정은 아직 발견하지 못했다.

육군 특무대 활동의 중요한 특징 중의 하나는 특무대가 군인(군대)을 대상으로 활동했을 뿐만 아니라, 민간인을 대상으로 한 사찰, 정보수집, 색출활동을 광범위하게 펼쳤다는 점이다. 미군은 평시와 전시에 육군 방첩대의 수사 권한은 군인뿐 아니라 모든 민간인들에게까지도 확대되며, 그것은 각 기관들의 수사 관할권의 경계를 명확히 규정한 협약이 없기 때문이라고 했지만, 법적으로는 이미 관할권이 규정되어 있었다.

'헌병과 국군정보기관의 수사한계에 관한 법률'(법률 제80호, 1949.12.19)에 따르면, 국군정보기관의 소속원과 방첩대원은 군인, 군속의 범죄만을 수사할 수 있었으며 군사 또는 군인에 관련한 일반인의 범죄에 대해서는 구속은 할 수 없고 검사의 지휘명령에 복종해야 했다.[110] 이 법률이 제정된 이유는 방첩대가 군인이 아닌 민간인을 마구잡이로 수사하는 폐단을 막는 데 있었지만, 한국전쟁이 발발하자 방첩대의 민간인 수사·체포 권한이 인정되었다.

국방부장관이 정보국장과 헌병사령관에게 지시한 업무 지시를 보면, 정보국 소속 방첩대원에게는 사상범, 적 유격대원, 적 포로 등에 대한 수사를 주관하고 체포할 수 있는 권한을 부여했다. 헌병, 경찰이 이들을 체포했을 때에도 신병을 즉시 인도하도록 함으로써 방첩대의 배타적 권한을 명시했던 것이다.[111] 이로써 1년 전 제정된 법률은 완전히 무효가 되었고, 방첩대 권한은 다른 어떤 수사기관보다 우월한

---

109) 조직표는 *Organization and Functions of Republic of Korea Army Counter Intelligence Corps*(1951. 3. 14)를 참고하여 작성했다. 한편 보안사령부가 밝힌 육군 특무대 창설시기의 조직 형태는 이와 다르다. 이에 대해서는 국군보안사령부, 『대공삼십년사』, 1978, 37쪽을 참조.

110) 국방관계법령집발행본부, 『국방관계법령급예규집』, 1950, 254~255쪽.

111) 「사상범 및 적 유격대 취급에 관한 업무한계의 건」(국방부장관 신성모, 國防軍內發(邱) 제49호, 1950. 7. 29), 앞의 책, 460~461쪽.

지위를 차지하게 되었다.

방첩대 활동이 좌익세력을 사찰하고 이들의 활동을 저지한 것은 이미 미군정 시기부터였다. 숙군이 광범위하게 진행되던 시기에도 좌익 민간인에 대한 수사는 방첩대 활동의 주요한 대상이었다. 육군 방첩대는 대한민국에 존재하는 모든 사상범을 처리하는 것을 주요한 임무로 삼고 있었다. 이런 측면에서 보자면, 전쟁 직후부터 재빠르게 이루어진 보도연맹원, 재소자 학살은 방첩대 임무 수행의 연장선에 놓여 있었다.

이러한 상황에 대해 미군은 전쟁 초기에 한국 방첩대는 남한 정부를 전복하려는 세력뿐만 아니라, 공산주의자가 아닌 반대자들까지 아무런 재판 없이 수많은 처형을 저질렀다고 지적하면서 남한의 방첩대가 '비효율적'이며 '비협조적'이고 '잔인'하다고 평가했다.[112]

미군 방첩대원들은 '국군과 정부 관리들이 재판 없이 처형을 계속'했으며 '처형된 사람들이 항상 전복적인 것은 아니었고, 이승만에 반대했던 비공산주의자들도 죽음을 당했다'고 언급했다. 그러나 이러한 비참한 상황은 '자주 방첩대 작전의 효율성을 손상'시키는 해프닝으로 받아들여졌다.[113] 한 요원은 '한국 방첩대의 활동은 매우 효율적이었고 무제한적이었으며 심문에서 가장 심한 동양적(oriental) 경찰국가의 방식을 사용하는데 주저하지 않았다'고 말했는데, '효율적인 것'과 '폭력적이고 동양적인 방식'이 묘하게 결합되었음을 보게 된다.[114]

자신의 업무에만 충실한 미군 방첩대원들에게 한국 민간인에 대한 학살은 인간적으로 동정하고 부도덕한 행위로 비난하기보다는 작전의 효

112) *Counter Intelligence Corps Operation in Korea*, RG 319, Entry UD 1084, Box 6[NoGunRi File No. 9123-00-00971].

113) *Interview with Leland K. Kanning.*

114) *Interview with Kenneth T. Koeber.*

율성을 저하시키는 일로 받아들여졌던 것이다. 방첩대원들의 인터뷰 기록을 보면, 관료적이고 군사적인 문화와 규율에 익숙한 미군 방첩대원들이 업무의 효율에 민감했다는 점을 알 수 있다.

한국군 제3사단 군사고문단원 에머리치(Rollings S. Emmerich 중령이 쓴 비망록은 한국정부가 형무소 재소자 학살을 시도했다는 사실을 알려줄 뿐만 아니라, 미군이 이러한 학살에 대해 어떻게 대응했는지를 보여준다. 이 문서에 따르면, 한국군 제3사단 23연대장 김종원의 군사고문인 푸트만(Gerald Putman) 대위는 1950년 7월 1일, 김종원이 부산형무소에 수감되어 있던 재소자 3,500명을 학살하려는 징후를 포착했다. 푸트만 대위는 이 사실을 사단 고문단에 보고했고, 군사고문단은 김종원의 시도를 제지했다. 그러나 군사고문단은 인민군이 부산 외곽에 이를 경우라는 단서를 달아 김종원의 요청을 사실상 승인했다.

1950년 7월 4일, 대구의 군사고문단원 파글리어리(Mario Paglieri) 대위는 국군이 대구형무소에 수감되어 있던 좌익혐의자 4,500명을 학살하려는 것을 알았다.[115] 군사고문단이 대구로 급파되어 경북도지사, 시장, 도경국장, 3사단장과 대량학살을 막기 위해 논의했고 학살계획을 저지했지만, 부산과 대구형무소에서는 그 후 재소자 학살이 이루어졌다.

이와 같이 미군 방첩대와 육군 방첩대는 긴밀한 협조관계에 있었는데, 이 관계는 두 가지 방식을 통해 이루어졌다. 하나는 육군 방첩대원을 미군 방첩대에 파견하는 것이고, 다른 하나는 정기적인 업무 연락망을 통해서였다.

육군 방첩대 요원들 중의 일부는 미군 방첩대 지대에 배속되었기 때문에 이들은 서로 함께 일했다.[116] 보통 육군 방첩대 요원들은 미군 방첩대

---

115) *Early History of the Korean War 1950*(1953.11.25), RG 319, Entry OCMH, Box 726 Pubs, Unpub ms & Spting Records 1943~77[NoGunRi File No. 9123-00-00723]. 에머리치 비망록에 대한 설명은 김기진, 『한국전쟁과 집단학살』, 푸른역사, 2005, 57~59쪽을 참조.

를 위해, 혹은 협력관계 속에서 조사관, 정보원, 피난민 심사, 통역, 연락 요원 등의 역할을 수행했다.[117]

또한 미군 방첩대는 전국 차원에서 육군 방첩대와 긴밀한 연락관계를 가지고 있었다. 미군 방첩대 매일 임무 중에는 상대격인 육군 방첩대, 경찰, 정부 관리들 간의 연락이 포함되어 있었다.[118]

양자는 협조 관계에 있었기 때문에 미군 또는 미군 방첩대는 국군(방첩대)의 민간인학살 행위를 걱정했지만, 이를 공식적으로 비난하거나 금지시키지 않았다.

특무대 활동이 눈에 띄게 성장하면서, 조직 위상도 높아갔다. 특무대 초기에는 육군 정보국장이 특무대장을 겸임했지만, 1951년 5월 김창룡이 특무대장을 맡으면서 처음으로 전임 부대장이 되었다. 김창룡이 특무대장 이었던 시기에 특무대 활동은 군부 내 상관이 아니라 이승만 대통령에게 직보(直報)했다.[119] 이런 상황 때문에 김창룡 특무대장은 참모총장보다 훨씬 더 큰 권력을 행사할 수 있었다.

특무대 조직은 전후에 더욱더 커져갔다. 김창룡이 암살된 직후에 작성된 미군 보고서에 따르면, 1956년에 특무대에는 특무과, 조사과, 내정과 등 모두 5개의 과가 있었다. 특무대 본부는 '1928부대'로 불렸다.[120] 1956년 3월 1일 현재, 특무대 인원은 4,083명이었고 전국의 전술적으로나 지역적으로 중요한 곳에 총27개의 지부를 가지고 있었다. 1951년 3월에 특무대

116) 예를 들어, 1950년 제2파견대에서 근무한 파렐은 한국군 방첩대 요원이 9명과 함께 활동했고, 제1기병사단에서 근무했던 셀즈는 3명의 국군 방첩대원과 함께 근무했다(*Interview with Joseph H. Farell* ; *Interview with Jack D. Sells*).

117) *Counter Intelligence Corps Operation in Korea*[NoGunRi File No. 9123-00-00971].

118) *Interview with Kenneth T. Koeber*.

119) 지헌모 편저, 앞의 책, 14쪽.

120) 『한국군 방첩대』, p.3. 『한국군 방첩대』는 1950년대 중반의 특무대 조직을 파악할 수 있어 사료적 가치가 높다.

원 수가 약 400명 정도였다는 것을 감안하면 약 10배 이상의 큰 조직 팽창이 이루어진 것을 알 수 있다.

1956년 특무대의 예산은 1억 8,500만 환이었지만, 대통령 선거의 해를 맞아 선거활동을 위해 4,200만원이 추가예산으로 지원되었다.[121] 대규모 예산이 지원될 만큼 특무대의 정치개입은 큰 규모로 이루어지고 있었던 것이다.

북한에 대한 간첩 파견과 정보 · 첩보 수집은 미군정시기 방첩대가 수행하던 주요한 임무 중의 하나였고, 이는 육군 방첩대(특무대)의 임무이기도 하였다. 그러나 전쟁이 진행되면서 대북한 첩보 임무의 전문성이 필요해졌고, 이에 따라 1951년 3월 25일 북파 공작을 전문으로 하는 '첩보부대(HID, Headquarters of Intelligence Detachment)'가 정보국으로부터 분리되어 창설되었다. 첩보부대는 육군본부 정보국의 지휘를 받는 조직으로서, 특무대와는 별도의 조직이었다. 대북공작은 첩보부대 창설을 통해 전문화 되었지만, 북파 공작은 미군과 국군의 다양한 기관에 의해서도 이루어졌다.

일명 '4863부대'라 불린 첩보부대의 초대 부대장은 이극성(李極星) 중령이었고, 부부대장은 차호성(車虎城)이었다. 부대장은 1951년 7월 이후락(李厚落) 대령으로, 9월에는 박경원 대령으로 교체되었다. 첩보부대는 산하 조직으로 행정과, 공작과, 의무대, 첩보대를 두었고, 각 지대를 두어 활동했다. 북파공작원 대다수는 육군 첩보부대 출신이었는데, 육군첩보부대(HID)를 창설 뒤 1994년까지 양성된 북파공작원 수는 약 1만 3,000여 명에 달했다.

121) 『한국군 방첩대』, p.4~6.

〈그림 2〉 육군정보국 첩보부대(HID) 파견원 신분증[122]

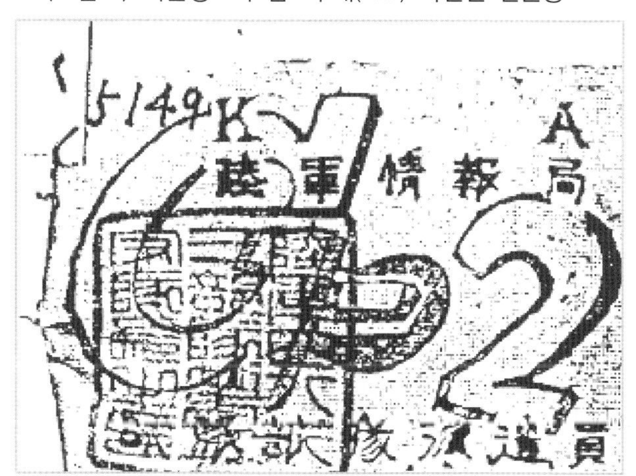

남한 방첩대 활동에서 중요한 특징 중의 하나는 방첩대의 정치적 개입이었다. 방첩대는 다른 어느 조직이나 정치세력이 할 수 없는 정치 공작을 손쉽게 하곤 했다. 정치 개입은 김창룡 특무대장 시절에 절정에 달했다.

육군 방첩대는 고위급 정치인이 지시한 특별한 임무를 수행하는 것이었다. 이러한 임무는 정치 지도자와 반정부 조직을 뒷조사하거나 필요한 공작을 수행하는 임무였다.[123] 특무대는 내무부 장관이나 대통령으로부터 부여된 특명을 효과적으로 수행하는 것을 통해 자신의 존재 이유를 증명해 나갔던 것이다.

육군 특무대장 김창룡은 이같은 종류의 특무대 활동을 대표하는 인물이라고 할 수 있다. '타공전선(打共戰線)의 제1인자' 노릇을 했던 김창룡

122) *Republic of Korea－HID Identification*(1951.9.13).

123) 『한국군 방첩대』, pp.6~7.

은 상관인 참모총장도 쉽게 대힐 수 없었던 인물이었다. 그에게는 교활하기가 그지없다 하여 '스네이크 김', 냄새 잘 맡고 한번 물면 잘 놓질 않으며 주인에게 충성스럽다하여 '진돗개', 포악하기가 네로 황제와 비슷하다고 해서 '폭군 네로' 등의 별명이 붙었다.[124] 그는 이승만 대통령의 전폭적 신뢰를 받으며, 전국적 정보망을 가진 육군 특무대를 '경무대의 비밀경찰'로 만들었다. 김창룡이 허태영에게 암살된 1956년 1월까지 일어났던 큼직큼직한 정치적 사건이 그와 관련되어 있었다.

정치 개입은 이승만에게 적대적인 정치 지도자들에 대한 공작에서 극대화되었다. 이승만의 정치적 경쟁자였던 조봉암을 두 번씩이나 국회의원 선거에 입후보하지 못하도록 한 일이나,[125] 1953년에 족청계를 제거하기 위해 정국은을 간첩활동 혐의로 체포한 것은 특무대의 정치 공작을 보여주는 대표적인 사례이다.

김창룡 특무대장은 정치적 이익을 위해 조직사건을 조작하거나 불온한 사건을 만들어 내기도 했다. 극우정객과 연합하여 이승만 정부를 무너뜨려 한다는 '혁명의용군 사건',[126] 1952년 발생한 부산정치파동[127]에서 계엄을 선포하기 위해 대구형무소 죄수들을 공비로 위장시켜 소란을 일으킨 이른바 '부산 금정산 공비위장사건'은 김창룡이 꾸민 공작이었다.[128]

좌익세력을 색출하는 임무를 맡은 특무대 조직의 대장이 불온한 '빨갱

---

124) *Assassination of General Kim Chang Yong*, RG 59, Records of the U. S. Department of State Relating to Internal Affairs of Korea, 1955~59, Internal Political and National Defense Affairs ; 『한국군 방첩대』, p.8. ; 지헌모 편저, 앞의 책, 129쪽.

125) 서중석, 『한국현대민족운동연구 1』, 역사비평사, 1996, 81쪽.

126) 혁명의용군 사건에 대해서는 김득중, 『빨갱이의 탄생』, 선인, 2009, 201~206쪽을 참조.

127) 부산정치파동에 대해서는 서중석, 앞의 책, 48~54쪽을 참조.

128) 지헌모 편저, 앞의 책, 128~138쪽.

이', '공비'를 만들어 냈던 것이다. 이들 사건은 실체로서의 적을 대상으로 한 방첩 행위라기보다는, 적을 만드는 '공작'이었다.

대통령에 대한 김창룡의 헌신적 공작은 이승만의 신임을 얻었다. 그는 정권 수호에 혁혁한 공을 세운 공로로, 1953년에 준장, 1955년에 소장으로 진급하는 순탄한 승진의 길을 걸었다. 아마도 김창룡은 군인 중에서 가장 단기간에 진급한 경우일 것이다. 장교 생활기간 동안 그가 한 계급을 오르는 데에는 평균 6개월 정도밖에 걸리지 않았다. 초고속 승진을 한 것이다.[129)]

전국적 정보망을 가진 방첩대를 가지고 경무대의 정치적 이익에 봉사하던 김창룡은 시일이 지나면서 그 자신이 권력을 꿈꾸게 되었다. 국방부장관과 참모총장까지도 무시한 무소불위의 행동[130)]은 이승만의 총애는 이끌어냈으나 군부 내에 많은 적들을 만들게 했고, 이는 그의 죽음을 재촉하는 결과가 되었다.[131)]

1950년대 방첩대 활동에서 김창룡이라는 인물의 활동상이 두드러져 보이긴 하지만, 방첩대가 자행한 전쟁 직후 민간인학살과 정치개입 활동은 방첩대라는 조직이 없었다면 즉 그러한 업무를 수행한 요원과 정보원이

129) 김창룡의 진급일과 진급 소요 기간은 다음과 같다. 소위(1947.4.19), 중위(1948.1.15, 9개월 소요), 대위(1948.8.15, 7개월 소요), 소령(1949.1.15, 5개월 소요), 중령(1949.7.15, 6개월 소요), 대령(1950.10.20, 7개월 소요), 준장(1953.5.4, 2년 5개월), 소장(1955.1.17, 1년 9개월), 중장(1956.1.3, 1년 소요), 1957년 1월 암살(김창룡(군번 10529), 육군본부, 『육군장교 자력표』).

130) 지헌모, 앞의 책, 134~138쪽.

131) 관악산 안양사에 있던 김창룡의 묘는 국립묘지로 이장되었다. 안양사에 있는 김창룡 묘갈은 이병도가 작성했는데, 한국전쟁 때 이루어진 부역자 처벌은 '간첩오열분자 검거 · 처단'으로 칭송되었고, 김창룡은 '군 육성발전에 이바진 사람', '나라에 유공한 사람', '총명하고 부지런하고 또 불타는 조국애와 책임감'을 가진 사람으로 평가되었다. 김창룡 묘갈에 대해서는 박준성, 「이병도가 쓴 김창룡의 역사」, 『노동자 역사 이야기』, 이후, 2009, 354~366쪽을 참고.

없고 재정적 지원이 없었더라면 사실상 불가능한 규모의 국가적 업무였다.

제주도 예비검속사건의 유가족인 이도영이 김종필(당시 정보국 근무)을 만났을 때, 김종필은 대전형무소 등 정치범 처형 사건은 "'CIC의 김창룡 장군이 했다'고 나중에 대구에 가서 들었다"고 증언했다.[132] 민간인학살의 책임과 원한이 김창룡 개인에게 모두 돌아갔던 것이다. 말하지 못하는 '죽은 자'와 한 '개인'에게 모든 역사적 책임을 묻는 것은 국가 책임을 회피하는 전형적인 방식이다.

Ⅳ. 맺음말

미군 점령기에 활동했던 방첩대는 남한에 존재하고 있던 모든 정치세력을 대상으로 첩보활동을 수행했다. 반공 국가 수립이라는 전략적 목표를 가지고 있었던 미군은 다른 정치세력보다 좌익세력 활동에 민감했고, 이 때문에 좌익조직에 정보원을 심어 이들의 각종 활동을 파악하는 데 활동의 역점을 두었다. 미군 방첩대의 조직 활동과 경험은 대한민국 정부 수립 뒤에 그대로 이전되었다.

정보기관의 필요성과 유용성을 잘 알고 있던 이승만은 정부 수립을 직후로 대한관찰부－TIS－대한정치공작대 등의 정보기관을 설립하고자 시도했다. 이런 시도가 실패로 돌아가자 미군과 이승만은 군 방첩대 조직을 결성하는 데 주력했고, 이러한 노력은 육군 정보국 특별조사과 창설로 이어지게 되었다.

특별조사과는 그 뒤 특별정보대, 방첩대, 특무대로 이어지면서 첩보기

132) 이도영, 『죽음의 예비검속』 월간말, 2000, 48~49쪽.

관의 역할을 수행했다. 특히 특무대는 육군본부 직할 부대로 성립되어 조직적 위상이 높아졌고, 이로 인해 김창룡이 주도한 특무대는 1950년대에 정치 개입을 주요한 활동의 축으로 삼게 되었다.

특무대는 1960년 4·19가 일어난 뒤 이승만정권기의 오명을 씻어내고자 1960년에 육군방첩부대로 개칭되었고, 그 뒤에도 몇 차례의 개칭을 거쳐 현재의 국군 기무사령부가 되었다.[133] 그러나 방첩대—이 이름보다 일반인에게 더 익숙한 이름은 CIC이다—가 존재한 시기는 그리 길지 않았다. 정식으로 방첩대(CIC)라는 조직 이름이 사용된 것은 1949년 10월부터 1950년 10월까지 1년에 불과했다. 그럼에도 많은 사람들이 국군 정보부대를 'CIC'로 기억하고 있는 이유는 CIC가 한국전쟁기에 남긴 혈흔이 그만큼 깊었으며, 피해자와 일반 국민에게 공포의 대상으로 아로새겨졌기 때문이다. 방첩대는 일정 시기에 활동했던 국군 정보부대를 지칭하는 것이 아니라, 방첩 임무를 담당하는 부대 전체를 포괄하여 일컫는 대명사가 되어 버렸다.

군 첩보기관에서 활동한 인물들은 군 내부는 물론이거니와 한국 사회에서 중요한 역할을 수행했다. 장도영, 박정희, 김종필, 이후락은 5·16쿠데타를 일으킨 주도세력이었고, 군부 쿠데타가 성공함에 따라 군 정보기관에 근무한 경력자들은 이후 사회 요소요소에 진입했다. 첩보기관이 수행했던 임무가 사실상 전 사회를 대상으로 한 첩보수집과 공작이었기 때문에, 군에서 사회로의 이전은 그리 어려운 것이 아니었다.

한국전쟁 전후에 육군 정보국에서 일했던 김종필은 쿠데타가 성공하자 미국의 도움을 받아 중앙정보부를 창설했다. 이는 방첩대가 수행한

133) 육군방첩부대는 1968년에 육군보안사령부로, 1977년에는 해·공군 보안부대를 통합하여 국군보안사령부로 개칭되었고, 1991년에 다시 국군기무사령부로 개칭되었다.

민간인 조사, 정보수집 역할을 공개적이고 합법적인 방식으로 정부 조직으로 제도화한 것이었다.

한국전쟁 전 정치범 양산 '법계열'의 운용과 정치범 인식의 변화*

강 성 현

Ⅰ. 머리말

한국전쟁 중 수많은 인명 피해가 있었으며 그중에서도 민간인 피해는 압도적이었다는 事實은 대체로 상식에 가까운 史實이다. 그런데 그 민간인 인명 피해의 상당수가 자국민을 보호해야 할 대한민국 군경과 그 우방인 미군에 의한 학살이었다는 事實은, 그간의 학계의 관계 연구들과 진실화해위원회의 공식보고서가 발간돼 축적되고 있음에도 불구하고, 공식 史實로 자리매김하는 데 상당한 시일이 걸릴 듯하다. 국민보도연맹원에 대한 학살의 경우 금성출판사의 『한국근 · 현대사』 교과서에 실린 바 있지만, 몇 년 전에 광풍처럼 몰아쳤던 교과서 색깔 논쟁을 보면 더욱

---

* 이 논문은 2008년 정부(교육과학기술부)의 재원으로 한국연구재단의 지원을 받아 수행된 연구임(KRF-2008-321-A00012). 이 글은 『사림』 제36호, 2010에 게재된 글임.

분명해진다.

개전 초기 국민보도연맹 학살과 함께 이승만 정부에 의해 전국에 걸쳐 조직적으로 이루어졌던 형무소 재소자 학살의 경우에는 더욱 논란에 휩싸일 것 같다. 당시 학살되었던 재소자들을 공식 行刑史는 '좌익수', 즉 좌익사건 관계의 기결수와 미결수로 서술하고 있으며, 따라서 그들은 '잠재적인 내부의 적'이었고, 형무소 학살은 이 적의 위협을 제거하기 위한 예방 차원에서 이루어졌다는 논리를 구성하고 있기 때문이다.

이 글은 여기에서 출발하고자 한다. 좌익수는 한국전쟁 전후에 '건국을 방해하는 반역도배', '공산반란분자', '국가보안법위반자' 등과 병행되어 사용되었고, 거의 대개 "반국가적이고 비도덕적인"이라는 수식어를 달고 다녔다. 여기에서 두 가지 질문을 던져보자.

첫째, 어떻게 '반국가적'과 '비도덕적'이라는 단어가 서로 결합되었을까? 보통의 의미계열에서 볼 때 '반국가적'이라는 단어는 정치적·종교적 동기 등으로 인한 '확신범'과 어울리고, '비도덕적'은 '파렴치범'과 어울리는 것이 상례이다. 그래서 예컨대 대표적인 확신범이라 할 수 있는 '정치범'이나 '사상범'은 살인, 강도, 절도, 사기, 공갈, 횡령 등의 '파렴치범'과 절대 구분되는 것이 상식적인 용례인 것이다. 그럼에도 당시 사법당국은 어떻게 해서 "반국가적이고 비도덕적인"이라는 말을 아무런 문제없이 사용했고, 그것이 어떻게 가능했을까?

이 문제는 "반국가적이고 비도덕적인"이라는 수식어의 역사적 형성을 규명하는 문제이다. 다시 말해 '정치범'과 '파렴치범'이 언제, 어떻게, 왜 결합되는가의 문제이기도 하다. 더 정확히 말하면 한국에서 '정치범의 파렴치범화' 되는 역사를 들여다보는 문제이며, 1950년대 언론지상에서 그리고 한국 공안당국의 공식 용어상에서 정치범이라는 단어가 어떻게 해서 점차 소멸되어갔는가의 문제이기도 하다.[1)]

둘째, '좌익수'가 정확하게 의미하는 바가 무엇일까? 이들이 '반역도배', '공산반란분자', '국가보안법위반자' 혹은 그 흔한 표현의 '불순분자'일 수도 있다. 그럼에도 의미가 분명해지는 것은 아니다. 그렇다면 이들이 좌익사상의 '보지자'로서 이념적 · 사상적으로, 그리고 실천적으로 투철한 좌익을 의미하는 것일까? 아니면 여기에다 반역도배(혹은 역도)에게 빌붙어 부화뇌동하고 협력하는 자까지 포함하는 것일까?

이 용어는 엄격히 정의내릴 수 있는, 그 자체로 닫혀 있는 개념이 아니다. 오히려 열려 있고, 열려 있기 때문에 누구든지 포함될 수 있는 것, 이 용어를 낙인찍을 수 있는 자에게 권력이 있는 것, 바로 거기에 장점이 있다. 문제는 이런 낙인이 특정한 사법적 절차의 결과라는 것이다. 예컨대 '포고 2호 위반자'와 '국가보안법 위반자'는, 그 명칭에서 알 수 있듯이, 그 법령이 지키고자 하는 '기존 질서'를 '파괴한' 자의 의미를 갖게 된다. 그렇다면 그 기존 질서의 내용이 무엇인지, 어떤 생각과 행위를 했길래 그것을 파괴로 판단하는지 살펴보지 않을 수 없다. 이는 결국 법조문뿐만 아니라 법 적용과 운용 과정을 들여다보는 것이다.

이렇게 볼 때 한국전쟁의 개전 직후 정부에 의해 학살되었던 '반국가적이고 비도덕적인' '좌익수'를 살펴보는 문제는 미군정기와 정부 수립 이후 정치범을 양산한 '법계열'을 살펴보는 것이 된다. 여기서 '법계열'이란 핵심 법령과 관계 법령을 총체적으로 파악하기 위한 도구적 개념이

---

1) 한국의 공안 당국은 공식적으로는 정치범 개념을 사용하지는 않지만 위의 정치범 구분과 비슷한 방식으로 '반국가사범'과 '반정부사범'을 구별해 사용하며, 그 구분 기준으로 국가보안법의 적용 여부로 판단하는 경향이 있다. 여기서 반국가사범은 국가보안법 위반자로 공산주의사상을 보지한 '좌익수', '사상범', '사상적 확신범'을 말한다. 그리고 반정부사범은 소위 '시국사범'으로 분류되는 범주인데, 순수한 동기를 갖고 있다고 판단되는 수형자들, 즉 학생이나 야당 정치인, 종교인, 지식인, 노동자, 농민, 빈민 등이 현실을 비판하거나 반정부 활동을 해서 수감한 경우이다. 최정기, 「근현대 정치범의 다양한 이름들」, 『역사비평』 겨울호(통권 73호), 2005.

다. 즉 어떤 핵심 법령과 그 법령의 역사적 변천(종적인 변화)을 포착하면서 동시에 그 핵심 법령의 횡적인 위치에서 관계하는 법령을 동일한 지평위에 올려놓고 파악하기 위해 사용하고자 한다.

아쉽게도 정치범에 대한 선행 연구는 거의 없다. 그리스 내전기 정치범을 연구해온 보그리스(Polymeris Voglis)에 따르면, 1970년대 이래 기존 연구에서 형무소(혹은 감옥)에 대한 서술과 분석은 많았지만, 정치범은 관심 밖에 있었다. 특히 그는 세계적으로 권위주의 정권에 대한 연구가 방대하지만 이 같은 정권의 출현과 긴밀하게 얽혀 있는 정치범 현상은 놀랍게도 관심을 받지 못했다고 지적한다. 권위주의 정권에 대한 대개의 연구들은 정치범 현상을 권위주의 정책의 '前兆' 정도로 간주하고 따라서 권위주의 정권을 이해하는 데 별다른 가치가 없는 것으로 여겨왔다는 것이다.[2] 이러한 지적은 정치범에 대한 한국 학계의 선행 연구 상황에도 마찬가지로 적용된다고 생각한다.[3]

이런 상황에서 한국의 정치범 문제에 대한 최정기와 김득중의 연구가 눈에 띈다.[4] 두 연구 공통적으로 정치범 개념과 분류 및 그 변화 양상에 대해 일반적인 관심을 갖는 것으로 그치지 않고 정치범을 양산하고 처벌한 법령의 형성과 그 운용의 양상을 역사적으로 분석하고 있다. 다만 최정기는 시기적으로 '5 · 16군사쿠데타' 이후 문민정부에 이르는 시기 동안의 '변화'에 관심을 갖는 반면에, 김득중은 한국에서 정치범 양산 법령의

2) Polymeris Voglis, 김학재 역, 「그리스 내전의 정치범들, 1945~1950」, 『제노사이드 연구』 3호, 2008.

3) 최근 북한의 정치범에 대한 연구들이 일부 있지만, 이는 학문적 연구라기보다는 정치적 성격의 글에 해당하는 것이 태반이다. 북한에서의 정치범의 역사적 형성에 대한 학문적 연구가 진정 이루어지질 필요가 있다고 생각한다.

4) 최정기, 「정치적 민주화와 정치범에 대한 처벌의 변화」, 『법과 사회』 22집 ; 최정기, 앞의 글, 2005 ; 김득중, 「한국전쟁 전후 정치범 관련 법제의 성립과 운용」, 『사림』 33호.

역사적 성립 시기에 해당하는 한국전쟁 전후의 시기에 초점을 맞추고 있으며, 구체적으로 전쟁 전의 국방경비법, 계엄법, 국가보안법과 전시 대통령 긴급명령의 제정·공포과정과 내용, 그 문제점을 분석하고 있다. 그 밖에도 최정기는 정치범의 수형생활을, 김득중은 전시 정치범에 대한 처리와 형무소에서의 처우 실태를 분석하고 있다. 이렇게 볼 때 두 연구가 남긴 성과는 상당히 크지만, 동시에 본격적인 정치범 연구를 위한 많은 과제들을 남겨두고 있다고 생각한다.

이 글은 우선 정치범 양산 법령의 계보를 구성하고자 한다. 즉 정부 수립 이후의 정치범 관계법을 나열하고 이를 개별적으로 분석하는 것이 아니라, 한국에서의 정치범·사상범 관계법의 역사적 형성과 그 성격 및 특징을 계보학적으로 구성하는 데 목적이 있다. 국가보안법은 미군정기 포고 2호 및 그 법계열의 군정법령들과 일제 식민시기 치안유지법과 국방보안법 및 그 법계열의 여러 사상통제법령들과의 관계 속에서 역사적으로 파악하지 않는다면, 그 분석의 한계는 명백할 것이다. 법조문을 포함해 법 운용과 실무의 연속과 단절의 지점들을 살펴보면서 정치범 양산 법제를 분석하는 것이 필요하다. 다음으로 그렇게 양산된 정치범들에 대한 인식과 논쟁을 살펴보고자 한다. 즉 미군정 시기와 정부 수립 이후 각계각층의 정치범 인식과 이에 대한 논쟁, 갈등을 살펴보고 정치범의 의미가 어떻게 변화했는지, 그러한 정치범 인식이 어떻게 개전 직후 형무소 학살로 이어질 수밖에 없었는지를 살펴볼 것이다.

Ⅱ. 정치범 양산 '법계열'의 형성과 전개

1. 미군정기 '포고 2호' 계열의 법 성립과 운용[5)]

1945년 9월 7일 미육군태평양총사령부는 맥아더 최고사령관의 이름으로 포고 1호와 2호를 공포했다. 그 내용을 보면, 포고 1호는 '승전군'인 미군이 일본의 '항복문서의 조항'을 근거로 북위 38도 이남의 한반도 지역을 점령하며, 한반도의 인민이 오랫동안 노예상태에 있었다는 사실과 적당한 시기에 한반도가 해방되고 독립되어야 한다는 결의를 유념하면서 점령의 목적이 '항복문서의 시행'과 '남한 주민의 권리 보호'에 있다고 밝히고 있다. 그리고 포고 2호는 포고 1호 제3조의 집행, 즉 사법권 행사에 관한 규정으로 "점령군의 보안을 도모하고 점령지역의 공중치안, 질서의 안전을 기하기 위하야" 점령군의 명령(포고, 군정법령 등)에 대한 불복종과 모든 저항행위를 범죄로 간주해 처벌하겠다고 선언하고 있다.[6)]

그런데 여기에서 치안과 질서유지는 조선의 주민을 위한 것이 아니라 점령군과 연합국인의 안전을 위한 것이며, 주한미군정의 원활한 통치를 위한 것으로 보인다. '해', '방해', '교란', '고의로 적대행위'에 대한 구체적인 기준과 규정이 없는데다가, 이를 '점령군군법회의'('육군점령재판소'를 말하고 있다)가 판단·결정하도록 하고 있으며, 그렇게 결정될 경우 최고 사형까지 처하게 했다. 이 포고를 담은 전단이 조선어가 아닌 영어와 일

---

5) 당시 미군정법령은 미육군태평양총사령관의 포고(Proclamation)를 정점으로 '재조선미군정'의 군정법령(Ordinance), 행정명령(Executive Orders), 부령(Department Orders), 국령(Bureau Orders) 등 다양한 형식의 법규들로 구성되어 있었다. 그 가운데 포고는 군사점령에 관한 국제법에 근거하며 한국 내에서 기본법으로서의 효력을 가졌으며, 군정법령은 포고를 구체화하는 법령이면서 법률과 같은 지위를 가지는 법령이었다. 문준영, 「미군정법령체제와 국방경비법」, 『민주법학』 34호, 2007, 119쪽.

6) 한국법제연구회, 『미군정법령총람(국문판)』, 1971, 1~2쪽.

본어로 작성돼 뿌려졌다는 사실까지 생각해 볼 때, 점령군이야말로 점령 지역의 주민들을 적대시하고 있지 않았나 생각한다. 다시 말해서 포고 2호는 '열린 규정' 혹은 '포괄적 규정'을 특징으로 하고 있으며, 피점령지역의 주민들에 대한 점령자의 적대적 인식을 여과 없이 보여주고 있는 것이다. 무엇보다 '범죄 또는 법규를 위반'한 혐의로 피검된 민간인 주민들을 육군점령재판소(Military Occupation Court)의 군사재판 절차를 통해 처리하게 한 것도 이를 반증한다고 생각한다.

이 같은 내용과 특징을 갖고 있는 포고 2호는 군정법령 제19호와 제72호 등 군정법령과 미군정기에도 효력이 지속하게 된 일제의 치안관계 구법령과 함께 정치범을 양산한 '법계열'의 핵심 법령으로 기능했다. 아래에서는 우선 일제의 치안 관계 구법령의 효력이 어떻게 존속되어 포고 2호의 법계열을 구성하게 되었는지를 살펴볼 것이다. 그런 연후에 군정법령 중 대표적인 치안관계 법령인 제19호 제4조와 제72호의 내용을 검토하고 분석할 것이다.

1) 일제 구법령 효력의 지속 : 일반명령 5호, 군정법령 제11호와 제21호

주한미군정은 1945년 11월 2일 다음의 군정법령 제21호를 통해 대부분의 일제 구법령의 효력을 존속시켰다. 이와 관련해 선행 연구들은 일제 식민통치 악법 7개 등의 폐지를 명시적으로 밝힌 군정법령 제11호(1945.10.9)에 주목하면서 군정법령 제21호가 제11호에 비해 상당히 후퇴했다고 주장한다. 구체적으로 말하면 위의 군정법령 제21호 제1조가 군정법령 제11호가 규정한 "……신조 또는 정치사상을 이유로 차별을 生케하는" 일반 법령의 폐지 조항(제2조)을 사실상 사문화시켰고, 식민시기 지방의 제반 법규와 관례, 조직을 거의 부활시켰으며, 군사점령자로서 사실상 행정권, 사법권, 입법권을 행사하고 있는 군정장관이 예전의 조선총독이 행사했

던 제반직권(마찬가지로 행정권, 사법권, 입법권의 독점적 행사)을 추가해 행사했다는 요지이다.

그런데 이런 후퇴 경향은 사실 그 이전인 일반명령 5호가 군정법령 제11호로 "수정·대체"되었던 상황에 이미 예견된 것이기도 했다. 선행 연구들은 이 사실을 미처 확인하지 못했지만,[7] 1945년 9월 21일의 아놀드 소장의 일반명령 5호와 동년 10월 9일의 군정법령 제11호 사이에는 주목할 만한 후퇴 사항들이 보인다. 이 둘 사이를 단순비교만 해보더라도 폐기해야 할 '악법'으로 제시된 법령이 12개에서 7개로 줄어드는 것을 확인할 수 있다.

〈표 1〉 일반명령 5호와 군정법령 제11호 제1조 비교

일반명령 5호 →	군정법령 제11호	원래 법령 명칭
치안유지법	치안유지법	치안유지법을조선대만사할린에도시행하는건(1925.5.8)
보안법	–	
조선사상범보호관찰령	정치범보호관찰령	조선사상범보호관찰령(1936.12.12)
조선사상범예비구금규칙	예비검속법	조선사상범예방구금규칙(1941.5.5)
조선임시보안령	–	
임시자금조치법	–	
국방보안법	–	
정치에관한범칙자처벌에관한것	정치범처벌법	정치에관한범죄처벌의건(1919.4.15)
수출입품등임시조치법	–	
출판법	출판법(1910.2)?	출판법(1909, 융희3년)
神社神祠에관한제지령	신사법(1919.7.18)?	신사사원규칙(1915.8.16)
조선총독부중추원관제	–	
	경찰의 사법권	범죄즉결례(1910.12.15)

[7] 이 이유와 관련해 선행 연구들이 일반명령 5호의 내용을 확인하지 못해서가 아닌가 생각한다. 실제 김창록은 일반명령 5호의 내용을 확인하지 못했으며 이를 확인하는 것이 매우 중요하다고 스스로 서술한 바 있다. 김창록, 「제령에 관한 연구」, 『법사학연구』, 2002, 140쪽.

문제는 숫자가 줄었다는 데 있는 것이 아니라 그 내용에 있다. 폐지 목록에서 사라진 법령들, 예컨대 보안법, 조선임시보안령, 국방보안법은 치안유지법 및 '정치에관한범죄처벌의건'(이하 정치범죄처벌건)과 함께 일제의 대표적인 사상통제 관계법들이었다. 보안법(1907)은 한일합방 직전에 의병운동이나 비밀결사를 처벌하기 위해 일본의 치안경찰법(1900)에 의거해 제정한 법률로, 안녕질서 유지를 위한 집회 결사 및 불온한 언동의 금지가 주된 내용이었다. 이 법은 정치범죄처벌건과 함께 치안유지법 이전의 대표적인 정치범 관계법이었다. 조선임시보안령(1941)도 마찬가지이다. 일제가 태평양전쟁에 돌입하면서 공포한 이 법령은 안녕질서 유지를 명목으로 전시 언론, 출판, 집회, 결사 등을 단속하는 전시 법령이었다. 그리고 국방보안법(1941)은 그 중요성에 비추어 볼 때 상기 법령들과 비교해 더욱 강조해도 부족하지 않을 정도의 법령이다. 이 법은 전시 방첩을 위해 모든 '이적행위'를 처벌하는 법령으로 1941년 전부 개정된 치안유지법과 함께 '정신상의 전시 입법'을 대표하는 쌍생아라고 할 수 있다.[8)]

그렇다면 1945년 9월 21일에서 10월 9일 사이의 어떠한 상황 변화가 이러한 후퇴를 결과하도록 했을까? 이 시기는 미국 정부의 대한정책이 아직 확정되지 않은 상태에서 미 전술군(하지 중장의 24군단)의 진주가 시작되고, 전술군의 군사점령과 함께 전술군에 의해 군사적 점령통치체제가 수립되는 국면이었다. 즉 전술군은 미육군태평양총사령부 작전명령 4호 '군사정부를 설치하고 적대집단을 분쇄하며 법과 질서를 유지'하라는 지시에 따라 정치적 판단이 아닌 군사적 판단으로 점령을 수행했다.[9)] 미 육

8) 일본에서는 GHQ가 1945년 10월 4일 소위 '인권지령'을 통해 치안유지법과 국방보안법을 폐지했다.

9) 박찬표, 『한국의 국가형성과 민주주의』, 고려대출판부, 1997, 36~37쪽.

군은 이를 전투형 점령(the combat type of occupation)이라고 불렀다. 이런 상황에서 전술군은 유럽과 아프리카의 경험 속에서 점령통치를 대비해 마련해둔 기존의 야전교범(Field Manual) 27-5와 27-10[10]의 해석과 적대적 점령이라는 기존 지휘 방침에 따라 남한 점령을 진행해갔다. 그리고 24군단 야전명령 제55호의 군정 부록은 점령의 목적을 제시하고 있는데, 당연 전술군이 이 목적을 수행하기 위한 절차를 밟을 터였다.[11] 그 목적들 중 눈에 띄는 것은 "종족·민족·신조·정견에 기초한 차별의 철폐" 항목이다. 이렇게 볼 때 미군정은 점령 매뉴얼대로 식민통치 악법들을 폐지하고자 일반명령 5호를 지시한 것으로 보인다. 그런데 10월로 접어들고 전투형 점령이 지역형 점령(terriotrial type)으로 전환되는 과정에서 대민행정을 담당할 군정요원의 진주만으로는 태부족한 통치의 공백을 일제의 식민통치 법령과 기관들의 활용을 통해 해결하고자 하는 안팎의 요구가 제기되었다. 이런 상황에서 미군정당국이 이 문제에 대한 군사적 표준절차를 다소 '정치적으로' 운용한 결과가 일반명령 5호에서 군정법령 제11호로의 이행이라고 생각한다. 군정법령 제21호는 이런 경향이 더 가속화돼 미국 본국과 일본 GHQ의 '정치적 판단'을 주한미군정이 '군사적으로 이행'한 결과일 것이다.

그런데 이 같은 후퇴 경향 속에서도 경찰의 사법권이 폐지되었다는 것은 흥미로운 일이다. 일제의 범죄즉결례(1910)에 의한 경찰의 '즉결처분권'(즉결심판권)은 조선형사령(1912)에 의한 '강제처분권'(강제수사권)과

---

10) FM-27-5는 US Army and Navy Manual of Military Government and Civil Affairs(1943.12.22), FM 27-10은 Rules of Land Warfare(1940,10.1)이다. 이 매뉴얼들은 〈http://www.loc.gov/rr/frd/Military_Law/pamphlets_manuals.html〉에서 확인할 수 있다.

11) 24군단 야전명령 제55호의 군정 부록 내용은 정병준의 글을 참조했다. 정병준, 『한국전쟁: 38선 충돌과 전쟁의 형성』, 돌베개, 2006, 133쪽.

행정집행령(1914)에 의한 '예비검속권'과 함께 경찰권력을 강화시켰던 주요 권한으로서, 미군정당국의 조치는 '치안 및 질서유지'를 위해 군정경찰 조직의 강화와 능력 증대에 대한 큰 관심과는 얼핏 상반되는 성격의 것으로 보이기 때문이다.

그러나 그것은 표면적으로 이해했을 때 그런 것이었다. 오히려 경찰의 사법권 폐지는 군정경찰 강화에 '장애물'이 아닌 '가속제'로 작용할 것이라는 계산이 서 있었던 것으로 보인다. 즉 미군정당국은 영미식 사법모델에 입각해 경찰을 수사 주체에 전념케 하고, 검사를 기소 주체로, 판사를 공판의 주체로 원칙적으로 분업화시켜,[12] 형식적으로는 경찰을 민주적으로 개혁한 것처럼 전시 효과를 내면서 실상 내용적으로는 공산주의자들의 소요사태에 대한 진압과 질서 유지 등의 능력을 극대화하는 방향으로 경찰의 역할을 수사 단계에 집중하도록 한 것이었다. 즉결처분권보다 악법적 요소가 훨씬 강한 경찰의 예비검속권과 강제처분권을 전혀 제한하지 않은 미군정당국의 태도는 이를 분명히 보여준다. 심지어 당국은 인신보호법리를 일정 정도 규정하고 있는 군정법령 제11호 제3조 2항이 강제처분권의 '자유로운 행사'에 걸림돌이 될까 봐 1946년 2월 16일 군정법령 50호를 통해 다음과 같이 개정한다.

〈표 2〉 군정법령 제11호 제3조 2항의 개정

군정법령 제11호 제3조 2항	군정법령 50호
범죄 혹은 범과의 확정이 없이 사람을 구류하거나 법적 심문과 판결이 없이 형벌을 가함을 금함	합법적 재판 또는 판결 없이 처벌함을 금함

12) 1945년 12월 29일 테일러 법무국장이 하달한 '법무국 검사에 대한 훈령 제3호'는 이를 확인해준다. 대검찰청, 『한국검찰사』, 1976, 221쪽 ; 신동운, 「수사지휘권의 귀속에 관한 연혁적 고찰(1)」, 『서울대 법학』 42권 1호, 2001, 211쪽.

여기에서 더 나아가 미군정당국은 경찰이 고문 취조를 통해 자백을 얻어내는 수사 관행에 눈감았다. 소위 '국가비상시'를 이유로 고문 등 가혹행위를 동반한 취조를 용인해준 것이었다. 그 결과 경찰은 피의자를 "쓸어 모아 덮어 놓고 고문"하고 이를 통해 자백을 얻어내는 것을 최고의 증거로 생각하게 되었다.

2) "군정에 반하는 범죄" : 군정법령 제19호 제4조와 제72호

미군정기 행형관계기록의 죄명란에 가장 많이 기입된 법령이 포고 2호 위반과 함께 바로 군정법령 19호 제4조다. 1945년 10월 30일에 공포된 이 법령은 국가적 비상시기의 선언 등 총 7조로 구성되어 있으며, 점령 초기 미군정의 현실 인식과 이에 대한 대처 방향을 집약한 내용을 담고 있다.[13] 그 가운데 제4조는 민중의 복리에 반한 행위에 대한 공중의 보호관계 규정으로, 공무에 관해 미군 또는 미군정의 직원과 근무자에게 고의로 허위진술하거나 군정을 기만하려는 기도, 미군정의 명령이나 포고한 계획에 반하는 음모 · 공갈 · 뇌물수수 기도, 미군정에 직간접적으로 협력하는 자에게 협박 · 공갈 · 騙取하는 행위를 "조선 민중의 행복을 손상하는 일"이라고 규정하고 이를 불법화시켰다. 손희두는 이 법령이 사실상 미군정에 반대하고 긴장관계를 유지하고 있던 좌익의 활동을 견제하는 데 주목적이 있었다고 말한다.[14] 그럼에도 이 법령의 조치들은 남한의 최고통치자였던 주한미군사령관 하지John. R. Hodge 장군은 물론 '보수세력'에게 만족감을 주지 못한 것으로 보인다. 하지 장군은 군정법

[13] 주요 내용은 국가적 비상시기의 선언(제1조), 노동자의 보호(제2조), 폭리에 대한 보호(제3조), 민중 복리에 반한 행위에 대한 공중의 보호(제4조), 신문 기타 출판물의 등기(제5조)에 대한 것이다. 한국법제연구회, 앞의 책, 1971, 136~137쪽.

[14] 손희두, 「미군정기 입법제도와 법령의 성격」, 한국정치외교사학회, 『한국정치와 헌정사』, 2001, 한울, 164~165쪽.

령 제19호 조치로는 "현하의 불온사태를 처리하기 위한 근본적인 조처가 되지 못한다"고 지적하기도 했다.[15]

그래서 군정당국이 준비한 것이 군정법령 제72호 '군정위반에대한범죄'였다. 1946년 5월 4일 공포된 이 법령은 총 6조로 구성되어 있으며, 그 가운데 주목할 것은 제1조와 제2조, 제3조이다. 제1조는 무려 82개의 미군정에 반하는 범죄 행위를 나열하고 있으며, 제2조는 처벌, 제3조는 기도 및 공모에 대해 규정하고 있다.

우선 1조에 규정된 범죄 행위의 유형을 보면, 주둔군이나 그 명령하에 행동하는 자에 대한 살상, 폭력행위, 무력적 · 육체적 반항, 적대적 · 위협적 행위 혹은 그런 태도를 취하는 것 등 주둔군 안전을 위한 조항(1－3호)을 시작으로 주둔군이 해산 또는 불법으로 선언한 단체 및 주둔군의 이익과 반하는 단체에 참가 · 지지하는 행위, 그와 같은 행위를 원조하는 인쇄물과 서적의 발행 · 유포, 그와 같은 행위를 선전 · 유포하는 물건의 소지와 선동 행위(22호), 주둔군과 연합국 또는 그 국민에게 유해 · 불손하고 불평 · 불쾌를 조장하면서도 신고되지 않은 인쇄물 · 등사물 · 서적의 발행 · 수입 · 유포(31호), 인민을 경악 · 흥분시키거나 주둔군과 그 명령에 따르는 자의 인격을 손상하는 유언비어의 살포 행위(32호), 소동 · 폭동의 선동 또는 참가(33호), 무허가 집회 및 시위 조직 · 조장 · 원조 · 참가 행위(34호), 치안 또는 주둔군 및 그 군인의 이익을 방해하는 행동에 참가하는 행위(81호) 등에 이르기까지 매우 광범위하게 모든 상상가능한 범죄 행위를 나열하고 있다. 심지어는 의미상 불명확하고 특정불가능하며 사소하기까지 한 내용들도 다수 포함되어 있었다. 앞서 나열한 각 호의 행위들도 의미상 매우 자의적이고 불분명한 것들이 많았지만, 예컨대 상품

15) 박찬표, 앞의 책, 1997, 82~83쪽.

이나 '노력대금(서비스비)'을 주둔군에게 차별적으로 높게 받거나(63항) 성병을 가진 부녀자가 주둔군을 성관계로 유혹하는 행위(70호), 외출금지 중 허가 없이 하는 배회(74호) 등을 범죄 행위로 규정한 것을 보면, 법의 외양과 형식만 갖추고 있을 뿐이지 이것이 과연 법인가 하는 의문이 들 정도다. 이러한 의구심은 2조인 처벌 규정에 이르면 더 커진다. 왜냐하면 2조는 "1조에 해당하는 범죄를 범한 자는 육군점령재판소의 판결에 의해 처벌"한다고 규정할 뿐 범죄의 구성요건이나 형량 등도 정하지 않은 일종의 백지위임상태로 남겨져 있기 때문이다. 더욱이 3조는 위반자는 물론 열거된 범죄의 예비, 공모, 동의, 권고, 방조, 기도, 범죄사실을 알고도 신고하지 않거나 범인을 도피시킨 자, 기타 범인 원조자도 모두 주범으로 처벌하도록 하고 있어, 자의적 해석이 가능하고 범죄의 범위가 무한정 확대되어 있어 이 법의 성격이 법제화된 폭력임을 알 수 있게 한다.[16]

이 법령에 대해 각 정당과 사회단체가 비민주적 법령이라고 반발하고 나선 것은 당연한 일이였다. 이 법령이 주둔군인 또는 그 명령하에 행동하는 자에 대한 봉건적 신성불가침성을 규정한 것이고 또 인권을 기초한 민주주의적 자유를 구속하는 것이므로 조선인의 민주주의적 건국활동을 억제하는 법규라는 비판이 터져 나왔으며, 일제의 치안유지법 이상의 악법이라는 비난도 있었다. 이에 1946년 6월 17일 김용무 대법원장은 이 법령의 정지에 대한 담화를 발표했고, 다음 날 러치 군정장관이 직접 기자회견을 갖고 이 법령의 실시를 보류하며 관련 피검자를 석방한다고 발표했다.[17]

군정법령 72호의 실시는 이렇게 '유보'되고 결국 1948년 4월 8일 법령 183호에 의해 '폐지'되었지만, 이 법령에 열거한 범죄 행위는 포고 2호의 위반 행위의 준거로 참고되었던 것으로 보인다. 러치 군정장관은 법령

16) 손희두 역시 비슷한 견해를 취하고 있다. 손희두, 앞의 글, 2001, 169쪽.

17) 『동아일보』, 1946.6.18 · 19.

72호의 유보를 발표하는 바로 그 자리에서 이 법령을 왜 만들었는지에 대해 밝힌 바 있다. 그 말인즉 일반 국민이 포고 제2호에 대해 어떤 행위가 위반행위가 되는지 구체적으로 알 수 없다는 불평이 있었기 때문에 발표한 것이지 죄목을 더 추가하기 위하여 이 법령이 생긴 것이 결코 아니라는 말이었다. 이 말을 뒤집으면, 포고 2호가 법령 72호에서 열거한 범죄 행위를 모두 포괄할 수 있고, 따라서 72호의 법 효력은 보류되었더라도 법 현실에서는 포고 2호를 통해 그 효력을 발휘했다는 말이 된다.

이와 같은 포고 2호의 법계열의 운용은 엄청난 수의 정치범을 양산하는 결과를 초래했다. 당시 경찰에 의해 피검된 피의자 통계, 검찰로 송치된 사건의 기소/불기소 통계, 형무소 기결/미결수형자에 대한 행형통계의 관계 자료들과 수치들은 이를 잘 보여준다. 다만 이러한 통계들을 검토할 때 '정치범의 파렴치범화'된 상황을 주의 깊게 감안하고 해석할 필요가 있어 보인다. 아래의 그림을 예로 생각해보자.

〈그림 1〉 46년 4월~47년 4월 범죄 유형별 남한 형무소 입출자 통계

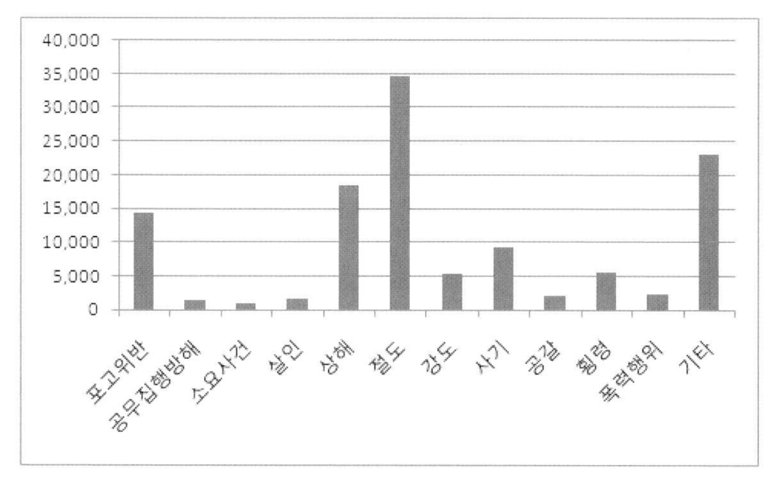

* 「동아일보」, 1947.4.2.

이 그림은 1946년 4월~1947년 4월 검사국(검찰)에서 조사한 남조선 각 형무소의 통계인데, 사실은 1년간 입출자 총수로 보인다. 그런데 이 표를 보고 '포고위반' 항목만을 정치범으로 간주하고 나머지를 당시 경제적 곤궁과 사회적 혼란으로 인해 발생한 파렴치범으로 생각하면 정치범이 전체적으로는 작은 비율을 차지했다고 생각하기 싶다. 그러나 간과하지 말아야 할 것이 "정치범적 성질을 기분간 띠고 있는" 수형자 대부분이 살인, 방화, 상해, 폭력, 절도, 사기, 공갈, 횡령 등의 파렴치범 죄목을 쓰고 있다는 것이다. 예컨대 인민위원회와 미군정 간의 대립 중 많은 부분이 적산을 둘러싼 것이었는데, 이 경우 단순 강도나 강탈, 상해, 사기, 횡령으로 처리되었다는 것을 생각해보자.[18] 이는 후술하겠지만, 1947년 초반의 형무소 만원 상태에 대한 러치 군정장관의 기자회견이나 남조선과도입법의원의 '정치범석방에 관한안'과 그 수정안, 그리고 그 시기 신문의 관계 기사들에서도 금방 확인된다.

1946년 초 좌익계 단체에 대한 본격적 탄압은 정치범 양산의 그저 시작에 불과한 것이었다. 경찰에 의해 '좌익시'되어 쓸어 모아진 엄청난 수의 피검자들은 상당수가 검찰에 의해 불기소 처분되어 석방되었음에도[19] 형무소 수형자의 증가율은 놀라울 정도여서 1946년 말에 이미 일제 때의 수준에 육박하게 되었다. 아래의 표는 해방 이후부터 정부 수립 직전까지의 월별 형무소 재소자 증가 추이인데, 1945년 12월부터 약 1년간 매월 약 2천 명씩 가파르게 증가하고 있으며 '10월항쟁' 직후에는 2만 명에 거의 육박하고 있음을 확인할 수 있다. 1948년 봄부터는 '2·7사건'이

18) 박찬표, 앞의 책, 1997, 118쪽 ; "매일 만여 건의 파렴치범죄가 발생" 『조선일보』, 1947.4.17.

19) 대검찰청 통계에 따르면 해방 이후 3년간 경찰에 의해 송치된 1/2—2/3 건수가 불기소 처분되었다. 관계 신문기사들은 "덮어놓고 경찰"이란 항간의 풍자를 인용하며 이 같은 상황을 비꼬고 있다. 『자유신문』, 1948.9.2 ; 『서울신문』, 1948.9.3.

나 '제주4 · 3사건' 등 정치범 급증에 큰 영향을 끼칠 수 있는 사건들이 많았지만, '5 · 10선거'를 대비해 내려진 군정장관의 특사령 등이 상쇄 요인으로 작용해 22,000명 수준에서 유지되었던 것으로 보인다.

〈그림 2〉 남한 형무소 재소자 증가 추이

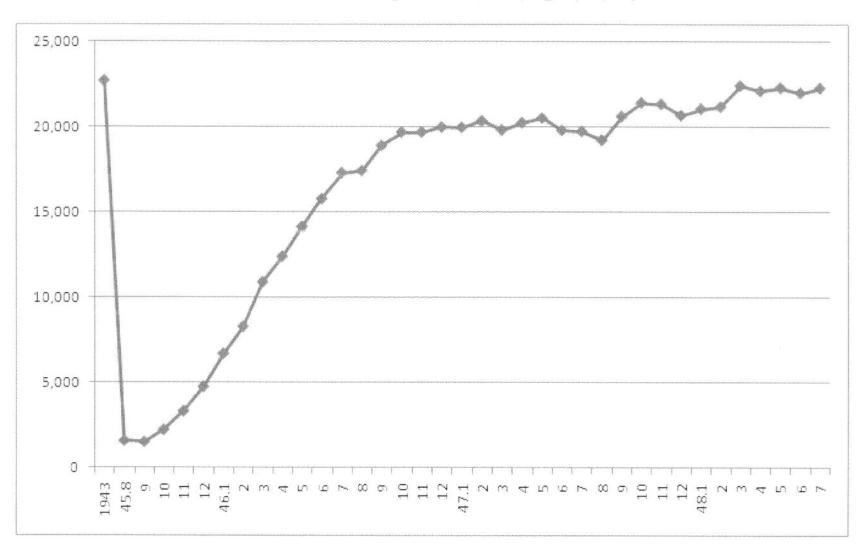

미군정의 포고 2호 계열의 효력은 헌법 부칙 제100조에 의해 대한민국 정부 수립 이후에도 계속되었다. 검찰은 넓은 의미의 '좌익관계사건'에 대한 기소에서 국가보안법뿐만 아니라 포고 2호와 군정법령 19호를 함께 걸었고, 재판소 역시 그렇게 판결했다. 이러한 기소 · 재판 관행은 국회가 통과시킨 '군정법률폐지에관한법률안'을 정부가 거부권을 행사하면서 적나라하게 드러났다. 1950년 2월 1일 6회 20차 국회 본회의에서 이원홍 의원 외 21명이 긴급동의안으로 제출했던 법안이 법제사법위원회의 심사검토를 거쳐 1950년 2월 15일 6회 31차 국회 본회의에서 통과되어 정부로 이송되었는데, 이것을 정부가 국회에 재의 요청했던 것이다. 4월 8일 6회

71차 본회의에서 이 법률안에 대한 재의 검토가 이루어질 때, 김윤근 법무차관은 적어도 3,000명 이상이 포고 2호와 군정법령 19호 위반으로 미결수로 재감 상태에 있기 때문에 이 법이 통과되면 이 공산주의자들이 면소 석방되는 혼란을 초래하게 될 것이라고 경고했다. 결국 국회 법제사법위원회는 대법원, 법무부, 법제처와 연석회의를 가져 "본법실시전의 행위에 대하여서는 본법의 적용을 받지아니한다"를 부칙에 추가하기로 합의했고, 이를 통과시켰다.[20] 이렇게 탄생한 군정법령폐지에관한법률은 1950년 4월 21일 법률 130호로 공포되었고, 미군정기와 정부 수립 이후에도 많은 정치범을 양산했던 포고 2호와 군정법령 19호 제4조는 그 효력을 다하게 되었다. 이와 관련해 한 신문기사의 논조는 군정법령 폐지에 대한 당시의 여론의 일각을 잘 보여준다.

> 전기 두 법령이 우리들에게 극악한 해독을 끼치게 한 것은 우리나라 실정을 무시하고 그들이 깊은 법률적 연구는 없이 다만 치안확보라는 구실 밑에 창졸지간에 제정한 것이 원인이라고 하겠는데 미군정 당시부터 우리나라 법조계에서는 동법령의 철폐를 강경히 주장하였으나 결국 이는 용납되지 못하고 정부 수립 후 보안법(국가보안법을 말함) 제정 공포함과 함께 더욱 일반의 자유를 극도로 억압하여 일반의 원성이 자자하였(다).[21]

2. 정부 수립 후 국가보안법계열의 성립과 운용

1948년 12월 1일 국가보안법이 법률 10호로 공포 · 시행되었다. 여순사

---

20) 6회 20차, 31차, 71차 본회의(1950.2.1, 2.15, 4.8)『제헌국회속기록』. 이하『제헌국회속기록』은 대한민국 국회, 〈회의록시스템〉을 이용해 참고했다. http://likms.assembly.go.kr/record/index.html

21)『서울신문』, 1950.4.23.

건이 급박하게 국가보안법이 제정되는 직접적인 배경으로 작용했다. 한 선행 연구가 잘 지적하고 있듯이, 이 법의 가장 큰 특징은 변란 '행위'를 처벌하는 것이 아니라 변란을 '기도하는 목적'을 가진 결사나 집단의 구성원을 처벌하는 것을 목표로 하고 있다는 것이다. 다시 말해 국가가 어떤 집단이나 개인의 마음속에 있는 목적을 사전에 판단하여 특정한 조치를 취할 수 있도록 하고 있으며, 이런 의미에서 예비검속의 성격을 강하게 배태하고 있었다.[22]

정부 수립 이후 최대 정치범을 양산한 법령이 국가보안법이라는 사실은 이론의 여지가 없다. 당시 행형기록을 보면, 국방경비법 제32 · 33조(이적 · 간첩죄) 위반이나 구형법 제77조 · 106조(내란 · 소요죄) 위반도 다수 눈에 띄지만, 국가보안법 위반에 비할 바는 아니었다. 그리고 무엇보다 국방경비법 및 구형법 관계 조항들이 적용 · 운용되는 상황과 논리는 국가보안법의 운용을 보완하는 것이었다. 분명 이 법들은 별도의 법 목적을 갖고 있는 법령이었지만, 법 적용과 운용의 현실을 보면 국가보안법의 목적을 준전시 혹은 전시상황에 맞게 약식군법회의를 통해 보다 효율적으로 강력하게 처벌하는 방향으로 확장시킨 것으로 보인다.

이런 점들을 감안할 때 이 글에서는 국가보안법계열들을 구성하는 이들 법령을 전부 대상으로 삼아 분석하기보다는 이 법계열의 핵심 법령인 국가보안법, 그것도 국가보안법의 종적 변화에 해당하는 법 개정의 내용과 그 의미를 검토하고 분석하고자 한다. 특히 이 글은 49년 전문개정된 국가보안법(법률 85호)에 주목하는데, 국가보안법이 역사상 가장 짧은 기간에 가장 많은 정치범을 양산할 수 있었던 힘을 규명하는 데 핵심적이기 때문이다.

---

22) 김득중, 앞의 글, 2009, 167쪽.

우선 49년 국가보안법, 즉 1949년 12월 19일 공포되었으나 시행되지 못한 '국가보안법전부개정'의 시각에서 48년 국가보안법의 성립과 운용의 문제를 살펴보도록 하자. 이는 법조문에 내재된 법리적 의미뿐만 아니라 법역사적 의미를 분석하고 법이 운용되고 적용되는 법 현실의 실태를 밝히는 문제이기도 하다.

우선 개정 과정을 간단히 살펴보면, 개정이 국회에서 본격적으로 논의된 것은 1949년 12월 2일 제5회 임시회 폐회 직전인 56차 본회의에서였다. 48년 국가보안법의 시행에 따라 발생한 문제들을 해결하기 위해 개정이 필요하다는 정부의 요청이 있었기 때문이다. 그리고 그 문제들이란 관계 당국의 업무량 폭주, 수형자 격증에 따른 형무시설의 태부족 상황 등이었다. 국회는 정부가 제출한 개정안을 가지고 제1독회를 생략한 채 바로 제2독회로 들어가 당일로 심의를 끝냈다. 그리고 제3독회마저 생략을 결정하고 법제사법위원회에 '자구수정'을 의뢰하기로 결정한 후 국회는 법을 단 하루 만에 일사천리로 통과시켰다.[23]

법 명칭에서 알 수 있듯이 말 그대로 전부 개정되었기 때문에 48년 법과 비교할 때 변화된 사항이 많은데, 개정된 사항의 주요 특징과 내용을 살펴보면 다음과 같다.

---

23) 5회 56차 본회의(1949.12.2)『제헌국회속기록』. 정확히 말하자면, 법이 통과된 것인지도 분명하지가 않다. 제56차 본회의 국회속기록에는 유성갑 의원의 제안(제3독회 생략, 자구수정 법사위 의뢰)에 대한 표결 결과(가결)로 끝맺고 있기 때문이다. 뿐만 아니라 이 법의 공포절차도 상당히 의문이 가는 부분이 있다. 공보처가 발행한『관보』를 보면, 국가보안법은 법률 85호로 12월 19일 공포된 것으로 나오지만, 유심히 살펴보면 12월 19일자 관보 제246호를 통해서가 아닌 '號外'의 형태로 공포된 것이었다. 이 같은 공포 방식이 완전히 불가능한 것은 아니지만, 이로 인해 법률 호수의 순서는 뒤죽박죽이 되었다. 다시 말해 법률 80호인 헌병 및 국군정보기관의 수사한계에 관한 법률이 12월 19일 관보 제246호를 통해, 법률 81호인 검찰청법이 12월 20일 관보 제247호를 통해 공포되었는데, 법률 85호인 국가보안법이 관보 '호외' 형태로 관보 제246호 뒤에 한 장 덧붙여져 공포된 셈이다. 공포절차의 이 같은 수상함과 그 의미는 차후의 과제로 미뤄둔다.

첫째, 48년 국가보안법이 실체법적 성격을 가졌던 데 반해, 49년 법은 실체법과 수속법을 결합한 형태이다.[24] 즉 48년 법은 전문 6조로 간단하게 구성되어 있는 반면에, 49년 법은 1장 죄(1~9조), 2장 형사절차(10~18조)로 구성되어 있다. 당시 형사소송법이 대한민국 국회에 의해 입법되어 있지 않은 상황에서 일반적인 형사소송 절차는 일제의 조선형사령과 미 군정 법령 176호 형사소송법의 개정에 의해 진행되었다. 그런데 49년 법은 2장에서 일반적인 형사절차의 예를 따르되 심급을 단심제로 바꾸고 형 선고 유예, 집행유예를 통한 '保導拘禁制' 관계 조항들을 별도로 규정했다. 정부 측의 설명대로라면 이 조항들은 사법절차를 간소화해 미결수 처리의 효율성을 높이고 기결수 수용 포화상태의 상황을 해결하고자 강구된 것이었다. 즉 국가보안법 위반자들을 단심으로 신속히 처리하고, 형 선고 이전의 미결수와 형 선고 이후의 단기형 기결수를 대상으로 '轉向'을 유도하기 위한 '보도사업'을 진행해 행형시설의 태부족 상황을 해결하고자 했던 것이다. 이러한 구상은 당시 이미 결성되어 활동하고 있는 국민보도연맹을 염두하고 있는 것이었다. 행형시설의 태부족 상황인데 별도의 보도소를 설치해 관계기관이 이를 운영하는 것은 사실상 불가능한 것이었다. 애초부터 半官半民 조직인 보도연맹을 활용하고자 했던 것으로 보인다. 『국가보안법실무제요』에서 언급하는 '保留處分制' 신설과 보도연맹 활용에 대한 내용에서도 그러한 의도의 단면을 엿볼 수 있다.

그리고 부칙에는 "본법 시행전의 행위에 대하여도 적용한다"고 명시하고 있는데, 이는 '소급효'를 규정하고 있다. 그런데 이 소급효 규정은 통상 법률불소급원칙에 어긋날 뿐만 아니라 특수한 상황에서 인정하는 사례가 있다하더라도 국가보안법 개정에서의 소급 의도와 목적은 너무나

24) 48년 국가보안법도 정부 초안에서는 실체법과 수속법의 결합 형태로 구성되었다. 『자유신문』, 1948.11.3.

정치적인 데 문제가 있었다. 바로 '국회프락치사건'으로 소급시키고자 했던 것이다.

둘째, 49년 국가보안법은 '목적수행죄'(1, 2, 3조)와 '미수죄'(5조)를 신설했다. 일부 선행 연구들은 마음(정신)상에 있는 '목적'에 대한 처벌과 '목적수행죄'를 다소 혼동해 48년 국가보안법이 이미 목적수행죄를 처벌했다고 오해하는 경향이 있다. 그러나 목적수행죄는 결사의 목적수행을 위해 도움이 되는 '모든 행위'를 처벌하는 것이다. 다시 말해 국가보안법은 본래부터 사법당국이 피의자의 결사와 집단 구성의 '목적'을 판단해 처벌하는 것이었는데, 목적수행죄의 신설로 행위 결과가 목적에 따른 행위라고 평가된 경우에도 처벌할 수 있게 된 것이다. 이 개념은 1928년 치안유지법부분개정 때 등장한 개념인데, 당시 일제 사법당국은 검거된 피의자들 대다수가 공산당 黨籍이 없어서 처벌할 수 없었던 25년 치안유지법의 맹점을 보완하기 위해, 즉 결사의 정식 조직원이 아니더라도 혐의가 있는 관계자들을 처벌하기 위해 만든 것이었다.[25]

그리고 미수죄의 신설은 법 논리상으로 볼 때 48년 국가보안법 때부터 포함되어 있어도 이상하게 보이지 않는 것이었다. 행위 결과가 이루어지지 않았더라도 목적 자체를 문제 삼는 것이 국가보안법이었기 때문에 미수를 판단하고 처벌하는 것은 사실상 당연한 것이었다.

그런데 나는 이처럼 49년 국가보안법전부개정에 가서야 신설된 목적수행죄와 미수죄가 사실은 48년 국가보안법 운용의 실무적 차원에서 이미 사용되고 있었다고 판단하고 있다. 단적인 예를 들면, 48년 국가보안법의 실무적 적용을 위해 오제도 검사가 만든 『국가보안법실무제요』 초판본(1949.8 출판)[26]에서 "본법의 처벌대상은 어데까지나 불법목적수행

---

25) 鈴木敬夫, 「조선식민지통치법의 성격」, 『법학논총』 31권 1호, 2007, 26쪽.

26) 오제도 검사에 따르면, 『국가보안법실무제요』는 1948년 12월 27일 전국검찰감독

을 위한 실천행위"[27]라고 밝히고 있는데, 이는 1949년 12월에 신설되는 목적수행죄 개념이 48년 국가보안법의 해석과 운용을 설명한 책자에 먼저 해설되고 있는 셈이다. 그리고 이 책 2장 각론을 보면 결사는 사실상 정치결사를 의미하며 정당(남 · 북로당이 이에 해당)을 지칭하고, 집단은 남로당산하단체 및 좌익계사회단체를 지칭한다고 말하면서 다음과 같이 쓰고 있다.

> 당시 이인 법무장관, 최대교 서울지방검찰청 검사장 및 대부분의 검사들은 당초에 합법적으로 공연히 조직 결성한 결사집단이라도 그 후 그 내포한 의도를 달성하기 위해 수행한 행위가 국헌을 위배하여 국가변란을 야기케 한 이상 본법 입법정신으로 보아 당연히 단속대상이 되며……[28]

사회단체가 합법적으로 조직 결성되었더라도 '수행한 행위'를 통해 '내포한 의도'를 판단하고 '단속'하겠다는 것이며, 이것은 법무부 장관과 서울지검장, 사상계검사들의 논의 결과였다는 것이다.

28년 '치안유지법부분개정' 이래 41년 '치안유지법전부개정'을 거쳐 사상계 검사와 판사들이 식민통치 마지막까지도 목적수행을 이유로 사상범을 만들고 탄압해왔음을 감안할 때, 그 실무 관행이 해방되고 정부 수립이 이루어졌다고 해서 3년 동안에 청산되었을 것이라고 생각하지는 않는다. 이렇게 볼 때 48년 국가보안법에서 명시적으로 목적수행을 처벌한

관회의에 제출했던 「諸問答申案」을 기초로 작성한 것이다. 그는 이 답신안을 중심으로 감독관회의에서 논의된 문제를 정리하고 그 이후 헌병학교, 경찰학교, 각 경찰서에서 교양하고 다닌 내용을 정리해서 국가보안법실무제요를 작성했다고 밝히고 있다. 오제도, "그때 그 일들⑦", 『동아일보』, 1976.6.19.

27) 오제도, 『국가보안법실무제요』, 1949, 35쪽.

28) 오제도, 위의 책, 54쪽.

다고 규정하지는 않았지만, 실무직으로는 그렇게 처리하고 있었고, 이러한 실무 관행을 뒤늦게 49년 국가보안법에 반영해 명시적으로 밝혔다고 이해하는 것이 더 합리적인 것으로 보인다. 미수죄의 경우에도 마찬가지 논리로 이해할 수 있다.

셋째, 49년 국가보안법은 '지원결사'(2조)와 '준비결사'(3조)에 대한 처벌 규정을 신설했고, 법정 최고형을 사형으로 높이면서 형기도 전반적으로 연장하고 '금고'를 아예 삭제하는 등 극단의 엄벌주의 방침을 채택했다. 지원결사와 준비결사에 대한 처벌 규정 신설 또한 41년 치안유지법 전부개정에서 처음으로 이루어진 바 있다. 사실 전반적으로 보면 49년 국가보안법은 48년 국가보안법의 연장에 서 있기도 하지만, 그보다는 41년 치안유지법전부개정을 놀라우리만치 판 박았다. 앞서 언급한 형량이라든지, 금고를 삭제해 엄벌주의 방침을 선택한 것이라든지, 아예 자구가 똑같은 것이 곳곳에서 발견된다. 기존 연구들은 25년 치안유지법과 48년 국가보안법 사이의 유사성에 주목해왔지만, 그 못지않게 41년 치안유지법전부개정과 49년 국가보안법전부개정이 똑같은 것이다.

이러한 사실들을 이해하게 되면 지금까지와는 새로운 논의의 장을 열 수 있다고 생각한다. 49년 국가보안법은 법 형식으로 보면 법의 공포·성립 이후에 시행령(부칙에서 규정한 별도의 대통령령)이 나오지 않았기 때문에 시행되지 않았지만, 법 현실로 보면 그 이전인 48년 국가보안법 공포·시행 이후부터 이미 '실무적으로 시행'되었다고 볼 수 있다. 그리고 이것이 가능할 수 있었던 배경에는 25년 치안유지법, 28년 치안유지법 부분개정, 41년 치안유지법전부개정과의 연속에서, 즉 이 법의 조문, 운용 기관과 거기에 소속돼 실무적으로 활동하는 사람 및 관행·문화, 그 과정에서 축적되는 특정한 방식의 법 해석과 이해 등 이런 것들의 연속에서 가능했다고 볼 수 있다.

이렇게 보면, 국가보안법이 성립 직후부터 어떻게 해서 역사상 최단기간에 최대의 인원을 정치범으로 처벌하는 법령이 될 수 있었는지 이해할 수 있다. 목적수행죄와 미수죄 및 지원결사와 준비결사 등의 조항은 그 어떤 누구도 '빨갱이'로 낙인찍는 것을 가능하게 했다. 법 제정 과정에서 이 법이 좌익계만을 대상으로 하는 데 그치지 않고 전 국민을 대상으로 할 것이라는 소장파 의원들의 우려는 너무나 정확한 예견이었다. 국회와 법조계의 프락치 사건들은 시작에 불과했다. 1949년 5월 18일부터 8월 22일까지 구속영장이 발부된 국회의원이 19명, 법조계가 11명, 언론계가 31명에 이르렀다.[29]

국가보안법 위반으로 경찰에 의해 피검된 피의자 수는 1949년에만 11만 8,621명(4만 6,373건)이었으며, 1950년 상반기 약 4개월 동안은 3만 2,018명이었다. 약 16개월 동안 15만 명에 가까운 사람들이 피검된 것이었다. 그 가운데 11만 2,246명이 검찰로 송치되었으며, 3만 8,213명이 재판에 회부되었다.[30] 1949년 말 전국 19개 형무소(지소 포함)에 약 3만 5,000명을 초과하더니 1950년 1월에 약 4만 8,000명 수준으로 격증했다.[31]

정부 관계 당국은 형무소 수형자의 격증과 이로 인한 형무소 과밀상태 및 최악의 수형생활을 심각한 문제로 인식하고 있었으며, 국회 또한 당국자들을 불러 이 문제를 해결하라고 질타하고 있었다. 그러나 정부 당국이 제시하는 해결책은 거의 속수무책에 가까운 것이었다. 한편으로는 형무소의 증설과 관계 예산을 일부 증액하는 시도를 꾀했지만, 전국 형무소 수용 능력의 세 배를 초과하는 수형자들이 이미 존재하는 상황에서, 그리고 국가보안법 위반 미결수·기결수들이 엄벌주의 방침 속에서

29) 『조선중앙일보』, 1949.8.24.

30) 박명림, 『한국 1950, 전쟁과 평화』, 나남, 2002, 319쪽.

31) 최정기, 앞의 글, 2007, 79~80쪽 ; 『서울신문』, 1950.1.13.

계속 양산되고 있는 상황에서 그런 해결책은 임시방편조차도 될 수 없었다. 다른 한편으로는 국가보안법과 법무부직제 개정을 통해 '전향'을 제도화시켜 그 일부를 보도소, 보도연맹, 기타 사법보호단체로 흡수하고자 했지만, 보도연맹만 일정 정도 기능했을 뿐 나머지는 유명무실했다. 보도연맹이 불과 결성 1년 만에 30만 명이 넘는 대규모 半官半民 단체로 성장했지만, 국가보안법이 사실상 전 국민을 대상으로 하고 있는 이상 이런 단체들이 열 개가 있더라도 형무소 태부족 상황을 근본적으로 해결할 수 있을 것 같지는 않아 보였다.

도저히 근본적 해결을 볼 수 없을 것 같았던 이 문제는 한국전쟁의 발발이 계기가 되어 매우 극단적인 방식으로 '최종적으로 해결'되었다. 정부 최고위층의 재가 아래 포고 2호, 국방경비법 등을 포함한 국가보안법 위반 죄목의 형무소 재소자들이 전국에 걸쳐 조직적으로 학살되었던 것이다. 그리고 상당수의 보도연맹원 또한 형무소에 끌려와 동일한 운명을 맞이했다.

그런데 그들은 왜 그같이 극단적인 방식으로 죽음으로 동원되었을까? 포고 2호에서 국가보안법으로 이어지는 법계열이 양산한 정치범이 있다는 사실과 이들에 대한 전시 학살 명령 사이에는 보다 인과적으로 해명되어야 할 것이 있어 보인다. 바로 이들 정치범에 대한 인식이다. 정치범은 어느 시기 어느 지역에서든 정권에 의해 잠재적인 내부의 적으로 간주되지만, 그렇다고 이들을 반드시 학살하지는 않으며, 학살이 이루어지더라도 최소화하기 마련이다. 그런데 한국전쟁 초기 정부 최고위층은 정치범으로 간주될 수 있는 모든 이들을 학살하게 했다. 전시 정치범 학살을 전면화·최대화시킨 이 시기 정치범 인식의 내용은 무엇일까?

Ⅲ. 정치범 논쟁을 둘러싼 갈등과 정치범 인식의 변화

1. 미군정기 정치범 논쟁과 인식

미군정기 당시의 신문기사를 보면, 해방 직후 형무소에서 풀려나온 '사상범'을 가리켜 '정치범'이라는 용어를 쓴 기사가 간혹 있지만, '정치범'이라는 용어가 직접적으로 거론되면서 빈번해졌던 시점은 1946년 '10월항쟁' 이후 관련 피검자들의 처리를 둘러싼 논란이 벌어지면서부터였다. 이에 대한 일반 유언비어가 나돌고, 미군정 최고수뇌부와 관계 당국자, 과도입법의원, 여러 정당과 사회단체 등의 성명이 경쟁하듯이 발표되면서 '사상범'이 아닌 '정치범'이라는 용어가 눈에 띄게 나타났다.

1) 미군정기 최고수뇌부의 정치범 인식

미군정에서 최고수뇌부가 가장 공식적으로 이에 대해 언급한 것은 조선주둔미군최고사령관 하지 중장이었다. 그는 1946년 11월 11일 '10월항쟁'으로 정국이 혼란스러운 가운데 "여러 낭설을 분쇄키 위하여" 미군정의 의도를 천명하는 성명서를 발표했다. 그 가운데 흥미로운 부분은 '경찰에 대한 증악심'과 정치범에 대한 그의 발언과 인식이다. 그는 '10월항쟁'의 원인으로 손꼽히는 민중의 경찰에 대한 증오를 과소평가하고 있을 뿐만 아니라 배후에 파괴주의자와 선동자가 있다고 믿고 있다. 그가 보기에 군정경찰은 단시일이지만 민주주의적 경찰방법에 의해 잘 훈련된 조선인으로 그간 훌륭한 기록을 남겼으며, 다만 몇몇 경찰관 개인이 약간의 비행과 무분별한 행동을 저질러 문제가 되었을 뿐 이만한 것은 세계 어느 나라의 경찰에서도 볼 수 있는 일이라는 것이다. 그럼에도 불구하고 민중이 경찰기관 전체를 비난하고 증악심을 품는 것은 공공의 평화와 안전을 수호하는 경찰의 사기를 좌절시키고자 하는 선동자의 거짓 과장 때문이라는 것이다. 그리고 그는 최근 사건으로 억압받는 정치범은 없다는 입장을 피력했다. 악질적 폭동을 선동하고 이에 참가한 사람들은 정치범이 아니라 법률파괴자이고 살인자, 방화범이라는 것이다.[32)]

이러한 하지 장군의 인식은 수사, 기소, 재판 당국에 고스란히 반영되어 수많은 정치범을 양산했고, 형무소 만원 상태로 이어졌다. 이 상황은 1947년 1월 17일 러치 군정장관의 기자회견에서도 나타난다. 그는 정치범으로 형무소가 만원 상태이며 이들에 대한 간수들의 가혹한 취급 태도의 대책을 묻는 기자들의 질문에, 정치범으로 수감된 사람은 없고 다만 폭동사건과 관련해 그들의 명백한 범행과 소요행위로 인해 체포 수감된 사람이 많다고 대답했다. 그리고 군정당국이 형무소 포화 상태를 해결하고자 초만원으로 인한 사건 처리의 지연과 결함이 없도록 노력하고 있으며, 간수의 가혹한 태도는 과장된 것일 뿐 범인에 대한 취급은 대단히 좋다고 강조했다.[33)] 그리고 3월 13일 기자회견에서는 남조선과도입법의원에서 '정치범석방에관한안' 수정안이 격론 끝에 부결된 사실을 의식하는 듯 다음과 같이 말했다.

> 정치범이라고 하나 확신한 한계를 알 수 없다. 맥아더사령관 포고령 제2호 위반으로 구금된 사람을 말하는 것이라면 그들에 대해서는 立議에서 간섭할 권한이 없고, 다만 하지중장만이 권한을 가지고 있고,…… 군정장관의 입장에서 포고령 2호 위반 죄수……에는 간섭하지 않기로 되어 있다.[34)]

---

32) 『조선일보』, 1946.11.12.

33) 『경향신문』·『조선일보』, 1947.1.18.

34) 『동아일보』·『서울신문』·『조선일보』, 1947.3.14.

정치범에 대한 이 같은 미군정 최고수뇌부의 인식은 1948년 2월 남로당이 감행한 '비합법 무력투쟁'인 2·7사건 직후에도 격하게 터져 나왔다. 하지 중장은 7일의 '폭동·소요사태'에 대해 성명서를 발표했는데, "파괴와 살인을 포함한 이런 종류의 범죄자들은 체포되어 선고를 받을 것이고, 그 후에는 공산주의자가 삐라, 포스터, 출판물급 라디오 연설로 그리 통곡하는 소위 정치범 공산당과 동일한 운명에 속할 것"이라고 단언했다.[35]

이렇게 볼 때 미군정 수뇌부는 46년 10월사건과 48년 2·7사건 등 일련이 사건들과 관련해 정치범은 존재하지 않으며, 살인·방화·파괴 등의 파렴치범만 존재할 뿐이며, 이들의 배후에는 공산당이 있다는 입장을 확고히 하고 있었다.

그러나 이렇게 단순한 정치범 인식으로 미군정이 당시의 현실을 무작정 돌파하기에는 그리 쉬운 일이 아니었다. '정치범'의 존재 유무를 둘러싸고 정국이 들끓고 있는 상황에다가 이 상황을 우려하고 있는 유엔한국임시위원단(이하 유엔한위)의 관심을 완전히 외면할 수 없었다. 당장 선거법(입법의원 의원선거법과 군정법령 제175호 국회의원 선거법) 조문에서도 '정치범'이라는 용어를 삭제할 수 없었다. 미군정은 "공인되고 통일된 의미가 없다"고 지적하면서 정치범 용어 사용을 거부했지만, 선거권 자격 제한에 결국 '정치범은 제외함'이라는 문구를 포함시킬 수밖에 없었다. 그리고 1948년 3월 31일 딘 군정장관은 각 법령시행 관공리, 경찰, 검찰, 형무관, 선거위원회에게 '左記 各人'의 '복무중의 형, 집행유예중의 형, 집행정지중의 형, 계속사건의 기소범죄, 수사할 범죄' 일체에 대한 사면 명령을 알리면서 사실상 정치범 특사령을 발표했다.[36] 흥미로운 것은

---

35) 『경향신문』·『동아일보』·『서울신문』·『조선일보』, 1948.2.11·12. 이 성명서는 대단히 격하고 흥분된 어조로 가득한 것이었다.

구체적인 사면 대상의 내용인데, 딘 군정장관은 4월 8일 중앙청출입기자단과 기자회견을 갖고 "될 수 있는 대로 많은 사람들이 총선거에 참여하도록 하기 위한 조치로 국제연합조선위원단에서 하지 중장에게 보낸 추천서에 의해 3,140명을 석방"했다고 하면서, 그 대상을 살인 · 방화 관계자들을 제외한 "불법집회와 같은 사건에 관계하였던 기결수 · 집행유예자들"이라고 밝혔다.[37] 그 기자회견이 있기 전 언론에서는 군정장관을 인용하며 특사령의 대상자를 '포고령 2호' 위반의 정치범 기결수 · 미결수라고 보도하고 있었는데, 이렇게 볼 때 미군정은 현실상 무허가 집회 관계의 포고 2호 죄명으로 처리된 사람들에 한해서 정치범으로 인정하는 방향으로 선회했지만, 살인 · 방화 등의 죄명이 붙은 기결수 · 미결수들에 대해서는 선을 긋고 기존 입장을 고수했다고 판단된다.

2) 남조선과도입법의원의 정치범 인식과 논쟁

그러나 당시 정치범 문제는 그리 간단한 성질의 것이 아니었다. 미군정의 정치범 인식과는 전혀 다른 이해가 공론화된 영역에서 논의되었고, 심지어 이 이해가 군정당국의 공식 입장과 갈등을 일으켰는데, 그 진앙지는 바로 1946년 12월 12일에 개원한 남조선과도입법의원(이하 과도입법의원)이었다. 그 시작은 1947년 1월 10일 과도입법의원 9차 회의에서 박건웅 외 12의원이 제출한 '정치범석방에관한건의안'이었다. 과도입법의원 개원 이래 처리해야 할 사안이 산적했음에도 불구하고 이렇게 일찍부터 이 안이 제출된 것은 과도입법의원의 탄생 배경과 관련이 있다.

과도입법의원은 각각 45명씩 미군정에 의해 관선 지명되거나 민선으로 뽑힌 의원들로 구성되었다. 그런데 이 민선의원 선거는 '10월항쟁'의

---

36) 『경향신문』 · 『동아일보』, 1948.4.8.

37) 『동아일보』 · 『서울신문』 1948.4.9.

와중에 언론도 주민도 잘 모르는 속에서 10월 17일부터 22일 사이에 치러졌다. 이렇게 치러진 한국 최초의 의원 선거는 일반의 무관심 속에 미군정의 비호아래 친일파와 극우세력이 압승을 거두었다. 투표자의 약 반수가 기권한 관권 불법선거의 결과였다. 애초부터 민주주의민족전선(이하 민전)과 좌익세력은 선거를 거부했고, 선거를 감시했던 좌우합작위원회가 강하게 반발했으며, 신망 있는 중도파 인사들의 이탈했다. 이런 상황에서 하지 중장이 서울, 강원지역 선거를 무효화해 재선거를 치르는 등 심각한 내홍을 겪었다. 12월 12일 개원식도 90명 의원 중 겨우 57명이 참석한 가운데 이루어졌다. 당연히 과도입법의원의 구성은 미군정이 할당한 중도파와 중도좌파 관선의원들을 제외하면 한민당과 독촉국민회의 극우세력 일색이었다.[38] 이러한 과도입법의원의 구성과 배경 속에서 정치범 석방에 관한 안이 제출된 것은 상당한 파장을 예고하는 것일 수밖에 없었다.

1947년 1월 10일 제9차 회의에서 이 안이 제출된 이래 1월 13일 제10차 회의에서 이 안이 논의되었지만 결국 법제사법위원회(위원장 백관수)와 내무경찰위원회(위원장 원세훈)에서 이 안을 검토하기로 하면서 본격적인 논쟁은 미뤄졌다. 그러다가 2월 27일 제23차 회의 때 두 위원회가 이 안에 대한 수정안을 제출하면서 찬반 논쟁이 시작되었다. 수정안을 둘러싼 논쟁은 3월 3일의 제24차 회의와 3월 4일의 25차 회의까지 이어졌고 결국 부결되었다.

수정안이 요구하는 사항은 세 가지였다. 첫째, 일반 미결수 신속 처리, 둘째 기결수 감형 단행, 셋째, 그 밖의 형 집행정지 · 가출옥 · 보석 등으로 가급적 많은 죄수의 출옥을 군정장관에게 건의한다는 것이다. 이렇게

38) 서중석, 『한국현대민족운동연구』, 역사비평사, 1991, 503~508쪽.

요구하게 된 배경과 관련해 수정안은 왜 최근 각종 범죄자가 격증하고 일제시기와 비교해보아도 기결수가 많은지, 그 배경과 원인을 지적하고 있다. 크게 두 가지인데, 일반적으로는 독립국가의 미완성으로 인한 정치불안, 경제공황, 민생문제의 곤란을 지적하고 있고, 구체적으로는 투옥된 죄수들이 무허가 집회나 예비검속, 군정법령 위반 등의 죄명으로 수형돼 있는 정치범적 성격의 죄수들이라는 점을 지적하고 있다.[39]

이에 대해 수정안이 정치범을 분명하게 가리키지 않고 '정치범적 성질을 기분간 띤 미결수와 기결수'라는 표현으로 후퇴했음을 지적하는 일부 의견도 있었지만, 주 전선은 정치범 석방에 대한 찬성과 반대로 극명하게 갈리며 형성되었다. 2월 27일 23차 본회의와 3월 3일 24차 본회의에서 정치범 석방 여부를 둘러싸고 벌어진 찬반 논쟁의 주요 쟁점을 정리하면 다음과 같다.[40]

첫째, '46년 10월항쟁'의 성격은 무엇인가?

23차 회의에서 양재박 의원은 (경찰) 기록에 근거한다는 전제 아래 북조선이 남조선 민전에 지령을 내리고 민전이 산하단체에 지령해서 일어난 폭동사건으로 규정하고 있다. 그리고 "경찰이 넉넉한 기술이 없어 제대로 압박하지 못해 인민들이 원시적 성질을 발휘해 함부로 날뛴 사건"으로 인식하고 있다. 그러면서 경찰이 사전에 이 사태를 방지하지 못한 것은 유감이지만, 사후조처는 잘했다는 식으로 평가하고 있다. 이에 대해 격한 비판이 터져 나왔는데, 그 내용을 자세히 살펴보면 두 입장으로 구분된다. 발언 내용으로만 보고 판단한다면, 대표적으로 김돈 의원과 탁창혁 의원의 입장이 갈리는 듯하다. 김돈 의원은 이 사건이 근본적으로 경찰과 민중 간의 갈등과 마찰이라는 입장을 견지하면서도, 어떤 '악

39) 대한민국 국회 편, 『남조선과도입법의원속기록 2』, 선인문화사, 1999, 37쪽.
40) 이하 입법의원들의 논쟁은 대한민국 국회 편, 위의 자료, 37~54쪽을 참조했다.

질분자'가 그 시기를 이용해 선동했고, 이에 헐벗고 굶주린 민중이 선동돼 일어났다고 인식하고 있다. 이에 대해 탁창혁 의원은 이 사건이 미군정의 식민지 재편성과 일제 정책의 답습 때문에 민중이 들고 일어선 사건으로 과거 조선 독립과 인민을 위해 헌신해왔던 지도자들이 이 사건을 지도했다고 주장하고 있다. 두 의원 모두 정치범석방에관한안 원안에 서명해 제출했지만, 이 시점에 와 김돈 의원은 입장을 바꿔 수정안 찬성으로 돌아섰고, 탁창혁 의원은 보다 근본적으로 원안의 입장을 고수하고 있다. 이러한 차이는 정치범의 정의 및 범위와 관련해서도 드러났다.

둘째, 정치범은 존재하는가? 그렇다면 누가 정치범인가?

이와 관련해 양재박 의원은 수정안이 경찰의 예비검속 등을 비판하면서 현재의 미결수 · 기결수가 '정치범적 성질을 기분간 띠'고 있다고 말하는데, "어떻게 살인과 약탈이 정치적인가? 그리고 아직 국가가 없는데 어떻게 정치범이 있을 수 있는가?" 라고 되물었다. 이에 대해 원세훈 의원은 답변이라는 말 대신 해석이 다르다는 표현을 썼지만, 독립국가에만 정치범이 있다는 주장은 완전한 착오라고 강하게 반박했다. 그는 "독립국가에는 오히려 정치범이 적다. 예컨대 인도처럼 남의 나라의 식민지로 있는 여기에 정치범이 많다면서 정치범은 정치적 압박을 받는 민족에게 많다"고 말했다. 정치범의 존재 유무에 대한 논란이 일자 장자일 의원은 과거에는 정치범, 사상범, 치안유지법 위반이 분명하게 규정되어 있었지만, 오늘날에는 각각의 자기 입장에서 정치범을 정의하기 때문에 이에 대한 정의와 범위를 정할 필요가 있다고 발언했다. 그러면서 그는 신중하게 다음과 같이 말한다.

> 왜놈시대에 소위 정치범, 사상범으로 감옥에 들어가서 고생하는 그 사람들이 해방된 오늘에 있어서……파렴치죄나 살인강도죄가 아닌데

> 도 불구하고 오늘날에 와서 감옥에 들어가 있다면 이 사람을 정치범으로 해석하지 않을 수 없습니다.[41]

뒤에 발언했던 탁창혁, 김학배, 김평의, 정이형 의원 역시 동일한 이해를 보여주었다. 특히 김평의 의원은 현재 감옥에 갇혀 있는 사람들의 죄명이 정치범이 아닌 살인범, 방화범, 파괴범, 군정법위반자, 무허가집회 등의 죄목으로 되어 있다면서 중요한 것은 그들 행위의 동기, 즉 '무슨 관계로 했는지'를 파악해야 한다고 주장했다. 정이형 의원 역시 일제 감옥에서 19년 동안 정치범이 아닌 살인·방화의 죄명으로 갇혀 있었던 자신의 과거를 소개하면서 좌우익 입장과 편견을 떠나 전 민족을 지도해나갈 입장에서 정치 성질을 띤 일반 죄수를 석방하는 것이 옳다고 덧붙였다. 그 반대편에는 이활 의원이 있었다. 그는 강도, 폭동을 정치범이라는 미명으로 포장하는 것은 건국도상 양심적이지 않으며, 일종의 선동이고 일부 파괴에 불과하다고 반발하면서 백관수 의원과 원세훈 의원의 수정안 역시 대단히 무성의하고 부득요령이며, 적당하지 않은 글을 썼다는 식의 인신공격을 했다. 이 발언으로 부의장으로부터 발언 중지 경고를 받자 이활 의원은 발언 태도와 관련해 사과했지만, 내용에서만큼은 가면을 쓰고 살인, 방화하는 무리들을 정치범이라고 하는 것 자체가 문제라며 자기 소신을 굽히지 않았다. 이 같은 논쟁으로 서로의 입장이 좁혀지지 않자 김학배 의원은 정치범이 없다고 지적하는 것은 대단히 부당한 일이라면서, 다만 오늘 이 수정안을 결정하지 말고 각 정당사회단체의 여러 대표자들을 불러 어느 단체에서 누가 정치운동 하다가 수감되었는지 확인하고 명단을 작성해 석방하도록 결의안을 수정하자는 흥미로운 의견을 내기도 했다.

---

41) 대한민국 국회 편, 위의 자료, 43쪽.

셋째, 정치범 석방은 법률적으로 가능한가? 과도입법의원이 군정장관에게 석방을 요청할 권한이 있는가?

이 문제는 큰 쟁점으로 형성되었다기보다는 양재박 의원과 원세훈 의원 간의 법률적 해결에 대한 견해 차이로 인해 부차적으로 논의되었다. 양재박의원은 기결수 감형, 형집행정지, 가출옥 등은 모두 법률에 의해 규정된 것으로 임의적으로 할 수 없으며, 더욱이 입법의원이 결의해 군정장관에게 이 나라의 주권자 행사를 시킨다면 감옥에 있는 죄수도 원치 않을 것이라고 발언했다. 이에 대해 원세훈의원은 다른 해석을 내놓았다. 그에 따르면, 법률에 의해 규정되어 있다는 지적은 '왜놈시대'의 법률에 근거해 말하는 것이고 우리에게는 지금 이렇다 할 만한 법률이 없는데, 다만 군정법령에 의지하고 근거해 재판관이 체형하고 있으므로 입법의원이 군정당국에 건의하면 된다는 것이다.

이러한 논쟁과 갈등은 3월 3일의 24차 회의에서도 계속되었다. 말 그대로 '설전'이었고, 단정세력과 반단정세력 간의 대결의 축소판 양상을 띤 채 논쟁만 계속되다가 수정안 역시 부결되었다.

정치범 석방 요구는 근로인민당과 민전 같은 좌익계 정당·사회단체뿐만 아니라 한독당과 좌우합작위원회, 경성법조회 등 중도세력들에 의해서도 주장되었다. 이 문제에 대한 논쟁은 격한 '핑퐁' 양상을 띠다가 사그라지는 듯했지만, 남북한 총선거를 실시하기 위해 내한한 유엔한위가 정치범 문제에 관심을 가지고 우려를 표하면서 재개되었다.

1948년 1월 28일 김구가 유엔한위에게 보낸 의견서에는 남북한 정치범 석방을 요구하는 사항이 포함되어 있었는데,[42] 이에 대해 그다음 날 김성수가 유엔한위 제2분과위에 "남조선에는 방화·폭동행위로 인한 범인

42) 『서울신문』, 1948.1.29

은 있어도 정치범은 없으며 정치범은 북조선에 있다"고 발언하면서 김구의 의견서와는 반대 요지의 입장을 표명했고, 이것이 한민당과 한독당 간의 설전으로 확대되었다. 한민당은 "참된 정치범은 남한에는 없고 북한에만 있으며, 공산계열에서 말하는 정치범은 전부 살인 방화와 파괴적 폭동죄로 기소된 자인만큼 그들을 석방함은 남한의 치안과 질서를 교란시키는 결과가 될 것"이라는 입장을 되풀이하며 김구를 규탄했다.[43] 이에 대해 한독당은 "정치관계로 죄명을 쓰고 있는 이들은 정치범이라고 생각한다. 우리의 입장은 북에 있는 정치범 석방에 더 큰 관심을 가지고 있다"는 담화를 발표하면서 한민당의 김구에 대한 공격을 비난하고 나섰다.[44] 이런 공방이 남북통일선거와 남북요인회담을 둘러싼 찬반 논쟁과 결부되면서 상황은 급박하게 돌아갔다.

결국 미군정은 정치범 특사령을 발표했다. '5·10총선거'를 앞두고 유엔한위의 정치범 석방 건의를 받아들인 것이다. 그러나 불법집회 혹은 무허가집회에 관계된 포고 2호 위반 기결수·미결수에 대해서만 정치범으로 인정해 석방한 것이었다. 군정당국과 보수세력이 볼 때 집회 관련 포고 2호 위반자들이 참된 의미에서 정치범이라 할 수 없지만, 남한만의 단독 선거를 얻어냈으니 그것으로 만족스러운 것이었다. 게다가 '정치범 성질을 기분간 띤' 폭동범과 살인방화범은 제외할 수 있었다. 이것은 무엇을 의미하는가? 극히 제한적인 일부를 정치범으로 인정하고 이들을 석방함으로써 이젠 더 이상 정치범이 존재하지 않으며 파렴치범만 있을 뿐이라는 논리가 만들어졌다. 그리고 이 논리가 굳건해질수록 정치범 석방 요구는 메아리로 흩어질 수밖에 없었다.

---

43) 『조선일보』, 1948.1.24 ; 『동아일보』·『조선일보』·『서울신문』, 1948.1.31.

44) 『경향신문』, 1948.2.1.

2. 정부 수립 후 정치범 인식의 변화

1) 국가보안법 성립 이후 정부의 정치범 인식과 방침의 변화

정부 수립 직후 정치범 인식은 미군정기 말의 그것과 연속이었다. 적어도 정치범 인식과 관련해서는 1948년 8월 15일은 단절선으로 작동하지 않았다. 미군정기 말과 정부 수립 직후의 정치범 인식의 연속은 1948년 9월 27일 대통령령으로 공포된 '대사령'의 대상을 통해서도 확인된다. 정부는 19개 형무소 수형자 5,700여 명과 경찰서 유치장에 구금되어 있는 피의자 약 5천 명의 대부분을 석방했고, 그 밖에도 상당수 재소자의 형기를 감형했으며, '공권박탈정지' 중에 있는 사람들을 복권시켰다. 그리고 포고 2호 위반자도 정치범으로서 그 대상에 포함되었다. 그러나 내란, 외환, 소요, 안녕질서 등을 비롯해 살인, 가중도주(집단탈옥), 방화 및 중실화, 공문서위조, 통화위조, 증수회(뇌물수수), 횡령 등으로 수감된 수형자는 제외되었다. 사법당국의 통상 용어를 사용하자면, 대사령의 대상에 '반국가적 파괴범이면서 비도덕적 파렴치범'은 제외된 것이다. 이는 1948년 3월 31일 딘 군정장관의 정치범 특사령에서 적용된 기준의 연속이다.

그런데 여순사건과 국가보안법 제정으로 이어지는 일련의 상황을 겪은 이후 정치범 인식에 큰 변화가 발생했다. '정치범'이라는 용어를 언급하는 것 자체가 국가보안법에 의한 처벌의 대상이 되었다. 예컨대 국가보안법 초안이 국회 본회의에 상정되고 논의되던 때만 해도 국가보안법이 '정치범', '사상범'을 양산할 수 있다는 요지의 의견들이 개진될 수 있었다. 1948년 11월 중순에 소장파를 중심으로 한 국회의원들이 법 폐기에 관한 동의안을 제출하면서 반대 논쟁을 벌일 때만 해도, 즉 이 법의 대상이 공산주의자들에 국한되지 않고 결과적으로 전 국민을 겨냥하게 될 것이며, 국회의원 역시 자유롭지 못하다는 발언들을 쏟아낼 때만 해도, 이

법이 '애국자'를 처벌하고 징치범과 사상범을 양산할 수 있음을 주장하면서 '정치범'과 유사한 계열의 용어들을 쓸 수 있었다. 조선일보 11월 14일자 사설 "국가보안법을 배격함"은 이 법으로 "새 정치범, 새 사상범이 나오게 될 것을 우려치 않을 수 없다"고 주장하기도 했다. 그러나 그 이후로 '정치범' 용어는 잘 등장하지 않았으며, 특히 '석방'이라는 단어와 같이 쓰이는 것은 더더욱 절대 금기시되었다.

1948년 12월 16일 권승렬 검찰총장이 관하 각 고등 · 지방검찰청 검사장에게 통첩으로 하달한 '건국에방해되는범죄처단에관한건'은 정부와 사법당국의 정치범 인식의 극적인 변화를 잘 보여준다.

> 종래대로 납치 · 감금 · 파괴 · 살상 등 정치적 색채를 띤 사건의 관계자는 정치범으로 취급하여왔으며……비교적 온정적인 태도로 대하였으므로 자연 관대한 처벌을 하여 왔으나 건국도상에 있어 이러한 온정적인 태도를 지속함은 도로 현 건국치안에 역효과를 가져오는 나쁜 결과를 이루고 있으므로 앞으로 이러한 도배들은 건국을 방해하는 반역도배로 취급하여……[45]

정치범 성질을 띤 파렴치범을 '건국을 방해하는 반역도배'로 인식해 취급하겠다는 것이다. 이 같은 정부의 정치범 인식과 방침 변화는 국회프락치사건을 통해서도 확인할 수 있다. 1949년 5월 23일 국회가 회 내 소장파를 대표하는 이문원, 이구수, 최태규 의원의 체포 혐의에 대한 해명을 요구하자, 권승렬 검찰총장은 "이 얘기 저 얘기 말뜻의 기본이 서지 않는 발언"을 횡설수설하다가 '남로당 7원칙'[46]과 관계가 있음을 시사했

---

[45] 대검광주고검전주지검사무국사건과, 1948, 「건국에 방해되는 범죄처단에 관한 건」(대검비 제66호), 『검찰예규에 관한 기록』, 국가기록원 소장(BA0155764) ; 『동아일보』, 1949.3.20.

다.[47] 그런데 이 7원칙이라는 것은 기본적으로 1948년 4월 30일 평양에서 김구 · 김규식 · 김일성 · 김두봉이 합의한 남북조선정당사회단체지도자협의회 명의의 공동성명서와 매우 흡사한 것이었다. 그 성명서에는 2항인 남북의 정치범 석방과 6, 7항이 없었지만, 2, 6항은 1947~1948년 내내 정치 정국에서 가장 빈번하고 익숙한 것들이기에 이를 남로당만의 것으로 보는 것이 더 이상할 수도 있는 것이었다. 그럼에도 검찰총장이 국회에서 구속된 의원들의 혐의와 관련해 이 7개 항에 대해 횡설수설하면서 언급한 것이다.

이와 관련해 한 연구는 이 날의 검찰총장의 횡설수설과 곤혹스러움을 국가의 횡설수설과 곤혹으로 평하기도 했다. 그러나 내가 생각하기에는 그 횡설수설이 검찰총장의 개인적인 곤혹스러움에 비롯되었을 수는 있어도 국가의 곤혹과 횡설수설이라고 생각되지는 않는다. 국가(정부)가 그간 그보다 더한 일에도 후안무치하게 행동해왔음을 감안할 때 검찰총장의 횡설수설에 곤혹스러움을 느꼈던 것은 오히려 국회, 특히 무기력한 소장파 의원들이었을 것이다. 소장파 의원들은 국회프락치사건 정국 내내 때로는 분노를 표출하며, 때로는 동료 의원들에게 호소해가며 국회의원 석방에 관한 결의안을 세 차례 제출했지만, 그때마다 번번이 부결되고 좌절당했다. 특히 1949년 10월 28일 5회 26차 본회의에서는 이승만 대통령이 국회에 출석해서 구속된 의원들의 석방을 눈물로 호소한 정준 의원을 비롯해 프락치 혐의를 받았지만 구속을 면한 의원들을 '불순분자'와

---

46) ① 외군을 완전 철퇴할 것, ② 남북의 정치범을 석방할 것, ③ 남북의 정당사회단체 각 대표로 남북정치회의를 구성할 것, ④ 남북정치회의는 일반, 평등, 직접, 비밀 4원칙에 입각해 선거규칙을 작성하고 최고 입법기관을 구성할 것, ⑤ 최고 입법기관은 헌법을 제정하고 중앙정부를 수립할 것, ⑥ 반민족행위를 처벌할 것, ⑦ 조국방위군을 재편성할 것. 서중석, 『한국현대민족운동연구2』, 역사비평사, 1996, 206쪽.

47) 김정기, 『국회프락치사건의 재발견 Ⅱ』, 한울, 2008, 91~92쪽 ; 박명림, 『한국전쟁의 발발과 기원2』. 나남, 1996, 467쪽.

그 동조자로 겁박하는 상황을 마주대하면서, 소장파 의원들은 공포마저 느끼는 듯했다. 지적당한 정준 의원이 이승만 대통령에게 본인의 불경스러움과 시국에 대한 무지를 빌고 죄송스럽다는 말을 연발하는 상황을 지켜보면서 말이다.[48)]

이승만 정부와 국회 내 보수세력이 공조했던 이른바 49년 '6월 공세' 이후 '정치범' 용어는 적어도 정치 담론에서는 흔적조차 찾아볼 수 없게 되었다. 심지어 국가보안법 성립 이래 최초의 대형 정치적 재판이며 국회의원들을 정치범으로 만든 국회프락치사건 공판이 약 4개월에 걸쳐 15차례나 진행되었음에도 불구하고, 이를 보도했던 신문기사들에서조차 단 한 개의 '정치범' 글자를 찾아볼 수 없게 되었다. 한 연구가 지적하고 있는바 수사 당국의 발표를 마치 '사실 보도'인 것처럼 보도했던 당시 언론의 '발표 저널리즘' 태도도 문제였지만,[49)] 무엇보다 언론 역시 많은 기자들이 국가보안법 위반으로 구속된 상태에서 그 단어를 입에 올리는 것 자체가 또 다른 프락치사건의 빌미가 된다는 것을 누구보다 잘 알고 있었기 때문이었다.[50)]

2) 제헌국회의 정치범 인식과 태도의 변화

제3회 임시국회 개회 직전, 국회 내 소장파 세력을 대표하는 이문원, 이구수, 최태규 의원이 경찰에 의해 체포된 사실이 알려졌을 때 소장파 의원들은 김용현 의원 외 49명의 이름으로 '국회의원석방요구에관한건'을 긴급동의안으로 상정했고, 이것이 받아들여져 1949년 5월 23일 3회 1차 본회의에서 이에 대한 토의에 들어갔다. 그러나 이 사건으로 국회의원

48) 5회 26차 본회의(1949.10.28)『제헌국회속기록』;『동아일보』, 1949.10.29.

49) 김정기, 앞의 책, 2008, 219쪽.

50)『조선중앙일보』, 1949.8.4.

역시 국가보안법의 대상이 되어 정치범이 될 수 있다는 국가보안법 제정 당시의 우려가 현실이 된 것임에도 의원 석방 요구에 대한 찬반 논쟁이 의외로 팽팽하게 전개되었다. 결국 긴급동의안은 23일 결정을 보지 못하고 다음 날 2차 본회의로 이어졌는데, 격한 논쟁이 진행된 끝에 표결로 들어가 재석의원 184명 중 찬성 88 대 반대 95, 기권 1로 국회의원 석방요구에 관한 결의안은 부결되었다.[51]

첫날 긴급동의안이 제시한 석방 요구의 근거는 단 하나였다. 바로 헌법 49조가 규정하는 국회의원의 신분보장이었다. 긴급동의안의 요지를 설명한 이재형, 김병회 의원에 따르면, 헌법 49조의 정신은 정치적 탄압에 굴하지 않고 민의를 잘 대변할 수 있도록 국회의원의 입법권을 보장한 것으로 회기 중에는 석방돼 민중의 대변인으로서 의사당에 출석하게 하는 것이 당연하다는 것이다. 그리고 이러한 주장이 결코 국회의원의 독특한 신분을 이용하려는 이기적 발로가 아님을 여러 차례 강조하고 있다. 이와 관련해 국회는 첫날 권승렬 검찰총장으로부터 사건 경과와 구속된 의원들의 혐의를 보고 받고, 그다음 날 구속영장이 발부된 또 다른 당사자인 황윤호 의원을 불러 입장을 경청한 후 다시 석방 요구에 대한 찬반 토론에 들어갔다. 그 격론의 와중에 논의된 내용은 세 의원의 구속된 사건(국회프락치사건의 서막)의 성격과 헌법 49조에 근거한 석방 요구의 정당성 여부였다.

그 시작은 전날 우선 검찰총장의 보고부터 듣자고 요청했던 곽상훈 의원이었다. 그는 검찰총장의 보고에 전적으로 의지해 이 사건을 남로당의 사주를 받고 정부와 국회를 부인한 반역 사건으로 규정했다. 남로당 7원칙의 실행 여부는 정확히 확인할 수 없지만 이를 모의한 사실은 분명하

51) 3회 1~2차 본회의(1949.5.23 · 24)『제헌국회속기록』.

므로 반역행동이 아니라고 할 수 없다는 것이다. 따라서 국회의원이라고 해도 엄중히 죄를 치러야 하며 석방은 있을 수 없다고 반대했다.

이에 대해 이원홍 의원은 검찰총장의 보고 내용이 너무 모호하고 추측뿐이어서 남로당 7원칙을 발표하고 국가보안법을 강요한 데 지나지 않은 조작에 가까운 사건이라고 비판했다. 황윤호 의원의 그간의 경위 설명과 자기 경험에 비추어 보았을 때 당국이 관제빨갱이를 만들려는 시도로 보인다는 것이다. 김수선 의원도 검찰총장의 말을 검토해볼 때 완전한 증거도 없으면서 수사상 편리로 구속한 것 아니냐고 반박하고 있다. "남로당의 지시하는 그것을 시인한 것이 사실인 듯하다" 정도의 말을 하면서 의원을 구속하는 것은 부당하며, 따라서 국회가 세 의원의 석방을 요구해야 한다는 것이다.

여러 의원들의 찬반 발언 중에서도 단연 하이라이트는 김준연 의원의 말이었다. 그는 이 사건이 우리가 애쓰고 피 흘리며 인민공화국과 신탁통치를 반대하고 중간파와 남북협상파를 타도해 세운 대한민국을 근본적으로 부인하려는 음모와 모략에서 비롯된 것이라고 단언했다. 남로당 7원칙을 주장하는 것은 5·10선거에 의해 성립된 국회, 그 국회에서 제정한 헌법, 그 헌법에 의해 수립된 대한민국 정부, 유엔총회에서의 국가 승인 모두를 결과적으로 부정하는 것이라는 것이다. 그러면서 그는 구속된 세 의원의 관여 정도가 어느 정도인지는 확신할 수 없지만, 대한민국을 부인하는 반역행동임에 틀림없으며, 더 나아가 이들에 대해 석방 운운하는 것 자체가 대한민국을 부인하는 것이라고 주장했다.

이 발언은 소장파 의원들의 불같은 분노에 기름을 쏟아 부은 격이 되었다. 김준연 의원이 바로 마지막 말에 대해서는 취소한다는 의사를 밝혔지만, 장내는 쉽게 진정되지 않았고, 회의가 중지되는 사태로 나아갔다. 회의가 재개되었지만, 김준연 의원과 소장파 의원들 간의 갈등은 쉽게 해소될 수 있는 성질의 것이 아니었다. 바로 이어 발언에 나선 강욱중 의원의 지적처럼 김준연 의원의 소장파 의원 모두를 남로당의 프락치로 간주하고 적대시하는 태도는 여러 차례 공개적으로 표명된 바 있었기 때문이다. 1949년 5월 28일 6차 본회의에서 김준연 의원을 대상으로 한 '의원제명에관한긴급동의안'(이진수 외 의원 23명)이 제출된 것도 이러한 배경에서 이루어진 것이었다.[52]

그러나 그것이 거의 마지막이었다. 1949년 6월 20일 3회 임시국회가 폐회하자 국회프락치사건 2차 검거가 시작되었다. 군수사기관인 헌병이 검거에 나섰는데, 6월 21일 노일환, 강욱중, 김옥주, 김병회, 박윤원, 황윤호 의원이 체포되었고, 25일에는 김약수 국회부의장마저 체포되었다. 그리고 7월 30일 4회 국회가 폐회된 뒤에는 3차 검거가 이루어졌는데, 8월 10일 배중혁, 차경모 의원, 14일 서용길, 신성균, 김봉두 의원, 그 이후에는 김익로, 김영기, 원장길 의원이 체포되었다. 한 연구자가 표현했듯이, "국가가 마음에 안 드는 국회의원들을 마치 순서를 정해 굴비를 엮듯 시차를 두고 구속"된 것이다.[53] 국회프락치사건으로 18명의 국회의원이 구속된 것이다. 그 가운데 차경모, 김봉두, 김익로, 김영기, 원장길 의원 5명은 병이나 보도연맹 가입 등을 조건으로 보석 후 기소유예 처리되어 나머지 13명의 국회의원만 기소 재판에 회부되었다.

소장파 의원들은 이문원, 최태규, 이구수 의원 체포의 정치적 성격을

52) 긴급동의안에는 제명 처분의 이유로 두 가지가 제시되었는데, 동아일보의 한 사설(1949.5.9)에서 소장파 의원들이 남로당의 선전방침을 추종하는 사람들이라고 악의적 왜곡을 한 점과 반민특위조사위원임에도 그 소임을 다하지 않고 오히려 반민법 반대 글을 발표하고 정부의 국회를 무시한 반민법 수정안을 제출한 점을 들고 있었다. 이 또한 찬반 격론이 있었는데, 그 끝은 징계자격심사위원회에 회부해 조사 보고하는 것으로 결정되었다. 3회 6차 본회의(1949.5.28) 『제헌국회속기록』; 『연합신문』, 1949.5.29.

53) 박명림, 앞의 책, 1996, 465쪽.

제기하고 석방을 요구하는 상황에서도 '정치범'이라는 말 한 번 꺼낼 수 없었다. 그것을 언급하는 것 자체가 남로당 7원칙을 추종하는 반역도배로 낙인 받을 수 있었기 때문이었다. 그래서 매우 수세적이지만 동료 국회의원이기에 공통 이해관계라 할 수 있는 국회의원 신분 보장을 석방 요구의 근거로 들고 나왔지만, 석방결의안은 부결되었다. 이것은 검경 당국이 세 의원에게 덧씌운 남로당 프락치 혐의를 인정했다기보다는, 국가보안법 통과 때 그랬던 것처럼 국회 다수 세력인 민국당 의원들이 친이승만계 의원들과 연합한 결과였다. 반대가 95표였지만, 찬성 역시 88표로 그 수가 소장파 의원들의 수를 훨씬 웃돌았던 것은 이를 잘 반증해준다고 생각한다.

Ⅳ. 맺음말을 대신하여 : 전시 정치범 인식과 학살

전쟁이 발발한 6월 25일 오후 2시 장석윤 치안국장은 '전국요시찰인단속및전국형무소경비의건' 통첩을 전국의 경찰서와 형무소에 하달했다. 그리고 29일과 30일 '불순분자구속의건'과 '불순분자구속처리의건'을 연이어 하달했다. 이 조치로 예비검속된 '요시찰인'과 보도연맹원 대다수는 포고 2호와 국가보안법, 국방경비법 등을 위반했지만 사면 혹은 기소유예 처분을 받았거나 형기를 다 채우고 출소한 사람들이었다. 그럼에도 경찰은 일제의 행정집행령에 근거한 예비검속을 실시했다. 그런데 이 예비검속권은 군정법령 176호 제24조에 의해 조선형사령 상의 강제처분권과 함께 1948년 4월 1일자로 폐지된 것이었다.[54] 그럼에도 지금까지 살펴본 것처

54) 한국법제연구회, 앞의 책, 1971, 479쪽.

럼 법 형식과 괴리된 법 현실 속에서 이 권한들이 실무 관행적으로 지속되었던 것이다.[55] 이렇게 보면 법적으로 하등 문제될 것 없는 사람들에 대해 잠재적 적이라는 우려로 경찰이 불법적으로 구금한 셈이다. 그리고 예비검속은 경찰만 행한 것이 아니라 헌병과 국군 방첩대(CIC)에 의해서도 이루어졌다. '헌병과국군정보기관의수사한계에관한법률'에 비추어볼 때 명백한 불법 행위였지만, 마찬가지로 법 현실 속에서 군이 민간인에 대한 사찰과 수사는 실무 관행적으로 계속되었던 것이다. 그러다가 전시 상황은 민간인에 대한 군의 불법적인 생사여탈권을 전면적으로 확대시키는 계기가 되었다

과거에 정치범 전력 때문에 예비검속된 사람들과 형무소의 정치범 수형자들은 이렇게 국가에 의해 불법적으로 학살되었다. 지금까지도 그 규모가 정확히 파악되고 있지 못하지만, 관계 연구들은 보도연맹의 경우 최소 10만 명 전후, 형무소 정치범 학살은 최소 2만 명으로 추정하고 있다.

일선의 학살 집행자들에게 정치범은, 형무소 밖에 있든 안에 있든 간에, '빨갱이'였고 이 '비상사태'를 초래한 원흉과 연계된 잠재적인 내부의 적이었으며, 후방의 안정을 위해서 '처리'해야 하는 존재였다. 그리고 이러한 정치범 인식은 정부 최고위층이 전쟁 기간 내내 지속적으로 하달하면서 환기시킨 결과 더욱 강화되었다. 1951년 3월 5일 검찰총장 명의로 각 고등검찰청 검사장에게 하달된 '정치범에관한건'은 이를 잘 보여준다.

> 국가보안법 및 비상사태하범죄처벌에관한특별조치령 위반 사건으로 인하여 수감된 죄수는 공산주의사상을 보지한 반국가적 또는 비도

55) 오병두는 여러 사례를 들면서 예비검속권 혹은 이와 유사한 관행이 비교적 최근까지도 진행되었다고 주장한다. 오병두, 「한국전쟁기 예비검속 관련 법적 문제점」, 〈한국전쟁기 민간인집단희생 사건의 법적 쟁점〉(2009년 9월 11일, 서울 진실화해위원회 대회의실).

덕범죄자임으로 이는 매양「공신빈란분자」라고 지칭할 것이오「정치범」이라고 칭할 수 없을 것임에도 불구하고 일반인은 물론 형무관의 직에 있는 자로서 간혹 죄수에 대하여「정치범」이라는 망동적 언사를 사용하는 사례가 유하여 혹은 국내정파싸움으로 인해서 재감된 것 같은 오해를 주게 되는 바 특히 한국실정을 지○치 못하는 외국인에 대하여 여사한 용어로 대하게 되면 재감자중 ○○범죄자가 태반을 점하고 있는 현황에 비추어 국련진영에 불미한 영향이 있을 것이니 귀관하 ○○○국에 지시하여 형무관 및 기타 공무원은 물론 일반민중으로 하여금 여사한 망동적 언사를 사용하는 사례가 없도록 하심을 교망함[56]

56) 대검서울고검사무국사건과, 1950,「정치범에 관한 건」(대검무비 제70, 71호),『검찰예규철기록』, 국가기록원 소장(BA0154861).

한국전쟁기 부역자처벌*

이 임 하

Ⅰ. 서론

2010년 3월 24일 '비상사태하의 범죄처벌에 관한 특별조치령 폐지와 동법에 기인한 형사사건 임시조치법'이 폐지되었다. 한국전쟁 때 대통령 긴급명령 제1호로 내려진 '비상사태하의 범죄처벌에 관한 특별조치령'은 단심제와 단독판사제로 부역자를 처벌했으며 이러한 조항들은 헌법에 명기된 기본권을 침해했다. 그래서 국회는 1952년 8월 '비상사태하의 범죄처벌에 관한 특별조치령'을 폐지하면서 '확정판결을 받은 모든 피고인'에게 재심청구권을 부여한 '임시조치법'을 의결했다. 그러나 정부는 4 · 19혁명 때까지 이를 공포하지 않았다. 결국 4 · 19혁명 뒤 1960년 10월 13일 이 법령은 폐지되었고 피고인들의 재심청구권을 부여했다. 그러나 다시

* 이 논문은 2008년 정부(교육과학기술부)의 재원으로 한국연구재단의 지원을 받아 수행된 연구임(KRF-2008-321-A00012). 이 글은 『사림』 제36호, 2010에 게재된 글임.

1961년 8월 7일 '재심판청구중 법원에 계속 중인 것은 이를 무효로 하고 그 청구는 각하된 것으로 간주한다'라고 재심청구권이 삭제되었다. 개정된 이 법령은 한국전쟁 60년 즈음에서야 폐지되었던 것이다.

이 사실만 보아도 부역문제가 한국사회를 지탱한 중요한 고리였음을 깨닫게 한다. '부역附逆'이란 국가에 반역이 되는 일에 동조하거나 가담한 행위를 일컫는다. 최근에도 대통령입후보자에 대한 가족구성원의 부역여부 공방이 일어났다. 여전히 '부역' 또는 '부역자'는 대한민국의 정체를 가르는 핵심적인 용어임을 알 수 있다.

그런데도 부역과 관련한 연구는 상당히 적은 편이다. 박원순은 한국전쟁 40주년을 맞아 「전쟁부역자 5만 명 어떻게 처리되었나」라는 글에서 잔류파와 도강파의 갈등이나 부역자 처벌과 관련한 재판과정을 신문과 회고록을 이용해 부역자의 실체를 접근 가능하게 했다.[1] 서중석은 국회속기록과 회고록 등의 자료를 통해 부역자 문제를 분석했으며 "부역자처리의 가혹함과 방대한 부역자의 존재, 그것과 연결되어 있는 연좌제는 극우반공체제를 형성 지탱 강화하는 데 크게 기여하였다. 이러한 부역자 문제는 집단학살이 40년 가까이 계속된 공포와 피해의식 무지와 왜곡의 체계화 속에서 극우반공체제를 형성, 강화한 것과 거의 비슷한 형태로 한국현대사에 영향을 미쳤다"고 지적해 부역에 대한 연구를 더욱 확장시켰다.[2] 김동춘은 부역 처벌이 전쟁으로 인한 적과 나의 구분을 강화시키는 계기였음을 지적했다.[3] 부역자 처벌과 관련된 주요 법령은 한인섭, 김학재 등의 연구가 있다.[4]

---

1) 박원순, 「전쟁부역자 5만명 어떻게 처리되었나」, 『역사비평』 여름호, 1990.

2) 서중석, 『조봉암과 1950년대 下』, 역사비평사, 1999, 742쪽.

3) 김동춘, 『전쟁과 사회』, 돌베개, 2000, 172쪽.

4) 한인섭, 「한국전쟁과 형사법－부역자 처벌 및 민간인학살과 관련된 법적 문제를 중심으로」, 『서울대학교 법학』 41권 2호, 2000 ; 김학재, 「비상사태하범죄처벌에

최근에 진실화해를위한과거사정리위원회는 2007년부터 2009년까지 지역별 부역혐의자 학살에 대한 보고서를 생산했다.[5] 이들 보고서는 군, 경찰, 경찰의 지휘와 감독을 받은 치안대(대한청년단, 청년방위대 및 향토방위대 등)가 지역에서 1950년 9월부터 1951년 1월 사이에 부역혐의자와 그 가족이라는 이유로 법적 절차 없이 '즉결처형'의 형식으로 학살했음을 지적했다. 보고서를 제외한 몇 편의 글밖에 없는 까닭은 자료문제와 관련되어 있다. 부역자를 심사했던 군검경합동수사본부가 생산한 자료나 부역자에 대한 판결문이 거의 남아 있지 않다.

여기에서는 이 연구들을 토대로 부역과 관련된 여러 문제를 정리하는 수준에서 출발하고자 한다.

먼저 홍제리의 '처형언덕'이라 불렸던 사건에 대해 소개하고자 한다. 이 사건은 지금까지 국내에 알려지기보다는 해외 언론에 알려져 부역자에 대한 관심을 불러 일으켰다. 이승만정권과 미국은 홍제리 사건을 앞뒤로 한 '한국에서의 학살'문제에 대응해야 했다. 홍제리 사건을 두고 이승만정권과 미국의 대응이 어떤지 살펴보고자 한다.

둘째, 부역자 처벌과 관련해 '부역자'에 대한 규정, 군검경합동수사본부의 부역심사 그리고 재판에 대해 살펴보고자 한다. 그리고 신문과 노근리 파일, 주한유엔민간원조사령부가 생산한 자료를 통해 부역자가 어느 정도인지 살펴보고자 한다.

관한 특별조치령의 형성과 성격」, 제노사이드연구회 민주화운동기념사업회 공동심포지움, 『전쟁, 법, 민주주의』, 2009.

[5] '고양 부역혐의 희생 사건'(2007년 하반기 보고서), '울진 부역혐의 희생 사건', '남양주 진접 · 진건면 부역혐의 희생 사건', '평택 청북면 부역혐의 희생 사건'(2008년 상반기 보고서), '김포 부역혐의 희생 사건', '안동 부역혐의 희생 사건', '서산 태안 부역혐의 희생 사건'(2008년 하반기 보고서), '양평 부역혐의 희생 사건', '아산 부역혐의 희생 사건', '여주 부역혐의 희생 사건', '음성군 대소면 부역혐의 희생 사건'(2009년 상반기 보고서) 등이 있다.

셋째, 부역자 처벌을 두고 군법회의와 민간재판이 어떻게 이루어졌는지, 부역자에 여성이 많았던 까닭 등 부역재판의 특징에 대해 살펴보고자 한다.

Ⅱ. 홍제리의 '처형언덕'

1. 처형언덕과 해외 언론 보도

부역자에 대한 학살이 알려지게 된 계기는 해외 언론 보도를 통해서였다. 홍제리의 '처형언덕'이라 불렸던 그리고 국제적십자위원회(ICRC)와 유엔한국통일부흥위원단(UNCURK)에서 조사를 하게 된 계기도 바로 해외 언론보도가 알려지면서였다. 그렇다면 해외 언론에서는 홍제리의 처형언덕을 어떻게 보도했는가?

> 한국 경찰이 12월 16일 영국 29여단 기지 근처에서 34명의 죄수를 트럭에서 내리게 한 뒤 참호 앞에 무릎이 꿇려진 상태에서 총살했다. 두 명의 여성과 두 명의 아이(8세, 13세)가 포함된 것을 목격했다고 주장했다. 많은 영국군, 미군 병사들이 이를 목격했다. 기자들은 이 처형이 한국에서 일어나고 있는 여러 사건 중 하나라고 주장했다. 한 기자는 그들이 34명이 묻힌 장소에서 수백 명의 시체를 발견했다고 했으며 영국 군인들은 이 사건으로 매우 흥분한 것으로 보인다고 했다. 사건 다음 날 아침 영국 군인들은 또다시 죄수들을 데리고 나타난 한국 경찰들을 무장 해제시켰고 죄수들을 묻으려고 판 참호를 다시 덮으라고 명령했다.[6]

[6] Alleged Atrocities by ROK Agencies against Political Prisoners, RG 338 Box 1, 〈NoGunRi File〉 1820-00-00008; 총살집행을 했던 일자는 1950년 12월 15일이다.

> 『합동통신』 12월 17일자에 의하면, 한국인들이 끌려나와 '처형언덕'에서 총살되었다. 영국군과 미군의 눈을 피하기 위해 재소자들을 구덩이 속에 엎드리게 했다. 한국헌병은 재소자를 사살한 후 흙으로 묻는 동안 UN군의 접근을 막았다. UN감시단이 시신을 발굴하고 영국군 29여단 사령관이 부하 장교들에게 더 이상 참지 못하겠다고 말한 지 불과 두 시간 만에 또다시 처형이 이루어진 것이다. 처형은 9월 이래 계속된 것으로 보인다.[7]
>
> 『연합통신』 12월 18일자에 의하면, 이승만 대통령은 군사적 상황과 수형시설의 부족을 고려하여 '빨갱이'들에 대한 재판과 처형을 신속하게 할 것을 지시했다. 이승만은 10월 이후 서울지방법원에 유죄를 선고받고 사형 판결을 받은 사람들이 391명이 되며, 그중 우선 242명이 처형되었다고 말했다.

위 보도에 따르면, 영국군 29여단이 주둔하는 홍제리 근처에서 어린이와 여성을 포함한 재소자들을 무릎을 꿇리게 하여 총살을 집행했는데 이를 본 영국 군인들이 사령관에게 보고했다. 영국군 29여단 사령관은 총살집행을 더 이상 참지 못하겠다고 말했지만 또다시 그곳에서 처형이 이루어졌다.

대개 부역혐의자들의 학살은 이 날만 집행된 것은 아니었다. 9월말 이래 끊임없이 진행되었으며 해외 언론에서도 이 문제를 계속 제기했다. 『런던타임즈London Times』 10월 25일자에는 한국특별통신원이 보내온 북한의 남한 점령 때와 9·28수복 뒤의 서울에 대한 이야기와 사진이 나란히 보도되었다. 그 기사에는 "경찰과 '애국조직'이 한국 사법관할 지역에서 보복하고 한국군의 부역자에 대한 보복이 공산주의자가 저지른 잔학행위보다 못할 것 없다"고 서술되어 있다.[8] 그리고 "한국에서 남자와

---

[7] Summary weekend press reports, RG 319, E 57 Box 45, 〈NoGunRi File〉 9123-00-00736.

[8] Telegram, RG 59 Lm 81 Reel 6, 〈NoGunRi File〉 9123－00－00822.

여자들이 UN의 깃발아래 공산주의자로 혹은 부역자로 죽거나 투옥되고" 있으며 형무소에서 여성, 아이들에게 잔인하고 부정의한 일들이 많이 일어나고 있다고 기술되어 있다.[9)]

『런던타임즈』의 보고가 있자 10월 26일자 『데일리워커Daily Worker』지는 "타임즈에서의 진실"이라는 머릿기사로 한국 경찰서의 상황을 묘사했다. 이러한 영국의 언론 보도에 대해 미국무부장관은 주한미대사에게 상황을 보고하도록 했는데 주한미대사의 대답은 다음과 같다.

> 타임즈 기사는 이곳에서는 볼 수 없기 때문에 평가하기 어렵다. 그러나 전문의 맥락을 볼 때, 이 기사는 한국에서 광범위하게 이루어지는 '빨갱이 Commies'들에 대한 야만성을 기술하려 하고 있다.……대사관은 일반적으로 부역혐의자에 대한 한국관리들의 합리적인 태도에 감명을 받았다.……주목할 만한 것은 10월 27일 체포되어 조사받은 9,777명 중 약 절반이 법적 증거 부족으로 풀려났으며 석방된 사람들은 부역자 심판을 받지 않았다.
>
> 대사관은 매우 상상적으로 기술된 타임즈의 기사가 현재의 사실과 거의 관련없다고 믿는다.[10)]

주한미대사는 『런던타임즈』의 기사는 현재 한국의 상황과 관련이 없는 기자의 상상력에 의해 기술된 것으로 믿을 만한 것이 못된다고 미국무부장관에게 11월 4일 보고했다. 그러나 이 보고가 있은 뒤 곧바로 『시카고트리뷴 Chicago Tribune』지는 11월 9일 "한국에서의 대량처형"이라는 사설을 통해 한국정부가 학살을 숨기기 위해 기자들의 접근을 막고 있다며 미국정부는 이에 즉각적인 조치를 취해야 한다고 촉구했다. 『연합통

---

9) 위의 글.

10) RG 319 E57 BOX 45, 〈NoGunRi File〉 9123-00-00735.

신』의 빌 쉰(Bill Shinn) 기자도 더 이상 처형에 대한 뉴스를 기대하기 어려울 것이라고 말했는데 그것은 대량 처형이 발생하지 않아서가 아니라 군이 기자들로 하여금 그것을 관찰하는 것을 금지시켰기 때문이라고 했다.[11)]

부역혐의자에 대한 대량처형이 계속해서 보도되자 한국군은 외신기자들의 출입을 막았으며 외신기자들은 출입금지의 부당함을 미행정부에 제기했다. 또한 미외무부는 영국이나 인도 등의 국가로부터 대량처형에 대한 해명을 요구받았다. 이에 대해 미국무부장관 애치슨(Acheson)은 미외무부에 '부역자 문제에 대한 언론보도에 대한 대응'이라는 가이드와 정보를 보냈다.

> 일반적으로 관찰자들은 점령기간 동안 공산 당국을 도왔다고 의심되는 사람들에 대한 한국 관리들의 이성적인 태도와 절제에 감명 받았다. 그러나 신문기사들은 보통 현장 관찰에 근거하지만 몇몇 기사는 경험 없고 편파적이거나 극도로 감정적인 기자들이 작성했다.
>
> 한국정부가 대체로 칭찬받을 만큼 절제를 보였다는 것을 뒷받침하기 위해 다음과 같은 것을 지적한다. 만여 명이 체포돼 조사를 받았지만 그 가운데 절반가량은 증거 불충분으로 석방되었다. 또한 체포된 사람들은 '부역' 때문이 아니라 국가보안법 등 특정법 위반으로 체포했다. 예컨대 무장, 살인, 파괴 등으로 국가를 전복시키려고 한 음모를 다루는 조항을 위반했기 때문에 체포됐다. 대부분의 피의자들은 군사법정이 아닌 민간법정에 회부되었다.……부역행위에 대해 대한민국 정부가 취한 조치들은 모든 문명화된 행동기준을 무시한 공산주의 침략자들과 그들의 방자함과는 대조를 이룰 것이다.[12)]

---

11) RG 319 E260A BOX 17, 〈NoGunRi File〉 9123-00-00762.

12) *Department of State Washington, Foreign Relations of the United States 1950*, p.1420 ~1421 ; Alleged Atrocities By The Rublic Of Korea, RG 319 E57F BOX 73, 〈NoGunRi File〉 9123-00-00781.

애치슨이 미외무부에 보낸 행동지침은, 첫째 해외 언론보도가 사실이 아니다, 둘째 한국정부는 체포한 수의 절반을 석방했고, 체포된 자들은 대개 국가보안법 위반 등의 정치범이고, 군사법정이 아닌 민간법정에서 처리되었고, 국회에서 부역혐의자 처벌에 반대하는 안을 제출했다는 따위를 내세우며 한국정부는 부역혐의자를 관대하게 처리하고 있다, 셋째 한국은 문명국답게 일을 처리했지만 북한은 문명화된 행동과 기준을 무시했다라는 것이다. 그러나 미국무부의 주장은 연이은 사건의 보도로 사실 다른 국가들을 설득하지 못했다.

미국무부는 부역혐의로 인한 학살은 사실이 아니라고 했지만 북한지역에서 유엔군철수 때에 사리원과 신막에서의 민간인학살은 미국을 곤란하게 했다. 로이터－오스트레일리아 연합통신원 존 콜레스(John Colles)는 12월 8일 미군의 관할 아래 있었던 신막과 사리원에서의 민간인학살 사건을 보도했다. 사리원에서의 학살은 프랑스인 기자 조르쥬 갈랭과 영국 29여단 운전병 랄프 닉슨도 함께 목격했다.

이렇게 부역혐의자(재소자) 처형은 홍제리에서 발생한 일회적 사건이 아니라 9·28수복 뒤 한국 군, 경찰, 청년단체에 의해 끊임없이 발생했으며 해외언론에서 제기되었던 문제였다.

2. 미국과 한국의 대응

연이은 해외언론의 사건보도와 영국군의 보고서 때문에 미국무부는 '부역자에 대한 대량 처형이 사실이 아니'고 '감정적 언론 보도'라고만 변명할 수 없었다. 미국무부는 12월 18일 주한미대사 무쵸(Muccio)에게 이승만과 비공식적으로 만나서 "가능한 모든 사형판결을 자제하고 언론보도가 유엔과 세계 여론에 부정적인 영향을 주고 있다는 것을 지적하라"고 지시했고, 이 상태가 계속 이어지면 공산주의 선전에 가장 효율적인 무기를 제공하는 것이라고 언급했다.[13] 그리고 "체포 · 재판 · 석방 · 형이나 사형 선고된 사람들의 상세한 수, 수사 과정의 개요, 재판 방식" 따위를 조사하라고 지시했다.

그리고 12월 17일 유엔한국통일부흥위원단(UNCURK)은 홍제리 처형언덕에서 발생한 사건의 목격자들이 8살 소년의 총살도 포함되었다는 주장에 대해 조병옥 내무부장관에게 설명을 요구했다. 또한 유엔한국통일부흥위원단은 캐나다의 프랭크 화이트(Frank White) 중령를 보내 조사하라고 지시했다. 화이트 중령은 조병옥 내무부장관, 김준연 법무부장관을 비롯한 관리들, 영국과 미국의 여러 관리들과 15일 발생한 처형장소인 홍제리의 처형언덕에서 발굴 작업에 참관했다.[14] 발굴 작업에 입회한 화이트 중령은 영국군의 보고서에 제시된 것처럼 여성들을 포함한 100여 명의 시체가 있었지만 아이의 시체는 나오지 않았다고 결론을 내렸다. 작은 여성을 어린 소년으로 오해했을 가능성이 있다고 언급했다. 그러나 아이의 사체를 확인하는 작업은 "참호에는 최소한 여러 시신들이 매장되어 있고, 그 이전에 처형된 시신도 포함되어 있었기" 때문에 어려웠다.[15]

유엔한국통일부흥위원단의 조사 이틀 뒤 또다시 그 지역에서 처형이 이루어졌다. 12월 20일 한국군이 처형을 집행했고, 이를 본 영국 장교가 중지시켰다. 영국 제29여단장은 이 지역에서의 처형 금지 명령을 내렸다. 이에 한국 육군은 "영국 지역에서 앞으로는 처형하지 않을 것이며, 총살부대의 책임자인 중위는 군법회의에 회부할 것이라는 점을 영국 공

13) Outgoing Telegram, RG 59 Lm 81 Reel 6, 〈NoGunRi File〉 9123-00-00823.

14) Boy, Believed Shot Found To Be Woman, RG 263 E－FBIS BOX 360, 〈NoGunRi File〉 9123-00-00641.

15) Boy, Believed Shot Found To Be Woman, RG 263 E－FBIS BOX 360, 〈NoGunRi File〉 9123-00-00641.

사에게 약속했다."[16]

17일 유엔한국통일부흥위원단의 조사 뒤 무쵸는 '한국의 정치범 처형' 이라는 내용으로 홍제리 사건에 대한 보고서를 미국무부에 제출했다. 이 보고서는 부역과 관련된 학살에 대해 주한미군과 대사의 입장을 잘 보여 준다.

> 유엔한국통일부흥위원단은 내무부장관과 법무부장관의 명령에 따라 진행된 12월 17일 묘지발굴을 감독하기 위해 캐나다의 화이트대령을 군사 감독관으로 보냈다. 시체 발굴은 어린아이 총살에 관한 주장이 완전 거짓임을 증명했다.
>
> 10월 1월부터 12월 15일까지 민간법정은 6월 28일 대전에서 공포된 대통령 긴급명령 제1호에 따라 총 391명의 사람들에게 유죄를 선고했다. 그중 242명이 모두 총살된 사실이 있다. 전쟁 전에는 교수형이었으나 전쟁 기간 사형장은 파괴되어 복구되지 않았으므로 수형당국은 총살형으로 교수형을 대체했다. 이 명령 제12조는 교수형이든 총살형이든 허용했다. 최근 안보가 불확실하기 때문에 서울에서의 처형은 빨라졌다. 이 숫자는 군법회의 판결에 따른 처형을 포함하지 않았다. 군법회의 죄수들은 별개로 다루어지고 있다.
>
> 12월 14, 15일에 처형된 사람들은 법안에 열거된 6가지 범죄 중에서 하나 또는 그 이상을 저질렀기 때문에 10월 10일부터 11월 15일까지 서울지방법원에서 사형판결을 받았다. 가장 젊은 사람은 21살이며 가장 나이 먹은 사람은 50살이었다.
>
> 이틀 동안의 처형으로 발생한 여론의 관심과 재판 없이 대량으로 학살했다는 이야기를 타전하는 외국 특파원들 때문에 정부는 적당한 사

16) Department of State Washington, *Foreign Relations of the United States 1950*, p.158 ; 군법회의에서 사형을 선고받은 58명은 어제 총살될 계획이었다. 20명은 영국이 처형을 제지하기 전에 총살당했고, 나머지는 서대문형무소로 돌아갔다. 총 4명이 여자였고, 젊은 사람들은 29명이며, 가장 젊은 사람은 20세이다. 조사절차와 사건의 재심이 있을 때까지 모든 처형은 연기됐다.

> 형 장소와 방법을 찾을 때까지 한동안 처형을 연기했다.
> 대통령은 이후 어떤 사람을 처형하기 전에 그의 가족에게 통지하며 사후에 시신 양도를 허락하라고 법무부장관에게 지시했다.[17]

홍제리 사건을 정리한 무쵸의 보고서는 이곳에서 처형된 부역자는 모두 적법한 절차에 따른 것이며 이들은 특조령 제3조의 1, 2, 4항의 위반으로 유죄판결을 받은 자들로 서대문 형무소의 교수대가 없어 총살한 뿐이고, 이승만 대통령도 서대문형무소를 방문해 형무소의 열악한 시설을 개선할 것과 재판을 빨리 끝내라고 지시했다고 마무리하고 있다. 곧 미대사관의 보고서는 지금까지 일어났던 부역자에 대한 처형은 모두 적법한 상태에서 일어났으며 크게 문제되지 않다는 것이다.

유엔한국통일부흥위원단은 한국정부로부터 "대통령은 헌법 권한에 따라 12월 23일 가장 극악한 범죄의 경우를 제외하고 모든 사형판결 수감기간을 감면할 것이다. 10년 혹은 그 이하의 형을 받은 사람들은 모두 석방될 것이다. 이후 모든 처형은 개별적으로 이루어질 것이며 집단적으로 하지 않을 것이다"라는 회신을 받는 것에 만족해했다.[18]

반면 국제적십자위원회(ICRC) 대표 비에리(Frederick Bieri)는 개인적으로 작성한 보고서와 12월 20일 이승만에게 제시한 보고서에 서대문형무소의 상황을 아래와 같이 전했다.

> 12월 10일 ICRC 한국 대표 르니에르(Jacques de Reynier)는 법무부장관을 비롯한 한국정부 관료들과 함께 두 개의 서울지역 민간 형무소를 방문해 형무소 상황을 기록하고 사진을 찍었다. 그는 9,200명이 거의

---

17) Department of State Washington, *Foreign Relations of the United States 1950*, p.1579~1581.

18) STATE DEPT MSG, RG 319 E57 BOX 45, 〈NoGunRi File〉 9123-00-00738.

> 반 아사 상태로 수감되어 있는 것을 발견했다.
>
> 르니에르는 형무소를 방문한 아침 남성, 여성, 아이들을 포함해 50명의 사체를 목격했다. 형무소장과 형무소 의사가 아사로 인해 하루에 100명씩 죽는다고 말했다.
>
> 법무부 장관은 르니에르에게 그들이 단지 공산주의자라는 이유로 억류되어 있는 사람들이 있다고 말했고, 이들은 어떤 법률상 유죄도 아니고 범죄를 저지른 것도 아님을 인정했다. 법무부장관은 공산주의자들은 살인만 생각하고 있기 때문에 그의 임무는 보안상 이유로 그들을 감옥에 집어넣고, '그들이 다른 이들을 죽일 기회를 갖기 전에 그들을 먼저 죽이는 것'이라고 설명했다.[19]

비에리는 르니에르와 목격한 형무소의 상황은 '전시 민간인 보호에 관한 제네바 협약' 위반이라는 의견을 제시했다.[20]

국제적십자위원회와 다르게 미국과 유엔한국통일부흥위원단은 전쟁 초기부터 제기된 민간인학살과 관련해 사건이 커져 세계에 알려지는 것을 막는 데에만 관심을 두었다. 일련의 사건들이 '소련이나 중국 즉 공산주의자의 좋은 먹잇감'이 될 것을 우려했다. 따라서 미국은 전쟁 때 일어난 위법상황에 대한 철저한 조사와 개입이 아닌 사건을 축소, 은폐, 방관하는 자세를 취했다. 더 나아가 사실이 아닌 거짓임을 밝히는 데 주력했다. 홍제리 사건에서도 아이의 사체가 나오지 않았다는 데에만 만족했다. 이러한 미국의 태도는 이승만을 비롯한 한국정부와 관료들에게도 전달되었다. 런던타임즈 기자가 말했던 '유엔의 깃발 아래 사람들이 죽어가고 있다'는 충고를 진지하게 받아들였다면 부역혐의자를 비롯한 광범위하게 전개된 민간인학살을 줄일 수 있었을 것이다.

---

19) Summarization of Remarks of Mr. Frederick Bieri, RG 338 Box 1, 〈NoGunRi File〉 1820-00-00008.

20) 위의 글.

이승만은 유엔한국통일부흥위원단의 조사에서 아이의 사체가 나오지 않았다는 것에 만족했으며 서대문 형무소의 재판 속도를 높이라고 주문했다.[21] 12월 18일 감형령을 공포해 무기징역은 15년으로, 10년을 초과한 자는 언도형기의 2분의 1로 감형되었다.[22] 김준연 법무장관은 해외언론 보도와 관련해 23일 공식적 견해를 발표했다.

> 12월 15일 서울의 북부 홍제리 지역에서 39명의 죄수를 총살한 것에 대한 유감스러운 오해와 상당한 논란이 있었는데, 이들이 불법적으로 처형당한 단순한 부역자이고 단지 한국에 반대되는 신념을 견지한 것으로 처형되었다는 이야기가 있지만, 사실은 그렇지 않다.
>
> 6월 25일 전쟁이 발발한 직후, 대통령은 헌법 57조에 의해 제공된 권한에 따라 '비상사태하 범죄 처벌에 대한 특별 조치령'을 공포했다. 이는 대전에서 6월 28일 공포되었고, 국회의 승인을 받았다.
>
> 서울이 해방 된 후 많은 사람들이 이 법의 한 개 혹은 그 이상의 조항을 위반한 혐의로 체포되었다. 10월 1일부터 12월 15일까지 기소되어 재판받은 사람들 중 391명이 서울지방법원에서 사형 판결을 받았고 지금까지 그중 242명이 처형되었다.……여성이 있는 것은 유감이지만 한국 법에는 같은 죄를 저질렀을 때 남성은 처형시키는데 여성은 감형시켜주는 근거가 없다.[23]

김준연의 발표는 무쵸의 '한국의 정치범 처형' 보고서와 크게 다르지 않았다. 그는 해외언론보도는 오해에서 기인했고 홍제리에서 처형된 사람들은 '특조령 1호'에 의한 합법적 처리과정이라고 반복해서 강조했다.

홍제리사건과 관련해 해외언론에서 문제를 제기하자 이승만은 22일

---

21) RHEE ORDERS SPEEDUP OF POLITICAL CASES, RG 263 E-FBIS BOX 361, 〈NoGunRi File〉 9123-00-00645.

22) 서중석, 앞의 책, 768쪽.

23) Incoming Message, RG 338 Box 13, 〈NoGunRi File〉 8511-00-00020.

특사령을 내렸다.[24] 이에 대해 정부관계자들은 어떻게 언급했는가?

서상환 검찰총장은 '성스런 특사령'이라면서 "대량적 범죄사건을 유죄필벌주의에 의하여 전부 처벌함이 不忍之事로 생각하셔서 특사의 은명을 내리셨는데 이 성스러운 은전에 浴하는 囚人은 물론이요 그 밖의 일반국민이 감격의 눈물을 금할 수 없을 것이다"라고 언급하고 있다.[25] 국방부장관 신성모도 "개과천선의 기회를 주기 위하여 사형 또는 기타 형의 언도를 받은 자에 대하여 감면의 은전을 베푸시게 된 것이"라고 말했다.[26]

이승만 특사령은 1952년 3월 1일, 8월 15일에도 내려졌다. 이에 대해 허정 국무총리는 "일시의 잘못으로 낙오된 형제자매를 참가케 한"것이라면서 "부역공무원 등에게는 다시 그 직업에 돌아가 충분히 활동할 수 있도록 허락되는 것이"라는 내용의 담화를 발표했다.[27]

홍제리 사건의 해외언론보도를 잠재우기 내려진 이승만의 특사령에 대해 관리들은 은전(恩典) 또는 은명(恩命)이라는 용어를 사용했다. 이 용어는 부역행위로 인한 처벌되어야 할 사람들이 '대통령의 은혜로운 명령'에 석방되었다는 인식을 드러낸다. 그런데 1952년 7월 10일 김태선 서울특별시장은 석방자에 대해 다음과 같이 말했다.

> 과거의 죄악, 즉 부역자사실까지도 석방과 동시에 말살되는 것은 아닐 것이다. 이들 석방자 중에서 6·25사변 중 의용군에 나감에 있어 할

---

24) 총살이 예정됐던 재소자 151명에 대한 형 집행이 중단됐다. 사형에서 무기징역으로 감형된 사람이 30명(여성 11명), 10년 이하 징역형을 선고받았다가 석방된 사람이 984명(여성 237명)이었다. 군사재판에서 사형이 선고된 54명도 무기징역으로 감형됐으며 10년 이하 징역형을 선고받은 257명은 석방됐다. 장기수와 중형이 예상되던 피의자 2천900명은 기차로 대전과 대구로 이감됐다(김기진, 『미국 기밀문서의 최초증언; 한국전쟁과 집단학살』, 푸른역사, 2005, 87쪽).

25) 『서울신문』, 1950.12.24(국사편찬위원회).

26) 『조선일보』, 1950.12.26.

27) 『서울신문』, 1952.3.1(국사편찬위원회).

> 수 없는 입장에서 나간 피동적 행동인가 그렇지 않으면 자진해서 나간 자동적 행동이냐를 심사함은 물론 이들이 부역함으로써 시민에게 끼친바 영향 등도 심사해야 할 것이다. 이런 관점에서 부과된 시민증은 기한부로 된 임시시민증이 교부되고 있는 것이다.[28]

법무부장관은 각 지방검찰청 검사장에게 "형무소가 있는 검찰청마다 심사위원회를 조직하여 1951년 12월 31일까지 형의 언도가 예정된 자들을 심사하여" 문건을 작성하여 보고하도록 요구했다.[29] 특사령에 의한 '은전'은 말뿐이었다. '은전' 또는 '은명'으로 내려진 특사령은 일회적인 사건, 또는 생색내기용에 불과했다. 부역자 처벌과 관련한 근본적인 문제를 고려하지 않고 일시적이고 일회적인 '사면령'에 대해 왜 '은전' 또는 '은명'이라고 표현했는지 짐작하게 하는 대목이다. 특사령에 의해 나온 사람들은 임시시민증을 받았고, 심사위원회 심사를 거쳐 '부역자 명단'을 만들어 항상적인 감시와 조사를 받았다. 특사령으로 나왔지만 언제든지 재조사 대상자였기 때문에 그들은 잠정적인 국민에 불과했다.

Ⅲ. '부역자'의 처벌

1. 부역자에 대한 규정

'부역(附逆)'이란 국가에 반역이 되는 일에 동조하거나 가담한 행위를 일컫는다. 부역이라는 단어는 어떻게 해서 자연스럽게 사용되었는가? 어

28) 『조선일보』, 1952.7.12.

29) 법무부장관, 「특별사면 및 특정한 자에 대한 감형상신에 관한 건」(1952년 1월 11일)(국가기록원).

떤 행위를 부역이라 하는가?

부역이라는 용어는 한국전쟁이 일어나고 서울로 올라오기 전에 북한 점령 아래 있던 서울시민의 처리를 논의하는 가운데 제기되었으며 일간지에서는 그러한 논의를 알리는 내용으로 '부역' 또는 '부역자'라고 표현했다. 그 이전에는 '이적', '역도', '제5열'이라는 용어를 사용했다.

국회에서는 서울로의 귀환 뒤 "닥쳐올 혼란을 방지하기" 위한 목적으로 1950년 9월 17일 제8회 24차 본회의에서 부역행위특별심사법과 사형금지법안 제정을 논의했다. 법제정을 논의하는 가운데 '부역'이라는 용어가 채택되었다. 부역행위특별심사법 초안 제1조에는 '부역'이라는 명칭을 사용하지 않았지만 "본법은 逆徒가 점령한 지역에서 그 점령 기간 중 逆徒에게 협력한 자를 특별히 심사함을 목적으로 한다."라고 역도에게 협력한 자라는 뜻의 '부역자'를 기술하고 있다.[30] 사형금지법안에도 "역도 또는 부역행위자"라는 용어가 사용되었다.

각종 국가기구나 정당 또는 사회단체에서도 서울로의 귀환 뒤의 일을 부산에서 논의하기 시작했다. 9월 26일 민주국민당 전국대회에서 발표된 성명서에도 "탈환지역에 있어서의 부역자의 처리는 더욱 중요하니 도피할 기회를 잃고 생명의 위협으로 부득이 괴뢰군에 협력한 자 없지 않을 것이다."라고 부역자에 대한 처리를 언급하고 있다.

'반역분자' '공산분자 또는 가담 협력자'라는 용어는 10월에 들어서 일제히 부역자로 바뀌었다.

그렇다면 부역자는 누구이며 어떤 행위를 두고 부역했다고 말하는가?

먼저 국방부, 경찰, 검찰은 부역자를 가려내고 부역 행위에 대해 규정하기 시작했다.

---

30) 『민주신보』, 1950.9.19(국사편찬위원회).

10월 10일 국방부장관 신성모– 첫째 군경 그리고 일반 문화인 중 낙오된 자 가운데 피신하여 지하에서 공작을 한 자와 둘째 생명위협에서 몸만 피하여 간신히 연명한 자, 그리고 탄압에 눌려 본의는 아니나마 협력을 한 자인데 전기 2자는 무조건 포섭할 것이며 셋째에 해당하는 자는 죄상에 따라 처단하여야 할 것이다.[31]

11월 6일 김태선 치안국장– 첫째 피동적이나 그렇지 않으면 주동적이냐에 달려 있다고 본다. 둘째로는 부역한 결과로 나타난 사실이 부역자 여부를 구별할 수 있을 것이다.……전쟁완수에 지장을 주었다든가 혹은 애국지사가 박해를 당하였다는 결과를 초래하였다면 동기여하를 불문하고 부역자로 인정해야 할 것이나. 주동적이며 또한 피동적이라 할지라도 결과적으로 괴뢰에게 도움을 준 자를 부역자로 인정해야 할 것이다.[32]

부역의 기준은 자발성이냐 비자발성이냐에 있지 않았다. 비자발성을 가졌더라도 그 결과 도움을 주었다고 판단되면 '부역자'로 간주되었다. 신성모는 피신한 자와 지하운동을 한 자를 제외하고 모두 부역자라 간주했다. 부역자에 대한 분명한 기준이 없기는 국회도 마찬가지였다. 부역행위특별처리법 제1조는 '역도에게 협력한 자'라는 문구만 있어 '어떤 행위'가 협력한 것인지 분명하지 않다. 반민족행위처벌법은 '제1장 죄'에 반민족행위로 간주될 수 있는 '죄'를 제1조에서 제5조까지 구체적으로 나열하고 있다. 곧 반민족행위처벌법은 어떤 직위에 있고 어떤 일을 했는가에 따라 '친일' 또는 '반민족행위자'를 구체적으로 적시하고 있고 그것에 따라 공민권이나 재산 그리고 형벌을 제시하고 있다. 반면 부역행위특별처리법에는 어떤 직위에 있었고 그 일이 무슨 일인가에 대한 언급없이

31) 『서울신문』, 1950.10.11(국사편찬위원회).

32) 『조선일보』, 1950.11.7.

'역도에게 협력한 자'라는 기술만 있다.

어떤 행위가 협력인지 판단할 수 있는 구체적인 근거를 제시하지 않은 것이 부역행위특별처리법이나 이승만정권이 제시한 부역자에 대한 규정이다. 이 점이 부역 또는 부역자 규정에 대한 특징이라 할 수 있다.

이러한 특징은 이승만의 언급에도 잘 드러나 있다. 이승만은 "부역처단은 앞날의 우리나라의 기초를 안정시키는 데 가장 기본적인 요소"임을 강조하면서[33] 라슨(Larsen) 박사 부부에게 보낸 편지에서 부역에 대한 자신의 생각을 밝혔다. 이들 부부에게 이승만은 부역하지 않은 개(Happy)에 대해 들려주었다. 1950년 6월 피난 갈 때 청와대에 개 3마리를 두고 떠났는데 2마리는 러시아 총에 죽었고, 1마리(Happy)는 산으로 도망했다고 한다. 서울 수복 뒤 식당일 하는 소녀를 산으로 보내 찾아오게 했다. 해피는 부역하지 않은 개라며 주변에 널리 알리고 있다고 편지에 밝히고 있다.[34]

이승만에게 해피처럼 도망가지 않고 북한 점령 아래 살아남은 서울 시민은 모두 부역자로 보였을 것이다. 9·28수복 뒤 서울시민은 '역도'와 역도에 협력한 '부역자'로 규정되었다. 따라서 살아 있다는 것 자체가 부역자로 간주될 수 있으며 부역의 범위는 광범위할 수밖에 없었다. 반역이 아닌 '부역'이라는 용어는 모호하고 불특정하고, 광범위함 등을 포괄했다. 부역행위에 대한 구체적 근거가 없다는 것은 자의성, 모호성, 불특정성 따위가 판단의 근거가 되기 때문이다. 부역행위의 자의성, 모호성, 불특성 규정은 그대로 부역자 재판과 처벌과정에서 재현되었다. 게다가 해방공간 최고의 화두였던 '친일', '반민족'이라는 문제를 이렇게 '부역'은 흡수했고, 친일의 문제를 더 이상 제기할 수 없었다. 이제 반민족행위자는 부역자였기 때문이다. '부역' 또는 '부역자'는 이렇게 사용되었고, 반역이

33) 『경향신문』, 1950.11.15(국사편찬위원회).

34) File 70(연세대학교 국학자료원).

아닌 왜 '부역'인지 그 유용성이 입증되었다.

2. 군검경합동수사본부와 부역자 심사

9·28수복 뒤 이승만정권이 가장 먼저 한 일은 부역자 심사와 처벌이었다. 부역자를 심사하기 위해 서울시부역직원조사위원회, 교직원조사위원회 또는 애국반조사위원회 따위가 만들어졌지만 중심기구는 군검경합동수사본부(이하 합동수사본부로 줄임)였다. 합동수사본부는 본부장 김창룡, 검사 오제도, 심사실장 정희택 등이 중심이 되어 10월 4일 구성되었다. 합동수사본부의 설치 목적은 "빠른 시간 안에 부역자를 처단 근멸하기" 위함이었다. 부역자 처벌을 위한 합동수사본부의 구상은 장경근 국방차관 주재로 열린 군·검·경 책임자회의에서 나온 듯하다.[35] 합동수사본부는 법학자동맹사건, 조선결사대사건 따위의 발표를 통해 부역자를 가려내고 있다고 밝히면서 김창룡은 매번 담화를 발표했다.

> 김창룡 대령은 29일 다음과 같은 담화를 발표하였다.
> 9월 24일 입경 당시에는 각 동회 치안대·자위대 등이 난립하여 빨갱이 숙청이라 하여 무차별 체포로 인하여 치안상태가 매우 혼란하였으나 서울 시내 관계 수사기관이 속속 입경함과 동시에 당 군경수사본부 발족 이래 이들 옥석을 분별 선출하는 데 불철주야 노력한 결과 근자에 와서는 석방률이 매우 많아졌다.[36]

> 군검경합동수사본부 지휘관인 김창룡대령은 8일……다음과 같이 말하였다.
> 말단에 있는 향토방위대나 대한청년단 등에서는 부역자라 하여 이

35) 오제도, 「그때 그 일들」, 『동아일보』, 1976.6.26.

36) 『경향신문』, 1950.10.30(국사편찬위원회).

> 를 식섭 처단할 수는 없는 일이다. 만일에 부역한 자가 있다면 그 사실에 대한 정보 등을 각 수사기관에 제공하여야 하며 부역자라고 하여 임의로 구속, 문초나 구타를 한다면 수사당국으로서 이를 엄중 처단할 것이며 이러한 일은 앞으로 공산당의 사주에 의한 것이라고 간주할 것이다.[37]

담화의 내용은 석방이 많은 까닭은 치안대 또는 자위대의 난립과 난립을 바로잡기 위해 합동수사본부가 잘잘못을 가려냈기 때문이며 모든 부역자의 심사는 합동수사본부에 있음을 분명히 하는 데에 있었다.

김창룡이 지적한 것처럼 이들 청년단체는 임의적으로 조직되었는가? 「비상시 향토방위령」에 따라 조직된 치안대는 무기를 휴대하고 부역자를 체포할 수 있었으며 관할 경찰서장의 지휘와 감독을 받았다.[38] "서울 지역서 소위 자치대라고 날뛰던 자의 반수는 공산괴뢰군의 앞재비"라며 김창룡은 '우리의 수사는 과학적이며 민주적이다'이라고 오제도는 '우리의 수사는 물적증거로서 진행된 까닭으로 여사한(자치대와 같은) 일은 절대 없다'라고 말했다.[39] 엄격한 기준과 과학적 수사를 하고 있다고 했지만 심사의 기준은 너무 간단했다.

> 합동수사본부 업무지침으로 부역처리의 4대 방침을 세웠어요. 즉 부역자 중 불문에 붙이거나 포섭의 대상으로서 ① 6·25전까지 선량한 자로서 자기의 생명보호를 위하여 부득이 소극적으로 부역한 자는 불문에 붙인다. ② 6·25전까지 선량한 자로서 소극적으로 공산 측에 추종했으나 군경, 공무원, 민족진영 지도자와 가족 등을 구조한 자는 불문에 붙인다. ③ 피동적으로 부역한 자라도 대한민국에 충성하여 협조

37) 『경향신문』, 1950.11.10(국사편찬위원회).

38) 진실화해를위한과거사정리위원회, 『2007년 하반기 조사보고서』, 788쪽.

39) 『동아일보』, 1950.10.30.

> 한 실적이 나타나면 포섭한다는 등이었어요. ④ 정상론인 것으로 기억돼요. 선량이라는 것은 6·25전까지의 좌익에 가담한 사실이 없는 것을 말합니다.[40)]

합동수사본부의 업무지침 내용은, 먼저 부역자 아닌 자가 누구인지 가려내는 것이다. 바꾸어 생각하면 북한 점령 아래 살아남았던 모든 사람은 부역자라는 인식을 기본으로 삼고 있다. 이승만의 생각과 크게 다르지 않았다. 그렇기 때문에 피난가지 못한 모든 사람을 부역자로 간주하고 그 가운데 부역자가 아닌 사람을 골라냈다. 그다음 부역자를 가르는 것째 조건이 한국전쟁 전에 좌익활동의 여부에 달려 있었다. 한 좌담회에서 김창룡은 다음과 같이 언급했다.[41)]

> 합동수사본부에서는 군인 측 □□□□가 한 명 나오고 검사가 한 명 나오고 해서 심사를 하게 되는데 그 표준은 대체로 군법회의에 회부하는 것을 6·25전부터 당에 가담해서 정식 당원으로서 군사기밀이라든가 이러한 것을 의식적으로 적극성을 띄우고 제공한 사람, 그다음에 지검에 회부하는 것은 의식적 또는 무의식적으로 활동한 사람으로서 적극성을 띄우지 않았다는 사람입니다. 그다음에 석방하는 것은 무의식적으로 생명을 보전하기 위하여 □□□□한 사람들인데 이것을 구분해서 심사를 했어요.[42)]

여기에 한발 더 나아가 오제도는 각 경찰서를 순회하면서 부역심사를 얼마나 힘들게 하고 다니는지 어려움을 토로하고 있다. "어젯밤 12시까

40) 중앙일보사, 『민족의 증언 3』, 1983, 137쪽.

41) 서울신문사에서는 1950년 11월 25일 김창룡(합동수사본부장), 장재갑(서울지검차장), 오제도(합동수사본부검사대표), 정희택(수사본부검사) 등이 참석해 「부역자 처단은 어떻게」라는 좌담회를 개최했다.

42) 『서울신문』, 1950.11.28(국사편찬위원회).

지 각 경찰서나 수사기관에 다니면서 부역자 심사한 것이 전부 1만 6,390명입니다.……대개 추측컨대 약 8,000명이 지방검찰청에 넘어가고, 그다음에 석방이 약 6,000명, 군법회의에 넘어간 것이 약 1,500명 될지 말지입니다."[43] 2~3명으로 구성된 심사반은 각 경찰서 서류를 심사해 재판의 종류를 결정했다. 합동수사본부는 군법회의에 회부할 것인지(군법회의), 검찰청에 넘길 것인지(민간재판), 헌병에 넘길 것인지, 석방할 것인지 따위를 결정했다.[44] 김창룡의 지적처럼 전쟁 전에 좌익과 관련된 활동을 한 자는 군법회의로 넘겼다. 아래 〈표 1〉에서도 알 수 있듯이 합동수사본부는 수사기관이 아닌 군법회의로 보낼지 민간재판에 보낼지 따위를 결정한 (준)재판 기관이었다. 그런데 그 결정이 심사반에 의한 서류 심사로 이루어졌던 것이다.

〈표 1〉 군검경합동수사본부의 부역자 처리과정

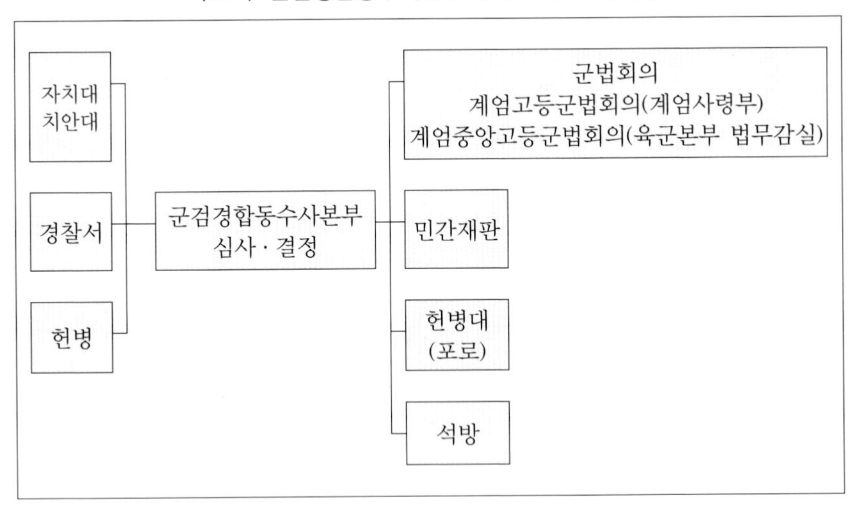

43) 『서울신문』, 1950.11.28(국사편찬위원회).

44) 『동아일보』, 1950.10.22.

중국의 참전으로 부산으로 이동한 합동수사본부는 서울에서처럼 영향력을 발휘하지 못했다. 또한 국회는 합동수사본부의 불법성을 제기했고 심지어 검찰과 경찰도 반발했다. 1951년 4월 10일 검찰청은 합동수사본부에 파견된 검사 전원을 소환하여 복귀하도록 명을 내렸다. 이에 이승만은 4월 19일 국방부장관에게 "합동수사본부……이를 유지해야 되겠으니 총참모장에게 지휘해서 누가 무슨 언론으로든지 이를 방해하는 자가 있으면 그가 누구인지 알아서 보고하며 경비계엄령이 있을 동안에는 경찰이나 검찰에서 파견한 인원을 소환하는 것을 못하도록 할 것을 지시"한다는 문건을 보내 해체를 강력하게 반대했다.[45] 검사들 소환이 알려지자 경찰에서도 경찰관 소환을 결정했으나 "상부 당국의 방침에 의해 존속"하게 했다. 그러나 국회 법제사법위원회에서는 합동수사본부의 존속에 대해 불법성을 제기했다.

> 합동수사본부에 관하여는 그의 노력과 업적은 찬양하나 동 합동수사는 다만 범죄수사를 필요로 하는 각 기관의 사실적 협력체가 아니고 한 개의 독립한 기관화한 것은 하등의 법률적 근거가 없을 뿐 아니라 '헌병 및 군 정보기관의 수사 한계에 관한 법률'에 의하여 헌병만이 체포 구금할 수 있게 되었음에도 불구하고 이 법률을 무시하고 있으며 더욱이 부역자의 처리는 부역자특별처리법에서 군 기관이 간여하지 못하게 되었음에도 불구하고 합동수사본부는 일체의 부역자나 사상범을 수사하는 기관이 되고 있어 이 법률을 무시할 뿐 아니라 광범한 사상문제 처리를 군 기관이 주도한다는 것은 횡폭한 독단이므로 유명무명의 作法的 수사기관을 일절 처리하여 그 막대한 소요경비를 검찰당국에 회부하여 수사기관의 일원화를 기할 것을 강조하였다.[46]

[45] 「합동수사본부 존속에 관한 건」(국사편찬위원회).

[46] 『동아일보』, 1951.4.27(국사편찬위원회).

결국 국회는 5월 2일 합동수사본부 해체를 결의했고, 합동수사본부는 5월 23일 해체되었다.

3. 부역자 처리건수

합동수사본부에서 심사한 건수와 군법회의와 민간재판에 처리된 건수는 얼마나 되는가? 이에 대한 분명한 통계는 없으며 몇 만 명에서 몇 십만 명으로 그 건수에 대한 편차도 크다. 여기에서는 부역으로 인한 재판과 심사건수가 어느 정도인지 신문, 미국자료를 통해 정리하고자 한다.

〈표 2〉는 주한미대사가 미국무부에 보고한 내용들로 합동수사본부가 제공한 부역자 처리건수이다. 〈표 2〉에 따르면 서울을 비롯한 경인지역의 부역자는 1950년 11월 8일 현재 17,721명에 달하며 이들은 군법회의 2,192명, 지방법원 7,748명, 석방 7,588명 등으로 처리되었다.

〈표 2〉 합동수사본부가 제공한 처리건수

	군법회의	지방법원	헌병대	석방	총계
10월 13일~28일	790건	4,757건	130건	4,307건	9,984건
10월 27일	783명	4,711명	130명	4,253명	9,877명
11월 8일	2,192명	7,748명	193명	7,588명	17,721명

출전: 『경향신문』, 1950년 10월 30일(국사편찬위원회); RG9 Series Radiograms, folder KMAG AUG. 1950 – APRIL 1951(맥아더 아카이브즈 도서관); 「미 국무부 한국 국내상황 관련문서 XIV(Records of the U.S. Department of State, Relating to the Internal Affairs of Korea)」, 『한국전쟁 자료총서 52』, 429~430쪽(국사편찬위원회).

〈표 3〉와 〈표 4〉는 경찰국에서 제공한 것으로 신문에 소개된 수이다. 〈표 3〉에도 군법회의 2,842명, 지방법원 3,680명, 석방 2,813명으로 나왔다. 11월 20일 현재 군법회의에 보낸 수가 1,127명으로 나왔는데 10월 31일자

보다 적은 수이다. 〈표 4〉는 전국 시도경찰국이 제공한 수로 여러 연구자들이 이용한 가장 잘 알려진 수이다. 그런데 이 표에는 지방법원 송치수와 석방수만 표기되어 있고 군법회의에 회부된 수는 표기되어 있지 않다. 그런데 검거수에서 송치수와 석방수를 제외한 수가 군법회의에 회부된 수일 가능성이 많다.

〈표 3〉 서울시 경찰국 보고

	군법회의	지방법원	헌병대	석방	심사	총계*
9월 29일~10월 31일	2,842명	3,680명	355명	2,813명	207명	11,592명
10월 2일~11월 20일	1,127명	5,468명		5,677명		14,441명

출전: 『조선일보』, 1950년 11월 1일; 『동아일보』, 1950년 11월 22일.
* 총계와 나머지 모두를 합한 수가 일치하지 않음.

〈표 4〉 각 시도 경찰국에서 검거한 부역자총수(9월 28일~11월 13일)

종별	검거수	군법회의*	송치수	석방수
서울	13,948	3,329	5,466	5,153
경기	11,129	5,620	2,373	3,136
강원	2,169	1,365	804	–
충남	11,993	9,680	–	2,313
충북	955	955	–	–
경북	2,886	1.075	74	1,737
경남	2,786	854	1,932	–
전남	2,780	1,607	132	1,041
전북	5,596	2,779	943	1,874
철도	1,667	377	653	637
총계	55,909	27,641	12,377	15,891

출전: 『조선일보』, 1950년 11월 17일.
* 신문에는 검거수, 송치수, 석방수만 나와 있다. 검거수에서 송치수와 석방수를 제외한 것이 군법회의로 회부된 것으로 추정해서 표기함

〈표 5〉는 주한미대사가 미국무부에 '한국정부의 부역자 처리에 관한 보고'에 실린 것으로 11월 8일 재판결과이다. 이는 합동수사본부가 보낸 자료를 근거로 한 것인데 군법회의와 민간재판에서 1,298명이 사형언도를 받았다. 〈표 2〉에 따르면 11월 8일 군법회의에 보낸 수는 2,192명으로 이들 가운데 59.2%인 1,298명이 사형언도를 받고, 37.4%인 820명이 무기 또는 10년 이상 징역형을 언도받았다.

〈표 5〉 11월 8일 재판결과

구분	기결수					미결수	석방	총계
	사형	무기	10년 이상	10년 이하	무죄			
계엄고등군법회의	713	304	267	46	57			1,387
계엄중앙고등군법회의	232	28	221	170	154			805
민간재판	353	239	596	188	233	2,682	3,457	7,748
총계	1,298	571	1,084	404	444	2,682	3,457	9,940

출전: 「미 국무부 한국 국내상 황 관련문서 XIV(Records of the U.S. Department of State, Relating to the Internal Affairs of Korea)」, 『한국전쟁 자료총서 52』, 429~430쪽(국사편찬위원회).

아래의 내용은 11월 25일 계엄사령부가 발표한 부역자 처벌에 대한 언론들의 보도내용이다.

> 지난 23일까지 계엄사령부에서 부역자 처벌통계를 보면 그중 계엄사령부 고등군법회의에서 사형언도가 475명 중앙고등군법회의에서 169명 지방법원에서 233명 등 877명 중 이미 사형 집행한 것은 다음과 같이 161명이나 된다고 한다. 사형집행자수 계엄고등군법 65명, 중앙고등군법 96명 계 161명.[47]

47) 『경향신문』, 1950.11.25(국사편찬위원회).

> 계엄군법재판 사형언도 475명 중 집행 65명, 중앙군법재판 사형언도 169명 중 집행 96명, 지방법원 사형언도 233명 중 집행 무.[48]

> 877명 중 322명에 대한 사형을 집행하였다고 25일 다음과 같이 발표하였다. 서울 지방재판소에서 사형을 선고한 322명의 공산당 협력자는 24일 형을 집행하였다.[49]

먼저 언론에 보도된 계엄사령부의 사형언도수는 475명으로 이는 주한미대사가 보고한 사형언도수인 1,298명보다 421명이 부족하다. 주한미대사의 보고는 11월 8일자의 보고이기 때문에 거의 20일 동안 통계치는 포함되어 있지 않다. 둘째, 민간재판에서 사형언도를 받은 사람들이 사형집행이 되지 않은 것으로 발표했지만 부산일보는 서울지방법원에서 사형선고를 받은 322명에 대한 사형집행이 24일에 진행되었다고 보도하고 있다. 이렇듯 언론에 보도된 부역자 처벌 건수는 계속 축소되었기 때문에 그 규모가 어느 정도인지 판단할 수 없다.

홍제리 사건 뒤 미국무부는 주한미대사에게 부역자 처리와 관련한 숫자와 절차를 조사하라고 지시했다. 아래의 문건은 1950년 12월 31일에 주한미대사가 미국방부에 보고한 것으로 그러한 조치의 하나로 판단된다.

> 내무부장관은 공산주의 침략과 관련된 범죄 행위를 저지른 혐의가 있는 사람들에 대한 정보를 보내왔다. 아래 숫자는 모두 한국인들이다.
>
> 구금되어 있는 사람의 총 수는 162,763명으로 체포된 사람이 87,503명, 자수가 75,260명이다. 민간재판으로 간 사람이 33,570명, 군법회의로 간 사람이 2,054명, 아직 조사 중이어서 재판을 기다리는 사람이 3,219명이다.

---

48) 『동아일보』, 1950.11.25.

49) 『부산일보』, 1950.11.27.국사편찬위원회).

> 사면 이전에 시전조시니 법원 절차로 풀려난 사람이 13,980명, 사면 이후에 풀려난 사람은 8,800명, 12월 30일까지 풀려난 사람의 총수는 142,760명이다.[50)]

> 부역자 검거에 착수하여 검거인원 153,825명 자수인원 397,090명으로 도합 550,915명이라는 부역자를 검거 처리하였다.[51)]

일간지는 부역자 검거와 관련해 축소 보도했다. 더구나 군법회의에 처리된 건수와 사형언도, 집행에 관해 주한미대사의 보고와 큰 차이가 있다. 주한미대사는 1950년 12월 31일 162,763명이 부역자로 구금되어 있음을 밝히고 있다. 지금까지 대개 일간지 보도에 따른 5만여 명으로 짐작했지만 주한미대사의 보고나 『한국경찰사』에 근거해 적어도 15만 명 이상이 부역자로 검거되었을 것으로 추정할 수 있다.

Ⅳ. '부역' 재판의 특징

1. 군법회의와 민간재판 : '국방경비법'과 '비상사태하의 범죄처벌에 대한 특별조치령'

부역과 관련한 민간인학살이 제기될 때 미국무부는 모든 일은 법적 절차에 따랐으며 군법회의가 아닌 민간재판에서 이루어졌다고 해외언론 보도에 대응했다. 주한미대사는 미국무부에 민간인은 민간재판을, 군인은 군법회의를 받고 있다고 보고했다.

---

50) Incoming Message, RG 338 Box 19, 〈NoGunRi File〉 338.134.

51) 내무부치안국, 『한국경찰사 1948.8~1961.5』, 1973, 547쪽.

> 체포된 사람들은 '부역' 때문이 아니라 국가보안법 등 특정법 위반으로 체포했다. 예컨대 무장, 살인, 파괴 등으로 국가를 전복시키려고 한 음모를 다루는 조항을 위반했기 때문에 체포됐다. 대부분의 피의자들은 군사법정이 아닌 민간법정에 회부되었다.[52]

> 민간법원에서도 공판을 시작했지만 아직 결과는 나오지 않았다. 민간적 성격은 경중에 상관없이 민간 법원으로, 군인관련 사건은 군사재판으로 회부되고 있다. 한국군 참모총장은 민간법원의 사건을 군사법원으로 이관할 수 있는 권한이 있지만 아직 이런 권한을 행사하지 않았다.[53]

미국의 일관된 입장은 한국에서 벌어지는 부역자에 대한 학살은 학살이 아닌 민간재판에 의해 언도된 합법적 처형임을 알리는 것이었다. 그러나 진실화해를위한과거사정리위원회의 보고서에서 밝혔듯이 이미 지역에서는 부역혐의자와 그 가족에 대한 학살이 이루어졌다. 그리고 부역자에 대한 군법회의도 광범위하게 진행되었다.

> 경인지구계엄사령부에 1950년 10월 4일부 경인계엄특명군 제1호로 계엄고등군법회의가 설치되어 내란에 관한 죄, 외환에 관한 죄, 이적죄, 간첩, 계엄법제15호 내지 노상범죄건수, 국가보안법위반건, 국가보안법위반사건 중 중범죄건등을 취급한 범죄자는 군법회의에 회부하여 엄벌할 것임.[54]

---

52) Department of State Washington, Foreign Relations of the United States 1950, p.1420~1421 ; ALLEGED ATROCITIES BY THE REPUBLIC OF KOREA, RG 319 E57F BOX 73, 〈NoGunRi File〉 9123-00-00781.

53) Summary weekend press reports1950.10.31 RG 319, E 57 Box 45, 319.054.

54) 『동아일보』, 1950.10.12.

> 작년 11월 10일 비상계엄 해제 시에 국방장관으로부터 "6 · 25 전후를 통하여 남북로당 또는 그 산하 단체에 가입하여 행동하거나 또는 6 · 25 전후 군의 작전기간 중의 부역행동까지도 군인 · 민간인을 막론하고 합동수사본부 또는 군법회의에서 계속 취급할 수 있으며 영장발포 시기를 逸치 않기 위하여 영장발포 판검사 1인을 합동수사본부에 파견하라"는 지시를 계엄사령관을 통하여 대법원장 기타 각 사법기관에 통첩.[55]

1950년 7월 8일, 전라남북도를 제외한 남한 전 지역에 계엄이 내려졌고, 각 도 단위로 계엄 민사부가 설치되어 민간인의 형사 사법을 담당했다. 계엄사령부는 내란, 이적, 노상범죄, 국가보안법 위반자들을 모두 군법회의로 처리하겠다고 밝혔다. 비상계엄은 11월 7일에 경비계엄으로 전환되었다.[56] 계엄법 제10조에 따르면[57] 비상계엄과 다르게 경비계엄일 때는 군은 민간관련 행정과 사법사무를 할 수 없었다. 그런데도 국방부장관은 비상계엄이 해제되었는데도 좌익관련 또는 부역은 군법회의에서 계속 취급하겠다는 통첩을 사법기관에 보냈다.

9 · 28수복 뒤 초기 부역자 처리는 '비상사태 하의 범죄처벌에 대한 특별조치령'(이하 범죄처벌특조령으로 줄임) 위반이 아닌 국방경비법 제32, 33조 위반으로 모두 군법회의에 보내졌다. 국방경비법의 적용은 바로 군이 개입했기 때문이었다. 한국전쟁 전 여순사건과 제주사건에서 민간인이 국방경비법에 의해 군법회의에서 처벌되었으며 이러한 적용례를 군은 잘 알고 있었다.

---

55) 『동아일보』, 1951.4.27.

56) 김춘수, 「1949년 계엄법 제정과 전시 계엄법 적용」,한국제노사이드연구회 민주화운동기념사업회 공동심포지움, 『전쟁, 법, 민주주의』, 2009, 36쪽.

57) 계엄법 제10조 경비계엄의 선포와 동시에 계엄사령관은 계엄지역 내의 군사에 관한 행정사무와 사법사무를 관장한다.

> 서울시에 있어서의 군법회의는 계엄중앙고등군법회의와 서울지구 계엄고등군법회의의 2개가 있었다. 당시 비상계엄하이었던 관계로 동 부역자처리는 군법회의에서 모두 담당할 예정이었던 것이었다. 군법회의가 시작되자 서울지방법원에서도 이에 협력하기 위하여 판사 8명까지 이에 파견하여 전적으로 동 군법회의에 관여 후원하게 하였다. 부역자 중 중한 자만을 군법회의에서 처리하고 비교적 경미한 것만은 재판소에서 이를 처리하게 하였다. 이리하여 법원에서도 부역자처리라는 중대한 책임을 부담하게 된 것이다.[58]

계엄사령부는 처음에 부역자를 모두 국방경비법 제32, 33조 위반으로 군법회의에서 처벌하려고 했으나 인력부족으로 지방법원인 민간재판에 넘겼다. 민간인을 군법회의에 넘길지 민간재판에 넘길지는 민간인의 이력이 한국전쟁 전에 좌익과 관련된 흔적이 있다면 군법회의에 넘겼다. 초기 서울을 포함한 경인지역 부역자 처벌은 이를 관철했던 듯하다. 〈표 6〉을 보면 알 수 있다.

〈표 6〉 서울시 경찰국 관할 각 서 체포한 수(1950년 10월)

종별	발생건수	검거건수	검거인수
국방경비법위반	7,174	7,174	7,171
범죄처벌특조령위반	1,536	1,536	1,536
국가보안법위반	118	118	118
계엄법위반	3	3	3
절도	163	133	147
강도	36	36	108
상해죄	2	2	2
치사죄	1	1	1

출전: 『조선일보』, 1950.11.18.

58) 유병진, 『재판관의 고뇌』, 서울고시학회, 1957, 22~23쪽.

〈표 6〉에 따르면, 1950년 10월 동안 서울시 경찰국 관할 각 서의 체포 건수의 79.4%인 7,174건이 국방경비법위반이다.

국방경비법과 비슷한 위력을 발휘한 범죄처벌특조령보다 국방경비법을 선호한 까닭은 제주와 여순에서의 적용과 관련 있다. 제주와 여순에서 사형을 선고받은 민간인들은 빠른 시일 내에 처형되었다. 주한 미군사고문단 보고서는 한국군 장교들이 오전에 60~70건을 판결하고, 오후에는 처형을 감독했다고 본국에 보고했다.[59] 정부 측에서 볼 때, 군법회의는 민간재판과는 달리 단심제로 과중한 형량을 선고할 수 있다는 장점이 있었다. '대한민국 건설을 파괴하고 임무 수행을 저해할 목적'을 가진 이들을 처벌하는 데 있어 국방경비법만큼 효율적인 법률은 없었다.[60]

> 이용석(육본 법무감실 검찰과 법무관 육군중앙고등군법회의 검찰관 중령)—군법회의는…… 단심제의 합의재판 형식을 취했어요. 하루에 1백건 이상을 기소 판결했습니다. 현재의 즉결재판과 비슷한 약식 재판이었어요.……우리는 무슨 위원회나 동맹의 장자리에 있던 부역자들은 무조건 사형을 구형하기로 방침을 세웠어요. 하루 판결 건수의 5분의 1정도가 사형을 받았습니다.……처형 직전에 대개 죄상을 낭독하는 게 상례인데 이때는 시간상으로나 숫자상으로나 그런 절차를 밟을 수가 없었어요.[61]

> 제 지방이……6·25동란 직후 이 수복당시에 국방경비법에 의한 즉군(사)재(판) 당시에는 혼란해서 질서도 완전히 서지 못한 때이었던 것입니다. 한 판정에다가 10명 내지 20명을 데려다 놓고서 그 사람에 대한 구체적인 범죄사실도 확증치 못하고 추측적으로 인정해가지고 형

59) 김득중, 「국방경비법의 정체와 위상」, 한국제노사이드연구회 민주화운동기념사업회 공동심포지움, 『전쟁, 법, 민주주의』, 2009, 11쪽.

60) 김득중, 위의 글, 11쪽.

61) 중앙일보사, 『민족의 증언 3』, 143쪽.

벌을 가했기 때문에 형량이라는 것이 균형을 취하지 못한 점이 대단히 많았던 것입니다.[62]

제주와 여순에서 적용했던 것처럼 군법회의는 신속하게 하루에 100건 이상 처리하고 대략 20명 정도의 민간인에게 사형을 언도했고, 이들에 대한 처형은 빠른 시일에 이루어졌다. 전 고대교수 이인수, 노천명, 조경희 등은 모두 국방경비법위반으로 군법회의에서 재판을 받았다.[63] 군법회의에서 사형언도를 받은 대다수는 빠른 시일 내에 홍제리에서 사형이 집행된 듯하다.

홍제리 사건을 전후로 한 미국무부는 부역자 처벌은 군법회의가 아닌 민간재판에서 진행되었음을 말했고 법무부장관 김준연도 부역자 처벌은 국방경비법이 아닌 범죄처벌특조령 위반임을 공식적으로 국내외에 알렸다.

초기 부역자 처벌은 국방경비법에 의한 군법회의로 신속하게 처리되었지만 '민간인이 군사재판을 받았다'는 해외언론보도를 의식해서 나온 대책이 바로 범죄처벌특조령이었다. 이런 측면에서 범죄처벌특조령이 처음부터 부역자 처벌을 의도해 만들어졌고, 일자를 소급하여 공포한 이유로 이러한 의도를 실현하기 위한 '간계'라고 보기 어렵다는 지적은 타당하다.[64]

범죄처벌특조령은 국방경비법과 비슷한, 아니 더 과도한 단심제, 단독판사심리제, 선고기한의 제한 등을 두었다.[65] 따라서 부역자 처벌 근거

---

62) 임차주(林次周), 『제3대국회 속기록』 제22회 제115차 국회본회의(1956년 12월 28일), 14쪽.

63) 이인수, 제7사단 헌병대 중령 안익조, 국방부출입 기자 이상선 등은 11월 7일 사형이 집행되었는데, 이 장소가 신촌뒷산으로 이야기되던 '홍제리'인 듯하다. 노천명과 조경희는 10월 27일 사형이 구형되었지만 다음 날 20년 징역 언도를 받았다(『서울신문』, 1950.11.10. ; 『조선일보』, 1950.10.29.).

64) 김득중, 「한국전쟁 전후 정치범 관련 법제의 성립과 운용」, 『사림』 33, 2009, 171쪽.

65) 박원순, 앞의 글, 188쪽.

는 국방경비법이 아닌 범죄처벌특조령 위반의 적용으로 이동되었다.

이러한 변화는 〈표 7〉 대전교도소의 재소자 인명부에서 범죄처벌특조령 위반이 27.5%인 376명, 국방경비법위반이 1.6%인 23명으로 감소한 데에도 드러난다.

〈표 7〉 대전교도소 재소자 인명부(1950)

	범죄처벌특별조치령*	국방경비법	국가보안법	기타	총계
인원	376	23	13	954	1366
비율(%)	27.5	1.6	0.9	69.8	100

출전: 대전교도소 서무과, 『재소자인명부』(1950).
* 모두 1950년 11월 20일 이후에 들어왔다.

1951년 8월 26일 현재 당시 대전형무소에 수감된 1,868명 가운데 범죄처벌특조령이 966명, 국가보안법 위반이 37명, 국방경비법위반이 400명으로 1,264명이었는데 10월 17일에는 총 2,287명 가운데 범죄처벌특조령 위반이 1,172명 , 국가보안법 위반이 42명, 국방경비법위반이 452명이었고, 11월 16일 현재 범죄처벌특조령 위반자는 1,257명, 1952년 2월 29일에는 1,473명으로 증가했다.[66]

여기에 1951년 4월 검찰은 파견 검사를 불러들이고 합동수사본부 해체설이 나오면서 범죄처벌특조령에 의한 부역자 처벌을 가속화했다.

2. 부역자의 여성 비중

홍제리 사건이 해외언론에 크게 보도된 것도 바로 여성들에 대한 가해행위와 어린아이를 갖고 있는 여성들에 관심이 쏟아지면서부터였다. 홍

66) 김학재, 앞의 글, 56~57쪽.

제리 사건 이외에도 해외언론은 서대문형무소에 많은 여성들과 아이들이 있었으며 그들이 부당한 대우를 받고 있다고 전했다.

> (최근 통신원에 의한 라디오 메시지에서) 서대문형무소(에서는) 기아로 인해 하루에 18명에서 30명의 죄수들이 죽어가고 있고, 죽은 아이들이 여전히 어머니와 함께 감옥에 있으며, 의복이나 담요가 부족하다.[67]

> 르니에르(국제적십자 한국대표)는 형무소를 방문한 아침 남성, 여성, 아이들을 포함해 50명의 사체를 목격했다.[68]

> 『연합통신』 12월 18일자에 의하면, 10월 이후 서울지방법원에 유죄를 선고받고 사형 판결을 받은 사람들이 391명이 되며, 그중 우선 242명이 처형되었다고 말했다. 정부대변인은 그중 약 ⅕이 여성이었다고 말했다.[69]

국제적십자 대표 비에리와 르니에르의 조사 또는 해외언론 보도는 여성과 어린이를 동반한 어머니인 여성에 관심을 두었고 그녀들이 창문도 없고 담요도 없는 추운 감옥에 있으며 심지어 '자신들의 죽은 아이들'과 함께 있다고 말해졌다. 그리고 그 수는 『연합통신』 보도에 따르면 사형 언도만 전체 20%를 차지하고 있다는 것이다. 이들의 보도는 어느 정도 한국의 실정을 알려준다. 실제로 부역자 또는 부역자의 가족이라는 까닭으로 학살당하거나 재판받은 여성들이 많았다. 각종 통계에도 체포, 구금, 재판을 받은 여성의 수는 전쟁 전과 비교할 수 없을 정도로 높다.

---

67) Alleged Atrocities by ROK Agencies against Political Prison, RG 338 Box 1, 〈NoGunRi File〉 9123-00-00998.

68) Summarization of Remarks of Mr. Frederick Bieri, RG 338 Box 1, 〈NoGunRi File〉 1820-00-00008.

69) Summary weekend press reports, RG 319, E 57 Box 45, 〈NoGunRi File〉 9123-00-00736.

〈표 8〉 서울시 경찰국 보고(1950년 9월 29일~10월 31일)

구분	군법회의 회부	서울지방법원 송치	포로수용소, 헌병대	석방
남 녀	2,016 826	2,770 910	233 122	1,948 865
총계	2,842	3,680	355	2,813
여성비율(%)	29.1	24.7	34.3	30.7

출전: 『조선일보』, 1950.11.1.

〈표 8〉에 따르면 군법회의와 서울지방법원에 송치된 여성의 비율이 각각 29.1%. 24.7%에 달한다. 여성의 비중은 대략 4명 가운데 1명 또는 그 이상이었다. 이 비율은 서울의 특수성이라고 간주할 수 있지만 지역에서도 여성의 비율은 높게 나타났다.

〈표 9〉의 부산교도소 재소자 남녀의 비율은 1950년 1월에 2000명 대 20명 이었으며 그 비율은 1%에도 못 미쳤다. 그러나 1950년 8월의 재소자 수를 보면 남성 3,996명 대 268명으로 6.2%의 비율을 차지했다. 이들 여성들은 대개 형사범이 아닌 특별범이다. 8월의 부산교도소 재소자 남녀 증가수를 보면 남성은 2배로 증가한 반면 여성은 무려 13배로 증가했다. 〈표 10〉의 울진지역 『부역자명부』에도 부역자로 간주된 여성의 비율은 10.4% 또는 14.2%를 차지해 적지 않았다.

〈표 9〉 부산교도소 재소자 남녀비율(1950년 1월~11월)

구분	1월	2월	3월	4월	5월	6월	7월	8월	9월	10월	11월
남 녀	2,002 20	2,332 19	2,256 20	2,140 23	2,129 20	2,071 18	1,864 16	3,996 268	4,233 262	2,181 124	1,946 107
여성 비율(%)	0.9	0.8	0.8	1.0	0.9	0.8	0.8	6.2	5.8	5.3	5.2

출전: 부산교도소 서무과, 『재소자 통계보고서철』(1950).

〈표 10〉 울진지역 『부역자명부』 인원의 성별분류

구분	남	여	미기재	합계	여성비율
보안과	2,433	283	0	2,716	10.4
정보계	2,517	420	3	2,940	14.2

출전: 진실화해를위한과거사정리위원회, 『2008년 상반기 조사보고서』, 2008, 403쪽.

그렇다면 유독 여성이 많은 까닭은 무엇인가?

첫째, 피난갈 때 청장년 남성들은 몸을 피했고 여성들은 집에 그대로 남아 있었기 때문이다. 서울을 비롯한 대부분의 지역에서 대개 여성이나 노인 또는 어린이를 제외하고 청장년 남성들만 피난을 갔다. 서울지역도 남성이 먼저 피난 간 다음에 뒤따라 가다가 길이 막혀 피난가지 못한 여성들도 많았다.

둘째, 피난 가지 않았더라도 남성들은 대개 숨어 있는 경우가 많았고 노력동원이나 대회의 참가는 대개 여성들이 맡았다.

> 경신학교 뜰에서 농민조합 창립총회가 있다 하여 아내가 참석하였다. 이즈음은 무슨 모임이 있으면 부인네가 나서는 것이 버릇처럼 되었다. 다른 목적으로 모였던 회합이 곧잘 궐기대회로 변하여 그 자리에서 의용군을 뽑아 보내게 되므로 백성들은 이제는 다 눈치를 알아채고 무슨 모임이든지 집회에는 노인 아니면 여자로 판을 친다.[70]

그들 대부분의 죄명은 인민반장 또는 인민통장 혹은 여성동맹 간부로서 여맹 가입을 권하고 된장, 고추장 혹은 놋그릇 등을 수집하여 인민군에게 제공하였으며 주민들을 강제로 노력동원했고 내무서원 또는 민청원들이 우익인사들 집 수색이나 재산몰수 등을 할 때 안내했다는 것이었

70) 김성칠, 『역사 앞에서』, 창작과비평사, 1993, 105쪽.

다.[71] 이 과정에서 면장이나 구장 부인들이 부역자로 몰리기도 했는데 그것은 남편이 피난가고 그 모든 것을 여성이 짊어졌기 때문이다.

셋째, 40세가량의 여성들도 많았지만 20대 전후의 지식인 여성들도 많았다.

> 나는 집무에서 피로한 눈을 창구로부터 바로 후면인 구치장 마당에로 옮겼다. 거기에는 재판을 마친 남녀 피고인들이 형무관의 지휘를 받아 열지어 정연하게 앉고 있었다. 그들의 약 반은 부녀자로써 차지되었다. 그중에는 45세 전후의 부녀자도 있기는 하나 그의 태반은 20 전후의 젊은 여성들이었다. 그들은 형금 여학교상급생으로부터 출가 후 얼마 되지 않은 부녀들 같이 보이었다.……이러한 사색에 잠겨 있던 나의 머리에는 바로 5, 6일 전에 받은 모검사로부터의 충고사실이 상기되지 않을 수 없었다. 그것은 '3개월간 가장 악랄한 부역자는 여성들이었다. 그 여성들은 놈들에게 부역을 하여야만 될 불가피한 사정은 별로 없는 것이오. 더구나 여학생들 같은 것은 놈들의 말을 듣지 않았다하여 하등의 위험조차 있을 리 만무할 것이다. 그런데도 불구하고 놈들에게 가담한다는 것은 가장 악질이라 하지 않을 수 없을 것이며 이러한 견지에서 바라볼 때 여성, 더욱이 20전후의 여성들은 가차 없이 엄벌하여야 할 것이다'라는 의견이었던 것이다. 우리가 체험한 바 젊은 여성의 부역사건은 예상이상으로 많았던 것만은 사실이다.[72]

부역자로 재판 받은 여성들 가운데 20세 전후의 여성들도 많은 것에 대해 동료 검사는 이들 여성들은 '가장 악질이라며 엄벌에 처해야 한다'고 충고하고 있다. 이들 여성을 '악질'로 부른 까닭은 그녀들은 굳이 부역하지 않아도 문제되지 않는데도 했기 때문이었다. 그러나 '불가피한 사정이 없다'라는 단정은 40세 전후의 여성의 경우 가족과 남편을 살리기 위

71) 서중석, 앞의 책, 767쪽.

72) 유병진, 앞의 책, 140~142쪽.

한 행동을 무시하는 것이고 20세 전후의 여성, 더구나 지식인 여성의 경우 생각 없는 행동으로 규정했기 때문이다.

이들 20대 여성은 해방을 10대에 맞았으며 해방은 이들 여성에게 열린 공간이었으며 다양한 가능성과 꿈을 맛보게 했다.

> 해방 이듬해인 1946년 3월 1일에는……좌우익이 한 자리에 모여 기념행사를 하면서 동시에 강연회도 연다는 것이었다.……우리 여교사들은 빠지는 사람 없이 앞다투어 참석했다. 당시는 그런 자리에 함께 하지 않는다면 젊은이로서, 지식인으로서 대화 상대가 될 수 없다는 어떤 야릇한, 새로운 사소에 부풀어 있을 때였다. 우리는 앞서거니 뒤서거니 하면서 함께 자리를 차지했다.[73]

> 정자의 그 자그마한 체구에 깨끗한 녹색 군복이 잘 어울렸다. 빨간 별이 달린 군모에 긴 가죽군화를 신은 그녀는 내가 전부터 알고 있던 얌전하고 내성적인 정자의 모습이 아니었다. 신념에 찬 여자혁명투사, 정자의 모습은 당당하고 활기찼다.[74]

성차별은 존재했지만 해방 뒤 여성들은 자유롭게 강연을 들으러 다녔고, 활기차게 거리를 활보했다. 해방공간의 경험과 기억은 이들 지식 여성에게 '지식'이 결혼을 잘하기 위함이 아니라 사회에서 인정받고 그 지식을 활용할 수 있는 공간의 확장으로 작용했을 것이다. 그러한 것은 녹색군복을 입고 나타난 여성의 등장으로 더욱 분명해졌을 것이다.

---

73) 이숙의, 『이여자, 이숙의』, 삼인, 2007, 21~22쪽.

74) 류춘도, 『벙어리새』, 당대, 2005, 92쪽.

3. 만능열쇠, 부역재판

부역혐의로 부역자의 가족이라는 이유로 법적 절차없이 학살당한 사례도 많지만 재판을 받았더라도 '단심제', '단독판사심리제'라는 특징 때문에 많은 사람들이 고문, 무고, 재산탈취 따위로 부역자로 몰렸고 그에 대한 항변을 할 수 없었다.

목포형무소 좌익출소자 명단에 따르면, 김○수는 "인민군 남침시 동서기장으로 1주일간 직책을 가졌다" 하여 징역 5년을, 김○성은 "인민군 남침시 약 20일간 협조했다"하여 징역 5년을, 김○초는 "여맹에 가입해 협조했다"하여 역시 징역 5년을 언도받았다. 차○규는 "노동당사무소 경비, 운반 따위를 담당했다" 하여 징역 10년을 언도받았다.

> 그 당시에 만약 이에 비류되는 사건이었더라면 우리는 아마 징역 2년 내지 5년밖에는 보내지 않았을 것이다. 그 4년이나 5년이 사형으로 그 2년이나 3년이 무기 혹은 15년으로 엄청난 변동을 일으켰던 것이다.…… 원래 사변 전에 있어서의 빨갱이에 대한 과형조차 저 일제시대의 그러한 예에 비교하면 과중한 것이었다. 그런데 그러한 5, 6개월 전조차 아무리 사변중인들 형금은 아득한 몇 10년 전과도 같은 너무도 심한 현격을 사이에 하였다.[75]

민간재판에서 부역자를 재판했던 한 판사는 부역자에 대한 언도가 전쟁 전에 비해 더 나아가 일제강점기에 비해 지나치게 과중함을 지적하고 있다. 그런 까닭인지 10년을 지나 억울함을 호소하는 사건이나 무죄로 풀려난 경우도 많았다.

계엄사령부 부사령관은 "시민증을 얻지 못한 중에는 부역자 등 불순분

---

75) 유병진, 앞의 책, 119~120쪽.

자가 많으므로" 함부로 시민증을 발급하지 말라고 했는데,[76] 시민증이 없어 10년이 넘게 징역을 살다가 무죄를 선고받았던 사람도 있다.

> 무시한 죄명(부역)을 쓰고 십여년간 옥살이를 하던 청년이 재심결과 무죄선고를 받았다.……서울지법 대법정에서 열린 공판에서 담당재판부는 판결이유로 일심판결의 증거가 되었던 김피고의 자백은 수사기관의 고문에 의한 것이었고 김피고가 간첩행위를 했다는 시기가 15, 6세의 어린 소년(이었고)……김피고가 간첩교육을 받았다는 50년도 9월은 괴뢰가 패퇴하고 있을 때이므로 신빙성이 희박하다는 점, 상소포기도 자기죄의 승복보다는 상소할 수 있는 길이 있다는 것조차 몰랐다는 점 등을 들었다.……김피고가 검문에 걸려 체포되었을 때 시민증이 없어 간첩혐의를 받았다는데 김피고의 어머니가 간직하고 있던 시민증을 재심공판에서 증거로 제출 유리한 방증을 이루었다.[77]

재판을 받은 적이 없으면서 형무소에서 5년간이나 징역살이를 하고 있는 재판집행에 대한 이의를 제기한 사례도 있었으며[78] 고문으로 허위 자백해 억울하게 부역자로 몰리기도 했다.

부역자처벌과 함께 진행된 것이 부역자로 지목된 사람들의 재산탈취였다.

> 설마 그런 일이 있을 수 있을까 하였더니 경성농업 교원으로 있는 신군이 시골로 피란가서 아직 오지 않았는데 어떤 경관이 그 집을 점거하고 가산을 전부 차압하여 그대로 점유 사용하고 그러고는 이웃에 성언하여 가로되 "신모는 빨갱이니 다시 오면 잡아 죽인다"고.[79]

76) 『경향신문』, 1950.12.2(국사편찬위원회).

77) 『동아일보』, 1962.11.22.

78) 『동아일보』, 1958.12.1.

79) 김성칠, 앞의 책, 245~246쪽.

부역자 재산에 관련해 군인과 경찰이 임의로 장악했음을 알 수 있는 대목이다. 서울시 경찰국장은 "요즘 역산가옥에 입주하는 자 중에는 경관의 수가 나날이 늘어간다는 비난이 있다. 우리는 먼저 전재민에게 양보하자. 그러나 유가족으로 부득이 입주하여야 할 경우에는 본관에게 직접허가를 제출하기 바란다."고 언급했다.[80] 조병옥 내무부장관도 "좌익 부역자가 거주하던 가옥에 그 가족이 거주함에도 불구하고 그 가족을 추방하고 강제 점령하는 것은 공산당의 만행과 같은 불법행위"라고 했을 정도로 이러한 일은 비일비재했다.[81]

경인지구 계엄사령관이 내린 '전시 범죄 처벌에 관한 포고문'에는 "즉시 역산물자는 군경에게, 시민 소유물자와 건조물은 각기 그 소유자에게 반환"하라고[82] 제시되었는데 이는 모든 부역자로 간주된 자의 재산은 역산물자로 오인하게 했다.

역산물자를 군경이 관리함으로써 그로 인한 소유권 분쟁이 제기되었다. 특히 부역 혐의를 받은 자가 다시 부역혐의를 벗어날 때 그의 재산과 관련한 분쟁이 제기되었다. 이에 대해 서울 관재국은 "서울시 관재국에 나타난 통계에 의하면 지금까지 발행된 부역자 귀속가옥에 대한 임시 입주증 수효는 시내 전 지역에 걸쳐 약 180건에 달하고 있다. 임시 입주증을 받은 수효 중 군인층이 그의 수위를 점하고 있다"고 했다.[83] 부역자 재산에 대한 소유권 확인 여부는 경찰서에서 발급한 증명서를 토대로 했다. 그런데 "동일한 사람에 대하여 한때는 부역자로서 증명하고 한때는 이와는 정반대의 증명인 '부역자가 아니다'고 증명을 하고 있어 관재행정

---

80) 『동아일보』, 1950.10.20.

81) 『동아일보』, 1950.11.25.

82) 『서울신문』, 1950.10.5(국사편찬위원회).

83) 『자유신문』, 1952.2.23.

이 혼란을 가져온다는 것이다. 관재청에서는 경찰서에서 발급한 최종의 증명에 의하여 분쟁을 해결하고 있다고 한다."[84]

점령 당시 축적한 재산에 대해 문제 삼는 것이 아니라 '부역' 혐의자의 재산을 몰수하는 것으로 진행되었다. 이는 부역자의 가족에게로 그 죄를 묻는 방식이기도 했으며 사유재산에 대한 몰수이다. 전쟁기에 극우세력의 권력남용과 정경에 의한 재산, 자산 축적은 부분적 현상을 넘어 광범위하게 일어났다. 한국형 자본주의의 한 단면으로 극우의 재산축적 매카니즘이었다.[85]

V. 맺음말

'부역', '부역자'에 대한 문제는 한국사회를 이해하는 열쇠의 하나이다. 한국전쟁 60년이 가까워서야 부역자를 처벌했던 법령의 흔적이 사라졌다. 진실화해를위한과거사위원회에서는 부역혐의자와 그 가족들이 재판도 받지 않고 학살당했음을 조사했다. 그러나 부역자 재판을 받았던 사람들도 사정은 크게 다르지 않았다.

이승만이 '부역하지 않고 도망갔던 개 이야기(Happy)'를 주위에 널리 했던 것은 부역자에 대한 자신의 생각을 알리기 위함이었다. 이런 인식은 북한 점령 아래 피난가지 않았던 아니 가지 못했던 서울시민을 모두 부역자로 간주했으며 9·28수복 뒤 서울시민을 가혹하게 처리했던 것은 여기에서 연유했다.

부역자를 신속하게 처벌하기 위해 국가기구에도 없는 군검경합동수사

84) 『동아일보』, 1954.3.22.

85) 서중석, 앞의 책, 760쪽.

본부를 만들었다. 합동수사본부는 경찰서나 헌병에서 보내온 부역자들을 심사해 군법회의에 보낼지 민간재판에 보낼지 석방할 것인지 따위를 결정했다. 계엄사령부는 부역자를 국방경비법 제32, 33조 위반을 걸어 군법회의로만 처벌하려고 했지만 인원이 너무 많아 결국 민간재판으로 돌리기도 했다. 군법회의에서 사형언도를 받은 부역자로 간주된 민간인들이 많았으며 이들에 대한 사형집행은 빠른 시일 안에 이루어졌다.

그런 와중에 해외 언론보도로 알려진 것이 '홍제리의 처형언덕'이다. 홍제리의 처형언덕은 주로 서대문형무소의 재소자들을 처형했던 곳이었다. 그런데 그 근처에 영국군 주둔지가 있었고 영국군인들은 이를 목격했다. 영국군 보고서에는 처형에 여성과 어린아이들이 포함되었다는 기술이 있었으며 이를 계기로 유엔한국통일부흥위원단, 국제적십자의 조사가 이루어졌다. 유엔한국통일부흥위원단은 이들 처형은 적법한 절차에 따른 것이며 감형령을 내리겠다는 대통령의 언급에 만족했다. 반면 국제적십자 대표들은 제네바협정의 위반이라는 의견을 제시했다.

여하튼 홍제리 사건이 해외언론 보도로 알려지자 주로 국방경비법으로 처벌되었던 부역자 재판은 범죄특별조치령 위반을 적용받았다. 범죄특별조치령은 '단심제', '단독판사제', '선고기간의 제한'이라는 조항으로 국방경비법과 비교해 뒤지지 않았다.

부역문제가 무거운 형량과 즉결재판과 가까운 단심제 따위의 문제도 있지만 오늘날에도 효력을 발휘하는 '부역'이라는 효과이다. 부역 또는 부역자 처벌은 한국사회의 '공포' '원한과 보복'이라는 정치질서를 만들어냈다. 그리고 군이 일상에 깊이 개입하게 되는 계기를 만들었으며 부역이 원죄가 되어 끊임없이 국민과 비국민이라는 경계짓기를 생산해 냈다. 바로 이 점이 부역이 갖는 효과이다.

전쟁포로들의 저항과 반공오리엔탈리즘*

한국전쟁기 유엔군 포로수용소 내 사건들을 중심으로

김 학 재

Ⅰ. 한국전쟁 포로와 배후론

한국전쟁기 포로문제는 언론과 국제여론의 주목을 받게 된 1951년 말부터 본격적으로 알려지기 시작했다. 당시 세상의 관심을 끈 것은 정전협상장에서 포로 교환의 쟁점을 두고 대치하는 양측의 입장 차이였다.[1)] 그런데 같은 시기에 거제도 포로수용소 등 UN군 포로수용소 내부에서

* 이 논문은 2008년 정부(교육과학기술부)의 재원으로 한국연구재단의 지원을 받아 수행된 연구임(KRF-2008-321-A00012). 이 글은 「전쟁포로들의 저항과 반공오리엔탈리즘」, 『사림』 제36호, 2010을 수정한 글임.

1) 미 육군의 한국전쟁 공식전사에도 포로문제는 1951년 4월 정전협상장에서 제기되기 시작한 포로송환과 교환이라는 쟁점에 주목하여 '일괄타결'안과 상병포로 교환, 포로 송환에 이르는 일련의 과정이 서술되어 있다. Walter G. Hermes, *Truce Tent and Fighting front*(Washington D.C., Office of the chief of military History United States Army, 1966).

는, 정전협상에서 포로문제를 유리하게 처리하기 위해 수용소가 강제로 추진한 정책들에 대해 포로들이 지속적으로 저항했다. 그리고 수용소 측이 이를 무력 진압하는 과정에서 대규모 유혈사건들이 끊임없이 발생했다.

포로수용소는 결코 보호받는 안전한 공간이 아니었다. 포로들에 대한 발포와 무력진압은 기본적으로 '포로의 처우에 대한 제네바 협약(1949년 8월 12일)' 위반이었다. 하지만 포로수용소에서의 죽음은 대부분 '전투와 전장에서의 비참한 죽음'에 비하면 상대적으로 '평범한 것'으로 여겨졌다.

이는 과연 정당한 인식일까? 포로수용소는 이상하게도 다수의 사람들이 무력진압에 의해 죽어가는 대규모 유혈사건이 난무해도 전장의 전투나 적나라한 민간인학살에 비하면 평화롭고 정상적인 것으로 여겨지는 공간이었다. 포로수용소는 '군사적인 것'과 '정치적인 것'이 뒤섞여 있는 공간, 전쟁과 일상의 경계가 모호하고 유동적인 곳이었던 셈이다.

이 글은 기본적으로 포로수용소를 단순히 전쟁 상황 논리로 이해하거나 군사적 문제로 바라보는 것이 아니라 복합적 기능을 가진 정치적 공간으로 바라보고자 하는 시도의 연장선에 있다.[2] 포로수용소에서 발생한 사건들은 이러한 복합적인 정치적 성격을 반영한 것들이었다.

그런데 그동안 한국전쟁기 포로수용소 내부에서 발생한 사건들의 구체적 실체는 특정한 인식틀로 규정된 공식 기록이나 사회적 기억들로 인

---

[2] 한국전쟁기 포로수용소가 갖는 복합적인 정치적 성격에 대한 검토는 졸고, 「진압과 석방의 정치: 한국전쟁기 포로수용소와 국민형성」, 『제노사이드연구』 6, 2009, 47~55쪽 참조. 포로수용소는 근대 정치시스템의 보편적 성격을 반영한 '예외상태(state of exception)'와 '보편적 인권'의 논리가 충돌하는 공간이었다. 그리고 포로수용소는 동아시아 냉전의 전장이 되어 '국제 전범 수용소' 기능, 분단정권의 '국민형성' 과정과 맞물려 포로들로 분리하고 나누어 격리하고 전향심사를 하는 '정치범 수용소' 기능을 하기도 했다. 포로수용소는 복합적 기능을 가진, 내부에 '질서'가 유지되어야 할 정치공동체이자 '작은 국가'였다.

해 왜곡되어 있었다. 이러한 인식틀은 어떻게 만들어졌을까?

예컨대 1952년 12월에 발생한 봉암도사건은 지금까지 '체계적인 무장 폭동 계획'에 의한 반란으로 알려져 있지만 그것은 사실이 아니었다. 봉암도 수용소에 억류된 민간인들은 어떠한 무력 저항도 하지 않았고 단체로 노래를 불렀을 뿐이다. 그러나 미군이 수차례 발포하여 이를 진압했고 그 과정에서 80여 명이 사살되고 200여 명이 부상을 입었다.

봉암도사건 이후 미군의 포로정책에 대한 국제여론의 역풍이 거세졌다. 그런데 1953년 1월 28일, 미육군부 지시로 극동사령부의 정보참모부 군첩보과에서 작성한 "포로수용소에서의 공산주의 전쟁"이라는 제목의 보고서가 발표되었다.[3)]

이 보고서는 '배후론'이라고 부를 수 있는 인식의 틀이 종합된 것이었다. 이 보고서는 공산주의 포로들이 UN군 포로수용소에서 지속적인 저항을 해온 것은 처음부터 모든 것이 정밀하게 계획되고 음모된 것이며 이를 지휘한 직접 책임은 정전협상 공산 측 대표인 남일과 이상조에게 있다고 지목했다. 그리고 포로수용소 내부에서는 소련계 한인 중의 한 사람인 '박상현'이 이를 총 지휘했으며, 그가 모든 수용소 전체를 통관하면서 돗드 수용소장의 납치나 수용소 내 여러 '폭동'을 사주하고 명령했다고 기록했다.[4)] 실체를 확인할 수 없는 첩보를 근거로 포로수용소 내

---

3) Headquarters UN and FEC, Military Intelligence Section, General Staff, "*The Communist War in POW Camps—The background of Incidents among Communist Prisoners in Korea*"(이하 "The Communist War")(1953.1.28), pp.35~38. ('Conclusions') NARA RG 550 Entry A1—1 Organizational History Box 87.

4) 하지만 미 대사관의 관찰에 따르면 1952년 5월과 6월의 저항은 명백히 현지 포로 지도자들의 결정에 의한 것이었다. 수용소 외부의 공산주의자들이 이를 선동하거나, 지시하거나 한 구체적인 증거는 찾아볼 수 없었다. 1952.7.2. Department of State, *Foreign Relations of the United States*(이하 FRUS) 1952~1954 Vol ⅩⅤ, pp.369~370.

모든 사건을 총 지휘한 지도자로 '박상현'이라는 인물을 지목하고, 포로수용소 내부의 사건들이 마치 모두 외부의 지령에 의해 발생한 것처럼 인식시키려 했던 것이다. 이 보고서는 당시 미국에서는 '복사본을 충분히 배포하지 못해'[5] 큰 호응이 없었지만, 이후 한국에선 수십 년간 포로 담론을 지배했다.[6]

배후론은 몇 가지 실제 사례들을 취사선택하여 무리하게 짜깁기해 만들어낸 허술한 음모론에 불과한 것일 수도 있다. 물론 포로수용소로 유입되는 북한으로부터의 정보와 연락관계, 정전협상을 염두에 둔 정치적 저항들이 실제로 있었다. 하지만 기본적으로 모든 사건들이 그런 지령에 의해 발생한 것이 아닐 뿐만 아니라 사건의 사실관계와 맥락, 원인이 완전히 왜곡되고 은폐된 경우가 너무나 많았다.

이 글에서 문제 삼으려는 것은 단지 인물과 지령설의 실체라는 사실차원의 조작 여부가 아니다. 배후론은 정전협상에서 미국의 입장에 불리하고 민감한 문제들을 완전히 누락시켰고, 사건 자체의 책임을 모두 일부 포로들에게 덮어씌웠다. 포로들이 무엇을 거부하고 왜 저항하는지, 그리고 수용소 정책의 편향성과 강제성은 언급하지 않고, 포로들이 얼마나 '폭력적'으로 저항했고 그것이 어떤 '정치적 의도'가 있었는지 만을 부각시켰다.

배후론의 인식은 기본적으로 수용소의 지배자인 미군의 시각으로서, 사건의 발생에 대한 자신의 책임이나 실패를 철저하게 외면하는 무반성적 시각이었다. 뿐만 아니라 자신에 대한 어떤 요구나 자신의 명령에 따

---

5) Walter G. Hermes, *op. cit*, p.407.

6) 이 보고서의 일부 내용은 『한국전란 3년지』, 국방부정훈국 전사편찬회, 1954, 14~16쪽에 실려 있다. 그리고 포로수용소 내에서 소위 '친공포로'들의 저항과 박상현의 역할에 대해서는 1990년대에 간행된 군사(軍史)에서도 그대로 반복되고 있다. 김행복, 『한국전쟁의 포로』, 국방군사연구소, 1996, 111~135쪽.

르지 않는 모든 행위를 저항과 모욕으로 간주하는 '총을 든 군주'의 인식이었다. 또한 이는 수용소 측이 정책을 강제로 수행하더라도 포로들은 어떠한 요구나 저항도 하지 않고 순종하고 침묵하는 상태로 있어야만 한다는 전제를 깔고 있는 것이다.

배후론은 전쟁과 내전을 모두 정당화할 수 있는 막강한 무기이기도 했다. 배후론은 결국 모든 혼란의 책임을 공산주의자들에게 떠넘기는 것으로서, 한국사회의 전형적인 반공주의와 다를 바 없었다. 반공주의적 인식틀은, 사회 내부의 갈등과 저항을 대면할 경우, 외부로부터 체계적인 지령을 받아 조직적으로 반란을 도모하는 체제전복 세력으로서 '핵심적인 공산주의자들'을 상정한 후, 그것에 대응하는 '우리'가 내부의 위협을 진압하면서 동시에 외부의 위협과 맞서 '2중의 전쟁'을 치르는 틀로 이루어져 있다.[7)]

2중의 전쟁을 정당화하는 무기인 배후론은 '내·외부의 적'을 창출해내고 그들을 물리적으로 제거하는 것도 정당화했다. 배후론은 한국과 미국의 반공주의가 결합된 것이었다. 한편으로 남한 경비대는 포로수용소를 '제2전선의 소굴'로 여기며, 북한 포로들을 폭력과 혼란의 원흉으로, '죽여야 할 적'인 '빨갱이'[8)]로 간주했다. 그리고 미군은 이들을 지도자의 명령에 무조건 따르고 죽음도 두려워하지 않을 정도로 정치적 의식이 '주입'되어 있는 '동양 공산주의자Oriental Communist'로 인식했고, 보편적 권리나 서구 기준의 인도적 처우를 할 필요가 없는 야만적 존재로 격하시켰다. 이 글에서는 이러한 인식을 인종주의와 결합된 반공주의, 즉 반공

7) 집단적 국민정체성을 구성하기 위해 '적'과 타자의 이미지를 구축하는 과정과 '적'이 모든 악의 근원으로 설정되는 한국의 반공주의의 특성에 대해서는 김득중 외, 『죽엄으로써 나라를 지키자』, 선인, 2007 참조.

8) 한국사회 반공주의의 핵심적 요소는 '죽여도 되는 존재', 비인간화된 종자로 규정된 '빨갱이'다. 여순사건 이후 국가폭력이라는 국민국가 건설과정의 본원적 요소가 전면화되면서 폭력과 반란의 상징이자 '폭력적 존재'로서 '빨갱이' 이미지가 탄생했다. 이에 대해서는 김득중, 『빨갱이의 탄생』, 선인, 2009 참조.

오리엔탈리즘 이라고 부르고자 한다. '빨갱이'담론과 반공오리엔탈리즘은 포로에게 반공주의와 인종주의라는 '2중의 낙인'을 찍고 비인간화시켜 이들에 대한 폭력의 행사를 정당화했다.

이 글의 첫 번째 목적은 그동안 반공오리엔탈리즘과 배후론으로 덧칠되어 있던 한국전쟁기 유엔군 포로수용소 내부에서 발생한 여러 사건들[9]의 실체를 규명하고 분석하는 것이다. 과연 모든 사건이 외부로부터의 지령에 따라 발생한 것이었을까? 포로들의 저항은 모두 체계적이고 조직적인 반란계획에 입각해 자행된 대규모 무장반란이었을까? 이 글에서는 먼저 유엔군 포로수용소에서 1951년 6월부터 1953년 5월경까지 일어난 포로들의 대규모 저항사건들을 검토하여, 사건들의 복합적인 맥락을 밝히고자 한다.

아울러 이 글은 포로들의 대규모 저항사건들에 대응하기 위해 포로수용소 측이 만들어낸 인식과 정책들을 검토해 보고자 한다. 즉, 이 글의 두 번째 목적은 배후론 자체가 어떻게 형성되어 가는지를 추적해 보는 것이다. 이를 위해 포로수용소 내부의 사건들에 대한 당시의 사건 보고서와 언론보도, 유엔군의 공식 보도자료 등을 검토할 것이다.

이 글의 세 번째 목적은 결국 수용소 내 사건들에 대응하는 인식과 정책들을 통해 '수용소 지배기구'[10]가 수행하는 통제와 지배의 정치적 성격, 즉 포로수용소의 통치성(Governmentality)[11]을 파악해 보려는 것이다.

---

9) 포로수용소에서 발생한 유혈사건과 포로들의 저항에 대한 기존 연구들은 다음과 같다. 박태순, 「거제도의 6 · 25 그 전쟁범죄」, 『사회와 사상』 10, 1989 ; 오연호, 「특별포로수용소 용초도」, 『월간말』 51, 1990 ; 전갑생, '거제도 포로수용소 설치와 포로의 저항', 『제노사이드연구』 2, 2007.

10) '수용소 지배기구'란 수용소를 통제하고 관리하는 유엔군, 특히 미군과 한국군의 포로 관련 제도와 기구, 작전과 집행 등을 의미한다.

11) 통치성(governmentality) 이라는 용어는 원래 푸코(M. Foucault)가 근대초기 유럽에서 출현한 통치에 관한 새로운 멘탈리티, 통치 기술과 행사방식을 지칭하는 데 사

포로수용소에서 발생한 포로들의 저항과 그에 대한 물리적 진압으로 발생한 사건들은 배후론을 형성시켰을 뿐 아니라 '수용소 지배기구'의 성격을 구성하고 드러내주는 주요 사건들이기도 했다. 당시 수용소 지배기구는 어떤 경우에는 포로의 획득과 등록, 억류와 관리 정도의 역할과 기능을 하기도 하지만, 모든 포로들을 심사해 특정한 목적에 따라 분리, 감시, 격리시키기도 했다. 나아가 어떤 경우엔 모든 수용동의 완벽한 장악, 모든 집단행동의 통제, 저항가능성의 완전한 차단과 같은 전면적 지배를 목적으로 하기도 했다. 포로수용소의 통치성이 변화함에 따라 포로수용소는 정치적 사고와 활동이 가능한 공간이 되기도 했고, 오직 규사적 절차로만 지배되어 내부에서는 어떠한 정치적 행동도 불가능해지며, 오직 해외 언론이나 여론에만 의존하게 되는 탈정치화된 고립 공간이 되기도 했다.

이렇게 포로수용소의 통치성을 파악하려는 시도는 단순히 포로수용소가 얼마나 억압적이었는지, 혹은 얼마나 평화로운 공간이었는지를 이분법적으로 판단하려는 것이 아니라, 포로수용소 내부의 지배와 통제 방식, 구체적 절차를 규명하고 동시에 그것의 결과로 나타나는 정치의 성격과 보편적 함의를 규명해 보려는 시도인 셈이다.

용한 개념이다. 근대적 통치성은 군주권, 규율권력과 구별되는 것으로서, 영토내의 사람들을 살아 있는 개인의 능력과 힘으로 여기고, 인구(population)의 구성원으로서, 양육되고 사용되고 최적화될 자원으로 생각한다. 근대적 통치성은 인구의 건강, 복지, 부와 행복에 관여하며 이를 최적화 하는 권력으로서 생체정치bio-politics라고 부를 수 있다. Dean, Mitchell, *Governmentality-Power and Rule in Modern Society*, London, Sage Publications, 1999, pp.1~26. 이 글에서는 통치성을 역사적인 것이 아닌 일반적인 개념으로서 통치와 지배에 대한 생각들과 기술, 행사방식으로 정의하고 포로수용소에서 지배가 정당화되고 행사되는 구체적 방식들과 목적을 규명해 보고자 한다.

II. 거제도 포로수용소와 포로들의 저항(1951.6~52.4)

한국전쟁기 포로수용소는 지역에서 고유하게 발생한 역사적 산물이 아니라, 군사적 목적에 따라 지배기구가 들어서고, 추상적인 기능으로 계획되어 배치된 인위적이고 일시적인 공간이었다.

그리고 포로수용소는 그것의 건설과 운영 자체가 한때 적이었던 포로들뿐 아니라 '적으로 간주된 자들'을 모두 억류하고 관리하는 곳이다. 이를 위해 포로수용소는 전장에서 포획된 '적으로 간주된 자들'을 등록하고 심사하여 분류한 후 의복을 주고 식사를 제공하며 특정 공간에 억류시켰다.

또한 포로수용소는 법적 근거가 없는 공간이었다. 포로수용소에 수용된 개별 포로들은 국제법(1949년 제네바협약)에 따라 보호를 받지만, 수용소의 설치와 관리, 운영 자체에 대해서는 어떠한 국내외적 법적 근거도 존재하지 않는다. 포로수용소는 단지 수용소 지배기구인 군의 군사 매뉴얼과 표준작업절차(SOP: Standard Operation Procedure), 그리고 명령에 따라 설치되고 운영되는 곳이다. 결국 포로수용소는 일종의 정치나 합의, 역사가 없으며 인위적으로 구획된 공간으로서, '적으로 간주된 자들'의 억류를 목적으로 하는 복합적 억류공간이자 법적근거가 없는 '예외상태적인 군사적 지배기구'[12]의 성격을 갖고 있다.

포로수용소의 이러한 성격은 포로들을 억류하고 관리하는 동안 여러 계기들을 통해 형성되고 변환되었다. 한국전쟁 시기 유엔군이 운영한 포

12) 아감벤은 예외상태란 "법의 공백 공간이며, 모든 법적 규정이 작동하지 않는 아노미 지대"라고 정의한다. 우리식으로 풀어보자면 예외상태란 법이 스스로 효력을 정지시키는 방식으로 무법천지를 만들어내는 것이다. 그리고 법의 공백 공간인 예외상태가 찾아오면 법과 폭력을 연결해주던 모든 고리와 가면이 사라지고 어떠한 법률적 가면도 쓰지 않은 폭력의 지배한다. 조르조 아감벤, 김항 역, 『예외상태』, 새물결, 2009, 99~101쪽.

로수용소는 1950년 7월부터 부산에 설치되어 미 8군 산하의 부산병참사령부(Pusan Logistical Command)가 관리하기 시작했다. 이후 제2병참사령부(2nd Logistical Command)가 창설되면서 예하로 편입(1951.1.20)되었다가, 다시 제3병참사령부(3d Logistical Command)(1951.1.22) 예하로 들어가면서 제60종합보급창(General Depot)이 관리를 맡아 거제도로 이동하는 'Albany 작전'을 수행했고, 거제도 포로수용소 시절로 들어가게 된다.

포로 이송은 1951년 2월 1일 수용소 건설을 하면서부터 시작되어 2월 말에는 53,588명의 포로들이 부산에서 거제도로 이송되었다. 3월 1일에는 부산의 포로수용소 사령부가 거제도로 이동했고 3월 31일에 이르면 거제도에 수용된 인원은 총 98,799명이 된다. 이 숫자는 5월말에 115,884명, 6월 말에는 14만 명을 넘겼다.[13)]

포로수용소 내에서 대규모 시위와 저항이 시작된 것도 1951년 6월부터였다. 아래에서는 포로수용소에서 발생한 주요 사건들과 그에 대한 수용소의 대응 과정을 살펴보고자 한다.

1. 1951년 6월 18~19일 사건 : 72수용동의 식사거부

포로수용소에서 발생한 최초의 대규모 저항은 1951년 6월 18일 제 7구역(Enclosure)의 72수용동(Compound)에서 발생한 사건이다. 이 사건은 배후의 지령과 지시에 의해 발생한 사건이 아니라, 수용동 내부에 대한 위생검사와 식사제공 문제가 갈등의 원인이 되어 발생한 것이었다.

6월 18일에 72수용동 지휘관 로버트 암스트롱 대위는 1, 2, 3수용동(sub

13) HQ US Army, Pacific, "The Handling of Prisoners of War during the Korean War"(이하, "The Handling of POWs"로 줄임), 1960, pp.12~14. NARA, RG 389, Records of the Office of the Provost Marshal General, Series 452 B, Records of the Prisoners of war Division. Box 88.

compound)에 대한 위생 검사를 실시하려 했다. 그런데 위생검사가 진행되던 중간에 포로들이 명령을 거부하여 3수용동에 대한 검사가 중단되었고, 암스트롱 대위는 명령에 따르지 않으면 저녁식사가 늦어질 것이라고 경고했다. 그러자 1, 2수용동의 포로들도 3수용동에 저녁식사가 제공될 때까지 식사를 거부하겠다고 나섰다. 암스트롱 대위가 또다시 "한 시간 내로 식사를 하지 않으면 음식을 수거할 것"이라고 말하자 포로들이 다 같이 열광적으로 노래를 부르고 깡통을 두드리기 시작했다. 결국 다른 수용동에 배급되었던 음식도 모두 수거되었고, 소요는 간헐적으로 밤새 계속되었다.

다음 날 아침 8시에 아침 식사가 배달되었으나 포로들은 자신들의 영역에서 '모든 수용동에 대한 통제권'을 주지 않는 한 식사를 거부하겠다는 입장을 표명하였다. 수용소 당국은 이 요구를 무시하고 9시 10분에 음식을 회수하라고 명령했다. 명령에 따라 한국 제33헌병대대 1중대와 미국 제5헌병 중대가 수용동으로 진입해 음식을 수거하기 시작하자 포로들의 고함이 커지기 시작했고 부대 앞으로 다가와 돌을 던지기 시작했다. 이 과정에서 한 미군 장교가 가슴에 돌을 맞아 다쳤고 몇몇 포로들이 수용동 입구로 달려가 만세를 외치기 시작했다. 이에 권총을 소지하고 있던 미군 장교들이 몇 발을 발포했고, 수용동 밖에 있던 한국군 경비들도 소총과 기관총 2대로 발포하기 시작했다. 이 사건으로 세 명의 포로가 사망했고 여덟 명이 큰 부상을 입었다.[14)]

6월 19일 사건은 포로들에 의한 최초의 대규모 저항으로 기록되어 있다. 포로들은 무슨 이유에서인지 수용동에 대한 위생검사를 거부했고,

---

14) "The Handling of POWs" pp.15~16.; HQ, POW Command, "A Study of the Administration and Security of the Oriental Communist Prisoner of War during the Conflict in Korea"(이하, "The Administration"으로 줄임), 1953.9, pp.13 · 17~19. NARA, RG 338 E A1 224 8th Army Enemy Prisoners of War Records Box 1660.

수용소 측은 식사를 제공하지 않는 식으로 대응했다. 포로들은 일종의 단식투쟁을 하며 함께 노래를 부르는 방식으로 저항했다. 수용동에 진입한 병력들에게 포로들이 돌을 던지자 군인들은 별 제약 없이 포로들을 향해 발포했다.

2. 1951년 8월 15일 사건 : 해방 기념일 노래 제창

약 두 달 후인 1951년 8월 15일에 발생한 사건은 포로들이 단체로 노래를 부르는 것에서 비롯된 사건이었다. 이 사건에 대한 기록은 크게 두 가지가 있는데, 하나는 북한의 '조국통일민주주의전선중앙위원회'에서 1953년 12월에 유엔에 제출한 포로에 대한 종합보고서이고, 다른 하나는 당시 수용동 지휘관의 진술이 담긴 미군 문서이다.

먼저 이 사건을 멀리서 목격한 제10구역 2수용동 지휘관 터커(Cary S. Tucker) 중령의 진술에 따르면, 8월 15일 저녁 9시 30분경부터 노랫소리가 들리기 시작했고, 곧이어 4수용동에서 포로들이 '공산주의 노래'를 부르고 있다는 보고를 들었다. 터커 중령은 제8070 헌병부대에 경계 명령을 내리고 무기를 지급했고 3병참사령부에 경계상태를 보고했다. 즉각적인 시위 조짐은 없었기에 대부분의 중대 병력의 경계 태세를 해제시키고 1개 소대와 2대의 경기관총 M-8 무장차만 남겨두었다. 그런데 한국군이 4수용동에 발포하려 한다는 이야기를 들었고 이를 막으라고 지시했다. 터커 중령은 지역을 돌아보다가 6수용동 남동쪽 모서리에 있는 언덕의 감시탑에 도착했을 때 4수용동 부근에서 M-1 소리로 추정되는 짧은 사격소리를 들었고 곧이어 중앙 수용동(3, 4, 6, 9) 부근에서도 수차례의 발포 소리가 들려왔다. 사격이 계속되는 동안에도 노랫소리는 계속되었다. 그리고 다시 9수용동 부근에서 발포소리가 들렸다. 노랫소리는 M-15 무장차로 수용동 순찰을 하자 중지되었다. 이 사건으로 1명의 여자 포로를 포함한 8명의 북한 포로들이 치명적인 부상을 당했고 5명의 여성과 1명의 중국인을 포함한 21명의 포로들이 부상을 입었다.[15)]

조국통일민주주의전선중앙위원회(이하 '조국전선') 문서에 따르면, 이 사건은 8월 15일 저녁 9시 20분부터 10시까지 진행되었으며, 제1~11 포로수용소에서 발생했다. 발포한 부대는 카빈과 M-1 소총으로 무장한 미군 헌병 93대대와 한국군 31보안대대였으며, 보안장교 미군헌병 케이스(Case) 대위가 발포를 명령했다. 발포 이유는 '8월 15일을 기념하는 노래를 불렀다'는 것이었다. 이 병력들 외에도 3대의 탱크와 5대의 무장차, 10대의 중기관총과 3대의 경기관총의 호위가 있었다. 40분간 지속된 진압과 발포로 44명의 포로가 사망하고 86명이 중상, 101명이 경상을 입었다.[16)]

기록상 인물과 진압에 동원된 병력, 발포시간과 사상자 수에 큰 차이가 있지만, 포로들이 단체로 노래를 부른 것만으로, 포로들을 향해 군 병력들이 수차례에 걸쳐 일제히 발포했다는 것만은 부정할 수 없는 사실이다.

3. 1951년 9월 15일 사건 : 78수용동의 전범조사와 종교활동 거부

포로수용소 내부에서는 점차 정치적 성향이 다른 조직들이 발전했는

15) "The Administration" Vol Ⅰ pp.21~22.

16) "Report of the central committee of the United democratic fatherland front of Korea on Atrocities Committed by the American aggressors against captured officers and men if the korean people's army"(이하 "Report on atrocities"),(1953.12.31) p.15. NARA, RG 59 Entry A1-205-KA Central Decimal Files 1950~1954, Box 2887(노근리 파일 수집번호 : 9123-00-00996) 이것은 유엔에 제출한 북조선 외무상의 1953년 12월 31일자 문서로 북한의 "조국통일민주주의전선중앙위원회"가 송환된 포로들에게서 진술을 청취하고 편지를 수집해 작성한 보고서이다.

데, 이런 상황에서 수용소 측은 포로들을 대상으로 교육프로그램(CI&E)을 진행했으며 전범조사과(War Crime Division)가 조사활동을 벌였다. 포로수용소의 이런 활동은 기본적으로 반공주의적인 성격으로 진행되었고 심지어 강제로 참여하게 하여 내부의 갈등을 촉발시켰다.

예컨대 당시 유엔군 전범과(War Crime Section)의 김선호 대위는 포로수용소 내에 정보원 네트워크를 구축해 좌익 지도자들을 파악하고 이들을 견제했다. 김선호는 1951년 6월경엔 모든 수용동마다 1명의 정보원을 심어 내부의 전 인민군 장교, 공산당원, 정치보위부 장교 등을 파악해 명단을 작성했다. 그리고 이 명단을 토대로 심문을 통해 범법행위를 찾아내 이들을 다른 동으로 추방시켰다. 반공 포로들은 거짓으로 혐의자를 만들어내기도 했고, 자백을 하지 않는 경우 고문으로 죽이기도 했다.

그리고 민간정보교육국(CI&E Section, GHQ, SCAP)은 1951년 4월 3일 미육군 심리전본부의 지시로 설치된 조직으로, 남한출신 반공주의자들과 친국민당계 중국인들을 고용해 포로 교육을 실시했다. 반공포로들은 수용소 내 학교 운영을 '반공의식을 불어넣자'는 의도로 받아들였고, 실제로 그런 내용으로 교육이 이뤄지다가 1952년 4월쯤 중단되었다. 강경 진압 정책의 상징인 수용소장 보트너(Haydon L. Boatner)도 민간정보교육은 "주입 정책indoctrination program"이라고 평가하여 부임 2일 만에 중단시킨 프로그램이었다.[17]

1951년 9월 15일을 전후로 78수용동과 84수용동에서 이러한 수용소 정책으로 인해 촉발된 갈등이 대규모 저항으로 확산되었고 유혈진압이 이루어졌다. '조국전선' 문서에 의하면 9월 15일에 78수용동 지휘관인 미군 CIC 엘라드(Ellad) 대위, 미군 전범조사과 브라운(Brown) 대위와 비서인

17) 조성훈, 「한국전쟁 중 유엔군의 포로정책 연구」, 정신문화연구원 박사학위논문, 1998, 65~102쪽.

김신호 중위가 전쟁포로로 변장한 경찰들에게 특별 임무를 주어, 종교행사에 강제로 참여하는 데 저항했던 포로들을 살해할 목적으로 미국산 칼 45개, 권총 2정 등의 무기를 수용소로 밀반입시켰다. 수용소 내 기독교단체 장을 맡고 있던 차영두라는 인물이 이 임무의 책임을 맡았는데 그는 9월 16일 새벽에 요원들을 불러서 포로 살해를 위한 계획을 의논했고 이것이 포로들 사이에서 퍼져나갔다. 결국 9월 16일 오전 열시에 차영두와 다른 열 명의 요원들은 모든 포로들에게 살인 계획을 자백했고 10시 30분에 모든 무기들은 수용소 막사 밖으로 옮겨졌다.

이런 일 직후에 78수용동 포로들은 미군 헌병 린킨(Leenkin) 대령에게 비슷한 사건이 다시는 발생하지 않게 하는 조치를 취할 것을 요구하며 항의했다. 린킨 대령은 78수용동을 방문했고 사건에 대한 진술을 청취하고 포로들에게 이들이 처벌될 것임을 확인했고, 차영두와 419명의 부하들은 수용소에서 추방되었다. 하지만 린킨대령은 이후 유사한 범죄를 막기 위한 어떠한 효율적 조치도 취하지 않았고, 오히려 수용동 대표 려중구를 62수용동으로 이송시켰고 다른 열 명의 포로들을 억류 수용동에 위치한 76수용동으로 보냈다. 분개한 포로들은 려중구와 다른 포로들을 돌려줄 것을 요구했다.[18)]

미군 사건보고서는 이러한 맥락에 대한 언급 없이 9월 16일 13:30경 78수용동의 포로들이 자신들의 대표를 다른 수용동으로 옮긴 것에 항의해 시위를 하기 시작했다는 것으로 시작되고 있다. 문서에 따르면 당시 포로들은 수용동 지휘관에게 대표를 돌려주지 않으면 수용동 경비 업무나 작업을 하지 않겠다는 요구사항을 보낸 상태였다. 시위가 계속되자 제1 헌

18) "Report on atrocities", pp.12~13. '억류수용동'은 포로수용소 내부에 설치된 별도의 '감옥'으로 수용소 측에서 문제의 소지가 있는 포로들을 일시적으로 격리시켜 두는 수용소 내부의 수용소였다.

병 호위 중대와 30명의 경비들이 추가로 경계상태에 들어갔다. 19시경 78수용동에서 고함소리가 더 커지고 노래를 부르고 북을 두드리는 등 시위가 더 확산되었다가 저녁 11시경에 가라앉았다. 같은 날 저녁 9시 30분경 84수용동에서도 포로들(3,500명)의 절반 정도가 돌을 던지고 담장을 밀치는 등 78수용동에 동조하는 양상을 보였다. 이에 한국군 경비들이 담장으로 달려드는 포로들에게 발포해 1명이 사망하고 4명이 부상당했고 시위는 저녁 11시 15분경 가라앉았다.[19]

다음 날인 9월 17일 16시경 데임(Dame) 중령과 구역 지휘관 로곤(Roagon) 중령이 포로 대표와 회담을 열고 수용동 대표를 복직시켰다. 저녁 8시 10분에는 84수용동에 담장 근처에 모여 있던 포로들이 해산하라는 한국군 경비의 명령을 거부하자 경비가 발포해 포로들을 해산시켰다. 그러나 20시 50분에 포로들이 다시 경비를 도발하고 야유하자 한국군 경비가 또다시 수용동 내부로 발포했고 포로 한명이 부상당했다.[20]

'조국전선' 문서에 따르면 이 발포로 한두 명의 사상이 발생한 것이 아니었다. 저녁 6:20경 린킨 대령은 70수용동 행정장교 피셔(Fisher) 대령과 94헌병대대 사령관 데임(Dame) 중령, 74수용동 브라운 대위, 76, 77, 78 수용동의 CIC 베를라(Berlat) 대위, 전범조사국 로버트 대위, 한국군 참모 임성후 중위와 94 미 헌병대대 병력 200명, 한국군 3대대 병력에게 78수용동을 포위하고 포로들 사이의 반란을 진압하라고 명령했다. 60정의 M-1 소총과 80개의 수류탄, 20개의 최루탄이 사용되었다. 피셔 대령이 권총을 두발 쏘아 작전의 개시를 알리자 수용동을 둘러싼 병력들은 수용동으로 들어와 7,250명의 포로들에게 수류탄을 던졌다. 250명의 미군과 50명의

19) "Disturbance at United Nations Prisoner of War Camp #1(1951.9.27.)"(section 8C-1) p.1, NARA RG 338 E A1 224 8th Army Enemy Prisoners of War Records Box 1653.

20) 위의 문서, p.2.

한국군이 비무장한 포로들에게 발포했고 총검을 들고 진입했다. 그 결과 38명의 포로들이 죽었고 194명이 부상당했으며 585명의 포로들은 억류 수용동으로 옮겨졌다.[21]

그리고 다음 날인 9월 18일 오전 10시에는 84 수용동의 포로들이 미군의 총격으로 사망한 최성식의 장례식을 조직했다. 데임 중령은 5대의 무장 차량과 3대의 박격포를 수용소 주변에 배치하고 병사들에게 발포할 것을 명령했다. 발포는 10시 32분부터 11시 30분까지 계속되어 13명의 포로가 사망하고 6명이 중상을 입었다. 이후 보안장교 지휘하에 미군과 한국군 각각 약 100명씩이 수용소로 들어와 총검으로 진압해 400명이 중상을 입었고 886명이 억류 수용동인 71수용동으로 옮겨졌다.[22]

약 5일간에 걸쳐 78수용동에서 시작된 갈등이 84수용동 등으로 확산되었고, 일련의 저항이 발생하는 과정에서 여러 번의 발포가 있었고, 50여 명의 사상자가 발생했다.

사건이 정리된 직후 포로수용소 경비를 맡고 있던 제 60 종합보급창 사령관은 상급부대인 2병참사령부에게 이 사건들에서 "CI&E와 War Crime 활동이 두드러진다"고 보고했다. 그는 며칠 동안 발생한 문제의 원인이 포로들이 강력하게 반대해온 CI&E 프로그램과 전범 조사 때문이란 것이 밝혀지자, 모든 구역 지휘관들에게 이후 누구도 전쟁범죄조사 부서로 보내지 말라고 명령했고, CI&E 측에는 프로그램을 중단해 줄 것을 요청했다. 그러나 2병참사령부 참모장은 "포로들의 요구를 들어주어선 안 되기 때문에 이번에는 전쟁범죄 조사와 CI&E 프로그램을 중단하지 말라"고 명령했다.[23]

---

21) "Report on atrocities", pp.12~13.

22) "Report on atrocities", p.15.

23) "Disturbance at United Nations Prisoner of War Camp #1", p.4.

4. 1952년 2월 18일 사건 : 62수용동의 심사 거부와 여론 조작

1951년 11월부터 12월 사이에 북한군에 강제로 입대하거나 노역했던 포로들을 '전쟁 포로'로부터 '민간인 억류자'로 분리해내는 심사가 진행되었다. 첫 번째 심사로 약 38,000명의 포로가 민간인으로 재분류되었는데, 1952년 1월부터 오류를 수정하기 위해 두 번째 심사가 진행되었다.[24] 그리고 이에 대한 공산주의 포로들의 저항이 1952년 초반부터 시작되었다. 특히 1952년 2월 18일 62동에서 일어난 사건은 언론을 통해 대대적으로 알려졌다는 점에서 중요하다.

유엔 제1포로수용소 사령관은 1952년 2월 12일자 2병참 사령부 서신을 통해 62동에 억류된 포로들을 재심사하라는 지시를 받았다. 특별히 62수용동을 지목한 이유는 이 수용동 포로들이 미군과 한국군 요원에 의해 진행되는 재심사 자체를 거부해왔기 때문이었다. 약 두 달간 62수용동 포로들의 저항이 지속되자 수용소 측은 협력하려는 포로들을 분리해 내려는 작전 계획을 수립했다. 미군은 지난 진압 경험들을 토대로 계획을 세웠다. 먼저 "압도적인 무력으로 수용동에 진입해야 저항이 불가능하고, 협력적인 자들에게 그들을 보호해줄 수 있는 미군의 역량을 보여줄 수 있다"는 점을 강조했다. 그리고 포로들이 "대규모로 모이지 못하게 수용동을 분할"하고, 모든 작전은 "하루 안에" 끝내야 한다는 점도 분명히 했다.

2월 18일의 작전을 위해 작전 명령 제8호가 떨어졌고 2월 16일에는 제1

---

24) '2 · 18사건' 이후 세 번째 심사가 시작되었고 52년 4월에도 계속해서 심사로 인한 문제들이 발생했다. "Report of the Military Police Board No. 53-4, Collection and Documentation of Material relating to the Prisoner of war interment program in Korea,1950~1953"(이하 "Collection"으로 줄임)(1957.11.29.), pp.7~8, NARA RG 389 Provost Marshal Entry 1A Box 18, Box 19.

포로수용소 작전장교 데임 중령, 정보장교 스티븐슨(Stevenson) 소령, 62 수용동 지휘관, 제1포로수용소 사령관 핏제랄드(Fitzgerald) 대령 등 주요 지휘관들이 모여 작전에 대한 브리핑이 이루어졌다.

2월 18일 새벽 05:35에 27보병연대 3대대의 첫 번째 병력이 62수용동에 진입했다. 첫 번째 팀이 수용동을 구획으로 나누려고 진입했고, 막사 바깥의 일부 포로들을 제외하고 수용동은 약 20분 내로 확보되었다. 총에 착검한 4개 중대가 건물 구내로 들어가 공간을 4등분했다. 그리고 미군 3대대는 자신들에게 돌을 던지는 포로들에게 발포했다. 포로들은 곡괭이, 칼, 도끼 및 천막 지주를 들고 무장한 군과 맞섰다.

6:30경 포로들이 병력에게 '달려들 우려'가 있다고 판단해 포로들에게 충격 수류탄을 던졌다. 병력 오른편의 포로들이 공격 해오자 병사들이 우측을 향해 발포했다. 발포는 '장교의 명령 없이' 이루어진 것이었다. 이 결과로 55명이 사망했고 159명이 부상당했다. 미군은 1명 사망, 1명 부상을 입었고 약 7시경 제1포로수용소 사령관은 더 이상의 유혈을 막기 위해 후퇴를 명령했다.[25] 결국 62 수용동은 심사를 받지 않게 되었지만 부상자들 중 22명은 이후 병원에서 사망해[26] 사망자는 70여 명에 달했다.

이 사건은 62동을 재심사하기 위해 미군 계획하에 수용소에 진입하여

---

25) "Report of Incident(1952.2.24.)"(section 8C−5) pp.1~3, NARA RG 338 E A1 224 8th Army Enemy Prisoners of War Records Box 1653; Walter G. Hermes, *op. cit.*, pp. 239~240.

26) "The Handling of POWs", p.25. ; '조국전선' 문서에 따르면, 8천 명의 포로들이 몇 달 동안 그들이 전쟁포로가 아닌 '민간인 억류자'임을 자인하는 문서에 서명하는 것을 거부했기 때문에 진압이 이루어진 것이었다. 2월 18일 새벽 3:30 62수용동 지휘관 핏제랄드 대령이 92헌병대대 사령관 등을 대동하고 수용동 주변에 약 천 명의 병력을 배치시켰고, 3:50분에 권총이 발사되면서 2분간 발포가 시작되었다. 25대의 중기관총 63개의 경기관총이 배치되어 발포되었다. 2분간의 발포가 끝나자 병력들이 수용동으로 들어와 수류탄을 던졌다. 이 결과 102명이 사망했고 260명 이상이 부상당했다. "Report on atrocities", pp.17~18.

포로들을 분리 심사하려다가 포로들이 저항하면서 발생한 사건이었다. 그런데 이 사건이 정전협상장에서 문제가 되자 UN 사령부는 수용동의 '공산주의 지도자'들에게 비난을 가하는 공식 보도자료를 내놓았다. 미육군부는 릿지웨이에게 "이 일에 1,500명만 가담한 것임을 강조하고 '포로'들이 아니라 '민간인 억류자'들만 관련된 것임을 분명히 하라"고 지시했다. 이 사건이 휴전협상장에서 문제가 될 것이 분명했기 때문에 '민간인 억류자'의 문제로 다루면 한국의 내부 문제로 간주되어 휴전회담의 범위 밖의 문제로 처리할 수 있기 때문이었다.[27)]

실제로 2병참 사령부는 이 사건에 대한 보도자료에서 "이 공격을 위해 제작된 무기들을 볼 때 이 사건은 주의 깊게 조직되고 계획된 것이 명백하다. 돌과 칼 외에도 철로 된 피켓과 못이 박힌 곤봉, 철망으로 휘감은 도리깨, 가죽곤봉, 금속 천막 지주, 철 파이프 등이 사용되었다"며 저항의 폭력성을 강조하고, 이 사건이 체계적으로 조직되고 계획된 것이라고 주장했다.[28)]

미 육군부의 보도자료 지침은 한국의 언론보도에 그대로 적용되었다. 당시 『경향신문』은 제62수용소의 민간인 억류자들은 '극악질분자'이며 5, 6천 명의 포로 중 1,500명 내외만 이 사건에 참가했다고 전했다. 그리고 이 수용소는 '공산주의 동정자들'에 의해 지배되고 있으며 이들이 민간인 억류자 심사에 반발하면서 소리를 지르자 미국 경비병이 진압하려다가 포로들이 돌멩이와 곤봉으로 미군을 공격하여 '정당방위의 입장에서 발포'하였다고 보도했다.[29)]

『민주신보』의 기사도 보도자료의 틀을 그대로 따랐다. 즉, 62수용소의

---

27) Walter G. Hermes, *op. cit.*, pp.239~240.

28) "The Handling of POWs", p.25.

29) 『경향신문』, 1952.2.26.

'일부 극렬분자'들이 '계획적인 자체 무기 수류탄 등을 만들어' 폭동을 일으킨 것이 사건의 시초라는 것이었다. 말하자면 이것은 62수용소의 '일부 악질공산분자들의 무장폭동'인 것으로 규정되었다. 심지어 이 기사는 이 사건이 '유엔군의 포로정책이 너무나 관대 온유하였고 제네바포로협정을 너무나 준수 이행이 지나친 자유방임에서 온 폐단'이라고 주장했다.[30)]

『경향신문』은 2월 28일에 AP 기사를 게재했는데, 이 사건으로 새로 부임한 돗드[31)]의 기자회견 내용이었다. 이 기자회견의 내용을 보면 미군이 기존의 언론보도 방침을 약간 수정해 사건의 내용과 다른 몇 가지 내용들을 강조하고 있는 것을 알 수 있다. 먼저 돗드는 이전 보도와 달리 62수용소에 수용된 5,900명의 '억류자 전부'가 이 사건에 참여했다는 것과 미군 경비대가 '억류자들'에게 재심사 유무를 묻기 위해 수용소로 진입했다는 것을 사실대로 밝혔다. 다만 재심사는 '공산주의자들의 지배로부터 벗어나려는 선량한 억류자들에게 그 기회를 주려는' 목적이 있었다고 강조했다. 이 기자회견에서 수용소 측은 '폭동 사건의 배후'에 대해 네 가지 가능성을 언급하며 "이번 폭동은 판문점 협상을 유리하게 전개하려고 공산주의 고위층으로부터 지령되었을는지도 모른다"고 의혹을 남겼다.[32)]

'2 · 18사건'은 '계획적인 폭동'이 아니라 '계획된 심사/진압 작전'의 무리한 진행의 결과로 나타난 유혈사태였다. '2 · 18사건'은 결국 편향적인 정치 · 종교 교육활동과 강제 심사에 대한 거부로 발생한 것이었다. 군 부대가 수용소장의 지시에 따라 사전 계획을 수립하고 '압도적인 무력'을

30) 『민주신보』, 1952.2.28.

31) 이 사건 직후 미 8군사령관 밴플리트(Vanfleet)는 2월 20일 당시 8군 부참모장이던 돗드(Francis T. Dodd) 준장을 UNC 제1포로수용소 신임 사령관으로 임명했다. 미 8군은 이 사건의 조사를 위하여 7명의 장교로 구성된 조사위원회를 설치했고 국제적십자당국에서도 별개로 조사를 진행했다.『경향신문』, 1952.2.28.

32) 『경향신문』, 1952.2.28.

보여주겠다는 방침에 따라 62수용동에 진입하면서 사건이 발발했다. 포로들의 저항이 거세지자 명령 없이 시작된 발포로 인해 77~102명의 포로가 사망했다.

중요한 것은 '2 · 18사건' 이후 '배후론'의 초기적 형태가 출현했다는 점이다. 미군은 이렇게 대규모 사건이 발생하는 경우 정전협상을 염두에 두면서 이를 수습하기 위해 보도자료를 통해 사건을 인식하는 틀을 만들어 내려 했다. 미군은 이들이 '민간인 억류자'라고 조작하는 한편, 포로들의 저항이 조직적, 공격적이었음을 부각시켜 수용동 내부의 일부 공산주의 지휘자에게 모든 책임을 지우려 했으며 그것이 고위층으로부터의 지령일 수도 있다는 의혹을 흘렸다.

5. 1952년 3월 13일 사건 : 92수용동 투석과 한국군의 자의적 발포

'2 · 18사건'이 세간의 주목을 받게 되자, 책임문제로 당혹스러워하던 포로수용소 당국과 미 8군, 그리고 동경의 유엔사령부는 '포로에 대한 효율적이고 실질적인 통제'를 강조하게 되었다. 유엔군사령관은 미 8군사령관 밴플리트에게 재심사 작업[33]을 직접 관장할 것을 요청했다. 그리고 다시는 이런 반란사건이 없도록 "포로에 대한 가장 효율적이고 실질적인 통제가 긴급히 필요"하다고 강조했다.[34]

---

33) '조국전선' 자료에 따르면, 재심사 작업은 매우 폭력적이었다. 1952년 4월 8일 저녁 7시부터 76수용동 내의 한국청년단, 서북청년단, 기독교 연합 등 300명이 8천 명의 포로들을 무기를 사용해 수용소의 CIC학교 건물로 강제로 데려가 '개별 심사'를 수행했고, 이들은 심사과정에서 남한에 남을 것을 선언하게 강제하기 위해 고문을 했고 거부하는 자들은 총살했다. 결국 170명 이상이 살해되었다. "Report on atrocities", p.19.

34) Walter G. Hermes, *op. cit.*, p.240.

하지만 이 사건 이후에도 수용소에서의 반란과 소요는 증가했다. 1952년 2월에는 약 20건, 3월에 25건, 5월에도 25건이 발생했는데, 가장 대표적인 것이 '3·13사건'이었다.

1952년 3월 13일 아침 7:30경 91, 93, 94, 96수용동에서 반공주의 집회가 시작되었고 수용동 밖에서 작업을 하던 포로들에게도 확산되었다. 9구역 보안장교 리히(Walter R. Leahy) 대위가 이 상황을 보고 밖에서 작업하던 포로들을 수용동으로 복귀하라고 명령을 내렸다. 그런데 92수용동 옆길을 가던 이 포로들에게 92수용동 포로들이 돌을 던지기 시작했고, 이 길을 따라 복귀하던 한국군 경비대 약 50명도 돌을 맞았다. 박관석 중사가 리히 대위에게 발포를 허가해달라고 요청했고 거부당했다. 리히 대위가 돌에 맞아 쓰러졌고 곧이어 박 중사가 포로들에게 발포했고 다른 병사들도 수용동을 향해 발포해 38명이 부상당했고 약 10명이 치명상을 입었다.[35]

국제적십자위원회 한국파견 대표는 포로수용소에서 1952년 2월부터 4월 사이에 발생한 유혈사건들에 우려를 표하며 포로들에 대한 발포는 제네

---

[35] 하지만 박관석 중사 자신의 증언에는 리히 대위가 돌에 맞은 사실은 전혀 없고, 자신들에게도 돌을 던져서 총을 쐈다고 진술되어 있다. "Incident Report(1952.3.14)"(section 8C-5B), pp.1~2, NARA RG 338 E A1 224 8th Army Enemy Prisoners of War Records Box 1653 ; 이 사건에 대한 한국 언론의 보도는 『서울신문』, 1952.3.28. '조국전선중앙위원회' 문서는 이 사건을 이렇게 기록하고 있다. 즉 1952년 3월 13일 94헌병대대 보안장교 'Raine 대위'가 92수용동 포로들 학살을 수행했다. 8시로 계획된 작전을 수행하기 위해 래인 대위는 91, 93, 94, 96수용동에서 약 1천 명의 세력을 집합시켜 "공산주의 절멸을 위한 부대 만세", "공산주의자들을 죽여라", "92수용동을 파괴하라"는 구호를 외치는 포로들의 집회를 조직했다. 집회는 300명의 무장한 미군, 한국 병사들의 호위를 받았다. 9시 30분에 집회가 92수용동에 접근하자 레인 대위는 한국 통역사에게 "주목! 92수용동의 공산주의자들에 대한 기습이 이제 시작될 것이다"라고 말하고 권총을 한발 발사했다. 그리고 300명의 병력이 약 20분간 발포했다. 총 13명의 포로가 죽었고 78명이 부상당했다. "Report on atrocities", p.18. 국제적십자위원회의 조사에서는 12명 사망 29명 부상으로 되어 있다. "거제도사건에 관한 국제적십자위원회 각서", 국방부정훈국 전사편찬회, 『한국전란 3년지』, 1954, 40~41쪽.

바 협정 제 42조 위반[36]이라고 지적했다. 그리고 특히 3월 13일의 사건에 대해서는 릿지웨이 장군에게 다음과 같은 몇 가지 제안을 했다. 먼저 같은 국적의 경비원은 위험을 조장하므로 거제도 수용소에서 한국인 경비를 철수시킬 것, 포로 교육을 위한 CI&E의 정치 교육프로그램의 거부 같은 정치적 활동이 항상 사건의 원인이 되므로 검토가 필요하며, 관리가 용이하도록 수용동을 더 작은 수용소로 분할할 것 등이었다.[37]

국제적십자위원회가 발포만을 문제 삼아 소극적 제안과 수용소 분할 같은 더 효율적 통제방안을 제시했다면, 미국 대사의 상황 인식을 통해서는 이 시기에 일어난 포로들의 저항의 양상과 원인에 대해 좀 더 주목해 볼 수 있다.

즉 1952년 7월 2일 주한 미 대사 무쵸가 미 국무부로 보낸 보고에 따르면 이 시기에 포로수용소 당국에 대한 포로들의 저항은 주로 1) 통제되지 않는 내부의 정치선동과 허가받지 않은 정치적 사상주입, 2) 수용소 당국의 부적절한 물리력 사용, 3) 공산군의 비전투 요원 기준에 미치지 못하는 식사량 때문에 발생했다. 특히 유엔군사령부 CI&E의 "재교육" 프로그램은 포로들 가운데 희망자들을 뽑아 교관으로 활용했는데, 이들은 반공 사상의 주입을 강조하며 종종 포로들을 강제로 참여시켰다. 그리고 수용소 사령부는 미군과 한국군 병사들의 제대로 통제하지 못했다. "방아쇠를 당기기를 즐기는 몇몇 병사들"은 정부가 통제하는 기술을 적절히 훈련받지 못한 상태로 무기를 휴대한 상황에서 투석과 노래, 모욕을 주는 행위들을 사격과 총검으로 진압했다. 또한 포로들이 사적으로 소유하도

36) 제42조 "포로, 특히 도주하거나 도주를 기도하는 포로에 대한 무기의 사용은 최후의 수단으로 하며, 이에 앞서 해당사정에 적합한 경고를 반드시 행하여야 한다."

37) "거제도사건에 관한 국제적십자위원회 각서", 국방부정훈국 전사편찬회, 앞의 책, 40~41쪽.

록 허가받은 물품들이 다른 포로나 한국군, 미군들에 의해 압수되곤 했다.[38]

이처럼 1951년 6월부터 '3 · 13사건'까지 포로수용소 내부에서 발생한 유혈사태는 포로들이 노래를 부르는 것에 발포하는 것에서 시작해 수용동 내부로 군부대를 투입하면서 발포가 이뤄지는 등 점차 격렬해졌다.

Ⅲ. '반공오리엔탈리즘'과 고립된 저항(1952.6~53.4)

수용소 측은 포로들이 식사를 거부하거나 금지된 노래를 부르고, 억압적인 정책을 거부할 때마다 이미 무력진압과 발포로 대응해 많은 희생자를 내왔다. 그런데 포로수용소는 문제가 커질수록 점차 더욱더 강경하고 완벽한 지배를 기획했다. 수용소 내 지배의 성격과 목표가 점차 변화하여 저항이 원천적으로 불가능한 상태에 도달하는 것이 지배의 목적이 되었다.

이런 변화는 정전협상을 위해 포로들 중에서 '민간인 억류자'를 심사해 골라내고, 또 송환 포로와 비송환 포로로 나누고, 국적에 따라 분리하는 것, 즉 국제정치 무대에서 미국의 이해관계를 충실히 반영하기 위한 것이기도 했다. 말하자면, '국제협상'에 유리하게 수용소 지배기구의 계획대로 심사 · 분리 · 분산되어 아무런 문제없이 질서정연하게 순응하는 수용소라는 이미지가 바로 수용소 '통치'의 이상이었다.

그리고 이 과정에서 발생한 사건이 바로 수용소장이 납치되었던 돗드사건(52.5.7)이었다. 이후 강경 진압책의 상징으로 여겨지는 보트너가 취임한 직후에 또 다른 유혈사건인 '6 · 10사건'이 발생하였고, 모든 작전이

38) 1952.7.2. *FRUS 1952~1954 Vol XV*, pp.369~370.

완료되어 분리 수용된 포로들 중에서 특히 송환을 희망하는 포로들의 저항을 유혈진압하여 발생한 사건으로는 제주도사건(52.10.1), 봉암도사건(52.12.14), 용초도사건(53.3 · 4)이 대표적이었다.

1. 1952년 5월 7일 돗드사건 : 76수용동의 수용소장 납치와 반공오리엔탈리즘

'2 · 18사건'이후 포로수용소의 통치성을 변화시키는 세 단계의 작전이 시작되었다. 먼저, 거제도에서는 1952년 4월 8일부터(부산에서는 4월 15일) 산개(SCATTER) 작전이 시작되었다. 이는 '2.18사건'을 경험한 이후 소위 '친공포로(송환희망)'와 '반공포로(송환거부)'를 분리할 필요성에 따라 시작된 작전이었다.[39] 수용소 측은 모든 포로들을 대상으로 정전협상의 결과 북한이나 공산주의 중국으로 송환되는 것을 '거부할 것인지를 묻는' 설문조사를 했다. 그런데 1952년 4월에 시작된 포로 심사 과정은 폭력과 정치적 개입, 송환 거부 수를 늘리기 위한 CI&E의 대응으로 얼룩졌다. CI&E 장교들은 공격적으로 비송환을 독려했으며 한국인들도 가능한 많은 이들이 송환을 거부하게 만들려고 했다.[40]

두 번째 분산(SPREADOUT) 작전은 4월 19일부터 5월 1일 사이에 이루어졌는데, 산개작전으로 심사를 통해 분리된 송환희망포로와 비송환포로를 다른 공간으로 이동시키는 것이었다. 이에 따라 82,000명의 비송환

[39] "Collection", pp.175~176.

[40] 이러한 방침이 문제가 되고 돗드사건이 터지자, CI&E의 로버트 오브라이언(Robert O'Bien) 대령은 돗드사건 이후 6월 6일부로 즉각 면직되었다. 이후 개정된 CIE 가이드라인은 어떠한 형태의 이데올로기적 내용도 도입되어선 안 된다고 금지되었다. Ron Robin, T*he Making of the Cold war enemy*, New Jersey, Princeton University Press, 2001, pp.159~160.

포로(소위 '반공포로')와 민간인 억류자들이 거제도로부터 제주도나 육지의 새로운 수용소로 옮겨졌다. 비송환 중국 포로들은 제주도 모슬포에 새로 건설된 포로수용소 13호로 옮겨졌고, 비송환 한국 포로들은 부산, 마산, 용천, 상무대, 논산에 있는 11, 12, 14, 15, 16수용소로 이송했다.[41)]

세 번째는 분리(Breakup) 작전으로, 6월 10일부터 시작되었다. 이작전은 돗드사건 이후 송환포로들(소위 '친공포로')을 이주시켜 더 관리하기 쉬운 작은 규모의 수용동에 억류시키는 것이었다. 5월부터 거제도 남쪽 저구리와 용초도, 봉암도 등 작은 섬에 격리된 새로운 수용 구역을 건설했고, 각 구역들은 4~8개의 수용동으로 이루어졌으며 각 수용동은 5백명 규모로 건설되었다.[42)]

돗드사건은 소위 '반공포로'들이 모두 제주도나 육지로 빠져나가고 송환포로들만 거제도에 남은 상황에서, 포로들을 작은 규모로 나눠 격리시키는 분리작전을 수행하기 직전에 발생한 것이었다. 수용소장 돗드는 76수용동 대표의 면담 요청을 받아 1952년 5월 7일 14시에 수용동으로 갔다가 납치당한 후 그동안 포로들에게 가한 잔혹행위를 모두 인정하고 재발방지를 약속하는 각서에 서명하고 풀려났다. 당시 극동군사령관(CINCFE)은 미 8군 사령관에게 모든 수단을 동원해 돗드를 석방시키라고 명령했고 1군단 참모장이던 콜슨 준장을 수용소 사령관에 임명했다. 돗드는 5월 10일에 석방되었으나 돗드, 콜슨 모두 강등되었다.[43)]

41) "The Handling of POWs", pp.26~27, "Collection", pp.177~178.

42) "Collection", pp.180~181.

43) "The Handling of POWs", pp.27~29, "The Administration" Vol Ⅰ, pp.35~36.

〈그림〉 1952년 8월 현재 UN군 포로수용소의 위치

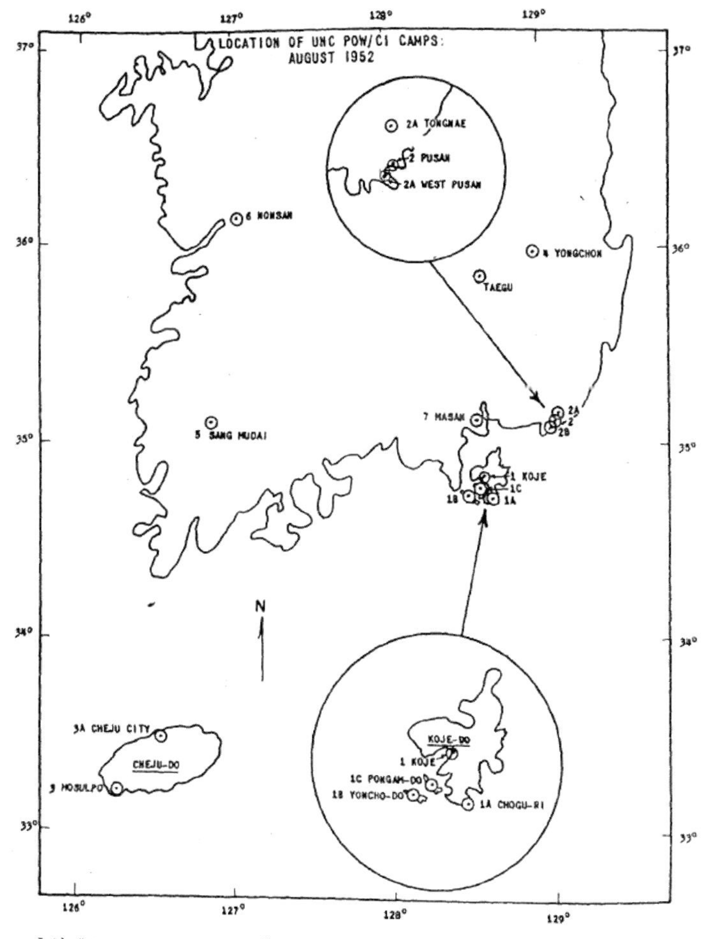

출처: "The Handling of POWs", p.39.

5월 16일부터 정전협상 북한 측 대표인 남일은 "위협과 폭력에도 우리의 생포된 인민들은 영웅적으로 궐기하여 강제적 조사에 반항했다. 너희 포로수용소장은 우리 포로들에 대해 가한 비인도적 대우, 살인적 폭력, 포로를 심사하고 재무장하려고 자행한 범죄 및 불법적 행위를 전 세계에 자백하지 않을 수 없었다"[44]며 유엔의 포로처우를 비난했다.

이렇게 돗드사건으로 포로들에 대한 강제 심사와 잔혹행위가 폭로되자 그동안 포로의 심사 및 자원송환 계획으로 유엔군사령부가 우방국에게 받아왔던 국제적 지지가 크게 약화되었다. 영국은 국회 질의를 통해 4월에 실시된 포로 심사가 적절하지 못하고 비효율적이라고 지적했고, 일본의 언론들은 미국이 포로 심사를 통제하는 데 실패해 송환에 대한 압력을 허용하게 했다는 의견을 보였다.[45]

하지만 돗드사건 이후 포로수용소는 포로들에 대한 폭력과 무력사용을 주저하지 않았고, 포로들에 대한 통제를 극적으로 강화시켰다. 포로수용소는 이를 위해 1) 압도적인 무력 사용, 2) 관리하기 쉬운 500명 규모의 작은 수용소로 분산, 3) 친공포로와 반공포로, 친공주의자들과 반란 지도자들의 분리, 4) 경비와 감시 병력의 증강, 5) 모든 수용소 내부 사안에 대한 직접적 개입, 6) 거제도의 수용소 주변 모든 민간인들의 이주, 7) 정보수집과 첩보작전의 강화[46] 같은 정책을 추진했다.

이에 따라 송환을 희망하는 자들은 공산주의자로 확증하여 분산조치되었고 500~600명 단위의 수용소가 건설되었다. 한 개 구역에는 8개 수용동을 넘지 않았다. 수용동 감사는 더욱 자주 이루어졌으며 밀거래품 검사도 포함되었다. 어떤 지역에서는 비밀 활동의 기회를 차단하기 위해 19:00~05:00시 사이에 통행금지도 실시되었다. 반란 지도자들을 식별, 분리하고, 수용동 내부에서 무슨 일이 일어나는지 완전한 정보를 얻을 수 있게 첩보 시스템이 확대되었다.[47]

---

44) Walter G. Hermes, *op. cit.*, p.264.

45) Walter G. Hermes, *Ibid*, p.262.

46) Karl W. Gustafson, "The Korean Second Front－Prisoners of War", US Army War College, Student thesis, 1963.3, p.43.

47) 미군은 수용동 내에 정보원들을 투입해 네트워크를 구축하는 방식으로 '첩보 프로

그리고 이런 변화는 전쟁 포로들을 완전히 '예외적인 존재'로 규정하는 다음과 같은 '반공오리엔탈리즘' 논리로 정당화되었다.

> 대부분의 수용소 요원들은 이전에 단 한 번도 동양인들을 경험해본 적이 없었다. 그러나 **공산주의자들이 인정할 유일한 권위는 필수적인 강제력의 적용과 사용**이라는 결론이 도출되었다.……중요한 교훈은 동양 공산주의 포로들은 포로 협약의 작성자들이 상상했던 유형의 포로가 아니라 **활동적인** 적이라는 것이다. 그들은 엄격하게 다뤄져야 하며 타협적이어선 안 되며, 절대로 공산주의 이데올로기에 근거한 **불합리한 요구를 용인해서는 안 된다**.(강조는 인용자)[48]

미군은 1951년 초부터 1952년 5월 7일의 돗드사건 전까지는 전쟁 포로와 민간인 억류자들을 '비전투원'으로서, 1949년 8월 12일 포로 처우에 관한 제네바 협약의 기준에 따라 다루었지만, 돗드사건을 정점으로 '동양 공산주의 포로'는 "더 이상 제네바협약의 비전투원으로 다루면 안 되고", '활동적인 적(active enemy)'으로 다뤄야 할 필요가 있다는 입장을 취했다. 이로서 인종화된 반공주의가 탄생했고, 강제적 물리력은 필수적인 것으로 정당화되었으며, 포로들의 어떠한 요구도 받아들이지 않기로 했다. 그리고 미군은 이러한 '동양 공산주의 포로'의 특이성을 이유로 1949년 제네바 협약을 부정하는 논리를 만들어냈다.

그램'을 운용했다. 수용동 내 포로들이 효율적인 '방첩 시스템'을 구축하고 배반자를 단호하게 처리했기 때문에 정보원은 가능한 초기에 침투시켰다. 정보원들은 단기간 밖에 써먹을 수 없었기 때문에 새로운 포로들이 유입되는 흐름에 따라 훈련된 예비 정보원들의 규모를 어느 정도 유지시켜 지속적으로 침투시켰다. "The Administration" Vol Ⅱ, p.63.

48) "The Administration" Vol Ⅱ, pp.62~63.

> 포로에 관한 제네바 협약은 적이 포로가 된 후에는 **비전투원**이라는 전제하에 만들어졌다. 그리고 그 조약은 전형적인 비전투원 포로로 간주되었던 **두 번의 세계대전의 경험**에 근거한 것이다. 그러나 **동양 공산주의 포로**는 스스로를 조국에 대한 자본주의적 적 국가에 대항하는 활동적인 적으로 여기고 활동한다.……스스로의 목숨을 버려가면서까지 유엔사령부 당국을 세계적으로 당혹시켰다.……지난 3년간 한국에서의 경험에 근거해 이 조약은 '**동양 공산주의 포로**'**라는 새로운 형태의 포로**를 다루기 위해 반드시 개정되거나 현실적인 방식으로 해석되어야 한다.(강조는 인용자)[49]

이처럼 돗드사건은 포로수용소의 통치성을 전면적으로 변화시키는 계기가 되었다. 특히 인종주의적인 반공주의인 반공오리엔탈리즘이 출현하여 보편적 인권의 보호를 받지 못하는 예외적 존재로서의 '동양 공산주의 포로'라는 상이 창출되었고 이들에 대한 강력한 물리력의 사용이 정당화되었다.

2. 1952년 6월 10일 사건 : 보트너 취임과 76수용동에 대한 보복

1952년 5월 14일 보트너(Haydon L. Boatner) 준장이 유엔사령부 제1포로수용소(UNC POW Camp 1) 사령관으로 임명되었다. 보트너는 강압과 물리력을 사용하며 포로들을 고립·격리시키는 억압적 통치성의 상징이었다. 보트너 취임 직후인 5월 22일, 미 8군사령관은 거제도를 시찰한 후 보트너가 수용소의 통제력을 확보하기 위해 사용하는 방식들에 만족하고 "소요를 진압하기 위해 필요하다면 무력도 사용할 수 있다"고 언급했다.[50]

---

[49] "The Administration" Vol Ⅱ, p.65.

[50] "The Handling of POWs", p.31.

보트너는 6월 초에 공산포로 수용소 내 통제권을 장악하기 위한 준비를 했다. 85, 96, 60수용동에서 공산 국기를 게양하고 있는 것을 내리라고 명령했으나 포로들은 이를 무시했다. 이럴 경우 보트너는 탱크를 투입했다. 6월 4일 2대의 전차의 지원을 받으며 38연대가 85수용동으로 이동했다. 전차로 국기 게양대를 밀어버리고 군 병력은 간판을 찢어버리고 깃발을 불태웠다. 30분후 군 병력은 85, 96수용동에서도 같은 조치를 취했고, 60수용동에 최루탄을 쏘고 수용동으로 들어가 깃대를 잘라버렸다. 이런 조치에 만족한 보트너는 더 큰 작전을 개시했다.[51]

'Breakup'작전에 따라 포로들을 큰 수용동에서 새로 지어진 500명 규모의 수용동으로 이주시키기 위한 'Moving Day'작전이 6월 10일부터 시작되었다. 약 12,000명의 북한 송환 포로들이 17구역(저구리)으로, 8천 명의 북한 송환 포로들은 18구역(용초도)으로, 1만 명의 민간인 억류자들은 19구역(봉암도)으로 이송되었으며, 5,600명의 중국 포로들은 21구역(제주)로 이송되었다. 6월 17일이 되면 약 48,000명의 북한 포로들만이 거제도 포로수용소에 남아 있었다.[52]

76수용동은 'Breakup'작전이 개시된 첫 번째 수용동이었고, 이 수용동은 바로 돗드사건을 일으킨 수용동이었다. 이 작전은 돗드사건에 대한 일종의 보복으로서 76수용동부터 시작된 것이었다.

보트너는 이학구(총좌)에게 76수용동에 있는 포로를 150명씩 무리지어 집합시키고 이동 준비를 하라고 명령했다. 포로들은 이를 거부했다. 이에 보트너는 187 공수여단 요원들에게 탱크를 대동하고 위치로 이동할 것을 명령했다. 그리고 포로들에게 명령을 따르라고 했으나 포로들은 건

---

[51] Walter G. Hermes, *op. cit.*, p.259.

[52] "The Handling of POWs", pp.34~35.

물 옥상과 새로 판 참호에서 갈과 화염병, 돌로 약 3시간 동안 저항했고 187 공수여단은 충격수류탄과 최루탄, 총검으로 포로들을 참호에서 끌어냈다. 6대의 전차가 배치되고 양쪽으로 포위해 총을 겨눠 마지막까지 저항하던 300명도 결국 무너졌다. 미군은 이학구를 생포하고 수용동에서 추방했으며 포로들은 모두 트럭에 실려 새로운 수용동으로 이동시켜 그곳에서 지문을 찍고 피복을 배급했다.[53] 이 저항에서 40명이 사망하고 151명이 부상당했다.[54]

'조국전선'문서에 따르면 작전은 6월 10일 새벽 6:10 보트너 준장의 명령으로 시작되었다. 병사들이 불규칙적으로 발포했고 가스탄과 수류탄을 발포했으며 탱크가 수용동으로 진입했다. 이 작전엔 약 4천 명의 병력을 동원되었고, 187공수여단, 2사단 27연대, 92, 94헌병대대가 포함되었다. 군인들은 20개의 대포와 40대의 중 · 경기관총, M-1소총으로 무장하고 22대의 탱크로 지원을 받았다. 공격은 4시간 동안 지속되어 10:30분에 끝났다. 결과 276명의 인민군 출신 포로가 사망했고 4천 명 이상이 부상당했다.[55]

이처럼 수용소는 '2 · 18사건' 이후 전개된 산개, 분산, 분리 작전으로 17만 명 이상의 포로들을 내부로부터 분리해냈다. 송환을 희망하는 포로들은 '공산주의 포로'라는 낙인이 찍혀 거제도에 남겨졌고, 거부하는 자들은 '반공주의 포로'가 되어 '본토'로 이송되었다. 거제도에 남은 '공산포로'들은 '6 · 10사건' 이후 완전히 진압되어 각각 고립된 저구리, 봉암도, 용초도, 제주도로 이동되었고 고립된 섬에서의 저항과 유혈진압이 계속되었다.

---

53) Walter G. Hermes, *op. cit.*, p.259.

54) "The Administration" Vol Ⅰ, p.40.

55) "Report on atrocities", p.18.

보트너는 이 외에도 수용소 주변 주민들을 모두 강제로 소개시키는 작전을 수행하기도 했다. 이것은 수용소 측이 북한으로부터 수용소로 정책 명령이 침투하고 있고 유엔과 공산진영 간 정전협상에서 공산 측 입장을 강화시키기 위해 포로들이 보조를 맞춰 행동하고 있다고 생각했기 때문이었다.[56) 하지만 미 대사관의 관찰에 따르면 1952년 5월과 6월의 저항은 명백히 현지 포로 지도자들의 결정에 의한 것이었다. 수용소 외부의 공산주의자들이 이를 선동하거나, 지시하거나 한 구체적인 증거는 찾아볼 수 없었다.[57)]

수용소가 들어선 이후 수용소 주변에는 거제도로 소개된 수천 명의 피난민들을 포함한 1만 5천 명가량의 주민들이 몰려와서 수용소에서 흘러나온 레이션(ration), 옷 등의 보급품으로 일종의 사업을 시작해 생계를 꾸려가고 있었다. 밴 플리트가 포로와 바깥과의 소통을 중지시키라고 명령하자 수용소 주변 주민들은 36시간 만에 모두 소개되었다. 이 작전을 수행한 군인은 "원자폭탄만이 이보다 더 빠르게 이들을 이동시킬 수 있었을 것"이라고 회고했다.[58)]

56) "The Handling of POWs", p.30.

57) 1952.7.2. FRUS 1952~1954 Vol ⅩⅤ, pp.369~370.

58) "Control of Admin of P/Ws in a Theater Admin", NARA RG 389 E 452.B box 89(노근리 파일 수집번호 9123-00-00980).

〈사진〉 6월 10일 아침에 76수용동을 진압한 187공수여단과 포로들의 사진이 1952년 6월 12일자 *Pacific Stars and Stripes*지 1면에 게재되었다. 뒷면에는 죽은 포로들(오른쪽 위), 부상당한 포로들(중간), 생포된 이학구(아래) 사진도 게재되었다. 이 작전은 돗드 사건에 대한 일종의 보복이자 포로들의 저항을 굴복시킨 상징이었다.

PACIFIC STARS AND STRIPES
UNOFFICIAL PUBLICATION OF UNITED STATES FORCES, JAPAN
Thursday, June 12, 1952

출처: NARA RG 550 Entry A1-1 Box 6.

DEAD REDS—Three dead PWs lie sprawled on the debris covered ground as others walk meekly towards the gate with hands clasped over their heads. (AP Photo)

AWAIT FIRST AID—Wounded PWs await first aid treatment outside the compound. American medics (right rear), begin their task of caring for the injured. (AP Photo)

WOUNDED LEADER—Maj. Dave Korn, Miami, intel-
ligence officer of the 187th RCT, bends over North Korean Col.
Lee Hak Koo, wounded leader of the hard core Reds in the
compound. Lee moved to Compound 76 when Brig. Gen. (now
colonel) Francis T. Dodd was kidnapped May 7 and held cap-
tive for 78 hours. (AP Photo)

3. 1952년 10월 1일 제주도사건 : "사살하기 위해 발포하라"

포로들을 고립된 섬으로 이송시킨 후에도 포로에 대한 강경진압책은 강화되었다. 이 무렵엔 포로들을 통제하기 위한 여러 무기들이 도입되었고 특히 최루탄이 사용되기 시작했다. 이 밖에도 화염방사기가 장착된 방탄 지프, 액체 가스를 살포하는 자동차도 도입되었다. 그리고 7월과 8월에는 더 공격적인 통제 정책이 취해져 포로들은 더 이상 어떤 요구도 할 수 없게 되었다.[59)]

이 시기에 포로수용소의 지휘관계가 약간 변화했다. 이전까지는 미 8군이 포로에 대한 최종적인 책임을 갖고 있었지만 1952년 7월 10일 전투부대가 아닌 후방의 여러 사령부들을 지휘할 한국병참관구(KCOMZ, Korea Communication Zone; 초대 사령관, Thomas W. Herren)[60)]가 창설되어 포로수용소가 이 기구 예하로 편입되었다. 8월 14일자로 KCOMZ가 포로에 관한 모든 책임을 공식적으로 갖게 되었으며 포로사령부(POW Command, 초대 사령관 보트너)가 설립되었다.

유엔군총사령관(CINCUNC)은 새로 부임한 KCOMZ 사령관에게 8월 16일자로 다시 한번 다음과 같이 '도전받지 않는' 철저한 지배(uncontested control)를 강조했다.

> "작은 사건에서부터 대규모 시위에 이르는 수용소 권위에 대한 공공연한 저항이 계속되고 있다.……여러 수용소들에서 사용되고 있는 부드러운 방식들을 이해할 수 없다.…… 어떻게 포로들이 시위할 때 붉

59) "The Handling of POWs", p.41.

60) 당시 KCOMZ의 공식적인 임무는 후방의 전술지역에서 병참과 행정 기능을 수행하고, 극동사령부(FEC)의 지시에 따라 민사와 민간지원 행정을 맡았다. KCOMZ 산하에는 한국에서 유일한 병참기구가 된 Korean Base Section(KBS)과 포로사령부(Prisoners of War Command), 유엔민간원조사령부(United Nations Civil Assistance Command in Korea, UNCACK)가 있었다.

> 은 깃발을 소지하고 있는지, 어떻게 경비병을 납치해 강제로 포로 레이션을 먹일 수 있는지 이해할 수 없다. 최루탄에 전적으로 의존하고 있는 것 역시 통제가 약하다는 증거다. (어느 것도) '즉각적인 개입'을 대체할 수 없다. 자유세계의 시선 앞에 우리의 입장에 손해를 입히거나 당혹스럽게 하는 포로수용소의 소요를 초래할 조건들을 용인하지 않을 것이다."(강조는 인용자)

이 명령을 받은 KCOMZ 사령관은 포로수용소 사령관에게 자기 의견을 덧붙여서 또다시 지령을 하달했다.

> "난 반복적으로 포로들에 대한 통제와 규율이 완화되어서는 안 된다고 경고했다. 이 사령부에서 누구도, 단 한 번도 너무 많은 강제력을 사용했다고 비판받거나 제지되거나 처벌 받은 적이 없다.……경비원에게 돌을 던지거나 던지려고 하는 자는 즉시 사살되어야 한다. 500명 단위 수용소로의 진입은 지속적이고, 관습적이며 포로들에 의해 예상되는 것이어야 한다. 그게 우리가 그것을 지은 이유이다. 밖에서 최루탄을 쏘는 것은 포로들에게 당신이 수용소로 들어오길 꺼리고 있다는 걸 보여주는 것이다.……나는 귀하가 강제력을 필요한 것보다 많이 쓰는 것이 아닌 덜 쓰는 것을 더욱 비판할 것이다."(강조는 인용자)[61]

8월 20일 KCOMZ사령관과 포로사령부 사령관 회의에서는 발포가 필요할 경우는 '사살하기 위해 발포하라'는 것이 권고되었다. 그리고 8월 21일에는 제주도에는 '돌을 투척하는 포로가 있으면 사살될 것'이라는 특별명령이 하달되었다. 제1포로수용소에서는 "앞으로 최루탄을 쓰지 않을 것이며 '샷건'이나 '라이플 총' 등으로 발포할 것"이라고 공포했다.[62]

---

61) "The Handling of POWs", p.43.

62) "The Handling of POWs", pp.44~45.

이런 강경 진압 명령이 내려진 상태에서 발생한 사건이 바로 1952년 10월 1일 사건이었다. 제주도로 이동된 중국 포로들은 2년간 상대적으로 거의 저항을 일으키지 않았지만 1952년 8월 말부터 저항을 시작했고 중화인민공화국 건국 기념일인 10월 1일 수용동에 깃발을 내건 것에 대한 수용소 측의 무력진압으로 대규모 사상 사건이 발생했다.

10월 1일 7:15경 약 5천 명의 중국 송환 포로들이 수용되어 있는 제주도 제주시의 'Camp 3a'에서 아침 인원파악을 위해 수용동 하사관이 수용동에 들어갔다. 그런데 수용동 대변인이 이제 인원파악은 없을 것이라고 말해 하사관은 돌아와 수용동장에게 이를 보고했다.

그리고 7:30경 모든 수용동에 중국 깃발이 걸렸다. 포로는 억류하고 있는 군의 법과 규칙과 명령에 따라야 한다고 경고하고 국기를 내리라고 세차례 명령했다. 포로들은 명령을 거부했고 미군 35연대 1대대소속 2개 소대가 7 수용동에 진입했다. 포로들은 반 정도 완성된 겨울 막사의 돌담 뒤에서 문으로 진입하는 병력들을 향해 돌을 던졌다. 포로들은 수용동의 막사의 지주나 철망을 감은 곤봉 등으로 무장하고 있었다. 8시 20분쯤 병력들에게 돌이 날아들자 12회에 걸쳐 발포가 이루어졌고 투석은 멈췄다. 다시 한번 깃발을 내리라고 명령하고 부대가 다가서자 투석이 다시 시작되었고 미군 병력들은 또다시 발포했다. 발포는 8시 35분쯤 멈췄고 56명의 중국 포로들이 죽었고 91명이 중상, 9명이 경상을 입었다. 이 사건에 대해서는 KCOMZ 사령관 헤렌(Herren) 소장, 포로수용소 사령관 캐드웰(Cadwell) 대령, 조사위원회 장교가 직접 제주도를 방문해 조사했다. 이때 포로수용소 측은 "바다로부터의 바람 때문에 최루탄을 사용할 수 없었다"고 보고했다.[63] 그리고 이후 기자회견에서 신문 기자들은 죽

63) 문서에 따라 경비들이 방한 계획을 위한 작업을 위해 작업선발대를 구성하려고 수용동으로 들어간 것이었다는 보고도 있다. "UNC PW Camp 3a-1 October

은 포로늘의 수가 많아 놀라워했지만 수용소 측은 조사결과 '적절한 양의 무력이 사용되었다고 확신'한다고 발표했다.[64]

4. 1952년 12월 봉암도사건 : 민간인억류자들에 대한 발포와 배후론의 완성

수십 명의 중국 포로들이 사살당한 제주도사건 이후 두 달 만에 또 수십 명의 민간인억류자들이 사살당하는 사건이 봉암도에서 발생했다. 봉암도 수용소에는 9천여 명의 송환 희망 민간인억류자들이 억류되어 있었다. 봉암도 수용소장 밀러 중령은 12월 14일 아침에 2구역을 방문했다가 정오에 점심식사를 하러 갔을 때 구역 지휘관 파머(Farmer) 중위로부터 F, B수용동에서 억류자들이 '공산주의 노래'를 부른다는 보고를 받았다. 밀러는 즉시 3개 소대(미군 1개 소대, 한국군 2개 소대)를 2구역으로 보내고 250개의 충격수류탄을 보냈다. F수용동에는 아무 일이 없었고 B수용동에서 소란이 있었다. 노랫소리는 점점 더 커졌다. 밀러는 추가로 2개 소대를 2구역으로 투입했다.

파머중위는 무장한 20명을 포함한 2개 소대(미군 1개 소대 40명, 한국군 1개 소대 70명)를 F수용동 내로 진입시켜 외곽에 배치시켰다. 병력들은 억류자들과 약 22미터 떨어진 곳에 위치했는데, 포로들은 약 15피트(약 4.5m) 위에 있었다.

민간인억류자들은 3열로 팔짱을 끼고 수용동을 가로질러 서있었고, 뒤에는 아직 줄서지 않은 포로들이 대열을 앞으로 밀고 있었다. 지휘관이

1952(1952.10.1.)"(section 8C-17) p.1, NARA RG 338 E A1 224 8th Army Enemy Prisoners of War Records Box 1653 ; "Incoming Message(1952.10.1 · 3.)"(Tab 450), RG 338 E A1 224 8th Army Enemy Prisoners of War Records Box 1651.

64) "The Handling of POWs", p.47.

포로들에게 노래를 중단하라고 명령했고, 곧이어 무장한 20명에게 한차례 발포 명령을 내렸다. 효과가 없고 노래가 계속되자 한차례 더 발포명령을 내렸더니 몇몇이 쓰러졌으나 동료들이 부축해 일으켜 세웠다. 총소리가 들리자 B수용동이 동요하기 시작했고 약 400명의 민간인억류자들이 수용동 내에서 시위를 하고 소리를 질렀다. 그리고 다른 네 군데 수용동의 억류자들도 노래를 부르기 시작했다.

F수용동에서 3열로 서있는 억류자들이 두 차례의 발포에도 불구하고 계속 해서 노래를 부르자 수용소장은 개인화기를 가진 모든 병력에게 발포명령을 내렸고 약 60명이 일제히 사격을 개시했다. 몇몇이 쓰러졌고 노래는 잠시 멈췄지만 동료들이 죽거나 부상당한 그들을 일으켜 세웠다. 앞 열의 빈 자리는 뒷 열에서 채웠고 노래는 계속되었다. 그래서 다시 한번 발포명령을 내렸다. 그러자 이들은 모두 쓰러졌고, 바닥에 엎드린 상태로 있었다. 그리고 노래는 멈췄다. 경비대는 걸을 수 있는 억류자들을 수용동 펜스 사이의 공간으로 이동시켰다.

이런 일이 발생하는 동안 B, E, F, G, H, D수용동에서도 노랫소리가 들렸다. 수용소 사령관은 각 수용동에 있는 2개의 감시탑으로 장교를 보내 포로 무리에게 발포해 분산시키라고 명령을 내렸다. 기관총으로 발포하자 모든 수용동에서의 소요는 가라앉았고 건물속으로 숨었다. 사령관은 E, F, H, I수용동에서도 시위가 있는지 살펴보라고 지시했더니 노랫소리가 크게 들리고 있었고, G, H수용소의 감시탑에 기관총을 발사해 분산시키라고 명령했다.

결국 이 사건으로 인해 B수용동에서 39명, E 수용동은 27명, F수용동에서 78명, G수용동에서 23명, H수용동에서 37명의 사상자가 발생했다.[65]

---

[65] "Cite AX 71709. From CG KComZ to CINCUNC(1952.12.17)."(Tab 138), NARA RG 338 E A1 224 8th Army Enemy Prisoners of War Records Box 1650 ; "Memorandum for

공식 집계상 85명이 사망했고 113명이 중상, 103명이 경상을 입었다.[66)]

미군은 사건 이후 수용동의 지형상의 문제나 날씨 탓을 들어 가스사용도 어려웠고 다른 방법이 없었다고 이 사건을 정당화하려 했다. 하지만 어떤 사건 보고에서도 포로들이 돌을 던졌다거나 무기를 들고 저항했다거나 미군을 향해 공격했다거나 하는 내용을 찾을 수 없다. 민간인 억류자들은 단지 열을 지어서 계속해서 노래를 불렀을 뿐이었다. 그러나 봉암도사건은 다시 한번 '무장 폭동'으로 보도되었다.

12월 17일자 『동아일보』는 AP, 로이터 등의 기사를 묶어서 실었는데, 이 기사는 포로사령부의 보도자료에 따라 이를 "공산주의 민간억류자들의 폭동"으로 규정했고 이것이 그들의 "대폭동 계획의 일부인 것 같다"는 포로수용소 측의 설명을 그대로 전했다. 또한 포로들이 "대오를 짜고서 군사훈련"했기 때문에 진압이 시작되었고, 포로들이 "일제히 돌을 던졌다"고 설명했다.[67)] 12월 18일자 『민주신보』는 "4,500명의 공산포로들이 야기 시키려던 계획적인 대폭동을 중지시키기 위해" 진압한 것이라고 보도했고, "죽은 공산포로들은 스스로 목숨을 끊은 것과 마찬가지다. 그들은 우리 경비병의 힘을 시험하고 패배한 것이다"라는 봉암도 수용소장 밀러 중령의 말을 전했다.[68)]

봉암도사건은 미군의 공식 보도를 통해 다시 한번 '무장 폭동'으로 조작되었고, 심지어 포로들이 '자살한 것'이라고 주장되었지만, 이후 세계적인 관심을 받으면서 미군의 포로 처우 정책은 거센 비난과 저항에 직면하게 되었다. 사건 직후 조중연합군 수석대표 남일은 또다시 '야만적인

---

the Record(1952.12.18.)"(Tab 397), RG 338 E A1 224 8th Army Enemy Prisoners of War Records Box 1651.

66) "The Handling of POWs", p.53.

67) 『동아일보』, 1952.12.17.

68) 『민주신보』, 1952.12.18.

대규모 학살'이 자행되었다며 전쟁범죄의 책임을 벗어날 수 없다고 비난했다. 영국도 사건의 진상에 대한 보고를 요청했으며, 소련도 이를 비난하며 유엔총회 결의안 상정을 요청했다. 미국은 한편으로 이 사건이 세계적으로 알려지면서 미군이 내세운 '비강제 송환' 원칙에 대한 여론의 지지가 쇠퇴하는 것으로 인식해 진압 방식의 전환을 고민했고, 다른 한편으로는 사태를 편집증적 음모론으로 해석하며 '범법 포로의 재판'이라는 처벌 방식을 도입하려 했다.[69]

봉암도사건은 결국 '배후론'의 완성된 형태를 만들어 냈다. 1953년 1월 28일, 극동사령부의 정보참모부 군첩보과에서 작성한 "포로수용소에서의 공산주의 전쟁"이라는 제목의 보고서는 남일과 박상현에 이르는 배후의 조직이 포로수용소 내 저항의 모든 원인이라고 지목했다. 포로수용소 내부와 외부의 조직도와 봉암도사건에서 포로들이 작성한 항의 문건이 증거로 제출되었다. 포로들이 내부에서 조직을 이루고 있었다는 것 자체, 자신들의 행위를 정치적 행위로 인식하고 적극적으로 저항했다는 것이 배후론의 증거[70]였고, 맨몸으로 저항하는 이들을 사살한 것이 정당화되었다.

또한 봉암도사건이후 진압 수단으로 강조된 것이 바로 무독성 가스 nontoxic irritants였다. 진압을 위해 가스를 사용한 것은 이미 오래전부터 계속되었던 것이었지만, 1952년 10월 20일 KCOMZ가 무독성 가스를 사용하라고 명령해 KBS Chemical section에서 대량의 CN-DM 수류탄을 수용소로 수송했다. 그리고 봉암도사건에서 다수의 사상자가 발생하자 CINCUNC가 직접 12월 15일자 명령으로 발포는 최후수단으로 사용하고 주로 무독성 가스를 사용하라고 명령했다.[71] 그리고 이 사실이 공공연히

---

69) 김학재, 앞의 글, 2009, 70~79쪽.

70) "The Communist War", pp.35~38.

71) "The Handling of POWs", pp.51~52.

외부로 알려지는 것에 대해 주의를 기울였다. 가스 사용은 당시까지만 해도 공식적으로 알려지지 않았던 것이고, 비밀문서상에만 기록되어 있었다. 그러나 이후 가스를 계속 사용할 경우 어떤 식으로 알려지게 될 것이고, 적십자나 공산진영이 먼저 이 문제를 제기할 수 있기 때문에 "치사에 이를 정도로 치명적이지 않지만 효과적인 무기"를 사용한다는 점을 적당한 시기에 보도자료를 통해 발표하자는 의견이 제기되기도 했다.[72)]

5. 1953년 3~4월 용초도사건 : 대규모 사상과 가스 사용

봉암도사건 이후에도 거제도 저구리와 용초도에서 포로들의 저항과 유혈진압이 이어졌다. 1953년 2월 9일 늦은 오후 거제도의 저구리 포로수용소 1a 의 3구역 E수용동의 포로들이 금지된 노래인 공산주의 군가를 부르기 시작했다. 수용소 사령관(F.S Taylor 중령)은 노래를 멈추라고 명령하자 포로들은 곧 막사로 돌아갔다. 그런데 수용동 안에서 평소와 다른 행동들이 있는 것이 관찰되어 수용동 대변인을 통해 집합 장소로 모이라고 명령했으나 포로들은 이 명령을 무시했다. 포로들은 막사의 문이 나무 침상으로 바리케이트를 치고 창문을 담요로 덮고는 막사 안에서 구호를 외쳤다. 포로들을 막사에서 강제로 끌어내려고 화학부대가 진입을 시도했고 포로들은 돌을 던졌다. 돌 투척에 대응해 병력들은 발포를 시작했고, 바리케이드를 부수기 위해 충격 수류탄을 사용했으며 무독성 가스를 던졌다. 병력들이 각 건물을 둘러쌌고 강제로 포로들을 끌어내 집합 장소로 데려갔다.[73)]

이 작전은 테일러 중령과 족스(Jockes) 대위의 지휘로 이뤄졌고, 555 헌

72) NARA RG 389 E 452 B Record of prisoner of war division security－classified, box 1(노근리 파일 수집번호 9123-00-00982).

73) "The Administration" Vol Ⅰ, p.46.

병 중대 50명과 한국군 6183 부대의 1개 중대가 투입되었으며, 14정의 중기관총 8정의 경기관총, 화염방사기 캐빈과 M-1소총이 사용되었다. 군 병력은 오후 5시에 수용소 구내로 진입해했고 진압은 2시간 반 동안 진행되었다. 그 결과 포로들의 가슴과 얼굴 배 등에 총검을 찔러서 4명의 포로가 죽고 71명이 부상당했다.[74]

1953년 3월에 발생한 사건 중 가장 크고 격렬한 소요가 3월 7일에 발생한 용초도(POW Camp 1b)사건이었다.

3월 7일 7:30분 수용동 A에서 지휘관이 '비법적 처벌'로 중노동을 수행하도록 선고받은 포로를 끌어내려 했지만 수용동 대표가 이를 거부했고, 다른 60여 명의 포로들이 돌을 던지기 시작했다. 트럭 운전수가 이 광경을 보고 트럭을 멈춘 후 이 포로들을 향해 발포해 1명의 포로가 부상당했다.

수용소 지휘관 모마이어(Momeyer) 중령이 수용동에 도착해서 한국군 2개 소대를 수용동 주변에 배치하고 한국군 1개 중대를 예비로 경계하고 하고, 4개의 미군 가스 분대를 출동하게 하는 긴급 보안 계획을 발효시켰다. 가스를 사용해 진압하려 했는데 포로들은 이불로 덮거나 우비로 만든 막 등으로 막았다. 이에 약 60명의 경비대가 개인 화기로 수용동 C와 D에 발포했고 사태가 시작된 지 3시간이 지난 약 10:45분에 진정되었다. 포로는 23명 사망, 42명 중상, 18명 경상을 입었다.[75]

용초도사건 역시 언론에 보도되었는데, 한 기사에서는 이 사건이 "광적인 북한 반역집단군 2,000명"이 일으킨 폭동이며, "아무 예고도 없이"

---

74) "Report on atrocities", p.15.

75) "The Handling of POWs",pp.58~60. ; "Spot Report(1953.5.7.)"(section 8C-36) p.1, NARA RG 338 E A1 224 8th Army Enemy Prisoners of War Records Box 1653; "Incoming Message(1953.4.7),"(Tab 476), RG 338 E A1 224 8th Army Enemy Prisoners of War Records Box 1651.

돌로 사령관과 보좌관을 공격하여 시작된 것으로 보도되었다.[76]

용초도에서는 연이어 사건이 발생했고 4월 17일에 다시 한번 유혈극이 발생했다. 4월 17일 15:30경 용초도 수용소 (UNC PW Camp 1B) 3구역 D수용동의 포로들은 정기 막사 검사를 위해 D수용동 밖에 집합해 있었다. 포로 대표는 수용동장에게 검사가 진행되는 동안 포로들이 수용소 안에 있을 수 없다면 검사를 거부하겠다는 입장을 전했다. 수용동장은 수용동을 나와 구역 사령관에게 상황을 전했고 구역 사령관이 직접 D수용동으로와 포로 대표의 요구를 들었다. 구역사령관은 즉시 검사가 실시될 것이며 필요하다면 무력을 사용하겠다고 말했다. 그리고 모두 막사 밖에 남아 있으라고 지시했다. 포로 대표는 이를 거절하고 만일 무력이 사용되면 모든 포로는 막사 안으로 들어가겠다고 말했다. 이에 구역 사령관은 한국군 1개 중대와 1개 소대, 가스 분대를 배치시켰다.

16:35에 한국군 1개 소대와 가스 분대가 D수용동에 진입했고 동시에 포로들은 D수용동으로 들어가 문과 창문을 나무 판으로 바리케이트를 쳤다. 병사들은 바리케이트를 열고 들어가기 위해 충격 수류탄을 사용했고 16:45에 막사 안으로 가스 수류탄을 던졌다. 이런 소란이 일자 7수용동의 모든 포로들이 수용동 내부에 있으라는 명령을 어기고 모두 밖으로 나와서 소리를 지르기 시작했다. D수용동의 포로들은 병력을 향해 돌을 던지기 시작했다. 이때 산탄총으로 발포가 시작되었고 투석은 중지되었다. 수용동 지휘관은 B, C, G, E 수용동에 가스 분대와 경비병력을 보내 가스를 사용해 막사 안으로 포로들을 집어넣었다. 그리고 이 수용동의 포로들이 병력에게 돌을 던져 공격하는 경우 발포했다. A, E, F수용동에서는 투석이 없었지만 가스를 사용해 막사 안으로 포로를 집어넣었다.

76) 『동아일보』, 1953.3.10.

이 작전에서는 800개의 CN수류탄과 800개의 CN/DM수류탄이 사용되었다. 처음엔 8개의 가스 분대가 투입되었다가 최대 13개 분대가 투입되었다. 이 과정에서 포로 4명이 사망하고 45명이 심각한 부상을 입었고 39명이 경상을 입었다.[77)]

이처럼 용초도 등 소위 '송환포로'들이 고립 수용된 섬에서는 1953년 7월 정전협상이 타결되기 불과 3개월 전까지도 유혈사건이 계속되었다. 돗드사건 이후 본격적으로 강화된 포로수용소의 억압정책은 보트너 취임이후 더욱 노골적인 폭력과 강제력 사용으로 이어졌고, 고립된 섬에 격리된 포로들에게는 어떠한 자유나 요구도 허락되지 않았으며 이들의 저항은 직접적인 폭력과 무력으로 진압되었던 것이다.

Ⅳ. 맺음말 : 내전적 통치성과 저항의 의미

포로수용소의 설치에서부터 휴전까지, 유엔군 포로수용소에서 죽어간 포로의 수는 얼마나 될까? 포로수용소 정보부에서는 1950년 8월 2일부터 1952년 10월 29일까지 총 7,518명이 죽은 것으로 집계했고, 매장을 담당했던 병참부대는 1952년 12월 2일까지 죽은 포로와 전투중 사망한 적의 숫자가 총 9,450명인 것으로 집계했다. 국제적십자사에서는 포로수용소에서 죽은 포로의 수를 13,814명으로 집계했으며[78)] '조국전선'은 포로로 잡힌 이후에 살해된 인민군 포로들의 수가 33,600명, 부상 및 불구자도

77) "Incoming Message(1953.4.18),"(Tab 498), NARA RG 338 E A1 224 8th Army Enemy Prisoners of War Records Box 1651.

78) "Deceased Prisoners of War", NARA RG 389 E 433 box 221(노근리 파일 수집번호 9123-00-00984).

수만 명에 이르는 것으로 집계했다.[79] 국내 연구자도 사망인원이 최소 11,000명에 이를 것으로 추정하고 있다.[80] 수용소 내부에서도 '전투'에 가까운 '전쟁'이 '비무장 포로'들과 '무장한 유엔군'사이에서 벌어지고 있었던 셈이다.

이 글에서는 거제도 포로수용소가 설치된 이후 1951년 6월 식사를 거부하는 것으로 시작된 포로들의 저항에서부터 1953년 4월의 용초도사건까지 대규모 저항과 유혈진압 사건들을 살펴보았다.

기존에 알려진 것과는 다르게 포로수용소 내부의 저항은 대부분 체계적이고 계획적인 무장 반란이 아니었고, 정치적 주도권이나 통제권을 둘러싼 과정에서 식사를 거부하거나('6 · 18사건'), 기념일에 단체로 노래를 부르거나('8 · 15사건') 깃발을 게양하고(제주도사건), 강제적인 주입교육과 심사, 이데올로기적 목적의 전범조사를 거부하고('9 · 15사건', '2 · 18사건'), 수용소 측에 포로에 대한 인도적 처우를 요구하고 폭력과 강압의 중단을 요구하는 것(돗드사건) 것 등 이었다. 그리고 '2 · 18사건'이나 '6 · 10사건'에서처럼 수용소 측이 이미 무력진압 계획 혹은 과거 사건에 대한 보복을 목표로 설정해 압도적 무력으로 진압한 사건도 있었으며, '8 · 15사건'이나 봉암도사건처럼 노래를 부르고 있는 비무장 포로들에게 수차례 발포한 사실상의 일방적 학살사건도 있었다. 이 과정에서 사상자의 수는 수백, 수천 명에 달했다.

어떤 경우에도 포로들이 아무 이유 없이 먼저 경비들을 무력으로 공격한 사건은 없었다. 포로들의 저항에는 일상적인 요구에서부터 고도로 정치적인 행동까지 다양한 특성이 있었지만, 모두 이유가 있었다. 포로들은 수용소의 정책을 거부하기 위해 조직을 이루었고, 수용동이라는 한정

---

79) "Report on atrocities", p.6.

80) 조성훈, 앞의 글, 1998, p.175.

된 공간에서 저항을 준비했다. 단지 포로들이 조직을 이루고 있었다는 것, 포로들이 정치적이었다는 것, 포로들이 외부와 연락을 취하고 있었다는 것 자체가 이들을 죽여도 된다는 이유가 될 수 없었다. 소위 '반공포로'들의 경우는 조직을 이루고, 외부와 연락하고, 수용소와 협력해 정치적이고 폭력적인 행동을 하더라도 결코 죄로 처벌되지도 않았으며 오히려 적극적으로 장려되었다. 조직을 이루고, 정치적 행동을 하고 외부와 연락을 하는 것 모두를 처벌한 이유는 모두 그것이 수용소가 요구하고 지향하며 강제하는 방향과 달랐다는 것뿐이었다.

한국전쟁기 포로수용소에서 죽어간 포로들의 죽음만을 놓고 보더라도, 이는 한국의 역사에 깊은 상처를 남긴 폭력적 사건임을 부정하기 힘들다. 이 글은 한정된 자료를 토대로 사건들의 실체를 부분적으로 밝혀내려고 시도했다. 비록 밝혀진 것들은 많지 않지만 이 폭력적 사건들을 통해 우리가 고민하고 극복해야 할 과제들을 세 가지만 짚어보고자 한다.

첫 번째는 '배후론'이라는 인식틀의 문제이다. 배후론은 그 자체로 역사적으로 형성된 것이었으며, 단지 포로수용소의 경우에만 해당되는 것이 아니었다. 배후론은 '2 · 18사건' 이후 등장해 '봉암도사건' 이후 완성되었으며, 결국 반공오리엔탈리즘과 결합되어 사건 자체의 원인과 책임을 모두 저항하는 포로들에게 떠넘겼다. 무엇보다도 배후론은 '2중의 전쟁'을 정당화하는 무기로서, 내 · 외부의 적이 체계적으로 연결되어 있다는 이미지를 창출해냈고, 포로들에게 '빨갱이'이자 '동양 공산주의자'라는 '2중의 낙인'을 찍어 이들에 대한 탄압과 사살을 정당화했다.

여기서 더불어 고민해야 할 것은 반공주의적 배후론의 거울상으로서 '반제국주의적 민족주의' 서사가 있었다는 점이다. 북한에선 포로에 대한 비인도적 처우를 고발하고 '제국주의 가해자들'과 '이승만 도당'의 잔혹행위를 고발하는 담론과 인식이 포로에 대한 인식을 압도적으로 규정했다.

이런 인식에 따르면 미군과 한국군은 체계적인 계획에 따라 포로들을 학살했고, 포로들은 제국주의 가해자에 맞서는 영웅적 투사들이었으며 포로수용소는 저항과 순교의 성지였다. 하지만 포로수용소에서는 강제적 정책과 무력진압이 있었을 뿐, 체계적인 학살계획으로 진행된 것은 아니었으며, 포로들이 저항한 이유와 형식은 다양하고 복합적이었다.

반공주의적 배후론과 반제국주의 전쟁이라는 이분법적 관점은 상대방의 잔악행위를 고발하는 것으로 대립하고 있지만, 적대적으로 서로를 이롭게 하며 공존하는 관점이기도 했다. 이분법적 서사들은 상대의 서사를 용납하지 않는 적대의 서사였고, 적대의 극복이나 궁극적 해결을 목적으로 하는 것이 아닌, 모든 책임을 상대에게 떠넘기며 적대 자체의 재생산을 가능케 하는 역할을 했다.

더 근본적인 문제는 정치적 적대 그 자체가 아니라 이 서사들이 정치적 적대의 문제를 대면하고 다루는 방식이다.[81] '반공 오리엔탈리즘'으로 대표되는 배후론은 '적에 대한 공포'에 의존해 이 적대를 인종화 시켜버렸고, 내부의 갈등은 모두 적에 의한 것으로 간주되어 대규모 유혈진압을 정당화했다. 그리고 '반제국주의 민족전쟁'의 서사는 적대의 문제를 민족화시켜서 외부의 제국주의에 맞서는 민족의 영웅적 저항을 이상화하면서 정치체제 내부의 폐쇄적인 집단 동일성을 구축하는 방식으로 환

81) 한국전쟁에는 20세기적인 적대의 양상들이 압축되어 있었다. 알랭 바디우(A. Badiou)는 20세기는 전쟁의 세기이자 적대antagonism의 세기였다고 주장한다. 그런데 20세기의 적대는 세 가지 방식으로 결합되어 있었다. 첫 번째는 전 지구적 규모의 생명을 건 전투가 진행되는 중심적인 적대인 '냉전'이 있었다. 그런데 이 적대는 '계급적대'와 '인종(민족)적대'로 나뉘었다. 공산주의는 전지구적 대립을 계급들 간의 대립으로 보았으나 파시즘은 이 대립을 민족(nation)과 인종(races) 간의 대립으로 보았다. 마지막으로 20세기의 전쟁은 최종적 통일(definitive unity)을 이루려는 전쟁이었다. 20세기의 적대는 한 진영이 다른 진영에게 승리하는 것을 통해 극복될 것으로 여겨졌다. Alain Badiou, Alberto Toscano(Trans), The Century, Cambridge: Polity, 2007, p.37 · 59.

원시켜 버렸다.

결국 이 두 서사는 모두 '외부의 적'을 상정하고 그것의 위협을 강조하면서 내부의 사회적 적대를 대면하거나 사고할 수 없게 은폐시키는 '두려움의 정치'[82]에 끊임없이 활용되었다. 그 결과 서로가 모든 책임을 적에게 떠넘기며 회피하는 상황을 지속 가능하게 했다.

두 번째는 포로수용소의 통치성 문제이다. '2 · 18사건' 이전의 포로수용소는 기본적으로 군사 기구로서 전선에서 '적으로 간주된 자들'을 모두 포획하여 포로 처리경로를 통해 거제도로 이송시켜 지문과 사진을 찍어 등록하고 관리했다. 포로수용소는 처음부터 '적으로 간주된 자들'의 억류를 목적으로 하는 '예외상태적인 군사적 지배기구'의 성격을 갖고 있었다.

'2 · 18'사건 이후 돗드사건을 거치면서 수용소 지배기구는 심사, 산개, 분산, 분리 작전을 전개했다. 포로수용소는 포로를 '송환' 여부에 따라 '공산포로'와 '반공포로'로 나누어 '공산포로'로부터 '반공포로'를 분리해냈다. 그리고 이들을 별도의 공간으로 분리수용 했으며, '공산포로'들은 노골적인 강제적 무력으로 진압 당해 작은 단위로 분할되어 고립된 섬에 억류되었다. 포로수용소는 모든 명령에 군말 없이 순응하지 않으면 발포하고 압도적 무력을 보여주는 '군림하는 군사적 지배기구'였다. 이처럼 돗드사건 이후에 가속화되고 보트너에 의해 완성된 포로수용소 내부 통치의 양상을 '내전적 통치성'이라고 부를 수 있을 것이다.

중요한 것은 포로수용소의 '내전적 통치성'이 국제정치의 무대에서 미국의 이해관계에 적합하게 형성된 것이라는 점이다. 특히 'Breakup'작전

82) 적대를 이용해 위계적 사회체계를 만들며 외부의 적의 위협이라는 두려움을 정치적으로 활용하는 파시즘 고유의 정치적 성격에 대해서는 슬라보예 지젝, 박정수 역, 『잃어버린 대의를 옹호하며』, 그린비, 2009, 423~455쪽을 참조.

이후 포로들을 고립된 몇 개의 섬에 격리시킨 상태의 포로수용소는 외부에 전시하기 위한 순수한 억류 공간, 어떤 종류의 저항도 원천적으로 차단된 완벽한 지배의 공간을 지향했다.

이것은 수용소 내부가 완벽하게 탈정치화되어 소위 '정치적인 것'이 제거된 것을 의미한다. 수용소 내부엔 더 이상 '정치'가 없다. 내부에서는 내전과 반란과 소요와 저항과 거부만 있을 뿐이고 여기엔 관료적 통제와 진압의 기술로 대응할 뿐이었다. 반란과 소요는 수치화되어 통계상의 차이로 환원되며 가스와 총을 선택하는 것의 문제로 변환되어 버린다. 포로수용소의 내전적 통치성은 내부에선 정치를 제거하고 오직 외부의 정치적 역학관계에 따라 정치화가 가능해지는 정치적으로 소외된 공간, 군사적 절차와 국제 여론이 결합된 형태의 통치성이었다.

마지막으로 살펴볼 것은 주체의 문제이다. 언론과 보도자료, 보고서에 의해 창출되고 반복 재생산된 '배후론'에서 '포로'로 상징되는 전장의 주체들은 외부의 사주 세력들의 조종을 받아 목숨을 걸고 덤비는 세뇌된 광신도로 그려졌다. 그렇지 않다면 어떤 정치적 의미도 제거된 수용소 내부공간에서 그저 생존을 도모하며 수동적인 선택을 하거나, 이분법을 거부하는 정도의 제3의 선택을 하거나, 혹은 '반공오리엔탈리즘'의 전사가 되어 공산주의 포로들을 제거하는 데 적극적으로 나서고, 국제 여론의 정치에 충실한 대변인이 되어 관심을 끄는 정도의 주체, 정치적으로 완전히 소외된 주체가 될 수밖에 없었다.

그러나 한국전쟁기 포로수용소에서는 복원하고 재평가해야 할 정치적 순간들이 남아 있었다. 나치의 절멸수용소에서 유태인들의 저항이 없었던 것과 달리 한국전쟁기 유엔군 포로수용소에서는 저항과 정치의 계기들이 넘쳐났다. 압도적 제약 조건 속에서 봉암도에 고립된 '민간인억류자'들은 이미 수없이 실패해왔던 방식을 반복해 저항했다. 그들은 팔짱을 끼고 서서 같이 노래를 부르고 총에 맞은 동료가 쓰러지면 부축해서 일으켜 세우고, 앞 열의 동료가 쓰러지면 뒷 열의 동료가 그 자리를 채웠다.

패배가 뻔히 보이는 상황에서 총과 무력 앞에서 굴복하지 않는 것이 '광신'일까? 포로수용소에서의 아비규환 같은 갈등과 이것이 남긴 폐허들을 바라보며 우리가 할 수 있는 고민은 무엇일까? '배후론'은 단지 구시대적 유물이나 반공주의적 음모론에 불과한 것이 아니다. 이는 적극적인 정치적 행동 자체를 외부의 지령에 수동적으로 따르는 '괴뢰적 주체'의 행동 혹은 일부 폭력적 광신 세력의 이해할 수 없는 행동으로 바라보는, 오늘날이 보수적 허무주의와 긴밀하게 연결되어 있다. 정치적 의미를 믿었던 포로들의 행동들을 다시 바라보고, 우리의 과거와 내부로부터 정치가 제거되는 것을 막고 복원해 내는 것, 그리고 '민족'과 '인종'을 넘어선 보편적 정치의 문제를 사고하는 것이 내전적 통치성에 맞서는 방향이자 포로들의 실패가 주는 교훈일 것이다.

한국전쟁기 미군의 전쟁범죄 조사와 처리*

전쟁범죄조사단(KWC)을 중심으로

양 정 심

Ⅰ. 머리말

"노근리사건"이 국제적으로 보도된 이후 한국전쟁 전후 민간인학살에 대한 관심은 보다 조직적인 진상규명 작업으로 이어졌다. 정부 차원의 진상규명에 대한 요구는 과거사정리위원회 결성으로 가시화되어 체계적인 진상조사와 자료 수집이 이루어지고 있다. 또 다른 한편 가해자의 입장에 놓인 미국도 적극적으로 이 사건에 대응했다. 그 주된 활동 중 하나가 일명 "노근리 파일(No Gun Ri File)"이라는 자료의 수집이었다.

주지하다시피 "노근리 파일(No Gun Ri File)"이 노근리 관련 기록만을

* 이 논문은 2008년 정부(교육과학기술부)의 재원으로 한국연구재단의 지원을 받아 수행된 연구임(KRF-2008-321-A00012). 이 글은 『한국민족운동사연구』 64, 2010에 게재된 글임.

담고 있는 것은 아니다. 초기 작업부터 미국 아키비스트들은 노근리사건만을 조사했던 것이 아니라, 이후 발생할지 모르는 다양한 민간인 희생을 염두에 두고 자료 조사를 실시했다. 그 결과 노근리 파일에는 주한 미 대사관 기록을 포함한 국무성 문서, 육군 문서, 공군 문서, CIA 문서, 법무감 문서 등 다양한 주체가 생산한 문서들이 포함되었다. 노근리 파일은 한국전쟁을 전후한 민간인학살 관련 기록의 집합체라고 할 수 있을 정도로 많은 문서들을 담고 있다.

그런데 노근리 파일에는 민간인학살뿐만 아니라 전쟁범죄(War Crime)에 대한 자료가 다량 수집되어 있다.[1] 미군에 의한 민간인 피해는 중립적인 작전결과로 기술되거나, 공개적으로 문제가 된 일부 사건의 경우에만 특별한 조사가 이루어질 뿐 주요 외교문서와 사령부 참모문서에는 간략히 언급되는 경우가 많았다. 그러나 미군이나 UN군이 피해를 입은 경우에는 별도의 담당 부서가 생겨나 전담할 정도로 체계적인 조사가 이루어졌다.

미군은 한국전쟁이 발발한 직후부터 전쟁범죄의 개념을 거론하면서 조직적인 전쟁범죄 조사 활동의 필요성을 제기했다. 이는 전쟁범죄조사단(War Crimes Division in Korea) 설치로 구체화되었다. 전쟁범죄조사단은 1950년 10월부터 1954년 5월까지 미 8군 법무과와 한국병참관구(Korean Communications Zone)에서 운영되었다. 조사단은 전쟁이 끝나서도 조사 작업과 사건 목록화 작업을 계속했고 1954년 5월 31일에야 해체되었다.

전쟁범죄조사단은 한국전쟁 동안 발생한 모든 전쟁범죄를 조사할 책임을 지고 있었다. 조사단은 북한과 중국군이 저질렀다고 여겨지는 잔학행위를 조사하는 한편 방대한 사건 기록을 체계적으로 정리했다. 날짜순

1) 전쟁범죄와 제네바협약에 대해서는 최호근, 『제노사이드-학살과 은폐의 역사』, 책세상, 2005, 84~87쪽 참조.

으로 정리된 개별사건 파일, 관련 사진, 각종 통계수치와 학살장소까지 포함된 종합보고서도 상당량을 이룬다. 이 기록 일부는 한국전쟁 동안 일어났던 잔학행위 조사를 위한 미 의회 청문회에 증거로 제출되었다.

하지만 전쟁범죄와 관련된 이 방대한 자료는 전범재판이 열리지 않음에 따라 적극적으로 활용되지 못했다. 미국은 UN군 포로들의 순조로운 귀환을 위해 전범 관계 기록을 이용하지 않았다. 그 이면에는 전쟁범죄의 가해자 혐의로부터 자유롭지 못한 미국의 상황이 있었다. 의회 청문회까지 열릴 정도로 북한과 중국의 전쟁범죄 행위를 비난했지만 미국 또한 비슷한 처지에 놓여 있었다.

이는 전쟁범죄 문서가 생산 당시부터 선전전에 활용되었던 배경과 맞물려 있다. 전쟁범죄 문서는 전후 전범재판에 대비해 조사가 이루어졌고 교전 상대국의 행위를 서로 비난하는 근거로 이용되었다. 전쟁 기간 동안 치열한 심리전이 전개되었고, 북한 또한 미군과 한국군의 학살행위를 비난했다. 미국 또한 전쟁범죄의 가해자 범주에서 자유롭지 못한 상황에서 국제사법재판소에 제소하는 등의 적극적인 대응을 하기는 어려웠던 것이다. 결국 전쟁 범죄 조사 활동은 상대국을 비난하는 선전전 성격을 벗어나기 힘들었다.

이 연구는 위와 같은 문제의식을 바탕으로 다음과 같은 내용을 다루고자 한다.

전쟁범죄조사단에 대한 연구는 거의 이루어지지 않았기 때문에 전쟁범죄조사단 조직에 대해 구체적으로 살펴보겠다. 이를 위해 조사단의 설립 배경과 조직 체계를 다루고자 한다.[2)]

---

2) 전쟁범죄조사단에 대한 본격적인 연구 성과는 거의 없지만, 조성훈이 포로정책에 대한 연구에서 전쟁범죄조사단 자료를 일부 참고했다. 그리고 최근 진실화해를위한과거사정리위원회에서 '적대세력에 의한 희생사건' 관련 조사에 전쟁범죄조사단 기록을 검토해서 이용하고 있다(조성훈, 『한국전쟁중 UN군의 포로정책 연구』,

다음으로는 현장 조사와 포로 심문 등 조사단의 구체적 활동을 살펴보겠다.

그리고 전쟁범죄조사단이 만들어진 이면의 의미를 다루고자 한다. 조사단은 북한군의 전쟁범죄 조사에는 적극적이었지만 미군 기록에서 미군이나 한국정부가 저지른 범죄행위는 찾아볼 수 없다. 미군도 전쟁범죄 의혹에서 자유롭지 못했던 것이다. 이에 초점을 맞추어 전쟁범죄조사단 조직의 역사적 맥락을 다루고자 한다.

II. 전쟁범죄 조사와 법무감실

미군에서 전쟁범죄 조사와 처리를 관할하는 기관은 미 육군 법무감실(The Office of the Judge Advocate General)이다. 미 육군 법무감실은 군 전반에 걸쳐 군 사법 체계를 감독하고, 군법회의 재판 기록과 항소 검토를 수행하며, 군의 법률 상담을 담당한다. 법무감실의 최고 지휘관은 법무감(Judge Advocate General)이다. 법무감은 육군 장관 및 모든 군대 기관의 법률 고문이며, 군법 회의 사건에 대해 육군 장관에게 직접 보고하고 육군 대원의 민사관계 · 훈련 · 통제 · 관리와 관련하여 법적 조언을 제공한다.

20세기에 들어서 법무감은 두 개의 주요한 책임을 지니게 되었다. 군사 재판을 관할하고 전쟁부 장관, 그리고 이후에는 육군부 장관의 법률 고문의 역할을 수행했다. 2차 세계대전 기간 동안에는 전쟁 범죄 조사와

정신문화연구원 박사학위논문, 1998 ; 진실화해를위한과거사정리위원회, 『2009년 하반기 조사보고서』 2-3, 2010).

가해자 체포와 기소라는 세 번째 업무를 맡게 되었다. 이를 효율적으로 수행하기 위해 1944년 10월 6일, 법무감실 내에 전쟁범죄조사과(War Crimes Branch)가 설립되었다.[3]

워싱턴에 본부를 둔 전쟁범죄조사과는 전쟁범죄 기소 관련 정보 센터의 역할을 하는 한편 현장 조사 활동을 위한 행정 및 인사 서비스를 제공했다. 각 전쟁 지역에는 법무참모가 이끄는 전쟁범죄조사 사무실이 있었고, 거기에서는 현장에서만 가능한 조사 업무를 담당했다. 각 전쟁범죄조사 사무실의 파일은 복사되었고 사본은 워싱턴에 있는 본부로 전송되었다. 이와 마찬가지로 본부는 전송된 군인 인터뷰와 같은 정보를 복사했고 적절한 때에 현장 사무소로 문서를 보냈다.[4]

---

[3] 미군 보고서에서 전쟁 범죄 정의는 다음과 같이 제시되어 있다. 이 개념은 1949년 제네바협약에 기초하고 있다.
a. 전쟁범죄. 여기서 "전범"이라는 용어의 취지는 적의 국민들 또는 그들을 위해 행동하는 개인들에 의해 자행되는, 일반적으로 적용되고 승인되는 전쟁의 규칙과 관례의 대한 위반으로 여겨지는 행위, 사령부의 재가 또는 명령의 여부에 관계없이 군사 작전들과 관련하여 자행된 개인 또는 재산에 포학한 공격뿐만 아니라 전쟁의 행위와 관계된 조약이나 협정을 위반하는 행위를 포함하는 것으로 이해될 수 있다.
b. 전쟁범죄인. "전쟁범죄인"이라는 용어의 취지는 위에서 정의된 것과 같은 "전범"을 저질렀던 사람, 또는 전범을 자행하는 것에 협조하고 사주한 자, 전범을 행하는 것을 조장하거나 (거기에) 공모했던 자를 포함하는 것으로 이해될 수 있다 ("Extract of Interim Historical Report(1953.6.30)", *NARA, RG 153 Records of the Office of the Judge Advocate General* ; *War Crimes Branch : Historical Reports of the War Crimes Division, 1952~1954, Entry 182, Box 2*).

[4] 미군 사법 관련 최고 수장격인 법무감의 지위와 역할은 독립전쟁으로 거슬러 올라갈 정도로 역사적 유래가 깊다. 1775년에 미국 독립전쟁 중 영국군에 대항하기 위해 만들어진 미국 13개 식민지의 통일된 명령체계를 가진 대륙군(Continental Army)에 법무감이 임명되었다. 미 육군 법무감을 위한 법적규정은 1797년에 만들어졌지만 이후 몇 년간 법무감의 수와 지위는 많은 변화를 겪다가, 1849년에 육군 법무감(Judge Advocate General)을 임명하기 위한 규정이 만들어졌다. 1862년 7월 17일 명령에 의해 육군 법무감이 임명되었고, 법무감은 군사 위원회 및 군사 위원회의 기록 및 절차를 넘겨받고 예심(豫審) 군법 회의의 기록을 보관했다. 1864년에 새롭게 창설된 군 사법국의 수장으로 육군 법무감이 임명되었다. 군 사법국은

전쟁범죄조사과는 설립 기간 동안 몇 차례 재구성되었다. 전쟁범죄조사과는 1946년 전쟁부 일반참모의 민사국으로 이전했다가, 1949년에는 육군 법무감으로 반환되었다. 1955년 전쟁범죄조사과의 남은 기능은 육군 법무감실의 국제 문제 부서로 흡수되었다.

한국 전쟁이 일어나자 전쟁범죄 개념이 다시 거론되었고, 전쟁 초기 전범 처리를 담당한 조직은 미 8군사령부 법무과였다. 미 8군사령부 법무과는 요코하마에 위치해 있었던 극동군(FEC)사령부 법무과의 지휘 아래에서 조직되었다. 극동군 사령부 법무과의 최고 책임자인 법무참모(Judge Advocate)는, 8군 사령관과 사령부 대원들의 법률 고문이었고 예하 사령부 법무참모들에 대한 지휘 책임을 가지고 있었다. 극동군 사령관 관할에서 일어나는 모든 청구권 소송을 취할 수 있었고, 군사재판 관련 사안들에 대한 책임이 있었다. 이를 위해 예하 부대들로부터 받은 목록과 배치 보고서들을 검토하고 처리했다.

1950년 6월 30일자 극동군 법무과 조직도를 살펴보면 다음과 같다.[5)]

육군 법무감 부서를 구성하기 위해, 7월 5일 명령에 의해 육군 법무병과와 통합된 조직이다. 1942년, 법무감은 보급 부대 사령관 예하에(이후 육군 보급 부대) 배치되었다. 1946년부터 법무감의 사무실, 즉 법무감실은 육군 참모 기관이 되었다 ("RG 153 Inventory", NARA).

5) "Command Report 1 January to 30 June 1950 Reports Control symbol CSHIS－5", *NARA, RG 338 Records of U.S. Army operational, Tactical, and Support Organizations(World War Ⅱ and Thereafter)* ; *Eighth U.S. Army Office of the Judge Advocate Historical Reports, 1950~1958* ; *command Report, 1 Jan－30 Jun 1950 to April 1951, Entry A1 201, Box.1534.*

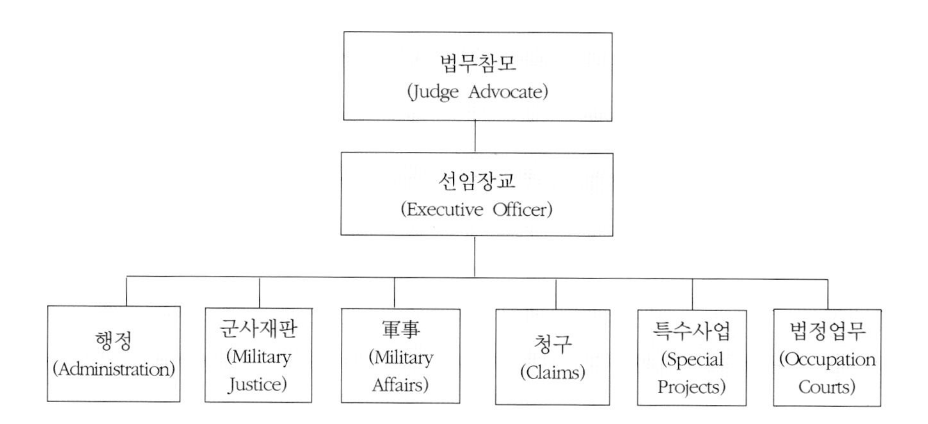

1950년 7월 14일, 극동군사령부는 법무참모에게 증거 조사와 축적, 재판 준비 및 수행을 지시했다. 이는 한국전쟁과 관련이 있거나 그 기간에 발생한 전쟁 규칙 및 관례를 위반한 적 잔학행위와 여타 범죄를 심리하라는 명령이었다.[6] 이 문서는 전쟁범죄 사건 증거 수집과 영구보존 절차의 윤곽을 잡을 야전지휘관들에게 회람되었고, 법무관들이나 법무장교들이 어디서든지 이 프로그램을 능동적으로 지휘해야 한다고 규정했다.[7] 8월 20일 맥아더 UN군 사령관은 잔학행위의 형법상 책임이 북한군 최고사령관에게 있음을 공표했다.[8]

1950년 7월 10일 극동군 법무과의 선발 부대인 실버스(Chester D. Silvers) 대령과 퀴어(George C. Quier) 중사가 비행기로 8군과 함께 업무를 수행하기 위해 한국에 도착했다. 그리고 스피처(Samuel E. Spitzer) 소령과 월(C. A. Wahl) 상사는 해상으로 부산을 향해 출발해서 7월 12일 도

6) "Investigation and Prosecution of War Criminal(staff Memorandum, 1950.7.14)", *NARA, RG 153 Records of the Office of the Judge Advocate General ; War Crimes Branch : Historical Reports of the War Crimes Division. 1952~1954, Entry 182, Box 1.*

7) "Reporting War Crimes Incidents and Investigation of suspected War Criminal", *Ibid.*

8) "The Commande-in-Chief Armed Forced of North Korea", *Ibid.*

착했다. 1950년 7월 10일~30일 사이에 실버스 대령과 스피치, 월은 부산으로 옮겨온 8군사령부 법무과를 구성했다. 軍史 보고서는 일본에 있는 후방제대에게 제출되었다. 실버스 대령과 스피처 소령은 8군에게 할당된 유일한 법무장교로서 실버스는 법무참모, 스피처는 선임장교 임무를 맡았다.

1950년 9월 6일 미 8군 법무참모와 전쟁범죄조사단장은 인사문제와 모든 법무 사안들을 토의하기 위한 연락 체계를 만들었다. 10월 17일 법무과는 극동군사령부 지시에 의해 전체 62명 인원이 인가된 전쟁범죄조사단을 포함시키기 위해 증원되었다. 일본의 고베 기지와 병참사령부 등으로부터 인원이 충원되었다.[9]

위와 같이 미 8군 법무과는 극동군 사령부 법무과의 지시로 인적 구성을 지원받고 있었다. 한국전 관련 전쟁범죄 조사가 본격화됨에 따라 8군 법무과 조직은 더욱 확대되었다.

Ⅲ. 전쟁범죄조사단 조직과 초기 활동

1. 전쟁범죄조사단의 조직

1950년 10월 13일에 극동군사령부는 미 8군 법무과 내에 전쟁범죄조사단(War Crimes Division in Korea, 이하 KWC)을 설치할 것을 지시했다. 전쟁

---

9) "Summary of activities of the Judge Advocate Section, 10 July 1950 to 31 October 1950", *RG 338 Records of U.S. Army operational, Tactical, and Support Organizations(World War II and Thereafter) ; Eighth U.S. Army Office of the Judge Advocate Historical Reports, 1950~1958 ; command Report, 1 Jan—30 Jun 1950 to April 1951, Entry A1 201, Box 1534.*

초기에 극동군 사령부의 법무참모에게 할당되었던 전쟁범죄 조사는 8군 사령부로 이전되었고 이는 전쟁범죄조사단 조직으로 이어졌다. 전쟁범죄조사단은 전쟁범죄자 조사와 체포 그리고 재판 운용 책임과 적임자 대원들을 소집하기 위한 조직이 필요하다는 판단에서 만들어졌다. 전쟁범죄조사단은 이른바 북한군과 중국군, 그리고 공산주의자들이 자행했다고 여겨지는 잔학행위를 조사했다.

핸리(James W. Hanley) 대령이 단장으로 임명되었고, 26명의 장교와 1명의 준위, 35명의 사병이 배속되었다. 전쟁범죄조사단의 임무와 지위는 다음과 같다.[10)]

a. 한국에서 UN군의 적에 의해 자행된 전쟁의 규칙과 관례 위반 사건들을 감독하고 지휘하는 임무를 수행.
b. 증거의 조사와 축적.
c. 예하제대에게 조사 요원 혹은 조사팀을 배속하는 업무.
d. 위반자 체포 지시와 감독; 재판의 준비 및 수행.
e. 전쟁범죄조사단은 미 8군 법무참모의 지휘를 받는 법무참모실의 지부이다.

전쟁범죄조사단의 활동 초창기 동안 전술적 상황이 크게 변화했다. 중국군이 압록강을 건너와 UN군이 퇴각하고 적대적인 상황이 지속됨에 따라 조사단은 난관에 부딪혔다. 서울에서는 적당한 주거지와 작전 공간을 구할 수 없었다. 보급 지원은 형편없었고, 야전부대들은 잔학행위에 대한 정보를 제공해 줄 수 없었다.

1950년 12월 초순에 전쟁범죄조사단은 부산에 재배치되었는데, 이에 따라 이전에 겪었던 병참상의 어려움이 많이 감소되었다. 초기에 조사단

---

10) "Table of Distribution for War Crimes Division", *Ibid.*

은 행정부서(Adminstration Branch), 조사·체포 부서(Investigation and Apprehension Branch), 재판부서(Trial Branch)로 구성되었다. 지대원 보충은 장교 27명(2명은 대한민국 육군), 사병 16명, DAC 2명으로 이루어졌다. 그런데 조사·체포 부서는 분석·편집 분과, 전쟁포로 분과 그리고 특수정보 분과 등 세 개의 분과로 나뉘어졌다.

현장 심문팀 장교들은 전쟁포로부(Prisoner of War branch)의 인원으로 구성되었으며, 적군 전쟁포로를 심문하는 임무를 맡았다. 1951년 2월에 북한군 포로 대부분이 거제도로 이송되었고, 여기에는 전쟁범죄 4개의 심문팀도 동반 이동했다. 심문팀들은 수천 명의 포로들을 처리하여 용의자들을 격리시켜 놓았고, 그로 인해 지금 기록된 사건들 대부분이 알려지게 되었다. 이 작업은 1952년 4월 거제도 포로 폭동 때까지 계속되었고, 심문팀은 폭동 때 작업을 중단하여 다시 재개하지 않았다.[11] 이 시기에 전쟁범죄조사단이 작성한 전쟁범죄 심문 보고서 양식은 다음과 같다.[12]

a. 보고자 선서
b. 통역자 선서
c. 목격자 선서
d. 스틸 사진사의 (입증) 선서진술서
e. 영화 필름 (입증) 선서진술서
f. 증거물에 대한 선서진술서
g. 목격자의 확인
h. 통역자의 입증

---

11) "Historical Report(1952.12.31)", *NARA, RG 153 Records of the Office of the Judge Advocate General ; War Crimes Branch : Historical Reports of the War Crimes Division, 1952~1954, Entry 182, Box 1.*

12) "Final Historical and Operational Report(1954. 5. 31)", *Ibid.*

i. 접수
j. 목격자의 입증
k. 전체 선서진술서
l. 정신이상 유무 확인
m. 심문의 예
n. 참여 UN군의 선서진술서

특수정보부(Special Information branch) 제1의 임무는 정보 수집이었다. 특수정보부는 장교 1명, 육군부 문관 1명, 사병 1명으로 구성되었다. 그들의 작업은 UN군에 호의적인 북한군이나 중국군을 활용한 수용소 내 전쟁포로들 사이의 일명 “정보제공자” 시스템에 기반해서 이루어졌다. 이 작업은 1952년 1월에 중단되었다. 다수의 정보제공자들이 포로들에 의해 발각되었고, 이 사실이 수용소 내에서 고조되는 소요와 폭동의 원인이 되었다고 파악되었기 때문이다.

현장조사팀은 현장심문팀과는 구별되는 사건 분과(Case Branch)를 설치했다. 현장조사팀은 보고된 잔학행위 사건들을 취합하고, 잔학행위의 유무를 밝혀내기 위해 사건장소(situs)에 대한 실제적인 조사를 수행하는 임무를 담당했다. 보고된 대부분의 사건들이 애초에 포로의 자백에 바탕을 둔 것이었기 때문에 조사는 그 사건이 실제로 일어났음을 확인하기 위한 확정적 증거, 즉 ‘범죄구성사실(corpus delicti)’을 찾는 데 주안점을 두었다. 조사 방법은 한 장교에게 특정한 사건을 할당하는 방식으로 이루어졌다. 그런 다음 이 장교는 현장 정보 또는 그 사건에 적절한 자료들을 확보하여 한 명의 사병 운전병과 1명의 현지인(한국인) 통역을 대동하고 보고된 전범의 현장으로 향했다. 작전은 시신들 또는 범죄가 실제로 일어났음을 증명해주는 물리적 증거의 위치를 찾아내는 데 집중되었다. 목격자나 생존자를 찾는 도중에 이루어지는 현지 주민에 대한 심문

은 조사의 일부분이었다. 때로는 원본보고서 서술이 불분명해서 사건 장소 확정에 어려움을 겪곤 했다.[13]

WD AGO 19－2 단위 부대들은 분석 · 편집 분과(the Analysis and Compilation Sub－Branch)를 구성했다. 잔학행위 보고서를 받는 대로 전투서열 부서가 초기처리를 완료했다. 이 작업은 1:250,000 축척의 한국 지도에 진술된 범죄 장소를 정확히 표기하는 것, 사건 일자 확정, 필요한 지역에서 음력을 그레고리력으로 바꾸어 줄 현지 통역사 활용으로 구성되었다. G－2 정보요약과 적군 포로 심문보고서는 지적된 시간에 현지에서 교전한 부대들을 식별하기 위해 검토되었다. 이는 증언을 해줄 만한 같은 부대의 전쟁포로를 알아내는 데, 그리고 자백의 개연적 신뢰성을 검토하는 데 유용한 것으로 판명되었다. 이 부서는 용의자들, 증인들, 생존자들, 보고된 어느 사건에서라도 언급된 모든 UN군 개개인들을 알파벳 순서로 기록한 명단을 보전하는 임무 또한 맡고 있었다. 덧붙여, 군사(軍史) 기록물은 통계적 편집물로 제공되기 위해 각각 개별 사건별로 보존되어야 했다. WD AGO 19－2 분과는 생포된 적 포로들이 작성한 설문지를 심사하고, 전쟁범죄에 대해 추가심문을 하려면 그들 중 누구를 억류할지 결정하는 일을 담당했다.[14]

2. 거제도 포로 심문과 현장 조사

전쟁범죄조사단의 주요 활동은 전쟁범죄로 추정되는 사건을 조사하고 이후의 전범재판에 대비하기 위해 사건 기록을 조사 · 정리하는 것이었다. 조사 활동은 주로 포로 심문을 통해 이루어졌다. 전범 증거를 입증하

13) "Extract of Interim Historical Report(1953.6.30)."

14) "Historical Report(1952.12.31)."

기 위해 현장 조사도 실시되었다. 이와 함께 증거를 획득하는 또 다른 방법은 포로교환 작전으로 회수된 미군 유해와 귀환자들의 진술이었다.

1951년 2월부터 1952년 4월까지 전쟁범죄조사단(KWC) 활동의 대부분은 거제도에 국한해서 전쟁포로들에 대한 일을 처리하고 심문하는 것이었다. 이 기간 동안에 잔학행위로 추정되는 1,488건에 대한 사건 기록이 공개되었는데, 대부분은 오로지 자백에만 의존한 것이었다. 하지만 나중에는 자백했던 포로들 중 많은 이들이 자백 내용은 강압에 의한 것이었다고 주장하면서 자신들의 진술을 부인하기 시작했다. 조사단은 이런 이유를 수용소 내 공산주의자 조직책들의 활동 때문이라고 파악했다.[15)]

1952년 4월 말부터 5월 초순까지 전쟁포로들의 공공연한 적대 행위와 비협조로 인해 거제도 조사는 끝이 났고, 다시 진행되지 못했다. 심문 활동이 중단된 이래 단지 4건의 전쟁범죄 사건만이 공개되었는데, 1건은 1952년 6월이었고, 3건은 1952년 11월이었다. 더욱이 포로 심문 자체가 어렵게 되어 현장 출장도 이루어지지 못했다. 1952년 11월, 전쟁범죄조사단장은 전쟁포로사령부에게 포로들에 대해 현장 출장 심문을 해도 되는지 판단을 요청했고, 그러한 허가는 내줄 수 없다는 회신을 받았다. 포로들을 그런 식으로 활용하는 것이 제네바협정 위반이라고 판단했기 때문이었다.

거제도 포로수용소 폭동 이후 KWC의 작업은 현장 조사에 집중되었다. 이때 조사단의 인원은 장교 25명(3명은 대한민국 국군), 육군성 무관 2명, 사병 25명, 한국 민간인 65명으로 구성되어 있었다. 하지만 조사단의 업무 부담은 늘어만 갔다. 단기간에 수천 명의 포로들을 조사해야 했다. 그

15) "Criminal Investigation Report", *NARA, RG 153 Records of the Office of the Judge Advocate General ; War Crimes Branch : Historical Report－Post Capture Offenses Div. 1953, Entry A1 186, Box 3.*

결과로 사건 기록이 단편적 정보만을 담고 있는 경우가 많았다. 미확인 사건들이 수백 건 기록되는가 하면, 증거 없는 자백을 제외하면 아무 내용도 없는 것이 1,043건이나 되었다. 이에 따라 필수적인 보강 증거를 확보함으로써 법률적으로도 충분한 요건을 갖춘 개별 사건을 늘리는 점이 강조되었다.[16]

많은 경우에 현장조사 팀들은 상당히 불리한 조건하에서 작업을 해야만 했다. 어떤 사건 추정지역은 외딴곳에 위치해 있어서 산길로만 접근이 가능했는데, 거기에 들어서는 것조차 게릴라 활동 때문에 그 지역의 책임 지휘관이 금지하곤 했다. 출장이 주간으로 제한된 것도 조사팀 활동의 범위를 제한시켰다. 많은 경우, 지역 사회의 현지 직원들은 전황이 불리했을 때 도망갔다가 교전 정황이 바뀌고 나서야 돌아왔다. 그리하여 그들이 제공할 수 있었던 정보는 풍문이거나 때때로 부정확했다. 더욱이 보고된 사건이 일어난 시점과 그 장소로 출장 간 시점 사이의 시간 경과는 불가피했으므로 현장조사팀의 어려움은 가중되었다. 많은 사례들에서 희생자들의 유해와 잔해는 상태가 나빠지거나 유해 발굴 팀들에 의해 옮겨지거나 다시 매장되었다. 때로는 현지인이나 동물들이 그 흔적을 흩어 놓기도 했다. 이러한 상황에서 현장조사 팀들은 사건 발생과 추후 현지조사 간 시간 차이에서 오는 어려움까지 겪어야 했다.[17]

1952년 3월 동안 수집된 사건 파일들이 심사되었고, 두 범주로 나누어졌다. 하나는 범죄구성사실(corpus delicti)의 구체적 증거가 있거나 범행을 자백한 가해자 또는 목격자가 전쟁포로수용소 밖에서 입증된 진술을 하고서, 현장의 위치를 지적한 경우이다. 나머지는 입증 없이 오로지 전쟁포로의 자백이나 진술에만 의거한 것이다.

16) "Extract of Interim Historical Report(1950.6.30)."

17) "Historical Report(1952.12.31)."

1952년 4월 26일 조사단은 대구로 이동했다. 입지의 변화에 따라 개별 사례들을 전범재판에 회부할 수 있을 만큼, 증거를 법적으로 충분하게 하는 데 활동의 주안점이 두어졌다. 인력의 한계로 인해 현장 방문 조사는 최소화되었고, 추가 증거 보강은 유해발굴조사부대들(Graves Registration Units)과 대한민국 내무부 장관과의 협조를 통해 이루어졌다.[18)]

잔학행위를 확인하는 가장 좋은 방법은 희생자의 유해를 실제로 확보하는 것이었다. 유해발굴단과 병참장교과, 그리고 미 8군이 UN군 유해 찾기를 담당한 이후로, 전쟁범죄 사건 파일에 의해 지목된 장소에서 사체의 회수 여부를 확인하는 활동을 하는 부대에게 발송될 'GRO 확인서(GRO Check)'로 불리는 문서 양식이 준비되었다. 이 요청사항에는 '잔학행위의 추정 일시와 보고된 희생자들의 수와 국적과 허용된 유효한 정보만큼 일정정도 정확한 위치와 유해의 신원확인을 도와줄 여타의 정보'가 포함되어 있었다. 이 양식을 받는 즉시 유해발굴단원들은 유해 회수의 여부를 밝히기 위해 그들의 기록들을 확인했다. 그들은 수색의 결과가 긍정적이면 관련된 다른 유효한 자료들과 함께 전쟁범죄조사단에 제출했다. 하지만 유해발굴단은 유해가 실제로 회수되었던 장소를 정확히 짚어내지 못했고, 대략적인 현장만을 기록하고 있는 실정이었다. 대부분의 사건들이 이 시기에 일어났기 때문에, 결과적으로 사건들과 관련된 정확한 정보를 이용할 수 없는 경우가 빈번했다. 각각의 사건들에서 모든 가능한 증거들을 입수하기 위해서 수많은 파일들이 확인될 필요가 있었지만, 대원들이 부족했기 때문에 많은 양의 요청사항 처리는 어려웠다.

1952년 5월 전쟁범죄조사단의 사병들이 이 기획에 참여하기 위해 유해

18) 예를 들어 KWC#304에는 전직 내무서 경리계장, 생환자, 현장 목격자의 진술과 미 전쟁범죄조사단 및 충남경찰국의 조사결과, 현지조사에서 면담한 참고인 진술을 통해 확인한 홍성내무서 희생사건이 들어 있다(진실화해를위한과거사정리위원회, 『2009년 하반기 조사보고서』 2, 59~76쪽).

발굴단에 파견되었다. 이에 따라 연락체계가 확립되었으며, 당면한 GRO 확인서는 가장 주의 깊게 취급되었다. 게다가 회수팀들(recovery teams)은 이제 잔학행위에 대한 증거의 필요성을 깨닫게 되었고, 따라서 고문으로 인한 특이한 상처나 묶인 손 또는 발, 그리고 사체가 벌거벗겨졌는지의 여부에 주목했을 뿐만 아니라 현장의 위치도 비교적 정확하게 찾아냈다.[19]

각각의 사건을 입증해 나가는 작전의 부가적인 수단은 현지 대한민국 경찰에 의해 작성된 확인서를 통해 제공되었다. 이 확인서는 대한민국의 내무부장관실을 통해 입수되었고, 전쟁범죄조사단에 의해 '한국 확인서'로 명명되었다. 어떤 특정한 사건에 대한 심사가 지역 경찰에 의한 현지 주민들의 심문을 통해 그 이상의 정보가 발견될 수 있을 것이라고 시사한 곳이 있으면, 한국의 내무부 장관에게 조사를 요청하는 문서가 발송되었다. 각각의 요청서에는 현장에 대한 정보가 담겨있는 파일들에서 발췌한 내용들이 영문과 한글 번역본으로 첨부되어 있었고, 가능한 곳은 현장의 오버레이(overlay)가 첨부되었다. 그다음에 이 요청서는 한국 정부의 의사소통 경로들을 통해 조사를 수행하고 정보를 돌려보내줄 지역 경찰에게 전달되었다. 요청 사항이 처리되려면 일반적으로 6~8개월이 소요되었으므로 이러한 절차의 유효성은 시간 관계상 줄어들었다. 이용 가능한 세부 항목이 빠져 있는 것도 취약한 지점이었다. 기본적인 사건 외에 부차적 정보를 알려줄 수 있는 한국 측 확인서가 간혹 돌려보내지기도 했다. 이런 경우에는 기존 파일에 해당 정보를 연계시켰다. 정보가 확실할 때에는 이를 새로운 사건으로 독립하여 관리했다.[20]

이와 같이 전쟁범죄조사단은 두 가지 방법으로 전쟁범죄 증거를 확인

---

19) "Extract of Interim Historical Report(1953.6.30)."

20) "Historical Report(1952.12.31)."

했다. 첫째는 직접 현지조사를 통한 것이었고 둘째는 대한민국 정부에 조사를 의뢰하는 것이었다. 이와 함께 증거 획득의 또 다른 방법으로는 포로교환 작전으로 회수된 미군 유해와 귀환자들의 진술을 확보한 것이다.

Ⅳ. 한국병참관구 이관과 조사 활동

1. 한국병참관구 이관과 포로교환 작전

1951년 중반 이후 전선 교착 상태가 지속됨에 따라 전쟁범죄 관련 정책도 수정되기 시작했다. 1952년 3월 초, 전쟁범죄 조사 정책은 현안에 관련된 인물들의 심문과 새로운 사건의 공개를 제한해야 한다는 점이 강조되었다. 1952년 7월 KWC 단장은 '게릴라들의 활동과 사건 발생 시간의 경과, 언어 장벽, 그리고 규명되지 못한 사건 장소들' 등으로 조사활동이 어려움에 직면했다는 보고서를 제출했다. 그는 한국에서 현재의 군사적 상황 변화를 기다리는 동안, 긴급한 조사에 필요한 조사단 인원을 최소치만큼 축소해야 하는지 여부를 결정해 달라고 요청했다. KWC에서 작성한 이 보고서는 당시 전쟁범죄 활동이 소강상태에 이르렀음을 보여주었다. 앞서 언급한 상황과 군 소속 법무관들이 정책의 분명한 변화에 대해 합의한 사실을 보여주는 문서가 극동군 사령부 총사령관에게 전달되었다.[21)]

21) "Operational Status of War Crimes Section(1952. 7. 17)", *NARA, RG 153 Records of the Office of the Judge Advocate General ; War Crimes Branch : Historical Reports of the War Crimes Division, 1952~1954, Entry 182, Box 1.*

이 시기에 직면한 또 하나의 문제는 전쟁범죄 혐의자들이나 범법포로(post-capture)들의 전쟁포로 지위에 대한 것이었다. 1949년 전쟁포로의 대우와 관련한 제네바 협약의 103조는 재판을 기다리는 죄수들의 감금을 3개월로 한정하도록 규정했다. 비록 미국이 그 조약을 인준하지는 않았지만, 그것은 국제군 정책의 관례였다. 동시에 미묘하게 균형을 유지하고 있는 휴전협정에 부정적인 영향을 미칠 수 있는 우려 때문에 미국은 전범재판을 요구하지 않기로 결정했다.[22]

그 결과 전쟁범죄조사 활동의 임무가 미 8군으로부터 한국병참관구(Korean Communications Zone, 이하 KComZ)의 사령부로 이관되었다.[23] 1952년 9월 21일 극동군 사령부는 전쟁범죄 조사 활동의 전환이 있어야 한다는 미 8군의 요청을 승인했다. 1952년 10월 1일자로 발효된 이 명령은 KWC의 모든 인원들과 기록들의 이관에 대비한 것이었다. 이 명령은 자료와 정보요청들에 대한 응답을 가능케 하는 역사적, 통계적 보고서의 편찬과 준비를 지시했다. 가능한 한 신속하게 보고서를 완성해야 할 필요성이 강조되었고 상황이 허락되는 한 조사 작전을 지속할 것을 지시했다. 더 나아가 이 명령은 앞으로 있을 수 있는 포로교환과 최전선에서의

---

22) "Status of Prisoners of War to be Tried for War Crimes and Post Capture Offense(1952.8.19)", *Ibid*.

23) 한국병참관구(KComZ)는 후방지역의 한국군에 대한 군수지원, 철도 운영, 관구내의 이동에 대한 통제, 대민 지원 활동, 그리고 전쟁포로에 대한 행정, 통제 지원 등의 임무를 수행했다. 리지웨이 후임으로 극동군 사령관에 임명된 클라크 장군은 그때까지 전쟁포로 문제 등 후방업무에 대해서도 지휘 책임을 도맡아 수행했던 미8군을 본연인 임무인 전투 수행 임무에만 전념시키기 위해 한국병참관구 사령부(Korean Communications Zone, KComZ)라는 새로운 지휘 체계를 신설했다. 1952년 7월 10일이다. KComZ는 미8군이 아닌 극동군의 지휘를 받도록 했으며, 1952년 8월 21일자로 후방 업무는 KComZ에게 넘어갔다(이흥환, 「RG 554, 미 극동군 사령부 연합군 최고사령관 및 유엔사령부 문서군 해제」, http://blog.naver.com/dibrary1004 ; 김학재, 「주한유엔민간원조사령부(UNCACK) 자료 해제」, 『전장과 사람들-주한유엔민간원조사령부(UNCACK) 자료로 본 한국전쟁의 일상』, 선인, 2010, 299~300쪽).

유리한 전술적 변화가 있을 경우에 이루어질 더 폭넓은 현장조사에 대비하기 위한 계획이 착수되어야 한다고 규정했다.[24)]

1952년 9월에 전쟁범죄조사단은 6명의 장교, 1명의 한국군 장교, 13명의 사병, 6명의 한국인 통역자들로 축소되었다. 1952년 11월 군사(軍史) 관련부서(the historical branch)가 조사단 내에 구성되었고, 중간보고서를 쓰기 위해 자료를 체계화하고 통계자료를 편찬하는 작업과 최종적인 양식으로 된 (전범의) 역사(the History)의 초안 작업이 시작되었다.

1952년 말 무렵, 조사단의 활동은 중간보고서 준비를 위한 사건파일의 검토와 통계자료의 재도표화에 집중되었다. 영등포와 춘천에 배치되어 있었던 현장조사팀들은 현장이 그 지역이었던 사건들을 확인했고, 심문팀은 선발된 포로들에 대한 재심문을 시작하기 위해 부산에 배치되었다.

1953년 전반기동안 150건의 요청이 유해발굴사무소로 보내졌고, 322건의 조사 요청이 대한민국의 내무부장관에게 발송되었다. 덧붙여, 이 시기에 319건의 현장조사가 유해발굴조사단에 의해 마무리 되었고, 장래의 현장 확인을 위해 91개의 추가적인 파일과 폴더들이 현장조사팀에 의해 준비되었다. 모든 행정관련 파일과 폴더가 검토되고 편집되었으며, 불필요한 것들은 파기되었다. 신뢰할 수 없는 통계자료들은 재확인되었으며, 밝혀진 수치들의 새로운 세트가 정보의 실제 상황을 더 정확하게 반영하기 위해 전쟁범죄 기록들에 포함되었다. 이와 함께 잔학행위와 관련된 정보를 가지고 있을지도 모를 본국으로 귀환한 미군과 한국군 전쟁포로들을 심문하기 위한 방침이 세워졌다.[25)]

---

24) "Reorientation of War Crimes Activities, Eighth Army", *NARA, RG 153 Records of the Office of the Judge Advocate General ; War Crimes Branch : Historical Reports of the War Crimes Division, 1952~1954, Entry 182, Box 1.*

25) "Extract of Interim Historical Report(1953.6.30)."

한국병참관구 이관 이후 전쟁범죄조사단의 조사 활동은 주로 귀환한 전쟁포로들을 대상으로 이루어졌다. 이는 포로 교환 작전인 'Little Switch'와 'Big Switch' 작전과 연계되어 진행되었다.

'Little Switch' 작전의 결과로 6,770명의 중국군 및 북한군 포로들이 684명의 UN군 포로들과 교환되었다. UN군에 적대적이었던 전쟁범죄 용의자 33명이 투항했는데, 그들 중 24명은 북한군, 9명은 중국군이었다. 5명의 북한군과 1명의 중국군 전쟁범죄 증인들은 공산주의국가들로 귀환했다. 포로수용소 내 범법행위로 기소됐던 4명의 적군 포로들과 이 범죄에 대한 증인들 3명 역시 이 작전의 결과에 의해 송환되었다. 포로들의 교환은 1953년 4월 20일 한국의 판문점에서 시작되어 1953년 4월 26일에 종료되었다.[26)]

그리고 'Big Switch' 작전에 따라 양측에 남아 있는 전쟁포로들의 교환은 1953년 6월 25일 발효된 극동 작전 계획 1-53에 따라 수행되었다. 이 총체적인 계획 아래서 주한 미 8군 사령관과 한국지역 병참 사령관은 그들의 개별적 임무들을 수행하기 위해 고안된 세부 계획들을 공포했다. 교환은 1953년 8월 5일 시작해서 1953년 9월 28일 완료됐다. 전쟁포로였던 총 12,751명의 UN군이 귀환했는데, 그중 3,596명이 미군, 7,842명이 국군이었다.[27)]

교환포로의 심문과 상시적인 운영상의 절차, 다수의 관련 기관들의 조직화는 정보사령부(Intelligence Service Command)의 통제 속에 이루어졌

---

26) "Operational Little Switch Supplementary to Interim Historical Report 30 June 1953(1953.11.1)", *NARA, RG 153 Records of the Office of the Judge Advocate General ; War Crimes Branch : Operation Big Switch Interrogation Reports 1953~1954, Entry A1 183, Box 6.*

27) "Operational Big Switch Supplementary to Interim Historical Report, Operation Little Switch 1 November 1953(1954.2.28)", *Ibid.*

다. 극동군사령부에 의해 제공된 정보에 대한 보충으로 KComZ 사령부는 한국군 귀환자와 관련하여 수행되었던 것처럼 병참관구 작전계획2－53(KComZ Operations Plan 2－53)을 작전 지침으로 발표했다.

이 작전에서 KWC 심문자들의 주된 임무와 목표는 UN군과 한국군 포로에게 행해진 처우를 확인하고 적군 포로수용소에서의 생활여건을 평가하는 것이었다. 살해, 야만적 행위, 학대, 그리고 여타의 폭력행위는 기존의 사건 파일들과의 가능한 연관성을 고려하여 기록되었다. 정확한 심문을 최소한의 시간 내에 가능하게 하기 위해 KWC의 모든 현장 작전이 중단되었고, KWC의 대원들은 근접 작전(approaching operation)의 인원 배정을 위해 재발령 받았다.[28]

1953년 4월 16일 미군 귀환자의 심문을 담당하기 위해 각각 2명의 장교와 사명이 도쿄로 갔다. 이 팀에는 극동사령부의 법무참모실에서 충원된 4명의 장교와 4명의 속기사가 배속되었다. 방향설정을 위해 군 요원들이 활용될 행정 절차와 심문 기술 강의에 참석했다. 교환포로들이 거쳐 갈 2개의 군병원에서는 각각 3명의 장교와 1명의 사병과 2명의 민간인 속기사가 근무했다.[29]

69명의 미군 귀환포로들이 조사를 받았는데, 그들 중 66명은 자신들의 진술을 보증하기에 충분한 잔학행위 사실들을 알고 있다고 인정되었다. 해군과 해병대의 귀환자들은 조사단의 심문에 이용될 수 없었지만 극동해군사령부(COMNAFE)에 대해 행해진 그들의 진술은 KWC에 의해 검토되었다.

28) "Extract of Interim Historical Report(1953.6.30)."

29) "Essential Elements of Information for Interrogation of Retuned Prisoners of War", *NARA, RG 153 Records of the Office of the Judge Advocate General ; War Crimes Branch : Operation Big Switch Interrogation Reports 1953~1954, Entry A1 183, Box 1.*

동시에 서울에서는 한국군 귀환자들에 대한 의료, 정보, 행정직 처리가 완료되었다. 이 절차에 참여한 KWC 단원들은 4명의 장교와 10명의 사병과 6명의 현지인 통역사로 구성되어 있었다. 실제 작전들에 대비한 "예행연습(dry runs)" 중에 한국군 귀환자들에 의해 제공된 축자적인 문답 진술의 한국어 변역에 과도한 시간이 소요될 수 있다는 점이 확인되었다. 그리하여 한국병참관구 작전 계획에서 심문절차가 다소 수정되었다.

서울에서는 후송문제가 없었으므로 처음 예상했던 것보다 소수의 2단계 심문이 받아들여졌다. 그 결과 파견대의 일부가 교대되었고, KWC의 일반적인 업무에 돌려보내졌다. 남아 있는 장교들과 사병들이 166개의 진술을 확보하는 것으로 'Little Switch' 작전과 관련한 심문은 1953년 6월 15일에 끝났다.[30)]

30) 이들 작전 외에도 전쟁범죄와 관련한 작전이 이루어졌다. 그 가운데 하나는 '심리전(Psychological Warfare)'이다. 1953년 8월 심리전 책임자는 특정한 목적을 위해 부당하게 이용됐던 UN군 전쟁포로들에 대한 공산주의자들의 잘못된 처우에 관한 실질적인 자료들을 확보하기 위한 육군 부서 계획을 준비했다. 이 계획은 법무감에게 잔학한 행위에 대해 공개할 수 있는 자료들을 심리전 책임자에게 제공하라고 요구했다. 워싱턴과 동경의 관리 사이에 장거리대회가 진행되는 동안 육군 부서 대표들은 심리전 책임자가 이용할 수 있도록 해당 전쟁 쟁 범죄를 입증하고 나중에 거짓으로 드러날지라도 처음에 진실로 여겨질 정도로 충분히 정교하게 구성된 증거를 포함하는 모든 파일들이 워싱턴으로 전달되어야 한다고 요구했다. 이에 따라 해당되는 139건의 파일이 워싱턴으로 보내졌고 그중 102건이 이 사무실로 반송됐다. 이 경우들 중 5건은 실종된 터키 희생자들 등과 관련된 것들이었다. 다음은 '난민 작전(Operation "Displaced Persons")'이다. 1953년 7월 27일 발효된 휴전협정의 59개 항(절)들은 대체로 1950년 6월 24일 현재 군사 분계선 양쪽에 거주하다 전쟁의 부침에 의해 다른 쪽으로 쫓겨난 모든 민간인들은 원할 경우 그들의 이전 거주지로 돌아가기 위한 지원을 받을 수 있다고 규정한다. 1954년 3월 4일 11명의 터키인들과 8명의 "백인" 러시아인들이 이 작전 덕에 남한으로 돌아왔고 전쟁조사과의 대표를 포함하는 정보팀의 심문을 받았다. 비록 "호랑이"로 알려졌던 북한인민군 소좌가 이끄는 죽음의 행진이라는 분명한 사건이 확인되기는 했지만, 이들로부터는 더 이상 중요한 정보가 나오지 않았다. 또 하나는 '영광 작전(Operation "Glory")'이다. 휴전협정 13f항은 "매장 장소가 기록 대상이고 무덤이 존재하는 것으로 발견되는 경우 (반대쪽은) 다른 쪽의 묘지 등록 요원이 제한 시간

심문이 완료됨에 따라 전쟁범죄조사단은 미 육군부로부터 범법포로 활동에 의해 사망한 미군 희생자의 '최적 추정치(best estimate)'를 제공해줄 것을 요청받았다. 이 정보는 1953년 5월 13일의 요청을 수령하고 24시간 후에 육군부로 전송되었다. 더 나아가, 모든 관련기관들은 G－1과 G－2에 의해 'Little Switch' 작전 가운데 이루어진 정보 처리 과정에 대한 적절한 비판과 송환활동과 관련된 장래의 작전들에 대한 권고를 요청받았다. 종전이 가까올 무렵인 1953년 6월 30일에 전쟁범죄조사단의 대표 한 명이 이틀에 걸친 잠정적인 절차들에 대한 브리핑과 오리엔테이션에 참석하기 위해 도쿄에 파견되었다.[31]

UN군에 적대적으로 자행됐던 전쟁범죄와 포로들의 처우와 관련한 추가 정보는 일반적으로 귀환병들을 인터뷰하고 기록함으로써 수집되었다. 귀환병들을 한국에서 미국까지 수송했던 각각의 MSTS 선박에 동승했던 전문가 집단들이 임무를 담당했다. 시간을 고려해 각각의 귀환병들로부터는 선서를 받지 않은 채 이뤄졌고 짧은 진술만이 허락됐다. 그러나 이 진술은 이후 전쟁범죄조사단에 의해 검토 받았고 귀환병이 전쟁범죄와 잔학 행위에 대한 정보가 있다고 대답한 경우에는 미국에서 추가로 이뤄질 자세한 인터뷰를 위해 해당 병사의 이름이 기록됐다. 다수의 귀환병들이 전쟁범죄 정보를 갖고 있다고 보았지만, 정확한 정보를 제시할

동안 무덤들로 가 사망한 전쟁포로들을 포함해 사망한 군사 요원의 시신을 회수하고 발굴할 목적으로 이 휴전 협정이 발효된 이후 그들의 군사 통제하에 있게 되는 한국의 영역에 들어가는 것을 허락(할 것)한다"고 규정한다. 비록 이 작전으로 전쟁범죄 정보를 획득할 가능성이 희박하지만, 분과는 이와의 긴밀한 접촉을 유지해오고 있다. 시신 회수 프로그램은 북한인민군이 연구 후 그 제안에 대한 평가를 표현할 것임을 시사했던 1954년 3월 26일 유엔 사령부 구성요소에 의해 휴전협정위원회에 제출됐다. 그때 이후 양측은 서로에게 매장 장소 및 관련정보들을 제공해오고 있다. 이 문서가 작성된 시점에서 실질적인 시신 회수는 이뤄지지 않았다("Final Historical and Operational Report(1954.5.31)").

31) "Extract of Interim Historical Report(1953.6.30)."

자격이 있는 것으로 파악된 사람들이 별도의 집단으로 선택됐다. 이어서 상세한 인터뷰와 서약서를 요구하는 924건의 요구가 군사 채널을 통해 미국에 전해졌다. 이들 중 636건이 반송됐고 나머지는 관련 사건 파일이나 해당 목적을 위해 새로 만들어진 특별 파일에 배치되었다.

전쟁범죄와 범법 행위와 관련된 포로들을 송환해야 하는지에 대한 질문이 'Big Switch' 작전에서도 제기되었다. 협상 장소와 의사 교환들이 1953년 8일부터 30일까지 자유롭게 이루어졌다. UN군의 관리 아래에 있는 모든 포로들은 송환을 원할 경우 송환될 것이고, 송환을 원하지 않는다는 의사를 표현할 경우 인도가 관할하는 구금지로 이송될 것이라는 군사휴전위원회의 주한 UN군 사령부 구성요소를 발표하라는 지시가 마침내 내려졌다. UN군 총사령관이 "송환을 거부한 모든 북한군 및 중국군 포로들은 자신들의 전쟁범죄 혐의가 지속되지 않을 것이라는 사실을 알아야 한다"고 공표했던 것이다. 이에 근거해 'Big Switch' 작전은 종결되었다.[32)]

상당수의 북한 및 중국군이 전쟁범죄 가해자 혐의로 구금되었지만 미군은 전쟁범죄 재판을 실시하지 않기로 결정했다. 대신 북한군, 중국군과 포로를 교환했다. 결국 생포 이후 범법행위 혹은 전쟁범죄로 고발되었지만 북한으로 송환되기를 거부한 포로들은 기소되지 않았다.

2. 의회 청문회

전쟁에 대한 미국 국민의 불안감과 언론 취재에 비춰진 귀환포로의 진술은 잔학행위에 대한 미 의회의 관심을 불러일으켰다. 참전 군인 가족으로부터 즉각적인 조사를 요구하는 편지들이 의원들에게 답지하기 시

32) "Final Historical and Operational Report(1954.5.31)."

작했다. 1952년 12월 미 하원 특별위원회는 미군과 여타의 UN군에게 가해진 공산주의자의 전쟁 잔학행위에 대한 의회의 조사를 만장일치로 요청했다.

1953년 10월 6일, 상원의원 Joseph R. McCarthy(상원 상설조사 분과위원회 위원장)는 상원의원 Charles E. Potter를 위원장으로 하는 특수 분과위원회를 조직하여 한국에서 공산주의자들이 저지르고 있는 전쟁 범죄의 성격과 범위에 대해 조사하도록 했다. '한국전 잔학행위 특별 소위원회'의 대표인 포터 의원은 전쟁범죄조사단, 법무감실, 한국지역 병참 사령부의 파일들을 이용할 수 있는 권한을 요구했다. 이 자료들은 미육군의 법무감을 통해 1953년 10월 19일부터 포터 의원이 이용할 수 있게 되었다. 1053년 10월 28일 요청된 추가 정보는 절차에 따라 1953년 11월 3일 승인되었다.[33]

상원 소위원회의 청문회는 1953년 12월 2일부터 4일까지 3일 동안 열렸다. 아직도 포로 신분에 놓여 있는 수천 명의 UN군이 위험에 처하지 않게 하기 위해 청문회는 비공개로 진행되었다.[34]

청문회 기간 동안 29명의 목격자들이 잔학행위 증언을 위해 위원회에 출석했다. 이들 가운데 23명은 전쟁 범죄로부터의 생존자들 또는 사건을 목격한 미군들이었다. 나머지 목격자들은 한국에서 활동했던 전임 육군 전투 사령관들과 전쟁범죄조사단의 장교들이었다. 이들 가운데는 UN군 사령관이었단 리지웨이(Matthew B. Ridgway)와 KWC 단장이었던 핸리 대령, 토드 대령 등이 있었다. 선서, 진술서, 사진 자료, 미 육군 법무감실의 공식 기록과 전쟁범죄조사단의 공식 기록들로 구성된 확증 자료가 또한

33) "Korean War Atrocities : Report of the Committee on Government Operations(1954.1.11)", *NARA, RG 319 Records of the Office of the Assistant Chief of Staff, Entry 134A, Box 35.*

34) "Final Historical and Operational Report(1954.5.31)."

제출되었다.

청문회에서 주로 다루어진 내용은 북한군과 중국군에 의해 저질러진 포로 학대와 관련된 잔학행위였다. 그 가운데 특히 주목했던 사안은 일명 '죽음의 행진'이었다.[35] 귀환한 미군 포로들은 "생포된 장소에서부터 각기 다른 거리에 위치한 포로집결지까지 행군하는 것이 일상이었다"고 진술했다. 이 행군 가운데 일어난 대부분의 죽음은 식수와 식량, 의복 등이 제대로 공급되지 않았기 때문에 전투 중에 입은 부상들을 돌보지 못함으로써 발생했고, 영양실조와 이질이 만연했고, 수용소에 도착해서도 그로 인한 죽음이 그치지 않았다는 것이다. 나아가 북한이 포로 행군을 선전 도구로 이용했다고 비난했다.[36]

위원회는 북한뿐만 아니라 중국군 또한 잔학행위의 책임에서 벗어날 수 없다고 주장했다. 이는 KWC 단장이었던 핸리 대령의 증언을 토대로 제기되었다. 핸리 대령은 이미 1951년 11월에 8군 법무참모가 제공하여 언론이 공개한 이른바 "핸리보고서(The Hanley Report)"에서 이를 주장했었다. 이 보고서는 중국군의 잔학행위를 폭로한 것이다. 중국군의 전쟁 참전 이후 북한군보다 중국군이 더 많은 UN군을 학살했다는 내용을 담고 있다. 나아가 이는 전쟁포로 처우 면에서 제네바협약을 준수한다는 중국 측의 주장과 첨예하게 충돌한다고 지적했다.[37] 핸리 대령은 의회 청문회에서도 이와 같은 사실을 주장했다.

결국 '한국전 잔학행위 특별 소위원회'는 청문회와 제출된 자료들을 토

---

35) 죽음의 행진과 포로 대우에 대해서는, 조성훈, 「6·25전쟁 중 북한 포로수용소 실태와 국군포로 사망자 유해 발굴 가능성」, 『군사』 제75호, 국방부 군사편찬연구소, 2010, 171~175쪽 참조.

36) 북한군의 포로가 되었던 딘(William.F.Dean) 소장도 비슷한 내용을 주장했다(중앙일보사 편, 『민족의 증언』 3, 1983, 274~297쪽).

37) "Final Historical and Operational Report(1954.5.31)."

〈사진〉 정치 선전장에 앉아 있는 미군포로들(NARA, RG153)

대로 1954년 1월 11일(입법상 날짜, 1월 7일)자로 「한국전쟁의 잔학행위(Korean War Atrocities)」라는 제목의 보고서를 의회에 제출했다. 보고서에는 소위원회의 조사 결과 및 결론을 다음과 같이 밝히고 있다.[38]

38) "Korean War Atrocities : Report of the Committee on Government Operations(1954.1.11)."

* 모든 목격자들의 증언을 경청하고 증거 서류들을 조사한 후, 분과위원회는 다음과 같이 통지한다:

(1) 북한과 중국의 공산당 부대는 1950년 6월 25일부터 1953년 7월 27일까지 한국에서의 전쟁 동안 미국인들에 대하여 저지른 다음의 전쟁 범죄와 인권침해에 대한 범죄에 대해 유죄이다.
 (a) 살인
 (b) 의도된 살인
 (c) 악의 있는 가중 폭행
 (d) 여러 가지 고문 행위, 즉 달궈진 대나무창으로 포로의 살갗을 찌르고 불붙인 담배로 포로를 불에 데게 하고, 캔 따개를 포로의 상처에 삽입하였음.
 (e) 굶어죽게 함.
 (f) 굶주림을 조장하는 계획된 정책
 (g) 실험적인 의료 수술
 (h) 공산주의 사상의 강제 세뇌
 (i) 창검으로 찌름
(2) 중국의 공산주의 정부는 미국인들에게 저지른 전시 잔학 행위에 대해 한국 내 공산정부로서 동등하게 책임을 져야 하며 유죄이다.
(3) 사실상 전쟁포로의 대우에 대하여 적용되는 제네바 협정의 모든 조항이 북한과 중국의 무력에 의해 고의로 위반되었거나 무시되었다.
(4) 5,000명이 넘는 미국인 전쟁포로들이 공산당의 전쟁 잔학 행위로 사망했으며, 생존한 천여 명은 전쟁범죄의 희생자들이다.
(5) 송환되지 않은 수천 명의 미국의 병사들은 전쟁범죄의 희생자들이거나, 전사하거나 지금도 철의 장막 뒤에 감금되어 있다.
(6) 공산당 군대는 판문점 휴전협정에 따라 환자와 부상병들을 송환하지 않음으로써 'Little Switch' 협정을 위반했다.
(7) 한국 내 공산당들은 허위선전으로 미국인 전쟁포로들에게 행해진 그들의 대우를 부정확하게 설명하려고 의도했다.

* 권고: 미국의 상원은 이러한 공산당의 잔학행위들에 대해 중대한

> 관심을 표명하고 유엔의 미국 대표단에게 공명정대한 조사위원회 설치를 유엔에 권고할 것을 제안하는 상원 결의문 발의를 권고한다. 앞서 말한 위원회의 목적은 1950년 6월 24일 이후에 한국에서 또는 한국 근처에서 북한과 중국의 공산당 군대에 의해 행해진 모든 전쟁범죄에 대한 사실에 대해 조사하고 보고하며, 범죄자들이 공정하고 합법적인 처벌로써 책임을 지도록 하는 수단이 되는 것이다.

청문회 결과 포터의 소위원회는 공산주의자들의 잔학행위에 희생된 시신들에 대한 상원의 심각한 유감을 표명하는 결의안과 중립적인 UN조사위원회가 조사를 하도록 위임받아야 한다고 미국대표부에게 강력히 권고했다. 1950년 6월 24일 이후 한국 내부와 인근 지역에서 북한군과 중국군들에 의해 자행됐던 모든 범죄들에 대한 기록을 권고했으며 전범들을 합법적으로 처벌할 수 있는 수단을 만들 것을 제안하기도 했다.

그러나 한국전쟁의 잔학행위에 대한 미 의회 청문회의 조사는 유엔에서의 소련과의 설전만 불러일으킬 뿐 별다른 진전은 이루어지지 못했다. 청문회 개최를 전후해서 미 국방장관은 국무장관에게 한국 전쟁 잔학행위들과 직접 관련된 대표적인 서류들을 전달했다. 이 문서들은 전쟁 범죄 목격자들의 증언에서 발췌한 내용들을 대거 포함하며 1953년 11월 26일 헨리 캐봇 라지(Henry Cabot Lodbe, Jr) 유엔 미 대사에 의해 유엔에 제출되었다. 그러나 소련의 대변인인 비신스키(Andrei Vishinsky)는 미국인들의 주장은 계획적인 거짓과 선전을 나타낼 뿐이라며 미국 측을 비난했다.[39)]

이는 전쟁범죄 문서 자체가 생산될 당시부터 선전전에 활용되었던 상황과 무관하지 않았다. 전쟁범죄 문서는 전후 전범재판에 대비해 조사가 이루어졌고 교전 상대국의 행위를 서로 비난하는 근거로 이용되었다. 한

---

39) "Final Historical and Operational Report(1954.5.31)."

국전쟁에서도 국세 언론사 동신원들이 한국에서 일어나는 비참한 상황들에 대한 기사를 전송했다. 뿐만 아니라 UN이나 국제 적십자 등에서 민간인 피해나 포로 처우에 대해 미국과 UN측에 문제를 제기한 경우도 있었다. 소련 및 북한, 그리고 공산주의 진영에서도 언론 보도와 국제기구에 보내는 항의 서한, 보고서의 형태로 민간인학살 관련 기록들을 생산해 냈고, 노근리 파일에도 이러한 내용들이 포함되어 있다.

이로 인해 미국 또한 전쟁범죄의 가해자 범주에서 자유롭지 못한 상황 속에서 국제사법재판소에 제소하는 등의 적극적인 대응은 하지 못했다. 결국 한국전쟁 잔학행위 관련 청문회는 상대국을 비난하는 선전전 성격을 벗어나기 힘들었다.

V. 조직 해체와 기록 이관

귀환 포로 조사가 일정 정도 종결됨에 따라 전쟁범죄조사단의 조직과 활동도 축소되기 시작했다. 1953년 4월 23일 극동군 사령부는 전쟁범죄 조사단 활동에 대한 단계적 폐지를 승인했다. 1954년 4월 15일, 343건의 전쟁범죄 사건 파일들만이 폐쇄될 예정이었고, 한국 당국과 유해 발굴 요원들의 조사 결과를 기다리고 있는 15~50건의 사건들을 제외하고 이 파일들은 1954년 5월 31일까지 폐쇄될 수 있을 것으로 추정되었다. 최종 전쟁범죄 軍史 보고서를 준비하고 관련 서류들이 접수됨에 따라 남은 사건들을 처리하는 데 필요한 최소한의 요원 수를 줄이는 목표일을 1954년 5월 31일로 시사하는 문서가 미군의 극동지역 사령관에게 전달되었다. 또 전쟁범죄와 범법 포로 관련 파일들의 양도에 관련한 지시를 요청하는 문서가 미 육군부 법무감에게 전달되었다.[40]

이에 따라 전범기록들은 1954년 5월 전쟁범죄조사단, 법무감실, 워싱턴의 국방부 등에 전달될 준비가 이루어졌다. 그 결과 한국의 전쟁범죄조사단(KWC)은 1954년 5월 31일에 해체되었다.

전쟁범죄조사단의 조사 활동은 체계적으로 기록 · 정리되었다. 조사단 기록은 1954년 5월 31일자로 보고된 최종 보고서(Final Historical and Operational Report)에 잘 나타나 있다. 이 문서는 전쟁 발발 이래 1950년 7월에서 1954년 5월 31일까지 북한군과 중국군, 그리고 좌익에 의해 한국에서 저질러진 전쟁범죄에 대한 미군과 UN군의 모든 조사 활동을 담고 있는 종합보고서이다. 1952년 12월 31일, 1953년 6월 30일 1953년 11월 11일, 그리고 1953년 2월 28일자 중간보고서들에 반영되었던 사건들이 조사되었고 이후 발견된 증거물로서 날짜별로 기록되었다. 각각의 사건 파일들은 검토된 후 적절한 발췌물은 증거물로서 포함되었고 통계과에서 나열되었다. 미 8군 법무과와 전쟁범죄조사단, 그리고 한국병참관구가 모두 참여한 이 보고서는 이전의 보고서들을 포함하고 보완한 최종 보고서이다.[41]

최종보고서를 중심으로 조사단 기록을 살펴보면 다음 내용을 담고 있다.

1. 사건 내용과 희생자들, 증인들에 대한 카드 색인을 포함하는 사건 파일들.
2. 사건 파일들에 포함되지 않은 미군 전쟁포로 귀환자들의 진술을 알파벳순으로 정리한 특별 파일들.
3. 다양한 전쟁범죄 관련 통신 내용들

40) "War Crimes and Post Capture Offenses File", *NARA, RG 153 Records of the Office of the Judge Advocate General ; War Crimes Branch : Historical Reports of the War Crimes Division, 1952~1954, Entry A1 182, Box 1.*

41) "Final Historical and Operational Report(1954.5.31)."

4. 'Little Switch' 작전과 'Big Switch' 작전 보고서와 1952년 12월 31일 부터 1953년 6월 30일 사이의 軍史적 기록들의 복사본들.

위에서 언급한 기록들은 군사 보고서와 카드 색인들로 배치되었다. 전쟁범죄와 범법포로에 대한 사건 파일들은 이중 포장된 꾸러미에 싸여 전쟁범죄조사단, 법무감실, 육군부, 워싱턴 등에 등기 우편으로 전달되었다. 이 소포들은 각 꾸러미의 목록을 포함하는 전달편지와 번호에 의해 분류되고 있다. 사건 파일들에 포함되지 않은 미국 전쟁포로 귀환자들의 진술 역시 위에 언급된 주소들로 전달되었다. 전달받은 모든 진술 복사본들은 정보 가치와 상관없이 G-2, 육군 본부, 극동군으로 보내졌다.

최종 보고서에는 총체적으로 한국에서 일어난 1956개의 사건이 전쟁범죄 조사 및 분석 대상으로 제출되었다. 사건 파일(case file)들은 전쟁범죄 사건의 조사 시작 날짜에 의해 시간 순서대로 배열되었다. 각각의 사건 파일은 "사건 번호, 발생 날짜, 위치, 국가 및 지위(계급)별 희생자들의 수, 국가 및 지위(계급)별 가해자들의 수, 사건의 성격, 조사가 언뜻 보기에 증거가 확실해 보이는 사건임을 시사할 정도로 충분히 정밀한 증거들을 확보했는지 여부, 그리고 그것이 명확한지 여부" 등을 포함하고 있다. 개별 사건 파일의 예는 다음과 같다.[42]

* 「전쟁범죄 사건의 개요(Subject: Synopsis of KWC #1)」
  - 사건일자
  - 사건장소
  - 정보의 원천근거
  - 희생자

---

42) 한국전쟁범죄 관련 사건 파일(KWC Case file)들은 각각의 사건별로 날짜순으로 배치되어 나열되어 있다(KWC #1-#1848). *NARA, RG 153 International Affairs Division; War Crimes Branch : Investigation of Atrocities POW's in Korea 1952~1954, Entry A1 181, Box 891-976*).

— 생존자
— 용의자
— 목격자
* 목격자 혹은 가해자의 진술
* 전쟁범죄조사단 조사보고서 혹은 현장조사보고서

위와 같이 각각 사건별로 들어 있는「전쟁범죄 사건의 개요(Synopsis of KWC)」문건에는 '정보의 원천근거'(Initial Source of Information), '전투서열문건'(Order of Battle Records), 전쟁범죄조사단의 '현지조사보고서'(Report of Field Investigation) 혹은 '조사보고서'(Report of Investigation), 대한민국 내무부 치안국의 '전범사건에 대한 조사회보의 건'(Reporting the result of investigation regarding KWC) 등이 포함되어 있다.

'전쟁범죄 사건의 개요' 문건은 '정보의 원천근거'에 따라 작성되어 있으며 증거요약(Summary of Facts)에서는 대체로 '정보의 원천근거'를 설명하고 있으며, 분석(Analysis)에서는 그 외 전투서열문건 및 미 전쟁범죄조사단과 대한민국 내무부에서 조사한 내용을 '정보의 원천근거'와의 연관해서 설명하고 있다. 이러한 이유로 정보의 원천근거에 부합하지 않은 사건이 조사되었을 경우에는 이 부분은 제외되었다. 결론(Conclusion) 및 권고(Recommendation)에서는 증거요약과 분석의 내용이 부합하는 지의 여부를 살펴보고 조사의 계속여부를 판단했다.

'정보의 원천근거' 가운데 가장 많은 비중을 차지하고 있는 것은 포로의 공술서(Statement or Confession)인데, 한국어와 영어 번역본이 동시에 제출되었다. 포로수용소에서 진술한 내용을 적어놓은 포로의 공술서는 대체로 약도를 첨부하고 있다. '전투서열문건'은 '정보의 원천근거'에 명시된 가해 주체가 사건당시 그 장소에 있었는가를 판단해주는 근거가 되었다.[43]

43) "Subject : Synopsis of KWC #190", *NARA, RG 153 International Affairs Division; War*

사건 파일은 즉결 처형, 부상당한 전쟁포로들에 대한 총격, 돌이나 곤봉으로 구타, 총검에 의해 죽이기, 매달기, 불태우기, 입원한 환자에 대한 총격, 고문 및 잔인한 처벌, 교회 재산의 모독 등을 포함했지만 이에 제한되지는 않았다. 희생자 수치는 각 사건 파일 분석에 기반해서 추정되었다. 많은 경우, 특히 전쟁수용소 포로들이나 강제 행군에 연루된 사건에서 희생된 이들의 수는 정확하게 산정될 수 없었다.[44]

최종 보고서에서 추정된 국가별 희생자의 수치는 다음과 같다.

(추정)희생자들	(추정) 가해자들			
	북한군	중국군	북한·중국군	총계
미군	11,500	14,627	7,703	33,830
남한군	65,170	16,842	6,326	88,338
남한 민간인	20,628	12	50	20,690
남한 경찰	296	0	5	301
영국군	2	1,435	741	2,178
벨기에군	0	2	0	2
미확인 UN군	2,477	774	2,302	5,553
외국인	148	0	0	148
터키군	0	33	306	339
아일랜드 사제	1	0	0	1
독일인 선교사	1	0	0	1
북한 민간인	12,304	5	0	12,309
총계	112,527	33,730	17,433	163,690

출처: 「Final Historical and Operational Report(1954.5.31)」, NARA, RG 153 Records of the Office of the Judge Advocate General ; War Crimes Branch: *Historical Reports of the War Crimes Division, 1952~1954*, Entry 182, Box 1.

Crimes Branch : Investigation of Atrocities POW's in Korea 1952~1954, Entry A1 181, Box. 906.

44) 미군 통계를 참고해보면 포로수용소에서 사망한 국군과 UN군의 숫자는 1만 명을 넘지는 않는 것으로 보인다(조성훈, 앞의 논문, 180쪽).

한국 전쟁범죄 파일에 있는 잔학행위의 형태들은 영토분쟁조약과 1949년 전쟁포로의 처우에 관한 제네바 협약의 규정들을 위반했다고 간주되는 경우를 포함했다. 각기 명확한 사건들에 대한 짧은 요약은 부록으로 포함되었다. 단순성과 선명성에 대한 관심에서 이 사건들은 전쟁 수용소의 죄수들 사이에서 일어난 사건들, 포로 행군 중에 일어난 사건들(수용소의 지도와 행군은 증거물로 첨부), 산발적인 즉결 처형, 그리고 다양한 사건들 등 4개의 중요 범주로 구분되었다.

이름이 사건 파일들에 나타나는 희생자들의 명부도 각 사건의 형태와 함께 부록에 포함되었다. 잔학행위들의 성격은 살인, 살인 기도, 부당한 처우에 의한 사망, 부당한 처우와 고문 등 5가지 넓은 범주로 구분되었다. 이 보고서의 목적을 위해 부당한 처우는 처벌, 구타, 그리고 일반적으로 국제 조약이나 영토 분쟁 규칙이나 법의 위반으로 간주되는 다른 형태의 대우로 구성되었다.

용의자들과 증인들에 관해서, 보고서 기록은 936명의 용의자들의 이름을 포함하는데 그중 527명은 북한 인민군, 20명은 북한의 민간인, 309명의 중국 인민지원군, 71명은 남한군, 그리고 9명은 남한 민간인이었다. 이 이름들은 국가, 계급, 전쟁포로 번호, 당사자가 연루된 것으로 믿어지는 사건별로 개인들이 표시되었다. 증인들은, UN군에 의해 전쟁포로로 수감됐던 전쟁범죄 증인들의 이름과 그들의 국가, 계급, 전쟁포로 번호, 당사자가 연루된 것으로 믿어지는 사건 파일 번호 등을 포함했다. 증인이었던 UN군들의 이름과 그들의 계급, 연쇄번호, 당사자가 연루되었다고 여겨지는 사건 파일 번호 등도 있다. 이 외에도 사건 파일에 포함되지 않았던 전쟁범죄에 대해 증언했다고 간주된 미군들의 이름과 그들의 연쇄번호, 계급 당사자가 관련된 것으로 여겨진 사건 파일 번호 등을 담고 있다.

이 외에도 사건 파일에는 간단한 설명이 기술된 잔학행위 관련 사진들

이 첨부되었다.[45)]

최종적으로 처리된 사건 중에서 325건이 명확한 것으로 판명되었고 1630건이 부정적인 것으로 간주되었다. 오직 하나의 진술이나 자백에 의해 구성된 증거나 하나의 자료에 의해 도출된 경우는 "부정적"인 것으로 간주되었다. 증거들이 본질적으로 양립하는 경우에 그 사건이 "명확"한지 "부정적"인지에 대한 평가가 같이 이루어졌다. 하지만 부정적인 판명을 받은 경우라도 반드시 그 사건이 일어나지 않았음을 의미하지는 않았다. 예를 들어 사건이 일어났다고 주장되는 장소가 적 치하 지역이거나 적절한 조사가 불가능한 상황에서도 그 규정은 적용되었다. 다른 예들은 지방 거주자들이 도망을 가거나 일어났다고 보고된 사건을 직접 목격한 증인이 확보할 수 없는 상황인 경우였다. 즉 많은 수의 사건들은 단순히 확증적인 증거가 확보되지 않아서 부정적으로 간주되었던 것이다.

이에 대해 최종 보고서는 "그러나 다수의 사건은 잔학함의 일반적 경향을 시사하고 그런 일들이 실제로 일어났음을 강하게 주장한다. 그럼에도 불구하고 그들은 부정적으로 간주되어 왔다"고 파악했다.[46)] 그렇지만 조사단 기록이 상대적으로 자세한 정보를 담고는 있지만, 전쟁범죄 요건을 제대로 갖출 수 있는지에 대해서는 법률적 문제가 지적되었다.[47)]

---

45) 잔학 행위 관련 사진들이 증거 자료로 다량 수집되어 있다(*NARA, RG 153 Records of the Office of the Judge Advocate General ; War Crimes Branch : Historical Reports of the War Crimes Division, 1952~1954, Entry 182, Box 3*).

46) "Final Historical and Operational Report(1954. 5. 31)."

47) 최종 보고서 결론에서 다음과 같이 사실이 지적되었다. "기능적으로 미래에 이런 성격의 활동들을 크게 지원할 수 있는 두 가지 교훈을 배웠다. 첫째는 용의자들로부터 추출된 1185개의 고백들 중 오직 73개만이 입증될 수 있었다는 사실과 조사 결과 사실일 수 없는 것으로 드러난 많은 경우들에 반영된다. 각각의 사건에 대해 고통스런 조사를 해야 할 필요성은 낭비되는 인력으로 인해 엄청난 비용의 지출을 가져왔다. 증거가 된 자백들 중 일부는 폭력적인 강압에 의해 얻어졌고 경우에 따라 목숨을 잃은 경우도 있었으며 지휘권 없는 전쟁포로 '감시자들'이 그들 자신

위와 같이 미군은 전쟁범죄조사단이라는 별도의 담당 부서를 설치할 정도로 북한과 중국군의 전쟁 범죄를 구체적으로 조사했다. 뿐만 아니라 사건 기록과 보고서들을 체계적으로 정리하고 보존했다. 그러나 미국이 전범재판을 개최하거나 국제사법재판소에 제소하지 않음으로써 적극적으로 이용되지는 않았다. 휴전협정이 진행되면서 포로 교환과 맞물려 미국이 제소하지 않았기 때문이다. 결국 전쟁범죄 조사 활동은 교전 상대국을 비난하는 선전전 성격과 전쟁 이후를 대비한 증거 수집 양상에서 벗어나기 힘들었다.

Ⅵ. 맺음말

미군은 한국전쟁이 발발한 직후부터 전쟁범죄의 개념을 거론하면서 조직적인 조사 활동의 필요성을 제기했다. 그것은 전쟁범죄조사단 설치로 이어졌다. 전쟁범죄조사단은 한국전쟁 관련 전쟁 범죄자들에 대한 조사와 체포, 그리고 재판을 위한 운용 책임을 맡을 조직이 필요하다는 판단 속에서 조직되었다. 1950년 10월 13일 전쟁범죄조사단은 미 8군 법무과 내에 설치되었고, 1952년 9월 한국병참관구로 이관되었다. 이 조직은 전쟁이 끝나고 1954년 5월 31일에야 해체되었다.

전쟁범죄조사단의 주요 활동은 전쟁범죄로 추정되는 사건을 조사하고 이후의 전범재판에 대비하기 위해 사건 기록을 정리하는 것이었다. 조사 활동은 주로 거제도 포로 심문을 통해 이루어졌고, 전범 증거를 입증하

의 이유들에 의해 응용되기도 했음을 보여준다. 미래에 심문받는 부류의 사람들에게 보장된 권리에 익숙하며 권한을 위임받은 감시자가 동석하지 않은 상태에서 전쟁포로들을 심문하는 행위를 막기 위해서는 대단한 주의가 요구되어야 한다."

기 위한 현장 조사가 실시되었다. 이와 함께 증거들을 획득하는 또 다른 방법은 포로교환 작전으로 회수된 미군 유해와 귀환자들의 진술이었다.

한국병참관구 이관 이후 조사단의 조사 활동은 주로 귀환한 포로들을 대상으로 이루어졌다. 이는 포로 교환 작전인 'Little Switch'와 'Big Switch'와 연계되어서 진행되었다. 전선이 고착화됨에 따라 1952년 말 조사단의 활동은 중간보고서 준비를 위한 사건파일의 검토와 재도표화에 집중되었다. 그 결과 한국에서 일어나 1956개의 사건이 전쟁범죄 조사 및 분석 대상으로 워싱턴의 법무감실과 육군 본부, 그리고 극동군 사령부에게 제출되었다.

전쟁범죄조사단은 북한과 중국군이 저질렀다고 여겨지는 잔학행위를 조사했을 뿐만 아니라 방대한 사건 기록을 체계적으로 정리·보존했다. 이 기록들 일부는 한국전쟁의 잔학행위를 조사하기 위한 미 의회 청문회에 증거 자료로 제출되기도 했다.

하지만 미국은 전범재판을 열지도 않았고 국제사법재판소에 제소하지도 않았다. 포로들은 교환되었고, 송환되지 않은 북한군 전범일지라도 전범혐의가 유지되지 않는다고 공표했다. UN군 포로들의 순조로운 귀환을 위해 전범 자료를 이용하지 않겠다는 것이 미군의 정책이었다. 그러나 그 이면에는 전쟁범죄의 가해자 혐의로부터 자유롭지 못한 미국의 상황이 있었다. 결국 전쟁범죄 조사 활동은 상대국을 비난하는 선전전 성격과 전쟁 이후를 대비한 증거 수집의 양상을 벗어나기 힘들었던 것이다.

북한의 남한 점령시기 '반동분자' 인식과 처리

연 정 은

Ⅰ. 들어가는 글

북한의 남한점령 및 학살을 말할 때 전쟁경험자들은 인민군과 '바닥 빨갱이'에 대해 극단적인 평가를 한다. 인민군은 사람을 해치지 않고 좋은 인상을 주었지만 '바닥 빨갱이'라 불리던 지방좌익은 공산주의가 무엇인지도 모르면서 자기 세상이 된다고 날뛰던 머슴, 빈농이었다며 비난을 받거나 동네사람들을 밀고하고 부모, 자식도 고발하고 학살하는 잔인무도한 인간으로 평가되었다. 두 집단 모두 점령·학살의 주도적 주체들인데 왜 이렇게 서로 다른 평가가 내려진 걸까? 이런 의문에서부터 시작된 글이었다. 북한의 남한점령기간에 무슨 일이 있었으며, 누가, 왜 학살당하였는가?

이 질문에 대답하기는 그리 쉽지 않다. 북한의 남한점령기간은 3개월로 너무나도 짧고, 점령주체는 빨치산으로 활동하다 죽거나 감옥에 있고 혹은 북한에 있다. 그리고 그 시기에 살았던 생존자들은 아직까지도 침묵하고 있다.

그래서 '반혁명세력의 숙청', '정치범 숙청', '반동분자 처리' 등 다양한 용어로 언급된 북한의 남한점령기간에 발생한 '반동분자' 처리문제는 크게 주목받지 못했다. 기존 연구에서는 북한의 남한점령정책을 설명할 때 개략적으로 서술할 뿐 그 실상은 제대로 밝혀지지 않았다.[1] 또한 객관적인 사실보다는 학살 자체만을 서술하거나[2] 2차 사료나 이데올로기 관점에서 생산된 자료를 자의적으로 해석하고, 북한의 남한점령정책을 규정하는 데 이용하였다.[3]

아직까지 한국전쟁 후 '반동분자'에 대한 인식과 그들에 대한 처리에 관한 직접적인 글은 없다. 한국전쟁과 관련하여 전쟁의 기원, 군사적 전개, 전쟁의 결과 · 효과 등에 대한 연구 성과가 많은 편에 비해 전쟁과정

---

1) 권영진은 반혁명세력에 대한 숙청은 정치보위부가 중심이 되어 내무성 및 각 사회단체가 동원되었는데, 군 · 면 · 동 단위 자위대(치안대)에 의해 수행되었다고 설명하였다. 자위대는 전쟁 전 좌익으로 활동하다가 은둔중이거나 지주 등에 의해 억눌려 있던 빈농 · 고농들이 중심이 되었고, 숙청은 '북한법령'을 기준으로 한 면단위 인민재판에 의해 수행되었으나 즉결처분된 예도 많았다고 설명하였다. 권영진, 「북한의 남한점령정책」, 『역사비평』, 1989 여름, 94~95쪽.

2) 서중석은 전쟁 이후 인민군이 들어오자 학살당한 보도연맹 가족이나 좌익으로부터 경찰, 청년단원과 그 가족이 보복당하였고, 남한 거의 전역에 인민위원회 등 공산주의자들의 통치기구, 치안조직 및 각종 동원조직과 그들에 의한 '변혁'이라는 것이 있었기 때문에, 전세가 역전되자 이들 조직이나 단체의 관계자들은 산이나 북으로 피신하면서 후환이 두려워 학살을 자행하였다고 서술하였다. 그리고 대검찰청 수사국, 『좌익사건실록』 10 · 11권, 1972와 전라북도의회, 『6 · 25양민학살진상실태조사보고서』, 1994를 인용하여 학살의 사례를 소개하였다. 서중석, 『조봉암과 1950년대』 하, 역사비평사, 1999.

3) 김동춘은 인민군 점령지역에서는 인민군의 후광을 입은 지방좌익들이 우익인사와 그 가족들을 인민재판을 거쳐 처형하거나 고문 학살을 자행하였고, 인민군 후퇴기에는 인민군에 의한 학살이 서울에서도 이루어졌다고 조병옥의 말을 빌려 서술하였다. 김동춘, 『전쟁과 사회』, 돌베개, 2000 ; 박명림은 RG 153 #209와 『좌익사건실록』 11권을 참고로 후퇴를 앞두고 인민위원회와 노동당이 민간에 대한 체계적인 집단학살을 주도하였으므로 이는 국가에 의한 전쟁범죄라고 설명하였다. 박명림, 『한국 1950 전쟁과 평화』, 나남, 2002.

에서 중요한 북한의 남한점령시기에 대한 실증적인 연구가 부족한 상태이다. 최근에 한국전쟁기간에 발생한 민간인학살에 대한 관심이 증폭되고 있지만 실증적 연구가 나오고 있지 못한 상태이다.

따라서 '반동분자' 처리와 관련하여 우선적으로 해결해야 할 것은 실증적 연구이다. 우선 '반동분자'가 누구인지, 전쟁이 난 후 북한에서는 '반동분자'를 어떻게 규정하고 있는지를 밝히는 것이다. 기존연구에서 언급된 우익인사 혹은 경찰 청년단원과 그 가족과 '반동분자'와의 관계는 무엇이며, 이들은 점령기간 동안 어떻게 지내고 처리되었는지도 밝히고자 한다. 또한 '반동분자'와 인민군 후퇴시 학살당한 자들과의 관계에 대한 실마리를 찾고자 한다. 두 번째는 학살주체로 알려진 정치보위부, 자위대의 실체를 밝히고자 한다. 당시 북한의 남한 점령조직과 관련하여 이 조직들의 지위와 임무 등에 대해서는 알려진 것이 거의 없다.

따라서 이 글은 사실 확인을 위한 1차적 접근이라고 할 수 있다. 전쟁 이후 '반동분자'로 규정된 이들은 누구이며 그들은 전쟁기간 동안 어떻게 처리되었는가? 전쟁기간 내내 '반동분자' 처리를 담당했던 조직과 명령계통은 무엇인가? 또한 인민군 후퇴시기 학살의 주체로 알려진 정치보위부와 자위대의 위치와 역할이 무엇인지 알아보고, 이들과 학살과의 관계를 조심스럽게 검토하고자 한다.

Ⅱ. '반동분자' 인식과 죽음의 공포

1. '반동분자'는 누구인가?

전쟁이 나자마자 '반동분자'나 '반역자'에 대한 지시는 우선 6월 26일 행한 내각수상 김일성의 방송연설에서 찾아볼 수 있다. 연설에서 김일성은

"후방에서 도피분자, 요언전파분자들과 투쟁하고 밀정, 파괴분자들을 적발 숙청하는 사업을 민첩하게 조직할 것"과 남한 빨치산들에게 "적의 후방에서 적들을 공격 소탕하며 적의 참모부들을 습격하며 철도, 도로, 교량들과 전신, 전화선 등을 절단 파괴하며 모든 수단을 다하여 적의 전선과 후방연락을 끊어버리며 도처에 반역자를 처단하며, 인민의 정권인 인민위원회를 복구하고 인민군대에 적극 협조할 것"을 지시하였다.[4)]

김일성은 후방에서의 도피분자, 요언전파분자, 밀정, 파괴분자를 '반동분자'로 규정하고, 가장 먼저 해야 할 것은 이들에 대한 적발·숙청 사업을 할 조직을 구성하는 것이라고 강조하였다. 그리고 남한 빨치산에게는 '반역자'의 처단을 언급하고 있지만 그들이 구체적으로 누구이며 어떤 방법으로 처단할 것인지를 언급하고 있지 않고 있다. 다만 우선적으로 인민의 정권인 인민위원회의 복구와 인민군대에 적극 협조할 것을 지시하였다.

그다음으로 '반동분자'에 대한 규정은 1950년 6월 30일 내무성의 지시에 따라 서울시 임시인민위원회가 발표한 「고시 6호」[5)]에서 보인다.[6)]

> 1. 반동통치로부터 해방된 오늘 과거 **조선민주주의인민공화국 주권에 적대되는 행동을 한 자**로서 **자기의 과거죄과를 청산하고 조선민주주의 인민공화국 정책을 적극 지지하며 조국통일에 헌신하**

4) 김일성, 「모든 힘을 전쟁의 승리를 위하여」(전체 조선 인민에게 한 방송연설, 1950.6.26), 『김일성전집』 6, 조선로동당출판사, 1964, 27쪽 ; 조선중앙통신사, 『조선중앙연감』 1951~1952, 15쪽.

5) 『해방일보』, 1950.7.3. ; 고시는 행정기관이 결정한 사항, 또는 일정한 사항을 공식적으로 일반에게 널리 알리는 일. 공시(公示)를 필요로 하는 경우에 내려진다. 대외적(對外的)이기는 하나 명령적인 것은 아니다. 따라서 원칙적으로 법규성은 없으나 보충적으로 법규성을 가지는 일이 있으며, 일반처분성을 가지는 경우도 있다.

6) 서울 점령 후 바로 복구된 서울시임시인민위원회는 고시 3·4·5·6·7·8호를 발표하면서 점령지역 내에서의 그들의 활동을 시작하였다.

려는 자는 시내무부 또는 시내무서에 과거 자기 죄과내용과 함께 자수 청원서를 제출할 것이다. 이상 청원서를 진심으로 제출한자는 **과거 죄과여하를 불구하고 용서**한다. 그러나 **형식적으로 자수를 가장한 자와 자수를 하지 않고 자기죄과를 기만하는 자는 계속 적대행위를 하는 자로써 인정**한다.

2. 반동들의 패망으로 인하여 습득한 무기 탄약과 종전부터 소지하고 있던 무기 탄약은 6월 30일부터 7월 2일까지 군사 등록부(내무서)에 등록 또는 납부할 것이며 이 기간 후에 무기 탄약을 습득한 자는 그 즉시 납부할 것이며 만약 **무기 탄약을 소지한 자**로서 동기한 내에 등록 또는 납부하지 않는 자는 **반동태도로 인정**한다.
3. **전체 애국적 시민들은 피신하는 반동분자들을 제때에 적발하여 내무기관에 신고**할 것이다. 만일 **피신하는 적들을 은폐하거나 물심양면으로 방어하는 자는 피신하는 반동분자와 동일**하게 취급한다.
4. 적들의 공습에 대비하기 위하여 야간에는 각 건물을 비롯하여 00(안 보이는 내용) 자동차 사이트 카 등 일체 등화를 관제한다. 만일 등화관제를 태만하게 하는 자는 적들의 공습에 방조하는 자로 인정한다.
5. 전시하의 교통질서를 유지하기 위하여 21시부터 익일 4시까지 야간동행을 금지한다.
6. 민심을 교란시킬 목적으로 **요언을 유포하며 삐라를 산포하는 등**

〈표〉 서울시 임시인민위원회 발포 고시 일람(제3~8호)

연번	고시 날짜	제목내용
고시3	6.30	각 정당 사회단체는 규정에 따라 등록할 것을 고시함
고시4	6.30	자동차 소지자는 개인이나 단체 조직을 불문하고 규정에 따라 등록할 것을 고시함
고시5	6.30	적산 급 역산관리에 대한 고시
고시6	6.30	반동분자의 자수 청원서 제출과 무기 등 등록 고시
고시7	7. 2	각 기관에 양곡배급에 대한 고시
고시8	6.30	국가소유 또는 국가 관리로 할 건물 및 제품에 대한 관리 및 사용에 관하여

반동선전선동을 하는 자는 공화국 정부정책과 인민군 군사 행동에 적대하는 자로서 인정한다.

7. 적산 또는 역산과 괴뢰정부 중요문건 등을 절취 또는 소각하거나 중요기관시설을 파손함을 엄금한다.
8. 전시하의 인민생활을 혼란시키는 매석행위와 매점행위를 하는 자와 위조화폐를 제작 또는 사용하는 자들에게는 전시경제를 혼란시킨 책임을 지운다.(굵은 글씨는 저자 강조)

이상 고시를 위반하는 자는 전시하의 헌법에 의하여 인민의 원수로서 과감히 처단한다.

내무성은 과거의 행적 중 조선민주주의인민공화국 주권(이후 인민주권으로 축약)에 적대되는 행위를 한자를 우선 '반동분자'로 규정하였다. 그리고 현재 발생 가능한 행위 특히 요언 · 삐라 살포 등 반동 선전 선동 행위, '반동분자'를 숨겨주는 행위 등을 하는 자도 '반동분자'가 될 수 있음을 언급하였다. 그리고 '반동분자'는 자수하여 과거의 죄과를 밝히는 자수청원서를 내무기관에 내야 하며, 만약 '반동분자'인데 자수하지 않거나 인민공화국 정부 정책과 인민군 군사 행동에 적대되는 행동을 하는 자(이후 적대행위자로 축약)는 전시하의 헌법에 의해 처벌 받을 것을 알렸다.

내무성은 적대행위자들에게 자수를 통해 인민공화국 공민으로서 살아갈 수 있는 기회를 주겠다는 자수 · 포용정책을 발표하였다. 비록 과거 '반동분자'였다 하더라도 자수와 자수청원서를 내무기관인 내무부 혹은 내무서에 진심으로 낸 자는 누구든지 용서를 해주겠다는 것이다.

그러나 내무성이 규정하고 있는 '반동분자'는 누구인지 명확하지 않다. 단지 인민 주권에 적대되는 행위를 했던 자라고 규정하였는데 그 '적대행위'가 명확하지 않다. 달리 말하면 '적대행위'의 범위를 어떻게 잡느냐에 따라 즉 자의적 해석에 따라 누구나 반동분자가 될 수 있는 소지가 있는 것이다. 「고시 6호」는 오히려 반동분자를 처리하는 기관이 내무기관이며 '반동분자'를 숨겨 주는 자, 반동선전선동자, '반동분자'인데 자수하지 않는 자를 '반동분자'와 동일하게 처벌한다는 것을 알려주고 있다.

'반동분자'에 대한 규정은 오히려 신문이나 사람들의 입소문을 통해 인민주권에 대한'적대행위자'가 '대한민국을 위하여 일한 사람들'이라는 의미로 해석되었다. 『해방일보』는 1950년 7월 6일자[7] 기사를 통해 '반동분자'는 김효석과 같은 이승만정권에서 복무하던 관리 및 경찰들이며, '적대행위'는 이승만정권에 복무하였던 것이라고 보도하였다. 김성칠 또한 '반동분자'는 "대한민국 관리, 군인, 경관, 대한청년단원, 민보단원 기타 대한민국을 위하여 일한 사람들"이었다고 기록하고 있다.[8] 인민주권에 대한 적대행위자라고 명시하였던 '반동분자'가 사람들에게는 이승만정권에 복무하였던 자 또는 대한민국을 위하여 일한 사람들로 해석된 것이다.

1950년 6월 30일 서울이 점령되자마자 '반동분자'에 대한 자수 · 포용정책이 고시되었다. 그런데 김효석은 바로 그날 밤 8시에 종로구 옥인동임시인민위원회에 나와 자수를 하였다.[9] 이것을 어떻게 이해해야 할까? 최정희는 6월 30일 밤 11시 동임시인민위원회에서 자신과 파인 김동환을 잡으러 왔었고, 두 사람은 임시인민위원회에서 조사를 받고 새벽에 집으로 돌아왔다.[10] 김성칠은 7월 1일 아침 학교 회의 중에 병정들이 와서 '반동분자'라고 지목된 김구경을 끌고 가서 심문을 한 후 학교로 다시 돌려보냈다고 한다.[11] 이렇듯이 '반동분자'에 대한 자수 · 포용정책이 대대

---

7) 『해방일보』, 1950.7.6.

8) 김성칠, 『역사 앞에서』, 창작과 비평, 1993, 210~211쪽.

9) 「자기 죄과에 대하여 인민의 처벌을 요망－김효석」, 『해방일보』, 1950.7.6.

10) 최정희, 「난중일기에서」, 『赤禍三朔9人集』, 국제보도연맹, 1951, 37~38쪽.

11) 김성칠, 앞의 책, 77~79쪽.

적으로 홍보되있지만 동시에 '반동분자'에 대한 색출과 체포 작업도 같이 진행이 되었던 것이다. 따라서 김효석도 앞의 경우와 같이 서울시임시인민위원회 자위대원에게 잡혀 조사를 받고 그들의 권유에 의해 자수를 하고 자수방송을 했을 가능성이 있다.

고시 발표이후 '반동분자'에 대한 규정은 당시 위수사령관이던 박효삼의 포고문을 통해 확인할 수 있다. 박효삼은 "인민들에게 악질적 죄악을 범행한 민족반역자"를 '반동분자'로 규정하고 있으며, 처벌에 대한 수위도 점점 높여 "만일 자수 투항하지 않고 끝까지 반항하는 자는 최후까지 추격 소탕할 것이며 이상 포고를 위반하는 자는 전시군법에 의하여 처단한다"는 강한 의지를 보여주었다.[12]

'반동분자'에 대한 자수·포용정책은 지방 인민위원회와 내무기관, 검찰기관들이 속속 생기면서 점차 색출·체포정책에게 자리를 넘겨주었다. 자수한 자는 물론 포용하겠지만 자수할 때까지 기다리는 것이 아니었다. 이제는 각 지역 파출소 기록과 정보를 통해 지역민들에 대한 기본통계작업을 시작하면서 그 지역 내 반동분자가 구체적으로 누구인지 지목할 필요가 있었다. 따라서 1950년 7월 16일 내무서는 지역마다 다른 실정들을 고려하고 광범하게 전개될 정보수집과 반동체포공작을 위해 각 면·리 분주소장에게 다음과 같이 지시를 내렸다.

> 1. 각 분주소에서는 지방 실정을 구체적으로 파악한 후에 급속한 시일 내에 정보망을 조직하여 반동으로 하여금 자연적으로 자수하도록 사업을 광범히 조직하여 반동들이 은신하고 있는 무기를 자발적으로 가져오게 하는 사업을 광범히 조직할 것이며 또한 반동정당, 사회단체 및 반동경찰 정권기관 괴수들의 기회를 놓치지

12) 『해방일보』, 1950.7.18.

말고 체포 공격할 것
2. 각 면 분주소장 동무들은 반동경찰의 주요문건을 급속히 정리하여 자기 사업에 많은 도움이 되도록 연구 분석할 것
3. 반동정부기관 복무자, 반동정당 사회단체, 국군 및 반동경찰의 밀정, 미군 정보기관의 밀정, 이북 탐정원 등을 우선 처단하며
4. 경찰·악질 정부기관 복무자, 국방군 장교 및 정보원 밀정, 미군 군사 밀정, 보도연맹 책임간부, 대한청년단 간부, 국방부인회 간부, 이승만, 신성모, 이범석, 김성수 계열의 정당·사회단체 책임간부들을 숙청할 것이며 체포 즉시 본서에 열락하여 지시 받을 것.
5. 만일 크지 않은 상기 단체의 간부들을 체포시에는 지방 일정을 고려하여 자수로써 운용할 것이다.
6. 범인 취급시에 있어서 정치적 경각성과 긴장된 태도를 항상 잊지 말 것이다.[13]

우선 지역정보망을 이용하여 '반동분자'가 스스로 자수하게 할 것이며 이때 '반동'정당·사회단체, '반동'경찰, 정권기관장을 체포할 것을 지시하였다. 즉, "반동정부기관 복무자, 반동정당 사회단체, 국군 및 반동경찰의 밀정, 미군 정보기관의 밀정, 이북 탐정원은 우선적 처단자이고, 경찰·악질 정부기관 복무자, 국방군 장교 및 정보원 밀정, 미군 군사 밀정, 보도연맹 책임간부, 대한청년단 간부, 국방부인회 간부, 이승만, 신성모, 이범석, 김성수 계열의 정당·사회단체 책임간부들은 숙청대상자들"이었다. 그리고 가장 중요한 것은 체포와 함께 내무서에 연락하고 그 이후의 지시를 받는 것이다. 분주소(파출소)는 '반동분자'를 색출·체포한 후 '반동분자' 처리에 대한 중앙의 통제와 지시를 받아야 했다.

13) 「시내제1호 각면 분주소앞, 사업조직 강화에 대하여(1950.7.16.)」, 『북한관계 사료집』 11, 국사편찬위원회, 1991, 215~216쪽.

그러면 이러한 규정은 실제적용에 어떠했는지 알아볼 필요가 있다. '반동분자' 조사, 통계와 관련하여 대전 정동, 충북 북일면의 자료가 남겨져 있다. 각각 내용을 보면 당시 중앙의 규정이 지역에서 어떻게 받아들이고 적용하였는지를 알 수 있다.

대전은 인민군에 의해 1950년 7월 20일 점령된 이후 임시인민위원회, 내무서 등 행정, 내무기관 등이 등장하고, 내무서 지시하에 파출소가 제일 먼저 진행한 사업은 '반동분자'를 조사하는 것이었다.

〈표 1〉 반동분자 조사 보고의 건[14]

	성명	연령	주소	직위	직업	
1	홍윤호	42세 정도	정동 31	대한청년단 총무과장	상업	
2	오희빈	36세 정도	정동 15	대전 경찰서 사찰계형사	경찰 형사	
3	박영재	37세 정도	정동 37	대전경찰서 사찰계 형사	경찰 형사	
4	박명하	29세 정도	정동 37	대전경찰서 순경	경찰 순경	
5	심상국	25세 정도	정동 40	대전경찰서 순경	경찰 순경	
6	림병욱	27세 정도	정동 39	동회 서기	동회 서기	서북 · 대동 · 민족청년
7	이노구	26세 정도	정동 39	직공	고무공장직공	
8	임석규	33세 정도	정동 13	대전경찰서 사찰계 형사	경찰 형사	
9	이룡직	48세 정도	정동 39	동회장	고무공장 지배인	

14) SA 2010, 21. item 105, 「반동분자 및 월남자 명단, 정동파출소(1950.7.31.)」(국립중앙도서관).

10	이순직	32세 정도	정동 39	간수	형무소 간수	
11	변승찬	34세 정도	정동 22	대한청년단 감찰원	미싱 상업	
12	최재신	40세 정도	정동 6	방위장교, 대한청년단부단장	음식업	
13	유중영	48세 정도	정동 37	대전시 국민회 선전부장	국민회	
14	송춘근	31세 정도	정동 7	방위대 장교	방위대	군정보원, 전 철도경찰대 대전시 중구로 이전
15	이만득	38세 정도	정동 40	방위대 장교	고물상	
16	이종호	35세 정도	정동 39	전 적산관리처장	대선세자공상 취체역	전 적산관리처장 후 대전세자공장 취체역
17	김영기	25세 정도	정동 6	정보원	여단사령부 정보원	선임하사, 보적(?)경도수원

1950년 7월 31일자 대전시 정동파출소의 '반동분자' 조사내용을 보면 성명, 연령, 주소, 직위, 직업 등이 기록되어 있다. 정동에 거주하는 자 중 17명이 '반동분자'로 지목되었는데 모두 남자이고, 20대 5명, 30대 8명, 40대 4명으로 30대가 가장 많다. 그리고 연령대는 33세 정도, 40세 정도 등 나이 뒤에 '정도'라는 부사가 있는 것으로 보아 작성자가 추측하여 쓴 것으로 판단된다.

이들의 직위를 보면 대한청년단 총무과장 · 감찰원 · 부단장(3명), 국민회 선전부장(1명), 사찰계 형사(3명), 순경(2명), 방위대 장교(2명), 형무소 간수(1명), 정보원(1명), 동 회장 · 서기(2명) 전 적산관리처장(1명), 직공(1명) 등이었다. 이들의 직업을 보면 경찰(5명), 형무소간수(1명), 관리(1명), 정당(1명), 사업(7명), 군정보원(2명) 등이었다. 내무서 지시에 따른 '반동분자' 규정에서 벗어나지 않는 경우들이었다. 동회장 · 서기인 경우는 그 직업으로 인한 '반동분자' 분류이기보다는 동회장이면서 서북 · 대동 · 민속 청년 단원이었기 때문에 '반동분자'로 분류된 것으로 판단된다.

또한 충북 청원군 북일면에서 작성한 '체포대상자 기본재료 수집표'는 정확히 작성된 날자는 기록되어 있지 않지만 통계 내용 중 1950년 8월 10일 이전 자수자를 표시한 것으로 보아 8월 10일 이후의 자료라고 판단된다. 그리고 비록 작성표는 '체포대상자 기본재표 수집표'라 기록되어 있지만 그 내용은 악질반동분자 혹은 남로당 반대분자를 중심으로 조사되어 있으므로 '반동분자'에 대한 조사라고 봐도 무방하다. 다른 지역과 마찬가지로 내무서 지시에 의한 분주소, 파출소 차원에서 진행되었던 기본 조사 자료이다. 이 자료에서도 자수와 색출 체포공작이 동시에 진행되고 있음을 알 수 있다. 그러면 구체적으로 '반동분자'는 누구였나?

북일면 전체 체포 대상자는 62명이었다.[15] 체포대상자 기본재료 수집표에는 대상자들에 대한 성명, 연령, 성별, 기본출신, 사회성분, 직업, 8·15 전후 활동사항 및 교육정도, 정당·사회단체, 현재 직위와 비고란에 정치적 성향 등이 기재되어 있고, 이들을 1·2·3종으로 분류하였다. 또한 8월 10일 이후 자수한 자를 별도로 표시하여 구별하고 있다.

체포대상자를 연령별, 기본 출신별, 사회 성분별, 학식별, 사회 단체별 등 5가지로 자세히 분석하여 보면 다음과 같다.

① 연령별 분류

	20대	30대	40대	50대	60대	70대	계
명	31	17	5	6	2	1	62
%	50	27	8	10	3	2	100

15) SA 2009Ⅱ, item 154, 「체포 대상자 기본재료 수집표(전북 익산군 북일면)」(국립중앙도서관).

연령대로는 20대가 제일 많고 그다음이 30대가 많다. 20-30대가 전체 75%를 차지한다. 해방공간에서 가장 활동력이 많은 청년층이 그 대부분이었다.

② 기본 출신별 분류

	빈농	소농	중농	대농	상업	노동	계
명	18	7	21	14	1	1	62
%	29	11	34	23	1.5	1.5	100

기본 출신별로는 중농이 가장 많다. 중농 21명 중에 11명이 소졸이고, 4명이 한문, 3명 중졸, 1명 고졸이며, 무교육자도 4명이 있다. 중졸과 고졸 등 고학력자 4명 중 2명이 "남로당원이었으나 나중에 극반동분자"로 활동하였다고 기록되어 있다.

다음으로 빈농이 18명으로 많은 데 이것은 흥미로운 결과이다. 특이하게도 빈농 18명 중 12명이 소졸이고, 1명 중졸, 1명 한문 즉 18명 중 14명이 교육을 받았고, 이 14명의 현직업은 국방군 8명, 경찰 2명, 구장 2명, 청년단 2명이다.

③ 사회 성분별 분류

	경찰, 순경, 촉경	국방군, 군사무, 항공군	공무원 (면, 사무)	농민 농업	판검사	기타 (철도, 자동차)	계
명	9	17	8	25	1	2	62
%	14	28	13	40	2	3	100

사회 성분별로 경찰, 국방군, 공무원에 종사하는 사람이 전체 55%로 가장 많다. 이들은 모두 2종으로 분류되며, 농업에 종사하는 농민들이 전

체 40%로 그다음으로 많은데, 모두 3종으로 분류된다.

④ 학식별 분류

	무	소졸	중등 · 졸	고졸	대졸	학문	계
명	8	34	8	1	2	9	62
%	13	55	13	2	3	14	100

학식별로 보면 전체 중 73%가 소졸이상의 학식을 가지고 있어서 높은 학력수준을 보여주고 있다. 이들(46명) 중 농민층은 11명 정도 대부분은 공무원, 경찰, 국방군의 사회성분을 가지고 있다.

⑤ 사회 단체별 분류

	무	한민당	향보단	청년단	기타	계
명	35	5	1	19	2	62
%	56	8	2	31	3	100

사회 단체별로 보면 어떤 곳에도 속하지 않은 사람들이 57%로 가장 많고, 그다음으로 청년단, 한민당 순서로 많았다.

마지막으로 비고란의 정치적 성향을 보면 대부분이 악질반동분자로 분류되었다. 종별로 보면 1종은 1명으로 직위가 검사이다. 비고란의 내용은 애국자 몰살한 판검사로 되어 있다. 2종은 22명으로 직업은 경찰, 군인, 정보원, 면장 등 다양하나 비고란의 내용은 악질분자이며 애국자 구타 · 학살자, 남로당 반대자, 경찰 아부자 등이었다.

3종은 39명으로 직업이 경찰, 군, 면 사무 등 2종과 별 차이는 없으나 비고란의 내용은 악질반동분자로 분류하기도 하였지만 군, 경찰로 있었으나 좌익에게 비밀을 알려주거나 악질 정도는 아닌 것 같다는 의견이 첨부되어 있다.

체포대상자는 모두 반동분자로 분류된 자이며 연령별로는 2~30대가 제일 많고 기본 출신별로는 중농이 가장 많으며 빈농이 그다음으로 많다. 사회성분은 경찰, 국방군, 공무원이 가장 많다. 학식은 대부분 소졸 이상으로 높은 지식수준을 보여준다. 그리고 사회 단체별로는 청년단 단원이 다수를 차지하였다. 그러나 이들 반동분자를 1, 2, 3종으로 구별한 근거는 기본적으로 모두 악질반동분자로 분류되지만 1종은 판검사로 애국자 검거 학살의 최종지휘계통에 있던 자이며 내무서 문건에 나타난 우선 처단자였다. 그리고 2종과 3종은 직업, 지위나 악질반동분자인 것은 거의 비슷하나 3종인 경우 좌익세력에게 도움을 주거나 좌익처벌활동에 덜 적극적이었던 자들인 것이다. 즉, 전쟁 전 직업, 부, 학식의 정도보다는 전쟁 전 좌익세력에 대한 폭력, 밀고, 처벌정도에 따라 반동분자를 3등분으로 구별한 것이다.

그래서 처벌대상자를 선별하는 주요변수가 그들의 정치적 경제적 배경이라기보다는 정치적 경제적 배경을 권력으로 삼아 좌익세력을 밀고, 탄압, 처벌 등에 직접적으로 관여하였는가 여부가 가장 중요하였다. 그리고 비록 정치적 경제적 배경이 좌익세력을 탄압할 위치라 하더라도 좌익세력을 심정적 동조나 협조적 모습을 보여주었을 경우는 죄가 경감되고 있음을 알 수 있다.

한 연구자는 지역단위에서의 정치적 숙청 대상자의 범위는 중앙의 공식적인 대상자 규모보다 확대 적용되었으며 숙청의 주요 이유는 그들의 경제적 배경이 아니라 해방 전 후의 행적에서 나타난 정치적 배경이며 지위에 따라 세 등급으로 차등 적용했음을 알 수 있다고 결론 내렸지만[16] 점령초기 단계에서는 반동분자의 규정에서 전쟁전의 직업과 지위가 중요한 부분을 차지하고 있다. 그러나 다음 자료를 통해 '반동분자'의 규정은 진쟁 진 직업과 지위와도 관련이 있지만 인민정권에 대한 적대행위를 했는가 여부와 좌익세력들에 대한 직접적 폭력, 밀고 혹은 처벌행위 및 지휘계통에 있는가가 '반동분자'를 규정하는 중요한 근거가 되고 있음을 알 수 있다.

2. 피난 · 자수 · 도피와 죽음의 공포

1) 평범한 일상 3일인가 살기 위한 사투 3일인가 : 피난

전쟁이 나자마자 대부분의 국민들이 전쟁을 피해 피난을 가고자 하였지만 실제 전황과 괴리된 허위방송, 정부의 피난 · 소개 무계획과 무대책, 군경 수뇌부의 무능력, 한강교 조기 폭파 등의 상황으로 인해 피난을 못 간 것[17]으로 알려졌다. 그러나 사실은 그렇지 않다. 개전 직후 1차 피난[18]은 '정치적 · 계급적' 성격의 피난이라고 결론지은 김동춘의 글에서도 알 수 있듯이 144만 6,000명의 서울 시민 중에서 40만 명이 수도가 인민군에게 점령되기 전에 남쪽으로 피난을 갔다. 그 가운데 8할인 32만 명이 월남한 사람들이었고 나머지 2할인 8만 명은 정부고관, 우익정객, 자유주의자, 그리고 군인과 경찰의 가족이었다.[19]

인민군이 남하 하였을 때, 피난할 것인가 잔류할 것인가를 선택할 위

16) 권영진, 「한국전쟁 당시 북한의 남한 점령지역 정책에 관한 연구」, 고대 정외과 석사논문, 1989, 84쪽.

17) 강성현, 「한국전쟁기 한국정부와 유엔군의 피난민 인식과 정책」, 『전장과 사람들』, 선인, 2010, 124쪽.

18) 김동춘은 6 · 25 직후의 피난은 '1차 피난'이며, '정치적 · 계급적' 성격을 갖고 있다고 파악하였다. 또한 국군이 진격한 뒤 후퇴과정에서 나타난 피난은 '2차 피난'이며, 미군의 폭격과 공습을 피해, 국군과 미군의 강제 소개명령에 의해 피난을 하는 '생존을 위한' 피난이라고 파악하였다. 김동춘, 앞의 책, 돌베개, 2000, 97~108쪽.

19) 중앙일보사, 『민족의 증언』 제2권, 을유문화사, 1972, 33쪽.

치에 있었던 사람들은 경제적으로 북한의 계급정책이 자신에게 미칠 영향을 가늠할 수 있는 정치사회적 위치에 있었거나, 해방정국 또는 일제강점기에 어떤 형태이든 정치사회활동에 참여했거나 나름대로 정치적 판단을 가진 지식인이었다. 즉, '인민정권'이 자신을 '적'으로 분류할 것이라고 예상되는 사람은 무조건 피난을 하였을 것이다. 1945년 이후 북한의 '민주개혁'을 피해 월남한 사람들, 북한의 가장 중요한 처벌대상인 친일 경력을 가진 사람들, 군인과 경찰, 대한민국하에서 일정한 지위를 갖고 있었던 지배층이나 우파 지식인들은 가장 일차적으로 피난을 가야 할 사람들이었다.[20]

그리고 나머지 약 100만 명의 서울시민들은 피난을 갈 생각도 피난을 가야 할 이유도 없었다. 전쟁 직후 발생한 1차 피난의 주인공들은 북한에서 규정하고 있는 '반동분자'들이었다.

전쟁이 난후 전쟁을 실감하기 전부터 스스로 '반동분자'라고 판단한 사람들은 제일 먼저 피난을 갔다. 옹진지역에서는 25일 아침부터 공무원, 경찰 및 가족들이 사곳(백령도)으로 밀어 닥쳐 모든 배를 동원하여 용호도에 집결시켜 사곳에 운집한 그들을 수송하였다.[21] 그리고 이런 현상은 각 지역에서도 나타났다. 각 지역의 공무원, 경찰이 빠져나간 자리는 인민군, 새로운 정부조직이 들어서고, 세상은 뒤바뀌었다.

강신항은 전쟁이 난 후 "국민회장(독립촉성회)을 하신 면내 반동분자의 우두머리이신 조부님과 함께 피난을 갔다. 그러나 인민군의 빠른 진군으로 발이 묶여 다시 집으로 돌아오게 되었다. 그는 피신을 못간 결과 인민군 점령기간 동안 불안감과 공포 속에서 지내야 했다."고 서술하고 있

20) 김동춘, 앞의 책, 2000, 97~98쪽.

21) 양영조, 「남북한 피난민 상황과 피난민 대책」, 『한국전쟁과 동북아 국제정책』, 선인, 2007, 174쪽.

다.[22]

피난을 가려 했으나 가진 못한 사람들 중 스스로 '반동분자'라 생각하던 사람들은 살기위해 자수를 하였거나 도피생활을 하였다. 북한의 '반동분자' 포섭정책에 의해 처음부터 자수를 권장하는 분위기였다. 그리고 자수하지 않은 자에 대한 '인민재판'의 소문은 사람들을 공포로 몰고 갔다. 또한 '반동분자'로 규정되는 것 혹은 자기 스스로가 '반동분자'가 아닌가 하는 두려움은 인민공화국 정책에 적극적으로 호응을 하던가 그렇지 않으면 소극적인 생활로 지내야 했다.

2) 허울 좋은 자수정책과 체포

피난을 가지 못한 '반동분자'들은 살기 위해서 자수를 하거나 자수를 강요받았다. 서울 점령 후 서울시임시인민위원회는 「고시 6호」를 통해 인민주권에 적대행위를 했던 '반동분자'가 자수를 하면 과거 죄과에 대해 아무것도 묻지 않고 용서해준다고 발표하였다. 제일 처음 신문지상에 발표된 자수자는 김효석이었다.[23] 김효석은 북한의 '반동분자'에 대한 자수·포용정책을 보여주기엔 아주 적합한 인물이었다. 우선 처단대상자인 반동정부기관 복무자이며, 숙청대상자인 악질 정부기관 복무자이지만, 자신의 죄를 인민에게 그대로 보여주고 자수를 한다면 인민을 통해 용서를 받는다는 뻔한 시나리오인 것이다. 그래서 그는 어쨌든 용서를 받고 북한의 감시하에 살아갈 수 있었다. 당시 『해방일보』에 실린 내용을 보면 다음과 같다.

22) 강신항, 『어느 국어학도의 젊은날 Ⅰ』, 정일출판사, 1995, 52쪽.

23) 6월 30일 밤 8시경 종로구 옥인동 인민위원회를 찾아와서 천인공로한 자기 죄과에 대하여 눈물로 참회하면서 인민의 의사로 처벌하여 달라고 자수하였다. 『해방일보』, 1950.7.6.

> 내무부장관으로 있으면서 경찰테러단을 결성하여 수많은 인민을 학살한 김효석이 자수를 하였다. 김효석은 1948.5.10 선거에서 경남 합천군 국회의원으로 당선 그러나 서울이 해방되자 인민의 원수 김효석은 자기의 죄악을 깨닫고 지난 6월 30일 밤 8시경 종로구 옥인동인민위원회를 찾아와 천인 공로할 자기죄과에 대하여 눈물로 회개하면서 인민의 의사로 처벌해 달라고 자수하였다.[24)]

또한 김효석은 방송을 통해

> 저는 역도 이승만을 직접 보조하여 소위 내무부장관으로서 금년 봄까지 인민을 학살하는 데 노력하고 그 후에도 반민족적인 길을 걸어온 반역 죄인이올시다. 저는 수많은 애국적 동포들을 검거 투옥 학살하고 자기 조국과 민족을 팔아먹기 위한 가지가지 음모에 참가하였습니다.[25)]

라고 발표하였다. 자수와 함께 자기 죄를 낱낱이 밝히는 자수청원서를 써야 했다. 자수를 선택한 '반동분자'들은 자수를 통해 용서를 받는 대신 과거 행적과 죄과를 모두 밝혀야만 했다. 김효석 이후 자수자들이 속출하였다.

> ① '송호성 호국군총사령, 자수하고 협력맹세, 괴뢰장병에게 동일 행동 강조'(『조선인민보』, 7.4)
> ② '총 뿌리를 이승만에게, 나는 정의 전쟁에 나서겠다. 소위 통위부장 유동열 성명'(『해방일보』, 7.9)
> ③ '관대함에 감읍할 뿐 소위 입법의원 부의장 윤기섭 성명'(『해방일보』, 7.7. 자수/7.10. 신문방송)
> ④ '완전승리를 기원, 관대한 포섭에 감사할 뿐 /소위 국민회 오세창 방송'(『해방일보』, 7.13)

24) 『조선인민보』, 1950.7.5.

25) 『조선인민보』, 1950.7.5.

⑤ '나는 비제 적구였습니다' 소위 미군정 민정장관 급 국회의원 안재홍 참회방송(『조선인민보』, 7.14)
⑥ 자수청원서를 쓰고 있는 사진 오하영(『해방일보』, 7.14)
⑦ '소위 국회의원들이여 과거를 청산하고 조국통일투쟁에 참가하라, 김약수 성명서 발표'(『해방일보』, 7.24)
⑧ '도망간 소위 국회의원들이여! 인민공화국의 찬란한 깃발 밑으로 주저 말고 돌아오라! 소위 국회위원 조소앙 씨 방송'(7.29. 방송)
⑨ '소위 국회의원들이여 준순은 자멸의 길, 다같이 정의의 전쟁에 참가하자! 국회의원 김용무 방송'(『해방일보』, 8.2)

이들은 모두 자수를 함과 동시에 신문방송을 통해 자신의 죄를 밝혀야 했다. 당시 김성칠은 그들의 방송을 듣고

> 대한민국 내무장관을 지냈다는 김효석의 그 지나치게 비굴하고 치사스러운 주책덩어리의 내용에 비기어 안재홍, 조소앙 씨 등 소위 중립파들의 방송이 오히려 김효석보다는 대한민국을 덜 욕하고 인민공화국에 덜 아첨하여서 듣기 좋았다. 김규식박사의 방송은 그 어조조차 침통하였고 또 그가 모씨를 못마땅해 하는 말들은 일부러 어떤 편에 듣기 좋게 하려하는 것이 아니고 폐부에서 우러나오는 불만의 폭발인 것 같아서 듣는 이로 하여금 감개무량하게 하였다.[26]

고 쓰고 있다.

『해방일보』는 1950년 7월 13일까지 서울시 내무서에 자수한 자는 1만 1백3십3명에 이른다고 보도하였다. '반동분자'의 자수 고시가 있은 후 반 달도 채 되기도 전에 만 명 이상이 자수를 했던 것이다. 그리고 『해방일보』는 이 중에 '반동분자'로 지목된 중요한 인물들을 발표하였다.

26) 김성칠, 앞의 책, 138쪽.

> 김효석(전내무장관), 최경진(전경무부차관), 안병선(전대한노총 부위원장), 김종헌(전 대한노총조사부장), 유빈금(전광주경찰서장), 한영장(전수도청 기마대장), 김대철(전검사), 박용선(전판사), 백태준(전판사), 배영원(전서장), 김현수(전 대법원 판사), 정백(전근민당중앙위원, 보도연맹명예간사장), 박렬(재일거류민단장), 강락원(수도방위단 단장), 정구홍(전농림부차관), 강두희(탐정국장), 유동열(전미군정통위부장), 김철(테로공작대장), 전연기(전전남도지사), 유재수(검사), 최창렬(전사찰과장), 고동경(전경무 부여자경찰과장), 고평(국방부최고고문), 리해승(후작 토지 30만평 소유자), 오병율(헌병대장), 이용빈(대한청년단 서북처장), 이점순(전공보국장 국무총리서리), 박재수(전경무총감), 안잔수(전연합신문편집국장), 황남훈(수도경찰학교부교장), 방응모(조선일보사장), 백원강(호국단 부단장), 홍태권(제주도지방검찰청검사), 여운홍, 안재홍, 원세훈, 오하영, 조소앙, 김명승(국회의원), 백관수(전국회의원 한국민주당 중앙간부), 서상천(전독청단장), 고원홍(전중추원참의), 강병옥(일제시 갑산정평 경찰서장 해방후 치안국수사과장), 이순택(기획처장, 금융회장), 한승린(경기도 경찰국 정보과장), 그리고 괴뢰정부시대의 소위 5·10단선에서 국회의원이 된 50여 명과 5·30 국회의원 40여 명 이외에 8·15해방후 월남한 반동분자들도 다수 자수하였다.[27]

김효석이 제일 먼저 나오는 것으로 보면 자수날짜 혹은 체포당한 후 자수청원서를 쓴 시점을 기준으로 순서가 정해진 것으로 보인다. 또한 이름 옆에 그의 직업 혹은 사회적 지위를 기록한 것으로 보아 바로 이 내용이 자수를 한 이유일 것이다.

서울과 다르게 지방은 경찰, 청년단장, 국방군 등의 자수자들이 많았다. 전라북도 익산군 북일면 촉경 이봉용, 이리에서 경찰을 지낸 안승헌, 경찰로 있던 김찬식, 국방군이었던 이준구, 청년단 경력이 있던 김용민 등은 각각 자기의 과거 이승만정권 시기 활동내용과 경력 등을 기록하고

27) 『해방일보』, 1950.7.15.

특히 지역 좌익인사 혹은 좌익단체 등과의 관계와 자기 동료 및 지위 명령계통에 대한 정보를 같이 기록하여야 했다.[28] 이들이 '반동분자'로 분류된 것은 과거 지역 내 좌익인사와 좌익단체 등과의 관계에서 누구누구를 언제 어디서 어떻게 누구의 지시로 누구와 함께 몇 번에 걸쳐 폭행, 체포, 살해 등의 행위를 했는지 여부[29]가 주요 근거였다.

그러나 시간이 지날수록 자수와 자수청원서는 자신이 '반동분자'가 아님을 증명하기 위한 수단으로 사용되었다. 초기 정부기관 복무자, 국회의원이었던 자, 군, 경찰, 청년단 단장 등이 자수를 했다면 이제는 점점 더 그 범위가 모호해져 갔다. 잠깐 다른 지역으로 피난을 갔다가 돌아온 자, 다른 지역에서 피난을 온 자, 보도연맹에 가입했던 자, 경찰 보조원이거나 청년단 단원이었던 자, 학생이거나 정당사회단체에 활동했던 자 등 조금이라도 인민주권에 적대행위를 했다고 생각하면 스스로 자수를 해야 했다. 다른 사람들에 의해 '반동분자'가 아닌가 의심을 받기 전에 이를 증명하기 위해서라도 자수를 해야 했다.

3) '인민재판'의 공포와 소문

북한은 전쟁직후 '인민재판'을 통한 즉결처분과 학살 등의 '반동분자'에 대한 처리가 남한지역에 무수한 소문들을 가져왔음에도 불구하고, 결과론적인 것이긴 하지만 '반동분자'들에게 관대하였다. 특히 서울지역은 그랬다. 서울시 내무서에 자수한 '반동분자'들의 일부는 후퇴시기에 북으로 끌려간 것으로 알려져 있다.[30] 이들은 처벌의 대상이 아니라 교화의 대

28) 「자수자명부」, 『북한관계사료집』 9, 국사편찬위원회, 1990, 716~776쪽.

29) 박명림, 앞의 책, 246쪽.

30) 이태호 저, 신경완(전 북한조국통일민주전선 부국장 정무원 부부장) 증언, 『압록강변의 겨울－납북요인들의 삶과 통일의 한－』, 다섯수레, 1991.

상이었다.

그러나 정백의 경우는 예외였다. 그는 정치보위부에 의해 처벌당하는 것으로 알려져 있다. 사실여부를 확인해야 하지만 어쨌든 정백은 교화가 아닌 배제의 대상이었다. 북한은 '반동분자'보다 변절자에게 더 엄격하였다. 정백은 보도연맹 간부가 되면서 변절자로 낙인찍혔었다.

그리고 점령기간 동안 형무소나 유치장에 갇혀 있던 재소자들은 인민군 후퇴시에 풀려나기도 했다. 전주형무소 소장이란 자는 그들에게 마지막으로 "밖에 나가서 혁명과업에 분투하라"는 말을 남기고 재소자들을 석방시켰다. 광주형무소는 인민군 후퇴시 감시병이 없어서 많은 재소자들이 파옥을 하였다.[31]

하지만 북한의 남한 점령기 동안 피난을 가지 못한 '반동분자' 혹은 예비 '반동분자'들은 의용군에 끌려가게 될 공포, 정치보위부에게 끌려가게 될 공포, '인민재판'에 대한 공포 등 언제 찾아올지 모를 동원, 체포, 죽음에 대한 공포를 느끼며 지내야 했다. 즉 '반동분자' 그들만의 공포를 느끼고 있었던 것이다. 김성칠도 혼잣말로 "아무도 나를 잡으러 온 사람이 없었고 또 잡으러 온단 말도 듣지 못하였지만 어찌 생각하면 일종의 강박관념에 억눌려서 스스로 죄인행세를 하는 것인지도 모른다[32]"라고 했던 것이다. 강신항도 당시 "공포는 피대상자로서 어쩔 수 없이 생기는 공포이며 공포의 원인은 풍설과 익히 들었던 북한의 '반동분자' 처벌, 현재 일어나고 있는 축출, 타살, 총살 등 그들의 전술 때문이지만 지레 겁을 먹는 것인지도 모른다"고 말하고 있다.[33]

그러나 이런 공포는 북한의 남한 점령 초기 보여주었던 '인민재판'의

---

31) 중앙일보사, 앞의 책, 9~94쪽.

32) 김성칠, 앞의 책, 165~213쪽.

33) 강신항, 앞의 책, 126~127쪽.

선시효과 때문이다. 북한의 남한 점령초기 서울 곳곳에서 '인민재판'이 이루어졌다. 1950년 6월 31일 문리대 교정, 7월 2일 옛 국회의사당(현재 세종문화회관 별관) 앞, 7월 3일 명륜동 등등 특히 김팔봉의 '인민재판'과정은 너무나도 잘 알려져 있다.

> 6·28의 그날 괴뢰군이 수도 서울에 침입하자 노동당 서울시 중구당의 지령으로 시내 을지로 3가에 있는 애지사 사장 김팔봉씨와 동사 문선과장 全榮煥(29) 씨를 악질반동분자로 규정하고 감금한 뒤 7월 2일 오전 9시 옛 국회의사당 광장에서 일반 당원과 300여 명의 민중으로 하여금 각종의 선동 플래카드를 지참, 동원시킨 가운데 전기 양씨의 소위 인민재판을 개정, 전기 양인을 노동자의 임금과 시간을 착취하여 대한민국에 활동비로 제공함과 동시 북한 애국청년들을 무수히 경찰에 밀고 투옥케 한 악질반동분자이므로……인민의 힘으로 처단하여야 한다고 운집한 군중들로 하여금 격분케 선동, 사형을 언도……준비하여 두었던 장작으로 난타, 절명케 한……[34]

'인민재판'을 직접 목격한 사람들을 중심으로 '인민재판'에 대한 소문은 순식간에 퍼져나갔다. 문리대 교정의 인민재판을 동네 아줌마를 통해 들은 최정희가 느꼈던 공포, 명륜당에서 벌어진 인민재판을 친척을 통해 들은 김성칠의 공포, 피난 온 당진 고대면 용두리 모씨를 통해 인민재판의 목격담을 들은 강신항의 공포 등 이들은 '인민재판'을 직접 목격하거나 들은 사람들을 통해 자신들에게도 곧 닥칠 죽음의 공포를 느끼게 되었던 것이다.

---

34) 『경향신문』(전선판) 1951.12.8.

Ⅲ. '반동분자' 처리와 학살

1. 정치보위부 · 자위대와 '반동분자' 처리

점령지역 '반동분자' 색출 · 숙청과 관련하여 '반동분자' 색출은 정치보위국을 중심으로 인민위원회 자위대와 민청원, 여맹원 등 사회단체들이 가담하였고, '반동분자' 숙청은 정치보위국 산하 치안조직인 시 · 군 내무서(內務署)—면 분주소(分駐所)—리 자위대가 핵심이었다고 보는 측면[35]과 검찰에서 수리한 사건을 중심으로 서술된 『좌익사건실록』과 생존자 증언을 기초로 '반동분자' 숙청은 인민위원회, 자위대, 보도연맹원, 내무서원, 인민군, 정치보위부 등이 주도하였다고 보는 견해가 있다.[36] 크게 보면 '반동분자' 색출 · 숙청 작업은 정치보위국과 자위대가 주축이었다고 지적하고 있으나 한번 검토해야 할 문제이다.

일단 먼저 '정치보위국'과 '자위대'조직이 '반동분자' 처리 권한이 있는가 문제이다. 이 문제를 해결하려면 정치보위국과 자위대의 명령체계와 조직구성뿐만 아니라 이 두 조직 간의 관계를 알 필요가 있다.

우선 정치보위국은 북한 내무성산하 경찰조직의 하나이다. 당시 북한 내무성 기구는 도 · 시 · 읍 차원에서는 3개의 독립된 경찰인 보안경찰, 정규경찰, 정치경찰이 있다. 즉, 형무국과 방위국 요원은 보안경찰, 안전국 요원은 정규경찰(치안경찰), 정치보위국 요원은 정치경찰의 임무를 맡았다. 특히 정규경찰과 정치경찰은 읍, 면단위까지 조직되어 있는데 정규경찰은 도 · 시 · 읍 내무서, 정치보위국은 도 · 시 · 읍 정치보위부로

---

35) 권영진, 앞의 책, 94~95쪽 ; 장미승, 「북한의 남한점령정책」, 『한국전쟁의 이해』, 역사비평사, 1990, 190~191쪽 ; 서중석, 앞의 책, 562~570쪽.

36) 대검찰청 수사국, 앞의 책, 1972 ; 진실과화해를위한과거사정리위원회, 『조사보고서』, 2007~2009년.

조직된다. 국경경찰은 남 · 북 국성지방에 배치되어 있고 철도경비연대는 중요철도 교육망을 경비하며, 이들 모두 내무성에서 직접 지시를 받았다.[37] 내무성 요원들은 모두 노동당원으로 구성되며, 북한정치체제를 유지하는 핵심적인 역할을 담당했다.[38]

정치보위국의 명령지위계통은 위로부터 내무성 정치보위국 도 · 시 · 읍 정치보위부 즉 내무성의 지시를 받는다. 전쟁 직후부터 시작된 '반동분자'의 색출 · 체포 등 처리는 내무성의 지휘하에 내무기관 즉 내무서와 정치보위부의 주요 임무인 것이다.

실제 자료를 통해서도 이 사실은 확인된다. 시흥군 내무서장 강룡수는 1950년 7월 16일 내무서 제1호 사업으로 각 면 분주소장에게 '반동분자'의 체포 공작을 지시하였다.[39]

지시내용을 보면 제일 먼저 지방 실정을 구체적으로 파악하고 다음으로 '반동분자'에게 자수를 권하고 다른 한편으로는 반동 정당 · 사회단체 및 반동경찰 정권기관 대표들을 체포할 것을 지시하였다. 겉으로는 '반동분자'에게 자수를 권유하는 포섭정책 및 조선민주주의인민공화국의 포용력을 과시하고 있지만 내규적으로 '반동분자' 색출 · 체포사업을 중시하였다. 결국

37) 중앙정보부, 『북한의 정권수립과정에 관한 사례집』, 1973, 90쪽 ; 권영진, 앞의 논문 재인용, 79쪽.

38) 내무성에 대한 당의 통제는 늦어져 1949년 10월 20일 시 · 군(구역) 내무기관에 초급당위원회를, 분주소에는 분세포를 설치하고, 시 · 군(구역) 내무서에는 초급당위원장을 겸임하는 문화부서장제를 설치하였다. 당적 통제와 관련하여 내무성의 경우, 당 단체조차도 조직되지 않은 민족보위성보다는 뒤떨어지지만 특수한 위치가 부여되었다. 각 부서 내 당단체는 경찰이나 경비대와 같이 지방조직을 갖는 경우도 당중앙위원회의 직접적인 통제 아래 놓여지고 비장당의 수평적 통제로부터는 제외되어 있었지만, 1950.8월 당중앙위원회 지시에 따라 정치보위부(비밀경찰)를 제외하고는 전부서 내 당단체가 지방의 통제를 받게 되었다. 서동만, 『북조선 사회주의체제 성립사(1945~1961)』 선인, 2005, 404쪽.

39) 「시내제1호 각면 분주소앞, 사업조직 강화에 대하여(1950.7.16)」, 『북한관계 사료집』 11, 국사편찬위원회, 1991, 215~216쪽.

'반동분자'의 색출과 체포는 내무서, 분주소를 중심으로 진행되고 있는 것이다. 그러면 정치보위부의 활동을 무엇인가? 왜 점령지역 생존자들은 '정치보위부'를 '반동분자' 색출과 학살의 가해자로 기억하는 것일까?

이 문제를 해결하기 위해 우선 정치보위부의 전쟁전의 임무를 확인해보도록 하자. 정치보위부의 주요임무는 ① 전 세계적으로는 국제 반동들과의 투쟁이고, ② 근로계급의 주권을 정치적으로 보호하며 주권을 침해하려는 일절 반동과의 투쟁이며, ③ 국가의 정치, 경제, 군사, 문화부문들에 비밀히 잠복한 반동분자들과의 투쟁이었다. 특히 요시찰인 감시와 관련하여 정치적 반동사상을 소지한 요시찰인에 대한 감시는 주요 임무 중에 하나이다.[40] 이렇듯 정치적 반동세력에 대한 투쟁과 감시가 주요 임무인 정치보위부는 내무서와 함께 '반동분자'를 감시 · 투쟁하는 역할을 담당한 것이다.

전쟁 후의 정치보위부의 역할은 당시 북한의 남한 점령시기 생존자들을 통해서 알 수 있다. 송지영은 전쟁 후 "7월 14일 권총을 허리에 찬 두 젊은 자에게 붙잡혀 그날 밤 정치보위부에 넘겨져 오후 1시에 취조를 받기 시작하여 다섯 시간 만에 끝나 반동의 거두라는 죄명을 붙이고 16일 밤 서대문형무소에 감금되었다"고 한다.[41] 그의 경험에 의하면 정치보위부는 '반동분자'인지 여부를 심사하고 죄명을 결정하여 형무소에 '반동분자'를 넘기는 일을 하는 것이다.

또 다른 사례를 보도록 하자. 한성 신문 정치 부장이었던 구철회는 서울 점령이후 40일 만에 집에서 내무서원에게 체포되었다. 내무서원은 우선 구철회인지를 확인하였고 그다음에 국회의원 출마여부와 한성 신문

---

40) 「자료2. 정보기록장(1950.5)/우리 정치보위부문을 걸머지고 있는 직 우리에 부과된 사명을 무엇인가?」 『북한관계 사료집』 19, 국사편찬위원회, 1994, 92 · 117쪽.

41) 송지영, 「적류(赤流) 3월」, 『적화삼삭 9인집(赤禍三朔九人集)』, 국제보도연맹, 1951, 66쪽.

정치 부장이었던 것, 점령 후 자수하지 않은 사실을 본인에게 확인시킨 후 체포하였다. 구철회는 중부 내무서에 감금된 후 북쪽에서 파견된 정치보위부원의 심문을 받았다. 구철회는 "5 · 10선거에 출마를 하고, 반동 한성 신문의 정치 부장을 지냈음에도 불구하고 자수하지 않고 숨어 있었던 것은 소위 대한민국에 최후까지 충성을 다하는 반동분자"라는 죄를 확인받고 주임심사관에게 넘겨졌다. 주임심사관은 "왜 자수를 하지 않았는가?"를 묻고 본인의 행적에 대한 자백서를 요구하였다. 자백서를 쓴 후 주임심사관은 구철회에게 예심으로 넘길 것을 알리고 유치장(교화장)에 감금하였다. 구철회는 이후 국립중앙도서관자리에 있던 시정치보위부로 이송된 후 도서관 앞 경성직물주식회사의 사무실(열댓 평가량의 3층 양실)에 위치한 유치장(교화장)에 감금되었다. 구철회는 체포된 후 3~5일만에 시정치보위부 유치장에 이송되고 한 달 반가량을 지내다가 서울 수복이후 풀려났다.[42]

구철회의 경우는 좀 자세하게 서술하였는데 '반동분자' 처리 과정에 대한 이 만큼 상세하게 기록되어 있는 것이 거의 없기 때문이다. 구철회는 점령이후 실시된 자수정책에 따라 자기 스스로 자수를 한 것이 아니라 내무기관에 의해 체포된 것이다. 따라서 전쟁 전 정치적 사회적 활동이 문제가 되기도 했지만 전쟁이후 자수하지 않은 것도 더불어 문제가 되어 내무서에서 정치보위부로 이송되고 '반동분자' 여부를 심사받은 후 시정치보위부 유치장에 감금되었던 것이다. 즉 정치보위부의 임무는 '반동분자'인지 여부를 심사하는 것이다.

'반동분자'이거나 '반동분자'로 의심을 받는 사람에게 있어서는 정치보위부는 무서운 존재였던 것이다. 또한 당시 정치보위부에 끌려가는 것은

---

42) 구철회, 「강인한 인생」, 『고난의 90일』, 1950, 119~156쪽.

죽음을 의미하는 것으로 소문들이 만연하였는데 아마도 정치보위부에 끌려간 후에 집에 돌아오지 못하고 대부분 형무소 혹은 유치장에 감금되었기 때문에 생긴 소문이라 판단된다.

정치보위부는 조직구성상 내무성 지휘하에 정치보위국 → 도 · 시 · 읍 정치보위부로 구성되어 있다. 그러면 각각 조직 간의 관계를 알아보도록 하자.

우선 내무성은 국가주권의 최고 집행기관인 내각 중 하나이고, 그 수위(首位)는 상(相)이다. 내무상은 자기 권한 안에서 의무적으로 실행되어야 할 정령 또는 규칙을 공포할 수 있다. 그러나 내무상의 모든 사업 활동은 최고인민회의[43]에 복종하여야 하므로 당시는 전시상태이므로 군사위원회[44]에 복종하여야 하였다.[45]

---

43) 조선민주주의 인민공화국 헌법에 따르면 최고 주권기관은 최고인민회의이다. 최고인민회의는 일반적 평등적 직접적 선거 원칙에 의하여 비밀투표로 선출된 대의원으로 구성된다. 대의원은 인구 5만 명에 1명의 비율로 선출되고 임기는 3년이다. 최고인민회의의 주요 권한은 헌법의 승인 또는 수정, 국내 국외정책에 관한 기본원칙의 수립, 법령채택 등이다. 최고인민회의는 1년 2번 정기적으로 소집을 하고 휴회 중엔 최고인민회의 상임위원회가 구성되면 그 구성원은 최고인민회의에서 선거하여 위원장, 부위원장 2명, 서기장 및 위원 17명으로 구성한다. 상임위원회는 임시회의가 필요하다고 인정할 때 최고인민회의를 소집할 수 있고 헌법 및 법령의 실시에 대한 감독 형행법령의 해석 및 정령의 공포, 최고인민회의가 채택한 법령의 공포 등을 한다. 조선중앙통신사, 「조선민주주의인민공화국 헌법」, 『조선중앙년감, 1951~1952』, 1952, 1~5쪽.

44) 북한의 최고주권기관인 조선최고인민회의는 "국내에 조성된 비상한 정세와 이승만 매국역도들을 소탕한다"는 이유로 군사위원회를 만들어 "국내의 일체 주권을 집중시키고, 전체 공민과 일체 주권기관 정당 · 사회단체 및 군사기관에게 군사위원회의 결정 지시에 절대 복종하여야 한다"고 정령을 발표하였다. 최고인민회의 · 조선로동당 당위원장 · 내각 수상 김일성, 당부위원장 겸 내각부수상이자 외무상인 박헌영, 부수상 겸 산업상이자 전선사령관인 김책, 부수상 홍명희, 민족보위상 겸 인민군 총사령관인 최용건, 내무상 박일우, 국가계획위원회 위원장 정준택의 7명이 구성원이다. 조선중앙통신사, 위의 책, 82쪽 ; 『해방일보』, 1950.7.2.

45) 조선중앙통신사, 위의 책, 5~7쪽 ; 『해방일보』, 1950.7.3.

당시 내무성 수상은 박일우이고, 내무성 부상 겸 정치보위국장은 방학세[46]로 알려져 있다. 내무성 부상인 방학세가 정치보위국장을 겸임하고 있다는 것은 두 조직 간의 친밀성 즉, 사업상 서로 친밀한 관계를 유지하여야 하기 때문이다. 조직관계상 정치보위국이 내무성의 하위 조직이지만 정치보위국은 독립적인 지위를 가지고 있었다.

내무성의 사업은 그 하부조직인 내무서·정치보위부의 조직과 활동을 통해 확인할 수 있다. RG153 KWC#733[47) 「완주군 내무서 조직체계」를 보면 내무서장(金党鍾) 밑에 문화부서장(朴文泰)과 행정부서장(標日奉)이 있다. 문화부서장 밑에 교양계가 있고 행정부서장 밑에 해사계, 훈련지도계, 통신관리계, 군사등록계(李泰根), 교양계, 인사계, 기요계(機要係, 金漢錫), 경리계(黃雲一), 예심계(豫審係, 崔昌雲), 소방계, 공민증계, 감찰계(孔天日), 호안계(朴大亢)가 있다. 그리고 공민증계 밑에 외사반(外事班)과 공민증반이 있고, 감찰계 밑에 기감반(企監班)과 일반감찰반(張炳煥)이 있다. 완주 내무서는 군사등록계, 기요계, 경리계, 예심계, 감찰계, 호안계가 중심 사업으로 진행되고 있음을 알 수 있다.

46) RG 242, no.200780, 「간부사업진행절차에 대하여」(내성 서울간비 제3호, 1950.7.31).

47) RG153 Records of the Office of the Judge Advocate General Army, International Affairs Division; War Crimes Branch; Investigation of Atrocities Against POW's in Korea, 1952~54 Ⅱ, KWC(KOREAN WAR CRIME)#733.

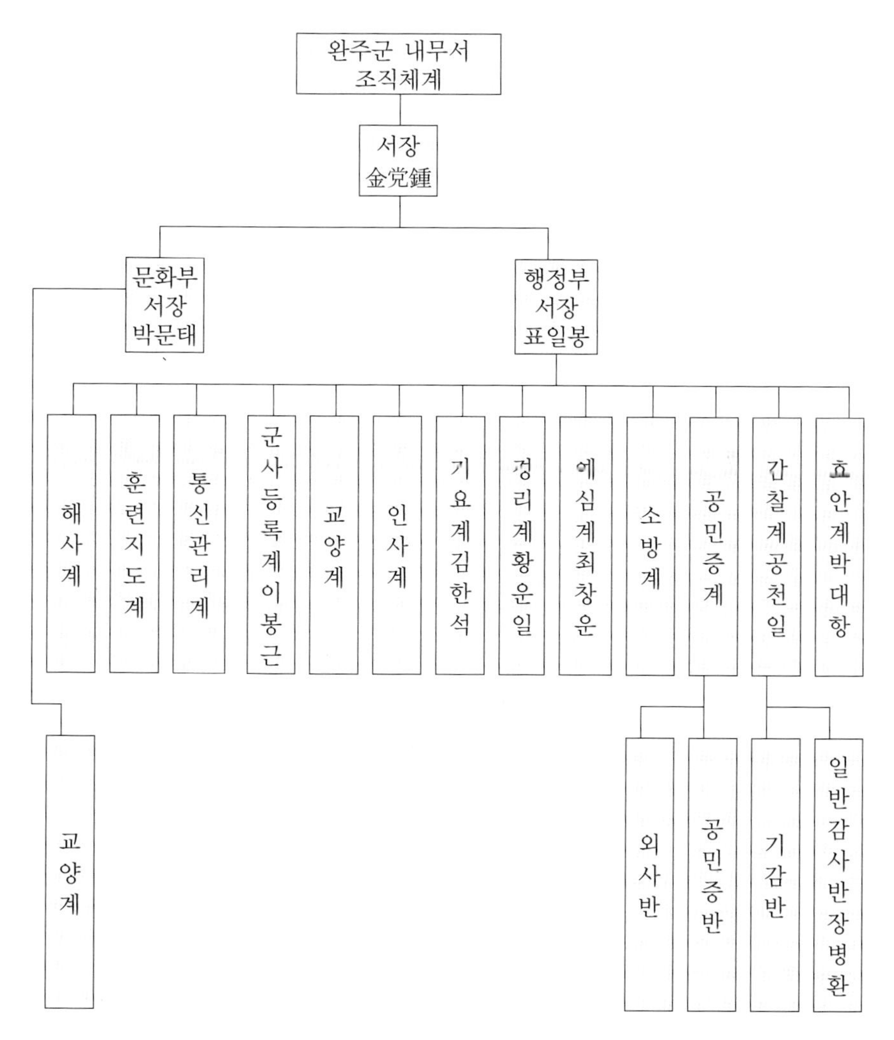

군사등록계는 「고시 6호」에서도 알 수 있듯이 무기소지자 혹은 무기 습득자가 신고하는 곳이고, 그와 관련된 활동을 하는 기관이었다. 군사등록계원은 그 지역의 무기소지 가능한자 예를 들면 낙오병, 패잔병, 경찰, 각 청년단장 등의 소재 파악과 무기 존재여부에 대한 정보 수집활동을 하고 의용군 기피자·도망자에 대한 소재 파악과 색출 작업을 담당하였다.

기요계는 기밀을 요하는 문서를 처리하는 기관으로, 기요계원은 기밀 문서를 다른 지역으로 전달하고 전달받는 작업을 담당하였다. 예심계와 감찰계가 반동분자 색출작업을 담당하는 기관이었다.

RG153 KWC#733[48] 「완주군 정치보위부 조직체계표」를 보면 정치보위부장(韓鳳周, 이북), 그 밑에 부부장이 있으나 공석으로 되어 있다. 하부조직에 기요반(이북학생, 20), 인민기획반(黃○○ 35, 이남), 문화반(崔○○ 31, 전북), 종교반(吳昌根 22, 이남), 정당반(金炳振 31, 이북), 간부대열반(金元錫 25, 이북), 예심통계반(辺文道 25, 이북), 보위반(車完龍 25, 이북)으로 구성되어 있다. 정치보위부는 내무서와 다르게 북쪽에서 파견된 사람들이 기요반, 정당반, 간부대열반, 예심 통계반, 보위반 등 주요사업을 지도하고 있다.

완주군정치보위부조직체계도

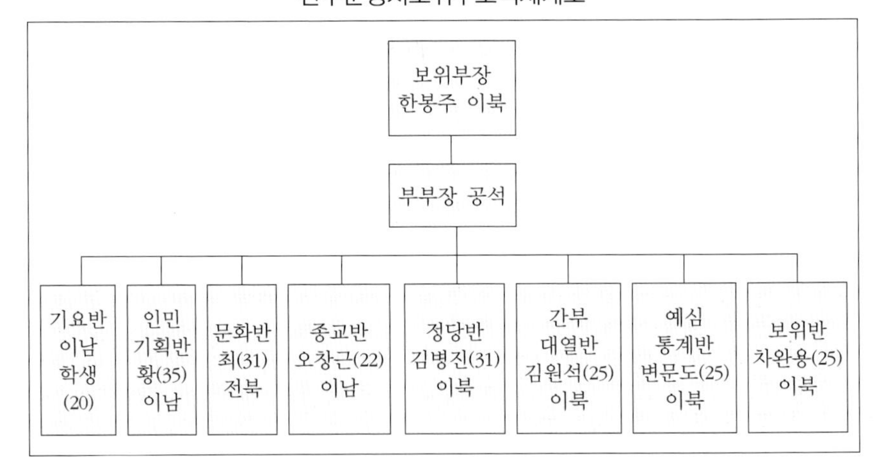

48) RG153 Records of the Office of the Judge Advocate General Army, International Affairs Division; War Crimes Branch; Investigation of Atrocities Against POW's in Korea, 1952~54 Ⅱ, KWC(KOREAN WAR CRIME)#733.

한국전쟁 후 남한지역의 정치보위부는 북한에서 직접 파견된 내무성 정치보위국 장교들이 담당하였다.[49] 정치보위부장은 북에서 파견된 내무성 정치보위국 장교가 담당하였고 부부장은 그 지역의 남로당원이 담당하였다. 정치보위부는 당과 독립된 기관으로 당의 견제 역할을 하였다. 또한 인민위원회, 내무기관에게 보위부 사업관련 협조 요청 및 지시를 하였다.

그러나 정치보위부는 조직적 한계가 있었다. 일단 다른 기관들에 비해 늦게 조직되었다. 전남 영암, 목포지역은 인민군에 의해 7.28쯤에 점령되었으나 정치보위부는 북쪽 파견원이 영암이나 목포에 도착한 9월초쯤에 조직되었다. 따라서 조직력이나 정보력이 다른 기관에 비해 떨어질 수밖에 없었다. 그래서 초기에는 내무서(인민위원회)로부터 반동분자 처리 대상자 명단을 통고받고 수사에 착수했을 정도로 정치보위부의 정보력과 경험은 내무서(인민위원회)에 뒤져있었다. 오히려 지역에 따라서는 지역상황을 정확히 모르기 때문에 정치보위부는 중앙의 결정서, 지시, 명령에 따라 사업지시만 하는 경우도 많았고 정치보위부의 본격적인 사업은 지역에 따라 차이는 있겠지만 빠르면 8월 초순부터 늦어지면 9월 초순부터 시작되었다.

49) 함경북도 출신인 김광호는 1948년 강원도 철원 보안대 9대대 정보과원(계급 :특무장급)으로 입대했다가 1949년 1월 초 보안대 9대대 정보과가 강원지구 철원 정치보위부로 독립조직이 되자 소위로 승급하였다. 전쟁 후 1950년 7월 5일 내무성 정치보위국 간부처장의 명령으로 전라남도 정치보위부 예심과원으로 임명되어 중위로 승급되었다. 평안남도 출신인 차만복은 1950년 3월 18일 함경남도 내무성 군사학교에 입대하여 4월 25일 소위로 졸업하고 전쟁 후 7월 1일 중위로 승급된 후 7.9 목포시 내무서 정치보위부 보위원으로 임명되었다. 황해도 출신인 이정후는 1950년 8월 18일 정치보위국 명령으로 목포시 정치보위부 정당종교 담당원으로 임명되었다. RG153 Records of the Office of the Judge Advocate General Army, International Affairs Division; War Crimes Branch; Investigation of Atrocities Against POW's in Korea, 1952－54 Ⅰ, KWC(KOREAN WAR CRIME)#117.

두 빈째로 자위내 조직구성과 명령체계를 알아보자. 자위대는 도내무부 시 · 면 내무서 면 · 리 분주소(파출소) 자위대로, 하위조직으로 알려져 있다.

자위대는 후방 농촌 및 해안선, 공장, 광산, 기업소, 철도 중요기관 등에 조직되었다. 도시(서울시 포함), 군소재지에 조직된 일반자위대는 사회적으로 문제가 있어 바로 해체되었고, 직장 자위대만 조직되어 대장 1명과 부대장 2명을 두고 그 밑에 반을 두었다. 후방 농촌 및 해안선에 조직되는 일반 자위대는 면을 최고 단위로 하고 면자위대 직속으로 자위대를 두며 리자위대 직속으로 부락 자위반을 조직하였다. 면에는 대장 1명과 부대장 2명을 두었다. 각 직장 자위대 및 일반 자위대는 해당 분주소장 및 파출소장의 직접 지휘하에 활동하였다.

자위대는 17세부터 55세까지의 노동자, 빈농민 성분을 가진 남녀로 구성하는 것이 원칙이며, 가장 애국적이며 열성적인 분자로 특별 분대를 조직할 수 있게 하였다.

자위대의 임무는 다음과 같다. 우선 정권기관, 공장, 광산, 기업소 및 철도, 교량, 전신, 전화, 기타 중요 시설 등을 반동 파괴 분자들의 파괴 또는 방화로부터 미연에 방지한다. 두 번째는 '반동혐의분자, 요언유포분자, 이승만정부에 충실히 복무하든 악질분자'들을 적발하여 내무기관에 호송한다. 세 번째는 적항공기로부터 투하하는 적의 낙하산 부대와 적 정찰기 및 해상으로부터 침입하는 적의 상륙 부대를 감시하여 부대 및 내무기관에 연락하거나 체포한다. 네 번째는 자기 부락 및 주민들의 생명 재산을 보위하여 '악질도피분자' 적발과 패잔병 준동에 대한 정보를 내무기관에 제공한다.[50]

50) SA2009Ⅱ, 340. item 58「자위대 조직운영에 대하여(전남 내무부 1과, 1950.8.22)」(국립중앙도서관).

인천 파출소 자위대원의 명단을 보면 총인원이 9명이다. 기본연령대는 가장 나이가 어린 18세부터 가장 나이가 많은 38세까지 있고, 기본출신은 모두 노동자이거나 빈농으로 구성되어 있다. 사회성분으로는 모두 노동자로 구성되었으며, 9명 중 2명이 남로당원이었고, 지식 정도는 대부분 소졸이거나 국어 해석자였다. 지금까지 자위대원은 보도연맹원과 민청원으로 구성되었다고 알려졌으나 실제로 있어서 나이 18~40세 사이 남자들로 기본성분이 노동자, 빈농이며 소졸 이상이 지식을 갖춘 사람들로 구성되었다.[51]

또한 자위대는 직장자위대, 일반자위대, 돌격대가 있다. 직장 자위대 조직은 간부 3명으로 조직하고 그 성분은 자위대장, 당대표, 사회단체 책임자로 한다. 그 자위대 명칭은 직장 기관명을 갖고 부르는 것으로 정해져 있다. 직장・일반자위대는 자체의 직장 향토보위를 원칙으로 해당 지구내의 도로교량경비와 향토 내 잠입한 적을 적발하였다. 그리고 반동의 침입을 미연에 방지하기 위하여 여하한 사람이라도 내무기관에 보고, 처리하고, 사소한 사고까지 파출소장 혹은 돌격대에 보고하며 체포할 임무가 있다. 돌격대(무장 자위대)는 자위대 성원 중에서 가장 열성적이며 정수분자로서 조직하여 직접 무장 행동을 한다. 이들은 보총 혹은 동등한 부장들을 휴대하며 유사시 통일적 지휘 밑에 행동하도록 되어 있다. 이 조직은 인원에 의해 분대, 사대, 중대 등으로 조직된다.[52]

자위대원들은 파출소장과 자위대장의 명령을 받는 제일 말단 행정조직원이며, 지역경비와 함께 '반동분자' 색출・체포 작업에 제일선에서 활동하는 조직원이었다. 따라서 부락민의 입장에서는 자위대원이 내무서

51) SA2009 Ⅰ, 134. item 124, 「자위대원 명단보고의 건」, 『1950년도 기밀관계서류(하인천 파출소)』(국립중앙도서관).

52) SA2009 Ⅰ, 134. item 124, 「경기도 인천시 방어지역조사위원회 조직요령」(1950.8.17), 『1950년도 기밀관계서류(하인천 파출소)』(국립중앙도서관).

장, 분주소장보다도 너 많이 접촉하는 대상이다. 또한 내무기관의 주요 간부들과 조직원들은 북쪽에 파견되어 온 사람들이 대부분이고, 자위대원은 지역방위와 '반동분자' 색출을 주 임무로 하기 때문에 지역주민들로 구성되는 경우가 많다.

결과적으로는 대부분의 지역사람들은 북쪽에서 파견되어온 사람들은 누구인지 잘 모르지만 자위대원만 또렷하게 기억하는 경우가 많다. 따라서 내무서, 분주소장 및 자위대장의 명령에 의해 '반동분자' 색출과 체포 작업을 한 자위대원이지만 일반주민들에게는 마을 마을을 직접 방문하면서 '반동분자'를 탐문하고, '반동분자'를 잡아 포박하여 동네를 지나 분주소를 가는 자위대원만을 기억하고 이들이 '반동분자' 체포 학살을 주도한 주체로 기억하는 경향이 강하였다.

물론 점령 초기부터 자위대원들의 지나친 월권행위와 비리가 없었던 것은 아니다. 점령초기 수원지역 각 분주소에서는 일반 자위대원이 피의자를 체포한 후에도 내무서에 인계하지 않고 직접 구타 고문 심지어 전기고문을 하여 움직이지 못하게 했던 일도 있다.[53] 7월 중순 인천지역에서는 통행하는 무고한 인민을 구타하거나 자위대 경비를 배치한다는 이유로 국가양곡을 절취하는 등의 불법적 행위도 있었다.[54] 그렇기 때문에 7월 중순 이후부터는 자위대의 문제점을 지적하고 조직구성과 성분을 명확하게 하고 특히 돌격대(무장자위대)의 경우는 열성분자에서 뽑아 지휘계통을 명확하게 할 것을 지시한 것이다.[55]

---

53) SA2009Ⅱ, 340. item 58, 「자위대 조직운영에 대하여(전남 내무부 1과, 1950.8.22)」(국립중앙도서관).

54) SA2009Ⅰ, 134. item 124, 「자위대들의 비행근절에 대하여」, 『1950년도 기밀관계서류(하인천 파출소)』(국립중앙도서관).

55) SA2009Ⅱ, 340. item 58 「자위대 조직운영에 대하여(전남 내무부 1과, 1950.8.22)」(국립중앙도서관).

'반동분자' 처리 즉 자수 권유, 색출, 체포, 감금 등의 처리 과정은 점령지역 행정기관인 인민위원회, 내무기관인 내무서 · 분주소 · 자위대, 정치보위부 등 여러 조직의 합동작전에 의해 이루어졌다. 또한 '반동분자'의 직접적인 책임부서는 북에서 파견된 조직원 혹은 경비대에 의해 구성되었고, 이들의 지시에 의해 사업이 이루어졌다. 북한의 모든 조직은 상부조직의 명령 지시에 따라 이루어지는 것이며 비록 하부조직 내에서 만들어진 명령, 지시라 하더라도 대부분의 상부명령, 지시에 벗어나선 안 되었다. 상부의 지시 명령이 제대로 수행되고 있는지를 감찰하는 역할이 바로 정치보위부의 역할이기도 한 것이다.

2. 정치 · 경제적 배제와 학살

1) 정치 · 경제적 배제

1950년 7월 14일 최고인민회의는 '남반부 해방지역의 군 · 면 · 리(동) 인민위원회 선거에 관한 정령'을 발표하였다.[56] 그 주요내용은 "① 도를 제외한 군 · 면 · 리(동) 인민위원회 선거를 실시한다. ② 선거일은 해당 도임시인민위원회에서 결정한다. ③ 선거를 위한 중앙선거지도부를 구성한다"는 것이다.

그리고 선거 방식과 절차는 7월 15일 발표한 '공화국 남반부 해방지역 군 · 면 · 리(동) 인민위원회 선거에 관한 규정'에 상세히 명시되었다. 전체 16조로 구성된 선거규정은 1946년 9월 5일 북조선 임시인민위원회에서 발표한 '북조선 면 · 군 · 시 및 도인민위원회의 선거에 관한 규정'과 거의 유사한 내용이었다. 단, 선거권 및 피선거권의 제한과 투표방식 등에서 차이가 있을 뿐이다. 1946년 발표한 북한의 선거규정에는 선거권 및

56) 『해방일보』, 1950.7.17.

피선거권의 제한 대상을 친일분자와 민족반역자로 한데 반해 전쟁 후 남한에 발표한 선거규정 제1조는 "친일분자, 친미분자 등 민족반역자 및 정신병자는 선거권과 피선거권이 없다. 친일분자, 친미분자 등 민족반역자에 대해서는 군임시인민위원회의 특별결정으로써 선거권을 박탈한다"[57] 라고 규정하였는데 친미분자가 추가된 것이다.

친미분자라 함은 국회의원, 괴뢰정부의 대신, 도지사, 경찰서장, 악질경찰, 재판소 판사, 검사, 반동단체 책임자 등이며, 민족반역자는 테러단장, 악질테러단원, 미제를 적극 경제적으로 원조한 자이며, 친일분자(일제시)는 총독부 내에서 책임자, 도책임자, 도평의원 군급책임자, 검사, 판사, 일본제국주의를 경제적으로 원조한 자 등이었다.[58]

군임시인민위원회의 특별결정에 의해 선거권이 박탈된 친미분자, 민족반역자, 친일분자 등은 1950년 7월 16일 시흥군 내무서 강룡수가 각 면 분주소장에게 보낸 "사업조직 강화에 대하여"[59]라는 문건을 통해 밝힌 '반동분자'들인 것이다. '반동분자'로 규정된 자들은 선거권이 박탈되어 정치적 권리인 자기 지역의 대표를 뽑는 일조차 할 수 없게 되었다.

또한 '반동분자' 중 재판에 넘길 만한 정도의 범죄사실이 있거나 소유토지와 면적의 다과를 불문하고 계속적으로 소작을 주었던 지주인 경우에는 토지와 더불어 재산을 몰수하였다. 1950년 7월 4일 최고인민회의 상임위원회는 '공화국 남반부 지역에 토지개혁을 실시함에 대하여'라는 정령을 발표하여 몰수토지의 대상을 규정하였다. 그 범위는 ① 미국과 이승만 정부 및 그의 기관들이 소유하고 있는 토지, ② 조선인 지주의 소유

57) 『해방일보』, 1950.7.17.

58) 「군·면·리위원 선거사업을 보장하기 위하여 경기망 조직을 강화한 데 대한 지시(1950.7.20, 시흥군 내무서장 강룡수)」, 『북한관계사료집』 11, 1991, 228~230쪽.

59) 「사업조직 강화에 대하여(1950.7.16, 시흥군 내무서장 강룡수)」, 『북한관계사료집』 11, 1991, 215~216쪽.

토지와 면적의 다과를 불문하고 계속적으로 소작 주는 자의 토지, ③ 소작 주지 않고 자작하는 농민의 토지는 5정보 또는 20정보까지 몰수하지 않는다. 등이었다.[60) 즉, 토지개혁 정령과 시행규칙을 근거로 하여 인민위원회가 이에 해당되는 '반동분자'의 토지와 더불어 농업용구, 종자, 비료, 가축, 건물 등 재산을 관리, 처리하였다.[61)

그리고 재판에 넘길 만한 정도의 범죄사실이 있는 '반동분자'의 경우에는 즉시 재산의 보장처분[62)을 실시하며,[63) 비록 지금 현재 체포되었거나 도주하였더라도 '반동분자'라는 인정할 만한 자료가 있으면 후에 재판에 의한 재산몰수를 보장하기 위하여 우선 보장처분을 실시하고 그 재산의 관리를 해당 시, 군 또는 구역 인민위원회에게 위임하였다.[64) 부여군 국민회 및 민족청년단 간부였던 이근성은 '반동분자'로 분류되어 도피 중이었지만 그의 가족 및 가구 일절에 대한 재산몰수가 이루어졌고,[65) 청양군 지성벽은 대한청년단장이며, 이승만정권에 적극 협력, 조선인민을 미국에 팔았다는 이유로 '반동분자'로 분류되어 도주 중이지만 그의 소유의 재산에 대한 보장처분이 이루어졌다.[66)

---

60) 『해방일보』, 1950.7.8.

61) 서중석, 앞의 책, 762쪽.

62) 민사 또는 형사 사건을 취급 · 처리하는 데 의의가 있는 국가 기관, 기업, 사회 협동 단체, 국민들의 재산을 그 소유자 및 보관자가 마음대로 이용하거나 처분하지 못하도록 하며 그것을 원래대로 보관하도록 하는 강제 처분.

63) 「남반부 해방지역에 있어서의 당면한 일반 검찰사업에 대하여」, 『북한관계 사료집』 19, 1950.8.11, 285쪽.

64) 「적산 역산 및 소유자가 없는 재산처리에 대한 감시를 강화할 데 대하여」(1950.8.15), 『북한관계 사료집』 19, 1994, 159쪽.

65) 자료에서는 부여군 '군민회' 및 민족청년단 간부로 나와 있으나 군민회는 국민회의 오자라 판단하여 국민회로 기술하였다. 「부여군 관북리 적산몰수 급 관리진상의 건」(1950.9.1), 『북한관계 사료집』 19, 1994, 208~209쪽.

66) 「국가 관리 결정의 한계에 관하야」(1950.9.2), 『북한관계 사료집』 19, 1994, 161쪽.

2) 학살

1950년 9월 15일 인천상륙작전이 시작되고, 13일 만에 서울이 미군, 국군에 의해 수복되었다. 서울이 수복되기 바로 전날 9월 27일 김일성은 점령지역에 일시적인 전략적 후퇴명령을 내렸다.

> 적들의 진공속도를 최대한으로 지연시키면서……인민군 주역부대들을 구출하고 새로운 후비부대를 편성하여 강력한 반공격집단을 형성하며 계획적인 후퇴를 조직하라. 도당위원장들은 자기 관할지역에서 지하에 들어가 유격전을 지도하고, 당단체들은 인민들에 대한 후퇴조직과 소개사업에 심중한 주의를 돌려야 한다. 미제침략자들이 인민들을 닥치는 대로 검거투옥하고 학살하며 온각 야수적 만행을 다 감행할 것이다. 각 급 당단체들에서는 인민들에 대한 후퇴조직과 소개사업을 잘 짜고 들어 이 사업에서 사소한 편향도 나타나지 않도록 하라.[67]

김일성의 후퇴명령과 함께 북한의 남한점령지역의 시·군의 형무소, 내무서 유치장, 정치보위부 유치장에 감금되었던 재감자들에 대한 학살이 진행되었다. 또한 내무서 혹은 정치보위부에서 자수서 혹은 여러 번 심문 등 조사를 받고 자수서를 작성하고 집으로 돌려보내졌던 '반동분자'에 대한 체포와 함께 이들에 대한 학살이 진행되었다. RG153과 진실·화해를위한과거사정리위원회에서 2007년 상반기부터 2009년 하반기까지 발간한 조사보고서를 통해 확인된 사건과 지역은 다음과 같다.[68]

---

67) 김일성, 「일시적인 전략적 후퇴와 당단체들의 과업」(도당위원장협의회에서 한 연설, 1950.9.27), 『김일성 전집』 6, 조선로동당출판사, 1964, 79~82쪽.

68) 김기진, 미국 기밀문서의 최초의 증언 『한국전쟁과 집단학살』, (푸른역사, 2006), 167~184쪽 ; RG153 Records of the Office of the Judge Advocate General Army, International Affairs Division; War Crimes Branch ; Investigation of Atrocities Against POW's in Korea, 1952~54 Ⅰ·Ⅱ·Ⅲ ; 진실화해를위한과거사정리위원회, 2007~2009년 상·하반기 『조사보고서』, 2007~2009, 사건명은 사건이 발생한 시·군 지역+

경기지역: 인천 내무서 사건, 강화 내무서(인하리) 사건, 양평 내무서(떠드렁산) 사건

강원지역: 횡성 내무서사건

충북지역: 청주 형무소사건, 금산 내무서사건

충남지역: 서천 내무서(등기소) 사건, 공주 형무소 사건, 당진 내무서(공동묘지) 사건, 대전형무소 사건, 홍성 내무서 사건

전북지역: 임실 내무서(군청 방공호) 사건, 무주 내무서(하늘바위) 사건, 완주 내무서 사건, 정읍 내무서 사건, 옥구 내무서(축동 우물수장)사건, 고창 내무서 사건, 옥구 내무서(다리실재) 사건, 김제 내무서 사건

전남지역: 여수 내무서사건, 목포 형무소 사건, 광주 형무소 사건

경남지역: 진주 형무소 사건, 함양 내무서(대황재) 사건

위 사건은 1950년 9.26~30일 새벽 12~4시 사이 전국의 형무소 혹은 내무서 인근 지역에서 자위대, 분주소원, 내무서원, 형무소(교화소)원, 정치보위부원 등 내무기관원들에 의해 이루어진 학살이다.[69] 대량 학살이 전국적 차원에서 일정한 시간대에 맞추어 일어난 것이다. 이러한 대량 학살이 개별 정치보위부, 내무서원, 자위대의 자의적 판단에 의해 이루어졌다는 볼 수는 없다. 그러나 전쟁을 지휘하는 군사위원회 혹은 내무성 등이 지시했는지 여부도 아직까지 밝혀지지 않고 있다. 하지만 점령 기간 동안 끊임없이 이루어진 '반동분자' 색출 · 체포 · 감금 등 처리 작업의 연장선상에서, 점령지역의 일시적 전략적 후퇴명령과 함께 '잠재적 내부

발생장소 혹은 마지막 감금장소+사건 순으로 썼다. 기본적으로는 진실화해를위한과거사정리위원회의 사건명을 따랐다.

69) 한국전쟁시 미8군 전쟁범죄단(War Crimes Divison) 과장을 맡았던 헨리(James W. Hanley) 대령에 따르면 전국적으로 9월의 학살의 84.6%는 9월 26일부터 30일까지의 사이에 있었고, 나머지 15.4% 정도만이 9월의 다른 시기에 자행되었다. RG 153 RECORDS OF THE OFFICE OF THE JUDGE ADVOCATE GENERAL, WAR CRIMES DIVISION, Entry 182, Historical report.

의 적'으로 인식된 '반동분자'에 대한 학살은 전국적으로 일어났다.

Ⅳ. 나오는 글

전쟁이 나자마자 북한은 '인민권력'과 대응하는 '반동분자'라는 정치·사회·경제적 내부의 적을 내세우고 규정함으로써 내부적인 반대세력을 손쉽게 통제하고자 하였다. 포섭과 배제라는 이중 규정을 가진 '반동분자' 처리는 지방으로 갈수록 전쟁 전 좌익세력에 대한 직접적인 폭력, 밀고와 그 지위·명령 계통에 있던 자를 대상으로 이루어졌다. '반동분자'에 대한 내무성의 규정에도 불구하고 그 범위의 모호함은 남한 내부의 반대세력에게 공포를 제공하였다. 특히 전쟁 초기 '인민재판'을 통해 보여준 폭력은 '반동분자'들에게 '인민'의 이름으로 이루어진 폭력과 언젠가 자신에게도 닥칠 죽음의 공포를 동시에 인식하게 하였다. 전쟁초기 나타난 피난, 자수, 도피는 '반동분자'가 살기 위한 처절한 몸부림이었다.

북한의 남한점령시기 '반동분자' 처리는 지금까지 알려진 것처럼 정치보위부와 자위대 중심으로 이루어진 것이 아니라 점령지역 행정기관인 인민위원회, 내무기관인 내무서, 분주소, 자위대, 정치보위부 등 여러 조직의 합동작전에 의해 이루어졌다. 정치보위부는 상부의 지시·명령이 잘 수행되고 있는지를 감찰하는 역할을 하는 내무성 산하 정치보위국 하위조직이었다. 자위대 조직 또한 파출소장과 자위대장의 명령을 받는 제일 말단 행정조직에 불과하였다. 인민군 후퇴시기 이 두 조직의 역할은 좀 더 많은 증언과 자료를 통해 확인해 볼 필요가 있다. 그렇기 때문에 지금까지의 일부의 증언만으로 학살의 주체로 단정 짓기에는 무리가 있다고 판단된다. 그리고 학살과 관련하여 구체적 지시가 있는지 여부도 아직까지 밝혀지지 않고 있다. 단지 점령기간 동안 끊임없이 이루어진 '반동분자' 색출 · 체포 · 감금 등 처리 작업의 연장선상에서 점령지역의 일시적 전략적 후퇴명령과 함께 '잠재적 내부의 적'에 대한 전국적인 학살이 일어났다는 것만 확인할 수 있었다.

'노근리조사기록'(No Gun Ri Research Document)의 성격과 주요 내용

김 득 중

Ⅰ. 머리말

한국전쟁을 전후한 시기에 발생한 '민간인학살' 문제가 한국 현대사의 중요 문제로 부각된 것은 그리 오래되지 않았다. 제주4·3사건 등에서 민간인이 억울하게 희생되었다는 증언은 상당수 있었으나, 민간인 희생 사실에 대한 인식은 제주4·3사건이나 여순사건 등 몇몇 '사건'에 한정되어 있었다. 한국전쟁 과정에서 다수의 민간인이 미군과 한국 군·경에 의해 희생되었다는 사실은 1990년대 말까지도 일반인은 물론이거니와 현대사 연구자들에게도 자세하게 알려지지 않았다.

1999년 9월 29일, AP 통신사는 한국전쟁에 참전한 미군이 1950년 7월 피난중인 민간인에게 사격을 가해 노근리에서 많은 수의 부녀자, 노인, 어린이가 목숨을 잃었다는 사실을 보도했다. AP 통신 보도 이전에 국내

언론에서도 노근리사건을 보도한 적이 있었지만, 큰 주목을 끌지 못하였다. AP는 참전 미군과 피해자들의 공통된 증언 그리고 이를 증빙하는 새로운 문서 발굴을 통해 탐사 보도로 미군이 피난 가던 다수의 민간인에게 발포했다는 사실을 밝혀냈다.

AP 보도는 한국과 미국에서 큰 방향과 충격을 불러왔다. 그동안 '혈맹'으로 여겨졌던 미군이 피난민을 보호한 것이 아니라 오히려 총격을 가했다는 사실은 한국인들에게 큰 충격이었다. 또한 노근리사건은 공산 침략에 대항한 '자유의 수호자'이자 한국민의 '보호자'로 자처했던 미국의 이미지에도 큰 상처를 가져다줄 수 있었다.

이 때문에 미국은 AP 보도 직후, 노근리사건을 조사하기 위한 대책팀을 조직하여 미 국립기록관리청(National Archives and Records Administration Ⅱ, College Park, Maryland)을 비롯한 주요 문서고에서 관련 자료를 조사했고, 이 자료를 기초로 한 조사 결과를 2001년 1월에 『노근리조사보고서』로 발표했다. 이 조사과정에서 수집된 문서가 바로 '노근리조사기록'(이하 '노근리기록'으로 약칭함)이다.

2001년의 조사보고서 발표 이후, 기록들 중 일부가 미국립기록관리청에서 반공개(半公開)되었다. '반공개 문서'라고 말하는 이유는 문서군(Record Group)별로 소장 · 보관되고 열람자의 요구에 따라 공개되는 일반적인 방식과는 달리, 노근리기록은 특정 문서군에 소속되지 않은 채 국립기록관리청의 아키비스트 사무실에 따로 보관되어 있어 열람이 자유롭지 못하기 때문이다.

문서는 순차적으로 공개되었는데, 2001년도에는 7개의 연방문서상자(Federal Record Container)의 육군문서가, 이후에는 6개의 연방문서상자로 된 공군문서가 공개되었다. 육군문서들 중 세 상자는 2001년에 제주4 · 3위원회, 국사편찬위원회 그리고 군사편찬연구소가 각각 수집한 바 있다.

국사편찬위원회는 2003년도에 나머지 육군문서 · 공군문서를 수집하여 약 2만 매가 넘는 노근리기록이 국내에 입수되었다.

노근리기록에 들어 있는 문서의 일부는 언론 등을 통해 특종의 형태로 몇 차례 공개되었고, 노근리사건의 진상을 밝히는데 큰 도움을 주었다. 하지만, 노근리기록을 이용하여 한국전쟁 전후의 민간인 희생을 연구한 성과는 그리 많지 않다.[1]

노근리기록에는 한국전쟁 전후 시기 민간인희생에 관련된 내용이 많기 때문에, 아무래도 가장 활용도가 높은 분야는 민간인학살 진상규명일 것이다. 진실 · 화해를위한과거사정리위원회는 활동 초기부터 국사편찬위원회를 비롯한 국내 기관으로부터 이 기록을 수집했다. 위원회가 수집한 기록들은 국민보도연맹, 미군 폭격사건, 인민군 등이 자행한 이른바 '적대사건' 등 다양한 민간인학살 사건의 진상을 규명하는 데 이용되었다.

노근리기록은 원본이 아닌 복사본으로 이루어져 있다. 노근리기록은 원래 기록이 보관된 장소로부터 분리되어 필요한 부분만을 복사해서 만든 컬렉션이다. 이 때문에 노근리기록에는 원래 기록이 존재했던 문서군, 시리즈, 박스, 폴더를 별도로 표기하는 한편, 동시에 미국 노근리기록 수집팀이 부여한 문서 번호를 동시에 명기했다. 노근리기록은 노근리사건 조사를 위한 필요에 따라 수집되고 구성되었기 때문에, 기록의 맥락성은 상당히 약화되었다고 볼 수 있다.

이 글에서는 노근리기록에 관심을 갖는 연구자를 위하여 노근리기록이 만들어지게 된 경위와 함께 노근리기록의 중요 문서와 그 내용을 소

[1] 필자는 국민보도연맹 등 민간인학살 사건에 관심을 가지고 있던 김기진(『부산일보』 기자)과 함께 2003년에 미 국립기록관리청에서 민간인학살 관련 기록을 조사한 바 있다. 김기진 기자는 이때의 조사 작업을 기초로 민간인희생 문서를 소개한 책을 발간했다. 김기진, 『한국전쟁과 집단학살』, 푸른역사, 2005를 참조.

개하고, 노근리기록의 한계를 간략하게 짚어보고자 한다.

Ⅱ. '노근리조사기록'의 특징과 주요 내용

1. '노근리조사기록'의 생성

AP 통신사가 노근리사건을 보도한 직후, 클린턴 행정부는 노근리사건을 조사하기 위한 조사단을 곧바로 구성하였다. 보도 바로 다음날인 1999년 9월 30일, 미 국방부장관은 육군부장관에게 노근리 민간인 사망 관련 보도에 대한 완전한 사실조사 임무를 부여했다. 이에 따라 육군부장관은 10월 25일, 감찰관실에 노근리사건에 대한 충분하고 포괄적인 조사를 수행할 것을 지시했다.

노근리사건 조사를 실무적으로 진행한 것은 감찰관실이었지만, 상급에는 조사를 전반적으로 조정하기 위해 총7명으로 이루어진 노근리조사운영위원회(No Gun Ri Review Steering Group)를 두었다.

또한 외부 전문가 그룹에는 도널드 그레그(Donald Gregg, 전 주한 미대사), 리스카시(Robert W. Riscassi, 한국참전용사회, 전 유엔사령관 한미연합사령관), 김영옥 대령(퇴역군인, 한국전쟁 당시 7기병사단 소속) 어니스트 메이(Ernest R. May, 하버드대학교 교수, 미국사, 국제관계 전문), 돈 어버도퍼(Don Oberdorfer, 존스홉킨스대학교 교수) 등 총 8명을 위촉했다.[2)]

실무 작업을 진행한 감찰감의 조사팀 조직은 아래 표와 같다.

---

2) Department of the Army Inspector General, January 2001, *No Gun Ri Review*, p.13

〈미국 노근리사건조사단의 조직〉[3]

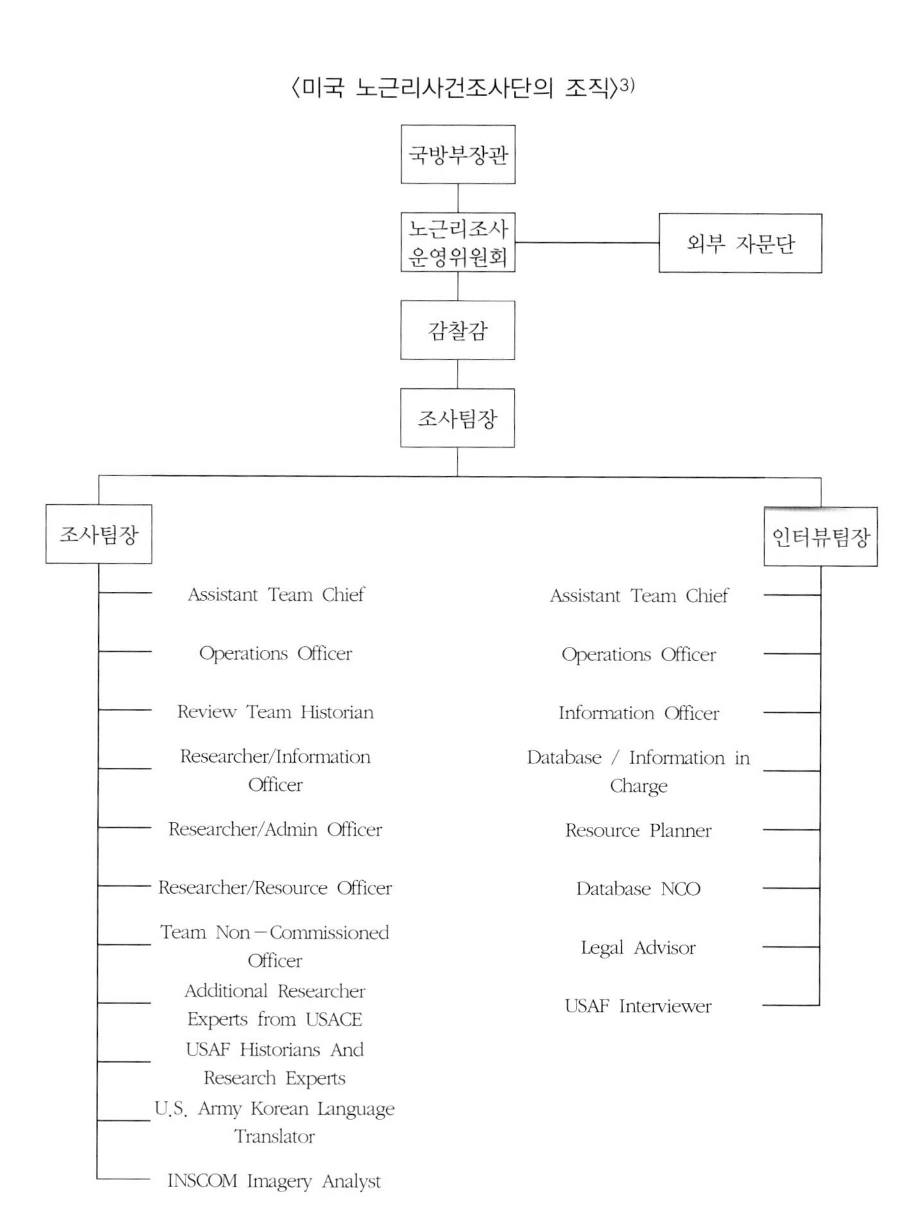

* 이외에도 국방부와 다른 정부 기관 그리고 회의 통역 등의 서비스가 지원되었다.

3) Department of the Army Inspector General, January 2001, *No Gun Ri Review*,

문시 조사는 국방부 조직뿐반 아니라, 미 국립기록관리청의 아키비스트 등 해당 분야의 전문가가 참여했다. 조사단은 문서 조사뿐만 아니라, 인터뷰도 병행했다. 인터뷰는 당시 노근리 현장에 있었던 미국 군인들이 주요 면담 대상이었다.[4)]

육군부 산하에 조직된 노근리조사단은 미 국립기록관리청을 중심으로 약 8개월간(1999.11.3~2000.6.30) 관련 문서를 조사, 발굴하였다.

이렇게 조사된 기록을 기초로 하여, 육군은 2001년 1월에 노근리사건에 대한 미국의 입장을 정리한 조사보고서를 제출했다.[5)] 이 조사보고서를 작성하는 데는 기록관리청 등에 소장된 수많은 문서가 사용되었는데, 이들 문서가 바로 한국에서 '노근리파일'이라 불리는 기록들이다. 한국에서는 편의상 '노근리파일'이라 불리고 있지만, 이 기록들의 정식 명칭은 '노근리조사기록(No Gun Ri Research Document)'이다.

2. 노근리조사기록의 성격

노근리기록은 기본적으로 노근리사건 보고서를 작성하기 위해 필요한

---

pp.13~15을 기초로 필자가 작성했다. A-1쪽에서는 '조사팀'과 '인터뷰팀' 이외에도 '지도/항공사진팀'을 언급하고 있다. 이 조직표는 한국 측이 작성한 것과는 다르다. 한국 측이 작성한 조직표는 노근리사건조사반, 『노근리사건 조사결과보고서』, 2001, 11쪽을 참조.

4) 노근리조사팀이 수행한 인터뷰 기록은 공개되지 않았다.

5) 노근리사건에 대한 미군 조사보고서(Department of the Army Inspector General, January 2001, *No Gun Ri Review*)는 미 국방부 홈페이지에서 PDF 형태로 제공되고 있다(http://www.army.mil/nogunri/ (2010.12.10 검색)). 미군 조사보고서는 본문 196쪽과 부록 등 총 364쪽(지도 제외)이다.
한국 측 보고서는 노근리사건조사반, 『노근리사건 조사결과보고서』, 2001로 간행되었다. 이 보고서는 부록을 포함하여 총 283쪽 분량이다. 노근리사건에 대해서는 국방부 군사편찬연구소, 『노근리사건관련 자료 목록집』, 2002 ; 노근리사건대책반(국무조정실), 『노근리사건 관련 자료집』, 2001을 참고할 수 있다.

사건 관련 '문서'와 '이미지' 자료로 이루어져 있다. 따라서 노근리사건의 사실 관계와 배경 등을 파악하기 위한 자료가 많다. 노근리기록에는 1999년부터 2000년대 초반까지 노근리사건과 관련되어 보도된 언론자료, 1950년 7월, 8월의 노근리사건과 관련된 각 부대의 전투기록과 정보보고, 한국전쟁기 1기병사단의 지휘보고서(Command Report), 한국전쟁기 5공군 폭격 사진 및 작전 기록, 폭격 명령과 결과 보고뿐만 아니라 1999년부터 2000년대 초반까지 노근리사건과 관련되어 보도된 언론자료 등이 포함되어 있다.

노근리기록에는 단지 노근리사건과 관련된 기록만이 있는 것이 아니다. 초기 조사 작업부터 아키비스트들은 단지 노근리사건만을 조사했던 것이 아니라, 이후 발생할지 모르는 다양한 민간인 희생을 염두에 두고 자료 조사를 실시했다.

그 결과, 노근리기록에는 노근리사건과 직접 관련된 자료들에 한정되지 않은 다양한 문서들, 예컨대 해방 이후부터 정부수립 전후의 정치상황에 대한 자료나 한국전쟁 기간에서 1950년대 중반까지 군 작전체계에 대한 보고서들, 공산진영과의 심리전과 국제 정치에 있어 문제시되었던 사안들에 대한 기록들도 포함되어 있다.

이 밖에도 노근리기록에는 미군 관련 주요문서들, 특히 민간인학살과 관련된 문서들이 상당수 포함되어 있다. 이들 중에는 한국전쟁 전후의 민간인학살과 관련되어 이미 발굴되고 알려진 문서들도 있고, 알려지지 않은 문서들도 많이 존재한다. 포항에서의 미군 함포사격 관련 문서, 남한 각 지역과 북한지역에서 한국 군·경의 민간인학살 관련자료 등 그동안 한국 언론에서 이른바 '특종'으로 보도된 자료들이 노근리기록에 포함되어 있다.

노근리조사단에는 육군, 공군, 국무성 등의 각계 전문가가 참여했다.

작업 결과 일반 문서상자의 3배 크기인 연방기록상자(FRC)로 13상자에 달하는 육군, 공군 문서가 수집됐다. 연방기록상자 한 개에 많게는 5~6천장의 문서가 들어간다고 보면, 그 양은 매우 많다고 할 수 있다. 13개 상자 중 7개는 육군(Army) 관련 내용이며, 나머지 6개는 공군(Air Force) 작전기록이다. 육군 파일 인덱스를 살펴보면, 수집된 육군 문서가 총 2,961건이라는 것을 알 수 있다.

노근리기록에는 주한 미 대사관 기록을 포함한 국무성 문서, 육군 문서, 공군 문서, 중앙정보부(CIA) 문서, 법무감 문서 등 다양한 기관이 생산한 문서들이 포함되었다. 따라서 '노근리조사기록'이라 불리는 문서 컬렉션은 한국전쟁을 전후한 민간인학살 관련 기록을 집대성한 것이라 할 수 있다.

노근리기록의 이 같은 내용 때문에, 한국전쟁을 전후로 한 조사, 연구에서 노근리기록은 지나칠 수 없는 중요한 문서 컬렉션이다. 자료를 조사하는 어떤 연구자도 개인의 노력으로 단일한 주제로 이러한 문서의 컬렉션을 구축하기 어렵다는 것을 고려한다면, 각계 전문가가 수집한 노근리기록 컬렉션은 문서를 조사하는 시간과 노력을 경감시켜 주는 자료임에 틀림없다.

문서 조사의 대상과 포괄 범위는 조사 주체의 목적과 인식 수준에 따라 상이할 수밖에 없는데, 노근리기록이 미국 정부의 목적에 따라 미국인에 의해 수행된 조사 작업의 결과물이라는 점을 유념할 필요가 있다.

이런 측면에서 노근리기록에 대해 지나친 기대를 갖는 것은 좋지 않다. 노근리기록이 한국전쟁 전후시기에 발생한 '모든' 민간인 희생 사건 관련 기록을 포함하고 있는 것은 아니기 때문이다. 국내 기록의 빈곤함 때문에 대부분의 민간인학살 진상조사 작업은 보통 미국 기록을 조사하는 것으로부터 시작된다. 이럴 경우, 이미 컬렉션으로 모아져 있는 문서의 존재는 민간인 희생을 손쉽게 규명할 수 있으리라는 기대를 갖게 하지만, 노근리기록은 '본격적인' 자료 조사를 위한 가이드 역할을 할 수 있을 뿐이다. 연구자들은 노근리기록의 내용을 기초로 하여 해당 문서의 전후좌우를 추적해 나감으로써, 본격적인 자료조사를 위한 예비 작업을 수행할 수 있을 것이다.

노근리기록은 노근리사건과 이와 유사한 민간인 관련 사건들에 대해 미국이 대응하기 위한 자료이기 때문에 미국의 인식과 의도가 분명하게 드러나는 자료이다. 민간인학살사건의 정확한 진실 규명과 객관성 확보를 위한 노력보다는 수집된 사실들을 기초로 책임관계를 따져보고, 만약 미국 쪽에 책임이 있다면 가능한 이를 방어해 보려는, 때에 따라서는 공세적으로 다른 주체들에게 책임을 전가하려는 의도도 저변에 깔려 있는 것이다. 노근리기록에는 한국 군·경의 민간인학살과 관련한 자료들도 상당수 들어 있는데, 이는 미국의 조사 의도와 무관하지 않다.

따라서 노근리기록의 중요한 특징으로 언급되어야 할 것은 이 문서를 수집한 미국과 조사단의 정치적 의도와 관련된 부분이다. 노근리기록과 관련된 정치적 의도는 다층적으로 누적되어 있다. 우선, 2000년부터 노근리기록을 수집하는 과정에서 자료를 선별하는 작업이 노근리사건이 국제적인 관심을 받게 된 것에 대응하려는 미국의 의도가 있었다는 점을 확인할 필요가 있다. 노근리사건 조사단이 발굴한 모든 자료가 노근리기록에 포함되었다고 보기 힘들다. 조사된 자료 중 다시 선별된 자료들이 노근리기록으로 모아져 컬렉션을 이루고 있다고 보아야 할 것이다.

어떤 자료들이 수집되어 노근리기록이라는 컬렉션으로 묶였는지도 중요하지만, 이미 한국전쟁 당시에도 문서 '생산' 과정에서 정치적 의도와 이해관계가 작동하고 있었다는 점에 주의해야 한다. 한국전쟁에 관한 미국 문서는 남한과 미국, UN, 그리고 소련, 중국, 북한 간에 전개된 선전전과 국제정치, 휴전협상 등 복합적인 정치적 관계 속에서 만들어졌고, 활용되었다. 한국전쟁 당시부터 외국 언론사들은 각종 민간인 피해나 포로에 대한 대우, 잔혹행위를 보도했고, 미군은 이에 대응할 수 있는 문서들을 다량 생산했다. 공산군의 전쟁범죄 관련 문서들이 대표적이라고 할 수 있다.

노근리기록 중 민간인학살과 밀접한 관련이 있는 문서들을 수집/생산된 의도와 내용에 따라 분류하면, 대략 아래와 같이 몇 가지 유형으로 나누어 볼 수 있다.

1) 노근리사건에 대한 사실관계 조사자료

노근리기록의 상당수 자료들은 노근리사건의 기초적 '사실들'을 파악하기 위해 수집되었다. 가해 주체로 지목되었던 1기갑사단 사령부급과 예하부대(특히 7연대)급의 상세한 전쟁일지(War Diary)가 노근리사건이 발생한 전후 시기인 1950년 7월 26일부터 31일까지 수집되어 있고, 1950년 6월과 8월 그리고 그 이후의 자료들도 간간이 수집되어 있다. 그리고 폭격에 관여한 미 제5공군과 호주 공군, 해군 공군의 폭격 결과보고가 수록된 정보보고서와 공군 작전 일지 등이 역시 다량 수집되어 있다. 이 자료들은 기본적으로 각 부대의 입장에서 보고된 것인데, 노근리사건의 사실관계를 파악할 수 있는 1차적 자료들이라고 볼 수 있다.

문서상에는 민간인을 '사살'했다는 서술은 거의 나오지 않으며, 민간인 희생은 보통 군사작전상의 '전과(戰果)'로 서술된다. 따라서 민간인학살사건을 이미 알고 있는 연구자는 각 부대별로 전선 이동과 부대가 이동하는 지역에서의 시기별 상황을 조사하여 사건을 재구성해야만 한다.

작전 상황에 대한 기록들은 노근리사건이 아니더라도 유사한 시기의 유사한 지역에서의 사건에 대한 간접적 정보를 얻을 수 있을 뿐 아니라,

다른 민간인학살 사건을 조사하여 1차적 사실을 확인하려 할 때 어떤 자료들을 찾아볼 수 있는지에 대한 중요한 사례를 제공해준다고 볼 수 있다.

2) 노근리사건의 배경과 책임 관련 조사자료

두 번째로 노근리 조사단은 노근리사건의 배경에 대한 2차적 조사를 위한 자료들도 수집했다. 각 부대의 전쟁일지와 정보 보고에는 사건 배경이 될 만한 사실들이 나오고 있고, 이 밖에도 추가적으로 사건의 원인과 전개, 그리고 무엇보다도 책임 소재를 파악하기 위해 다수의 정책보고서와 평가문서들이 수집되어 있다.

가장 대표적인 것이 당시 미군 부대들이 직면했던 다수의 피난민에 대한 자료들이다. 전쟁 초기에는 다수의 피난민이 발생했고, 미군의 입장에서는 이들을 어떻게 할 것인가를 두고 정책의 혼선이 있었는데, 특히 노근리기록의 정보보고서에는 적군이 피난민으로 가장해 침투한다는 내용이 반복적으로 나타나고 있다. 이러한 문서들은 당시 미군의 피난민 정책과 대응을 정당화하는 데 이용될 수 있다.

전투지역의 모든 난민을 소개시키고 그 이외의 민간인은 모두 '적'으로 간주하여 공격하라는 직접적인 작전명령도 다수 확인되고, 1950년 7월 말에 난민들을 기총소사 하라는 명령을 시사하는 자료들도 존재한다. 또한 한국전쟁 당시의 난민 정책 보고서들과 민간인으로 가장하여 침투한다는 북한군 전투 전략을 상세히 기술한 보고서 등도 수집되어 있다.

이 밖에도 미군의 한국전쟁 초기의 전반적인 전투 역량과 작전 상황, 지휘관들의 인식 전반을 짐작할 수 있는 문서들, 육군의 작전에 대한 공군의 지원, 폭격과 관련된 시스템에 대한 보고서, 각 사단의 훈련 정도와 그 문제점 등이 기록된 평가보고서 등도 이러한 유형에 포함된다.

3) 전쟁범죄(War Crime)에 대한 조사 자료

세 번째는 전쟁범죄에 대한 자료들이다. 미국 문서는 미군이 민간인 피해에 대한 가해자로 나타나는 경우에는 이것을 작전 과정으로 중립적으로 기술한다. 외국 언론보도를 통해 공개적으로 문제가 된 사건에 대해서는 특별한 조사가 이루어지지만, 주요 외교문서와 사령부 참모문서에서 이런 문제는 간략히 언급되는 경우가 대부분이다.

그러나 미군이나 UN군이 부당하게 피해를 당한 것, 인민군과 중공군이 가해한 사건의 경우 별도의 담당 부서가 사건 조사를 전담할 정도로 체계적인 조사가 이루어졌다. 조사를 통해 인민군과 좌익이 행한 잔혹행위와 학살사건에 대해 방대하고 체계적인 기록들이 생산되었고, 노근리 기록에도 이러한 문서들이 다량 포함되어 있다. 각각의 자료들에는 구체적인 시간과 장소가 언급된 것은 물론, 피해자와 가해자의 이름까지 명시된 것도 있다.

전쟁범죄 문서는 생산될 당시부터 대공산권 선전전에 활용되었는데, 이는 전후 전범재판을 대비한 것이기도 하였다. 미국의 노근리 조사팀은 이 자료를 다시 수집해 향후 유사한 문제가 생길 경우 활용하려 했던 것으로 보인다.

4) 언론에 공개되어 문제가 되었던 사건에 대한 자료

네 번째는 한국전쟁 당시 여러 경로를 통해 문제가 되었던 사건들에 대한 자료들이다. 남한 군 · 경이나 미군에 의한 민간인학살 사건에 대해 비교적 상세한 정보를 알려주는 것이 이 자료들이다. 노근리사건이 AP 보도에 의해 세상에 알려지고 국제적 이슈가 되었던 것처럼, 한국전쟁 당시에도 외국 언론사 통신원들은 한국에서 일어나는 비참한 상황들에 대한 기사를 송고했다. 뿐만 아니라 UN이나 국제 적십자도 민간인 피해나 포로 처우에 대해 미국과 UN측에 문제를 제기한 경우가 있었다.

서울 홍제리 정치범 처형 사건이나 사리원역 학살사건, 대전형무소 학살과 거제도 및 전국 각지의 포로수용소 포로살해 사건, 방화일 목사 살해사건, 거창사건과 국민방위군 사건 등이 대표적이다. 영국군이 학살 장면을 목격한 '홍제리사건'의 경우도 외국 언론에 보도되면서 문제가 되었다. 한국전쟁기에는 수많은 민간인학살/피해 사건이 발생했지만, 언론이나 국제단체, 미군이 아닌 다른 국가에 의해 발견되어 공개된 것만이 문제가 되었다. 미군은 언론 보도를 통해 문제가 된 사건들에 한해서 자료를 수집하고 이에 대응하려 했던 것을 알 수 있다.

소련, 북한을 비롯한 공산주의 진영에서도 언론 보도와 국제기구에 보내는 항의 서한, 보고서의 형태로 민간인학살 관련 기록들을 생산했는데, 노근리기록에는 이러한 문서들도 포함되어 있다.

이와 같이 한국전쟁 당시 민간인학살 문제는 서로 상대방의 도덕성을 흠집 내는 선전전 재료로 활용된 측면이 강하다.

5) 향후 문제로 제기될 수 있는 사건에 대한 자료

다섯 번째는 노근리사건과 직접적 관련이 없고 당시 문제가 되었던 사건도 아니지만, 향후에 사실이 드러날 경우 문제가 될 수도 있는 부분에 대한 자료들이다. 이 자료들은 양이 많지 않지만, 대부분 지금까지 공개된 적이 없는 자료들인데, 노근리기록에 수집된 자료들을 기초로 추가적인 자료발굴과 사실 확인이 필요한 부분들이다. 이리 폭격에 대한 자료들이나 UN 공군에 의한 아군 폭격관련 보고들, 미군의 대민 범죄와 폭력에 대한 헌병 기록들, 한국 경찰과 군의 대민 피해, 정보기관의 행태에 대한 일반적인 언급 등이 대표적이다.

6) 정치 동향과 빨치산 토벌 관련 자료

여섯 번째는 한국전쟁 이전과 전쟁 시기의 남한 정치동향 한국전쟁 이전의 제주 4·3사건, 여순사건, 대구사건 등에 관한 자료들이다. 대부분의 자료들은 이미 알려진 내용들이지만 각 사건에 대한 미군의 인식이 반영된 보고 내용을 확인할 수 있다. 한국전쟁 이전의 일일 정보보고들에는 기간별 빨치산 토벌작전의 상황에 대한 기록이 있으며, 제주 4·3사건, 여순사건, 대구사건 등에 대한 국방부 장관 이범석의 국회연설문과 보고서, 그에 대한 미군 측의 의견이 첨부된 문서 등이 있다.

7) 정책 문서, 작전 체계에 대한 보고서류

마지막으로는 민간인학살과 관련된 구체적인 사실관계를 적시하고 있지는 않지만, 민간인학살 사건 파악에서 중요한 요소인 부대와 기관에 대한 역사, 작전평가보고, 참전 군인들의 회고록이 담긴 자료들이 있다. 방첩대(CIC)의 조직과 활동에 대한 보고서, TLO에 대한 보고서, 적 전략에 대한 보고서, 한국전쟁에 참여한 각 부대의 역량과 문제점들을 진단한 평가단의 보고서, 미 군사고문단(KMAG)의 역사와 활동 주요 인물 명단, 제5공군의 지휘체계와 지휘관 목록, 피난민 정책의 형성과정 및 근거 등이 대표적이다. 이 문서들은 민간인학살과 관련된 구체적 사실관계가 명시되어 있지는 않지만, 민간인학살과 관련된 배경을 종합적으로 이해하는 데 반드시 참고해야만 하는 자료들이다.

Ⅲ. '노근리조사기록'의 중요 문서와 문제점

여기에서는 노근리조사기록을 문서별(Record Group)로 나누고, 각 문서군에 속한 기록들 가운데 내용적으로 중요한 대표적인 기록만을 살펴보도록 하겠다.

1. 중요 문서 소개[6)]

1) RG 59 General Records of the Department of State

○ 문서번호 9123-00-00806

한국 군 · 경이 저지른 잔학행위, 권위적인 대민 태도, 사유재산 몰수 등이 문제가 되고 있으며, 국회의원과 일반인들은 군 · 경의 행동을 비판하고 있다.

○ 문서번호 9123-00-00816

『데일리 워커』지 기사. 40명을 두 대의 트럭에 나누어 실어가 총살했음. 이를 미군과 UN군의 옵저버가 지켜보고 있었음.

○ 문서번호 9123-00-00818

한국 군 · 경에 의한 학살만을 부각시키는 것은 공산진영의 프로파간다(propaganda)라는 비난에 대해, 『데일리 워커』와 공산주의 계열의 언론은 한국 군 · 경의 잔학 행위가 미군과 UN군에 의해 묵인되고 있다고 주장.

2) RG 84 Records of the Foreign Service Posts of the Department of State

○ 문서번호 9123-00-00640

이 문서는 2개의 공문서와 3통의 편지로 구성되어 있다. 2개의 공문서

6) 노근리조사기록의 문서군과 시리즈의 상세한 목록은 "Appendix A : Records Research", Department of the Army Inspector General, January 2001, *No Gun Ri Review*, pp. A1~A-36을 참조.

는 "한국 군 · 경찰에 의한 전쟁포로 사살"이라고 되어 있다. 1950년 8월 10일 15시~16시 30분에 한국군 대위의 지휘하에 200~300명이 학살되었다. 이 중에는 여자와 아이도 포함되었으며 머리에 총을 쏘는 방식으로 학살이 진행되었다.

3통의 편지는 워커장군과 무초대사의 편지이다. 워커장군은 이 학살사건을 맥아더와 상의했고, 맥아더는 이를 무초에 알리고 한국 정부와 상의토록 함. 무초는 이승만 대통령과 신성모 국무총리와 만나 재발 방지를 요청.

3) RG 153 Records of the Office of the Judge Advocate General (Army)

○ 문서번호 8511-00-00224

어윈 에드워즈(Irwin Edwards)가 중국군의 잔학 행위를 증언했다. 증언자는 1950년 12월 2일 새벽 5시 30분경, 중국군이 부상한 미군에게 가솔린을 붓고 불을 붙였다고 증언하고 있다. 중국군은 자동권총으로 미군을 사살하고 총검으로 찔러 살해했으며, 확인사살도 실시했다.

○ 문서번호 9123-00-00710

1950년 9월 30일, 북한군이 전주에서 한국경찰 · 한국군 · 민간인 등 315명을 학살하였다. 이들 중 박환생과 Y. Kim Petrus 신부 및 전주 형무소의 전 수인들이 생존했고, 생존자를 포함해 수많은 전주지역의 주민들이 이를 목격했다.

4) RG 159 Records of the Office of the Inspector General (Army)

○ 문서번호 8511-00-00532

1952년 12월 5, 6일, 제임스 고프(James D. Goff) 소위 등 3명의 미군이

기지 부근(수원)에서 방화일 목사의 얼굴과 머리를 권총 등으로 심하게 구타하여 기절시킴. 방 목사는 4일 만에 사망하였고, 이 사건은 외국 언론에 보도됨. 미군 조사 뒤, 고프 소위는 사형죄가 아닌 폭행죄로 파면되고, 2년 중노동형에 처해짐.

5) RG 263 Records of the Central Intelligence Agency (CIA)

○ 문서번호 8511-00-00238

전북 군산시 익산군 보도연맹원 학살을 전 화성매일신문 기자 이조환이 목격. 전쟁발발 직후 방첩대(CIC)는 보도연맹원 리스트를 작성했고, 1950년 7월 13일에 예비검속이 실시되었다. 고산리에서는 구덩이를 파고 700명을 불태웠음.

○ 문서번호 8511-00-00241

인민군은 미군 CIC 제971분견대(대전 주둔)의 비밀문서를 노획했다. 이 문서는 1949년 1월 27일에 생산되었고, 제목은 "군 포로의 처형"이다. 미군 감독하에 처형이 진행되었는데, 희생자들의 평균 연령은 18세였다. 이들은 죽기 전에 공산주의 노래를 불렀다.

○ 문서번호 9123-00-00681

1951년 2월 10일, 박헌영(조선민주주의인민공화국 외무상)이 UN총회와 UN안전보장이사회 의장 앞으로 보낸 내용. 박헌영은 미제 침략자와 괴뢰 이승만정권의 수많은 잔악행위(학살, 고문, 강간, 약탈, 파괴 등)에 대해 고발하고 있으며, 이 행위가 국제법과 도덕의 원칙에 심각하게 위반하는 것임을 항변하고 있다. 미군과 한국군에 의한 수많은 학살사례를 나열하고 있다.

6) RG 319 Records of the Army Staff

○ 문서번호 8511-00-00361

1949년 12월 10일, 미 대사관이 국무부에 보고한 내용. 국민보도연맹 전향기간 후 경찰은 1만 명의 공산주의자를 체포했다. 자수기간은 10월 25일부터 11월 30일까지였지만, 사업의 성공으로 두 차례 연장했다. 11월 30일에 자수를 공식 마감했으나, 그 뒤에도 전향자 접수는 계속되었다. 가장 중요한 문제는 '전향이 완전하고 지속적일 것인가'였는데 부산지검은 이에 회의적이다. 이에 반해 부산경찰은 좀 더 희망적이다. 부산경찰서에는 58명이 전향했는데, 이 중 5명은 교육받은 지식인 공산주의자들이었다.

○ 문서번호 9123-00-00723

에머리치(Rollings S. Emmerich) 비망록. 1950년 7월 1일, 김종원이 부산형무소 재소자 3,500명을 학살하려고 했지만 미 군사고문단이 이를 제지했다. 하지만 고문단은 인민군이 부산 외곽에 당도했을 경우에는 재소자를 학살하겠다는 김종원의 요청을 받아들였다. 7월 4일, 한국군이 대구형무소에 수감되어 있던 좌익혐의자 4,500명의 학살을 시도했지만 마찬가지로 제지당했다.

○ 문서번호 9123-00-00733

문경 석달마을 학살에 대한 문건. 1949년 12월 24일 14시, 25연대 3대대 7중대의 2개 소대가 석달리(Sok Tal Ni, 118-1542)에 들어갔다. 부대는 모든 주민들을 집합시켜 공산주의자들을 도운 죄를 추궁했다. 그런 후 민간인을 향해 카빈, 라이플, 수류탄, 바주카포로 발포하여, 아기 3명, 어린 학생 9명, 남자 43명과 여자 43명을 학살했다. 가옥 27채 중 23채가 불탔다. 한국군은 책임자로 유진규(Yu Chin Kyu) 소위와 2명의 병사를 지목. 유 소위는 문경의 경찰서장과 공모해, 이 사건을 70명의 게릴라들에 의해 저질러진 학살로 왜곡해서 보고했다.

○ 문서번호 9123-00-00734, 9123-00-00735

국무부와 서울미대사관 사이에 주고받은 문서.

문서 번호 00734는 『런던 타임즈』가 보도한 한국정부에 의한 부역자처벌의 참상에 대해 다루고 있음.

문서 번호 00735는 『런던 타임즈』의 기사가 사실 왜곡이며, 미 대사관이 볼 때 한국 정부는 부역자 처벌에 관대한 입장에서 가능한 적법 절차에 따라 진행하고 있음을 말하고 있음.

○ 문서번호 9123-00-00736, 9123-00-00737, 9123-00-00738

서울 근교에서 한국군 헌병이 여자와 아이를 포함한 재소자를 학살했던 '홍제리 학살'을 다루고 있다. 이 사건으로 홍제리 언덕은 일명 '처형언덕'(execution hill)으로 불렸다. 처형 과정에서 영국군이 개입해 학살하지 못하도록 막았다. 이 사실이 국내외 언론에 보도되면서 국제적 문제로 비화되었다. UN군은 현장에 발굴조사 나섰지만, 아이의 시신은 찾지 못했다. 이 사건에 대해 김준연 법무부장관은 적법한 절차에 따른 처형이었다고 주장했다. 이승만 대통령은 군사적 상황이 위급하고 형무소 시설이 부족함으로 재판과 처형의 속도를 올리라고 지시했다.

○ 문서번호 1820-00-00430

「대한민국 군 방첩대의 조직과 기능」이라는 제목의 국군 방첩대(Counter Intelligence Corps) 역사에 대한 기록이다.[7] 한글로 된 방첩대 기록을 거의 이용할 수 없는 상황에서 이 문서는 대단히 중요한 가치를 가진다. 이 문서는 "미 방첩대 장교들이 초기 한국군 방첩대 조직과 훈련 담당했"다고 기술하고 있으며, 1949년 10월에는 숙군 작업을 효율적으로 진행하기 위해 오제도가 참가하는 군경합동수사본부를 정보국 제2과(방첩대)에 설치하였다고 밝히고 있다. 또한 1951년 3월 당시, 특무대 조직원 수는 장교, 요원, 행정 사병을 포함하여 약 400명 정도였지만, 파견대들이 필요에 따라 190명의 민간 정보원을 고용하고 있어서 약 590명의 인원이 특무대 활동에 참여하고 있었다고 밝히고 있다.

7) RG 338 Records of U.S. Army Operational, Tactical, and Support Organizations (World War Ⅱ and Thereafter)

○ 문서번호 8511-00-00250

미군과 한국 관계자들의 피난민처리 방침에 대한 최초의 공식 회의. 미 참모부의 지시에 의해 한국 피난민의 취급을 위한 계획과 절차를 공유하기 위해 1950년 7월 25일 18시, 대구시청에서 회의 개최. 참석자는 해롤드 노블(Harold J. Noble, 미대사관 1등 서기관), 마커스(Marcus W. Scherbacher, 유엔군 후생고문관), 김갑수(내무부차관), 이계무(내무부 비서실장), 최창순(사회부 차관), 김태선(치안국장), 삭스(Sachs, 대령, 미8군 헌병감), 타킹턴(Tarkington, 대령, 미8군 G-2), 플래허티(Flaherty, 소령, 미8군 방첩대), 맥거번(McGovern, 소령, 미8군 G-1) 등 총10명.

이 회의에서는 '피난민의 이동(도시 소개)은 미8군 사령관이나 사단장의 명령에 따라 실시되며, 집단이나 개인별로 도시, 마을 그리고 지역으

---

7) *Organization and Function of Republic of Korea Army Counter Intelligence Corps*(1951.3.14), RG 319, Historians Background Material Files Concerning CIC History, Box 6, Folder CIC Operations in Korea(1950~51).

로부터의 이동은 권한을 가진 지휘관의 허락 없이는 금지한다'는 내용이 결정.

같은 날, 무쵸 미 대사는 딘 러스크(Dean Rusk) 국무부 동북아차관보에게 피난민 대책회의의 내용을 다음과 같이 보고함. "미군 전선 북쪽에 삐라를 뿌려 남쪽으로의 진행을 경고하고 혹 접근할 경우 발포할 위험이 있다는 것을 알린다. 만일 피난민들이 미군 전선의 북쪽에서 나타난다면 위협사격을 할 것이며, 그래도 계속 이동한다면 피난민에게 사격한다."[8)]

○ 문서번호 8511-00-00258

1951년 7월 11일, 국군 연대장, 대대장이 중앙군법회의에 회부. 김종원은 거창학살을 은폐하기 위해 신성모 장관으로부터 개인적으로 지시를 받았고, 법무부와 내무부로 구성된 조사단을 습격하도록 지시받았음. UN군 사령부는 한국정부에 개입하려는 의도는 없지만, 주의를 기울여야 할 것임. 이 사건에는 육군뿐만 아니라 한국정부 고위관리가 관련되었음. 적(공산군)이 선전에 유용할 재료로 이용할 가능성 때문에 최고사령부에 보고함.

○ 문서번호 9123-00-00381

미군 제1기갑사단 7연대 1대대가 북한 인민군으로부터 노획한 문서인데, 노근리사건을 언급하고 있다. 문서에는 '서울과 그 남쪽에서 수집한 증거에 따르면, 11,148명의 민간인들이 처형'되었다고 밝히고 있다. 적(미

---

8) "Muccio to Rusk, July 26, 1950," NARA RG 59, Central Decimal Files 1950-54, Box 4266. 이 문서는 노근리조사기록에는 포함되어 있지 않지만, 피난민 대응에 대한 핵심적인 내용을 담고 있다. 사 콘웨이 란츠는 노근리조사팀이 이 문서를 조사하지 않았다고 말하고 있다. 이 문서의 내용에 대해서는 Sahr Conway-Lanz, *Collateral Damage : Americans, noncombatant immunity, and atrocity after World War Ⅱ*, Routledge, 2006, pp.97~98을 참조.

군, 한국군)은 지금까지 인민을 학살하고 있음. 그 예로 영동의 한 철로에서 인원수 미상의 민간인을 처형. 낮에는 비행기의 기총소사로, 밤에는 포탄사격을 가함. 영동 부근의 한 터널에서는 약 100명이 처형되는 끔찍한 광경이 벌어짐. 약 10명이 생존. 문화부 담당자들은 이러한 적의 만행을 산하 부대원에게 알릴 것.

○ 문서번호 9123-00-00421

미군의 피난민 인식과 정책의 단면. Saber6(제1기갑사단)은 전화 연락으로 이쪽에서 북쪽의 발포 라인에 있는 모든 피난민들은 '사냥감(fair game)'이라고 말했음.

○ 문서번호 9123-00-00466

정일권 육군참모총장에 대한 프로파일. 그가 연루된 명예롭지 못한 사건들에 대한 조사 내용. 그중 거창사건에 대한 내용이 기술되어 있음. 거창사건 당시 육군참모총장이었던 그는 직접 연루되지는 않았지만 사건과 관련해 육군의 행동을 재가했음. G-2 코멘트: 정일권이 이 사건에 직접 연루된 것은 아니었지만, 그의 인지 없이 이러한 군사행동이 완수될 수 없었을 것.

8) RG 342 Records of United States Air Force Commands, Activities and Organizations

○ 문서번호 342.237

미 제5공군 군목의 한국 · 일본에서의 활동과 임무 등을 서술한 장문의 보고서와 4개의 질문과 대답으로 구성된 군목 보고서이다. 1950년 9월 26일부터 10월 5일까지 군목(軍牧)이 병사들에게 질문하고 그 답변을 받아 작성했다. 군목의 질문 가운데 세 번째 질문과 대답은 다음과 같다. 민간인들에게 총을 쏜 병사들의 태도에 대해서 군목이 묻자, 한 군인은 "음, 난 그 불쌍한 민간인들을 쏜 것에 대해 미안하게 느낀다. 그들은 적이 이동하는 바로 그 길에 있었다. 나는 선택의 여지가 없었다. 내가 무엇을 할 수 있었겠나?"라고 대답했다.

○ 문서번호 342.238

민간인들을 쏜 병사들의 반응. 반응은 극도의 노골적인 불쾌감(잡아뗌)에서 거의 관심이 없는 경우까지 다양함. 일반적으로 말하면 많은 임무를 수행할수록 이런 일에 대한 혐오감이 감소. 아마도 그들은 이런 일의 필요성을 알기 시작하고 또한 '전투에 대한 무감각'을 발전시키기 때문임. 그럼에도 불구하고 대부분 그런 임무를 싫어함.

○ 문서번호 및 서지사항 없음(민간인 피난민 기총소사에 대해 미5공군사령관 Timblake에게 보내는 메모)

도로에 있는 민간인 피난민들에 대한 기총소사와 관련해 5공군의 정책이 서술되어 있음. 북한군에 의해 통제된 것이든 그들과 섞여 있든 간에 많은 수의 민간인들이 미군의 위치를 침투하고 있다고 보고. 육군은 아군의 위치로 접근하는 모든 민간인 피난민들을 향해 기총소사할 것을 공군에게 요구해왔고, 지금까지 그 요구에 따랐음.

○ 문서번호 및 서지사항 없음(1950년 7월 16일~31일 작전보고서)

1950.7.26 해군항공모함 밸리포지에서 출격한 함재기 F-4U Corsair와 AD Skyraider는 영동 일대 지역에서 작전을 수행. 13시 15분 4대의 AD기에게 영동소탕 명령(directed to "wipe out")이 떨어졌고 네이팜탄으로 마을을

공격, 마을이 굉장한 화염에 휩싸였음. 100파운드의 폭탄과 로켓포 공격.

9) RG 407 Records of the Adjutant General' s Office, 1917- [AGO]

○ 문서번호 8511-00-00475

한국 육군의 '이리 폭격' 관련 보고. "1950년 7월 11일 15시 30분, 이리 폭격은 영국비행기에 의해 이루어짐. 한국의 신성모 국방부장관이 확인함. 1950년 7월 11일 19시 50분"

○ 문서번호 9123-00-00289

미 25사단 방첩대 분견대 보고. 1950년 7월 1일, 한국 경찰은 상부 명령으로 대전과 그 근방에서 과거의 공산당 가입과 활동 때문에 체포되었던 1,400명의 민간인들을 학살했음. 시체들은 대전에서 약 4km 떨어진 산기슭에 묻혔음. 북한군과 인민위원회는 이 죽음에 복수를 하도록 명령했음. 희생자들의 친척들은 우익, 경찰 가족, 군 요원, 미군부역자를 지목했고, 약 7,000명이 대전과 그 근방에서 체포되어 학살되었음.

○ 문서번호 9123-99-00124

1950년 9월 29일~10월 3일, 제24사단이 처음으로 소위 '대전 학살(Taejon Atrocities)'에 대해 밝혀냈음. 미국인과 수천 명의 남한사람들이 등 뒤로 손이 결박당한 채 총살당하는 방식으로 살해당했다. 일부는 참호에 묻혀 있었고, 일부는 땅에 쓰러진 채 있었다. 후퇴하던 북한군(North Koreans)이 저지른 야만적인 짓이었음. 대전 임시활주로 근처에 약 500명의 남한군의 시체가 발견되었는데, 그들 모두 손이 결박된 채 총살당했음. 대전형무소에 있던 많은 사람들이 같은 방법으로 학살당했음. 18구의 미국인 시체도 발견되었는데, 한 남한인 죄수 주장에 의하면 대전형무소에 1,700명의 정치범들이 감금되어 있었다고 함.

2. 노근리조사기록의 한계

AP 통신 보도 이후, 노근리사건조사단의 최대 관심사는 노근리사건에서 미군의 책임을 최소화하는 데 있었다. 노근리기록에는 이러한 의도가 반영되어 있다. 노근리조사기록은 특정한 목적을 가진 하나의 구성물인 것이다. 이러한 성격 때문에 노근리기록은 다음과 같은 한계와 문제를 갖는다.

먼저, 미군에 의해 저질러진 민간인학살 사건에 대한 기록들이 적다는 점이다. 물론 강간, 절도, 살인(manslaughter) 등 대민 피해를 끼친 미군 범죄에 대한 언급도 일부분 발견되기는 하지만, 대체적으로 노근리기록은 인민군과 좌익에 의한 잔학행위(미군은 이를 전쟁범죄로 분류해 전쟁범죄조사단(War Crime Division)을 구성하여 조사했음)와 책임을 부각시키고자 했다. 지금까지 밝혀진 것만 하더라도, 미군에 의해 직접적으로 저질러진 학살과 공중폭격 등으로 인한 민간인 희생이 상당수 있지만, 노근리조사기록에는 이런 문서들이 누락되어 있다.

두 번째로, 아군인 한국 군 · 경의 잔학행위(예비검속과 학살, 재소자 학살, 부역행위자 처벌과 학살) 관련 문서들이 수집되어 있는데, 이들 문서들의 공통점은 미군이 한국 군 · 경의 학살과 무관하다는 사실을 보여주고 있다는 점이다. 즉 학살 사실을 기술하면서도, 학살을 저지른 한국군 · 경(특히 한국 방첩대와 경찰)이 미군 통제하에서 벗어나 협조하지 않았다고 언급하고 있다. 이 기록에서 작전통제권을 가지고 한국군을 지휘했던 미군의 책임 문제는 희석되고 있다.

노근리기록 중에는 문서 제목으로는 매우 중요한 문서로 보이지만 실제로 그 내용을 자세히 살펴보면, 중국·북한·루마니아 등 당시 적국 언론들이 보도한 내용을 미국 정보기관들이 정리한 것이 상당수 있다. 공산권 방송의 보도내용은 사건 내용이 구체적인 경우도 있으나, 선전전의 일환으로 보도되는 경우가 많았기 때문에 특정 사건을 증명하는 직접적 증거자료로 삼기에는 약간 무리가 있다. 특히 북한지역에서 벌어진 사건의 경우가 그러하다.

한편 기록관리 측면에서 보면, 노근리기록은 매우 취약한 문서들이다. 노근리기록은 여러 문서군에서 수집되어 새롭게 문서번호를 부여받고 탄생된 자료이다. 그런데 각 문서들은 원래의 완전한 문서 형태가 아니라 필요한 정보가 있는 일부분만이 선택되어 복사되었다. 이렇게 필요한 부분만 복사, 수집되다 보니 기록의 맥락이 절단되어 있는 것이다. 노근리기록의 각 문서에는 원래의 문서군, 시리즈, 폴더 등의 사항을 수기로 작성하여 표시해 놓았다. 따라서 노근리기록을 수집할 때는 노근리조사단이 작성한 문서번호뿐만 아니라, 원래의 소장처 표시를 함께 복사하여야 한다.

노근리기록이 사본이고 문서 관리 역시 7개의 대형 상자(FRC)에 담긴 채, 아키비스트 사무실에 보관되다 보니 관리과정에서 문서들이 분실되었을 가능성도 있다.

마지막으로, 노근리기록에는 사진이 매우 적다. 사진이 있더라도 문서자료에 첨부된 사진이며, 사진 아카이브에서 수집한 자료는 거의 포함되어 있지 않다. 지금까지 학계에 알려진 민간인학살 관련 사진은 당시의 정황을 문서보다 생생하게 전해주는 것이 많다. 이러한 예로는, ① 미군 도날드 니콜스가 촬영한 서울근교의 좌익사범 처형(1950.4.14), ② 밥 에드워드 중령이 수천 명의 정치범들이 처형되었다 보고한 대전형무소 처형(1950.7), ③ 미 군사고문단원이 촬영한 대구 부역자 처형(1951.4) 등을 들 수 있다.

이같이 사진은 사실을 확증하는 진상규명의 기초 자료로 매우 유용하게 사용된다.

또한 기존에 잘 알려지지 않았던 한국전쟁기 미군기 폭격에 의한 피해신고와 관련하여, 미 공군 문서에 대한 전문적이고도 정밀한 조사가 추가로 필요하다. 미 공군의 경우, 하루에도 남북한 지역에 수십 번씩 출격하여 폭격을 행했기 때문에, 폭격 피해가 생긴 지역에 출격한 부대를 정확히 가려낸다는 것이 쉽지는 않다. 비행기 출격과 피해지역을 대조하는 기록 조사가 요구된다.

한국과 미국이 작성한 '노근리보고서'에서 나타나듯, 미 공군이 촬영한 항공사진은 문서가 미처 말하지 못하는 많은 사실을 말해준다. 2000년에 한국은 1950년 8월 6일에 김천-영동 간 국도를 촬영한 87매 필름과 9월 19일 동일 지역을 촬영한 63매의 항공사진 필름을 미국으로부터 제공받았다. 사진 분석과 판독을 통해 한국은 철교 파괴, 마을 폭격, 가옥 40여 채의 부분 소실, 흙길에 전차나 차량이 다닌 흔적, 기관총 지지턱으로 추정할 수 있는 물체 확인, 지상군 박격포에 의해 발생했을 것이라 추정되는 폭파 흔적, 철로 주변에 사람이 이동한 흔적 등 총 18개에 이르는 정보를 추출해냈다. 이런 사진 판독은 문서와 증언과 결합되어 사건 진상규명의 주요한 근거가 될 수 있다.

공군 문서의 경우, 일반 역사 연구자도 쉽게 판독할 수 없는 구조를 가지고 있다. 항공사진은 교육받고 훈련된 전문가만이 판독 가능하다. 항공사진의 입수 자체도 쉽지 않다. 항공사진은 미 국립기록보관소에 소장되어 있지 않으며, 공군 문서고에 소장되어 있다. 이들 자료를 입수하고, 판독할 수 있는 방도를 모색하는 것이 필요하다.

민간인학살 진상규명을 위해서는 미 국립기록관리청의 사진 아카이브

뿐만 아니라,[9] 당시에 특파원을 파견하였던 구미 각국의 신문, 통신사 사진 아카이브를 적극 활용하여 문서 자료를 보강할 필요가 있다.

Ⅳ. 맺음말

한국전쟁 전후에 발생한 민간인희생 사건의 경우에는 사건의 특성상 문서 자료가 발굴되기 전에 생존자(유가족) 증언을 통해 사건이 알려진 경우가 꽤 많다. 민간인 희생관련 사건의 경우에는 이 사실을 증명해 줄 수 있는 문서자료가 거의 남아 있지 않기 때문에 구술자료를 적극 활용하여야 한다. 미국 노근리사건조사단이 문서 자료뿐만 아니라, 구술 인터뷰 조사를 병행한 것도 이러한 이유에서였다.

노근리기록에서 두드러지는 중요한 사실은 전쟁이 군인들만의 전투만으로 이루어지는 것이 아니라, 수많은 민간인 희생을 동반했다는 점이다. 민간인 희생은 현대전의 필수불가결한 요소가 되었다. 이제 전쟁은 군인들만의 전투가 아니며, 비전투원들 즉 민간인의 광범한 희생을 불러온다.

한국전쟁 때 죽음의 대상이 되어 억울하게 죽어간 사람은 피난민부터 재소자, 정치범, 보도연맹원까지 다양했다. 적과 대치하고 있는 상황에서 적이 몰래 침투할지 모른다는 두려움은 피난민을 잠재적인 '적'으로 상정하게 했고, 민간인에 대한 사격이 군사 작전의 일환으로 이루어졌다. 이

9) 미 국립기록관리청에 한국 관련 사진이 집중되어 있는 문서군은 RG 80(해군성), RG 111(통신병과), RG 127(해병대), RG 242(북한 노획문서), RG 306(공보처), RG 319(육군 참모부), RG 332(제2차대전 戰區), RG 342(미 공군사령부 활동 및 조직), RG 428(1947년 이후 해군성) 등이 있다.

러한 피해가 여러 곳에서 자주 발생했던 이유는 지휘관의 우발적이거나 그릇된 판단 때문이 아니라 고위층이 결정한 정책의 결과였기 때문이다. 한국전쟁은 이러한 과정을 잘 보여준다. 노근리기록을 통해 본 한국전쟁의 역사적 교훈은 여기에 있을 것이다.

이 책에서는 상당한 양의 노근리조사기록을 이용하여 전쟁 속에서 삶을 영위하거나 뜻밖의 죽음에 이르렀던 수많은 자취를 다시 더듬으려 노력했지만, 기록을 충분히 활용했다고는 말하기 어렵다. 앞으로 더 많은 연구를 통해 사실을 새롭게 확인하고 문서에 기록된 사실과 생존자의 증언을 교차 비교하여 객관적 사실을 규명할 필요가 있을 것이다.

참 고

약 어 표

※ '노근리조사기록'의 문서에는 다양한 군사약어가 사용되고 있다.

※ 아래는 한국전쟁 시기에 사용되고, 노근리조사기록에 자주 등장하는 군사약어를 풀이한 것이다.

• AAA	Antiaircraft Artillery
• Abn	Airborne
• Act	Action
• ADCOM	Advance Command and Liaison Group in Korea
• ADVATIS	Advanced Allied Translator & Interpreter Section
• AFB	Army Field Base
• AFF	Army Field Forces
• AGC	Amphibious force flagship equipped with special communication facilities
• AK	Cargo ship
• amemb	american embassy
• Amphib	Amphibious
• AMS	Army Map Service
• an.	Annex
• AP	Armor-piercing
• AP	Transport

- APA Attack transport
- APD High-speed transport
- Armd Armored
- Arty Artillery
- ATIS Allied Translator & Interpreter Section
- AW Automatic Weapons
- BAR Browning Automatic Rifle
- BC N.K. Border Constabulary (called Bo An Dae)
- BLUEHEARTS Code name for the original plan for an amphibious landing behind enemy lines, abandoned by 10 July 1950. Succeeded by CHROMITE
- Bn Battalion
- Br Briefing
- Brig Brigade
- Btry Battery
- Bul Bulletin
- C Combat
- CCF Chinese Communist Forces
- CCS Combined Chiefs of Staff
- CG Commanding General
- Chmn Chairman
- CHROMITE Code name for amphibious operations in September 1950, one of which was a landing at Inch'on
- CINCFE Commander in Chief, Far East
- CINCUNC Commander in Chief, United Nations Command

- CM-IN Classified message-In
- CO Commanding Officer
- Comd Command
- Comdr Commander
- Comm Communication
- COMNAVFE Commander, U.S. Naval Forces Far East
- CP Command post
- CofS Chief of Staff
- CSGPO Chief of Staff, G-3, Plans & Operations Div.
- CSUSA Chief of Staff, U.S. Army
- DA Department of the Army
- dept department
- deptar department of army
- Det Detachment
- Dir Director
- DIS Daily Intelligence Summary
- Div Division
- DOW Died of wounds
- DUKW Amphibious truck
- EDT Eastern Daylight Time
- elm elements
- en enemy
- Engr Engineer
- Est Estimate
- EST Eastern Standard Time

- EUSAK　Eighth United States Army in Korea
- Ex　Off Executive Officer
- FA　Field Artillery
- FDC　Fire Direction Center
- FEAF　Far East Air Forces
- FEC　Far East Command
- fm　from
- FO　Field Order
- Fonccon　Telephone conversation
- fss　field security service
- ftr　fighter
- G-2　Intelligence section of divisional or higher staff
- G-3　Operations and training section of divisional or higher staff
- Gen　General
- GO　General Orders
- govt　government
- GS　General Staff
- HE　High explosive
- HEAT　High explosive, antitank
- Hist　History, Historical
- Hq　Headquarters
- Hv　Heavy
- IG　Inspector General
- I&R　Intelligence & Reconnaissance
- Incl　Inclosure

- Inf Infantry
- Info Information
- Instr Instruction
- Intel Intelligence
- Interrog Interrogation
- Interv Interview
- JAG Judge Advocate General
- JCS Joint Chiefs of Staff
- JLC Japan Logistical Command
- Jnl Journal
- JOC Joint Operations Center
- JSPOG Joint Strategic Plans and Operations Group
- JTF 7 Joint Task Force Seven
- KIA Killed in action
- KMAG U.S. Korean Military Advisory Group
- KMC Korean Marine Corps
- LCVP Landing craft, vehicle, personnel
- Ldr Leader
- Log Logistical
- LSD Landing ship, dock
- LSMR Landing ship, medium (rocket)
- LST Landing ship, tank
- LSV Landing ship, vehicle
- Ltr Letter
- LVT Landing vehicle, tracked

- MATS Military Air Transport Service
- Med Stf Medical Staff
- MedTk Medium Tank
- MIA Missing in action
- Mil Military
- MIS Military Intelligence Service
- (-) Minus
- Mort Mortar
- MS Manuscript
- Msg(s) Message(s)
- MSgt Master Sergeant
- mymsg my message
- na, n/a not available
- Narr Narrative
- Natl National
- NAVFE U.S. Naval Forces, Far East
- NKPA North Korea People's Army
- Nr Number
- OCMH Office of the Chief of Military History
- Ofc Office
- Off Officer, Officers
- Opns Operations
- Ord Order
- OSAF Office of the Secretary of the Air Force
- PC Patrol vessel

- pd period
- Pers Personnel
- PIR Periodic Intelligence Report
- Plat Platoon
- PLR Periodic Logistics Report
- pm provost marshall
- POL Petroleum, oil, and lubricants
- POR Periodic Operations Report
- Pub Publication
- PW Prisoner of War
- Rad Radio
- RCT Regimental Combat Team
- re report
- Rec Recoilless
- Recd Received
- Recon Reconnaissance
- ref refer, reference
- Regt Regiment
- Rep Representative
- reps reports
- Res Research
- Rev Review
- Rpt Report
- rr rail road
- RTO Rail Transportation Office

- S-1 Adjutant
- S-2 Intelligence Officer
- S-3 Operations and Training Officer
- S-4 Supply Officer
- S. Comm. Senate Committee
- SAR Special Action Report
- SCAP Supreme Commander for the Allied Powers
- SCR Set complete radio
- Sec Section
- Secy Secretary
- Sep Separate
- SFC Sergeant First Class
- sgd signed
- Sig Signal
- Sitrep Situation Report
- SO Special Order
- SP Self-propelled
- Stf Staff
- Summ Summary
- Supp Supplement
- Surg Surgical
- TACP Tactical air control party
- TAGO The Adjutant General's Office
- Telecon Teletypewriter conference
- TF Task Force

• Tk	Tank
• T/O	Tables of Organization
• Trans	Transport, Transportation
• Transl	Translation
• trks	trucks
• UNC	United Nations Command
• UNRC	United Nations Reception Center
• urmsgs	your messages
• USAFIK	U. S. Army Forces in Korea
• USSR	Union of Soviet Socialist Republics
• VHF	Very High Frequency
• vic	vicinity
• VT	Variable Time Fuze
• WD	War Diary
• wg	wing
• WIA	Wounded in action
• Wkly	Weekly

저자소개

서중석 성균관대 사학과 교수

김득중 국사편찬위원회 편사연구사

강성현 성공회대학교 동아시아연구소 연구교수

이임하 성균관대 동아시아역사연구소 연구원

김학재 베를린자유대학 동아시아대학원 박사후연구원

양정심 성균관대 동아시아역사연구소 연구원

연정은 동양미래대학 강사